考古学を科学する

中條利一郎・酒井英男・石田　肇　編

臨川書店

考古学を科学する

はじめに

「考古学を科学する」とは、たいそうな題である。まるで、考古学が科学ではないような印象を与えてしまうかもしれない。もちろん、執筆に携わった研究者は考古学の科学としての重要性を熟知しており、同時に、考古学を一例とする文科系と自然科学の考え方には未だに大きな違いがあることも感じている。それを踏まえて、本書は、自然科学が考古学に望まれる分野は何かを念頭に置いた文理融合研究の重要性・必要性を示したい。

本書では、遺跡や遺物等を自然科学の様々な手法で分析して、考古学に寄与できることを示す研究成果として、時代をおもに中世に絞った内容を選んだ。それらは、新たなアイデアに基づく研究、重要な発見となった研究であるとともに、自然科学からの考古学へのアプローチの今後のモデルケースになると考えている。

以下に、本書の内容を簡単に説明する。

年代推定Ⅰ　自然災害の痕跡を追う

第1章は自然災害の年代推定をテーマとしている。考古学における自然科学的手法では、従来研究されていない対象に迫り、他の分野にとっても新たな知見を得ることが求められている。こうした課題の一つとして自然災害に着目する研究がある。日本では、地震・津波、火山、洪水など、過去にも多くの自然災害が人々の生活に影響を及ぼし、そして人々の移動、文化の交流、流通の変化をもたらしてきた。自然現象や自然災害が引き金になり、歴史を形作ってきた面もある。

自然災害の痕跡を遺跡より読み取る研究は重要であるが、その基本に年代推定がある。第1節（酒井ら）では、遺跡に出現した地震液状化の証拠である噴砂を対象に、磁気調査から地震の年代を求めた研究を紹介する。本年

（二〇一一年）三月の東北地方太平洋沖地震と、平安時代の貞観地震（八六九）に同地域を襲った大規模津波との対比から、千年周期での甚大な被害の発生が示唆されている。貞観地震の前後には大きな地震が続き、八六三年には北陸地域（当時の越中・越後）にも被害を生じた地震が起きている。富山県内の遺跡でこの地震による噴砂を検証した研究結果も同節に示している。

第2節の中村らによる^{14}C年代推定の研究では、年代精度の現状を示した後で、十世紀の白頭山の噴火に関する新たな成果を述べている。遺跡の地層年代において十世紀半ばの指標ともなっている白頭山起源のテフラ（火山灰や火砕流堆積物）について、その大噴火の年代を数年単位で求めるべく、中国・北朝鮮の国境地域でおこなわれた重要な研究成果もが示される。

遺跡および自然環境の復元

第2章の第1節（岸田・酒井）では、遺跡やその周囲の地理的環境を非破壊で復元する探査の研究を述べている。チンギスハンの時代のモンゴル・アウラガ遺跡での調査および、東大寺領荘園遺跡の水路として数㎞にわたり築かれ、現在は地中にある大溝を対象とした成果が論じられる。

遺跡から出土する遺物には、土器などの人工のものだけではなく植物遺存体もある。第2節（金原）では、遺構の土壌より抽出した植物種子を用いて、当時の環境、生活誌を推定する研究を進めた結果を示している。また、第3節（奥野ら）は、遺跡近傍の湿地より掘削した堆積物コアに含まれた、花粉の化石や植物硅酸体（プラントオパール）などを用いて古環境の復元に成功し、人間活動の痕跡を見出している。第4節（熊谷・植田）では、イネのDNAを解析し、その多様性を明らかにして、栽培イネの同定方法を述べている。その上で、遺構より見つかったイネの古代DNAの分析をおこない、遺跡間での多様性、流通を論じている。

古人骨・動物遺存体の分析と社会環境の復元

遺跡からは、しばしば動物遺存体や、ときどきは人骨も見つかる。第3章では、これらの考古生物試料が対象となる。人骨の生活痕の調査、集団の性、年齢構成の調査と、古代DNAの分析による遺跡間多様性の調査、遺跡内の家族関係調査、動物の流通、同位体分析による遺跡間や遺跡内での食生活の様相（例えば性差や年齢差）、動物の飼育の様相の解明は、中世の生業ならびに社会を実証的、具体的に明らかにすることになり、生物学的に「考古学」を分析し研究する意義は大きい。つまり、大きな集団構造の把握から、家族制度といった小集団の情報にいたるまで、分析可能な範囲は大きく、中世社会の解明に資するところ大である。また、総合資料学という学際領域のさらなる可能性を示すことになるだろう。

石田ら（第1節）は、生物遺存体である人骨を用いる考古学との学融合を図り、生活誌、つまり、生老病死、労働を推定する研究を進めた結果を示している。中世墓の研究にも寄与する成果である。鵜澤（第3節）は、オットセイ狩猟を例に、北海道の文化を復元している。さらに、米田（第2節）では、生物遺存体の形状等の分析に加えて、DNA分析と同位体分析の併用により、緻密な精度で、個体および集団の生活を復元する作業（遺跡内の家族関係調査、遺跡間や遺跡内での食生活の様相）を明らかにした結果を報告している。

年代推定Ⅱ　文化財を科学する

第4章では、自然科学的手法による文化財へのアプローチを紹介する。いわゆる「文化財」とよばれる美術工芸品や考古資料などは、関連の文献が残されていることも多く、そこから伝来をたどることができる。また、古文書・古筆などの場合は書風・筆致の特徴や料紙の外見から、筆写年代や筆写者を推定することも可能である。そのように文献は雄弁に〈歴史〉を語りかけてくるが、いっぽうそこで得られる情報は主観的であるがゆえに曖昧な面もあり、時には実際とは違う情報が〈史実〉として取り出されてしまう危険もある。本章で紹介する自然科学的アプローチは、文献学的手法では見えてこない歴史の一側面を明らかにすると同時に、文献学的な知見を補強するものともなるであろう。

具体的には、まず小田（第1節）が^{14}C年代推定について、歴史時代の古文書を直接測定するという画期的な方法を行い、得られた年代を通じて、筆写者の真偽の判定に挑戦している。

つづいて中條（第2節）は、中尊寺金色堂の遺体が着用していた絹を多角的な分析の対象とし、さらに遺体の同定を行っている。結果は現在お寺で採用しているものとは異なるが、奇異なものではない。科学を用いれば素直な結論が得られるという例である。

中世鎌倉の素顔

鎌倉は日本の武家政権が最初に開いた幕府の地である。史跡や文献で知られる中世の鎌倉は一つの側面であり、その当時の実像は未だに良く分からない。先年来、鎌倉では数々の遺跡が発見され、発掘が行われてきた。そこには、多数の文化遺物に加えて、おびただしい数の人骨が見つかっている。すでに、この人骨群について、鈴木尚が中世日本人の長頭化を証明し、世界的な業績を挙げている。第5章では、鎌倉時代の首都とも言える幕府の地、鎌倉で、人々がどのように生まれ、どのような暮らしを送り、そして死んでいったのか、つまり生老病死を知ること、さらには、実際に当時の社会で何が起こっていたのか知ることを目的としている。我々にとって、「近未来」ではなく、意外と知られていない「近い過去」の様相を探ることは、中世という日本の原点を共有することになる。

まずは、中世鎌倉に生きた日本人を数々のアプローチを用いて、しかも、統合的に紹介する。人骨群を基に、鎌倉時代の人々の生命表の提示、病気や刀傷の紹介を行い、その時代の様相を再現する（平田ら、第1節）。さらに、先端科学的アプローチとして、人骨資料について、残存するタンパク質を抽出して、炭素（^{14}C、^{13}C、^{12}C）および窒素（^{14}N、^{15}N）の同位体比を測定した。それら同位体のうち炭素・窒素安定同位体比から個々の個体が摂取したタンパク質の由来を検討し、その上で、放射性炭素年代に対する海産物の影響を考慮した、高精度年代決定を行っている。中世人集団内における食生活の様相（例えば性差や年齢差）を明らかにすることを目指し研究を進めた結果を報告する（南・中村、第2節）。さらに、ミトコンドリアＤＮＡコントロール領域を遺伝子増幅し、その塩基配列解読を行った。その遺伝情報については、日本人を含む現代極東人類集団のＤＮＡ情報ならびに縄文人などの古代ＤＮＡ情報と比較し、形態的特徴と照合しながら中世日本人の人類系統的位置とその起源を考察していく（篠田、第3節）。人骨のＤＮＡ抽出と増幅の研究では、家族関係の話まで披露できることを示している。また、十年以上も前に、アメリカの人類学者ブレースが、「サムライ―アイヌ説」を出して、アメリカ中の話題になり、一躍、鎌倉が有名になった。日本では知らない間に、である。第4節では、アメリカの人類学者（瀬口）が、その後の研究の経緯などについて紹介する。

今回、本書を出版するに当たり、お引き受けいただいた臨川書店に感謝を申し上げる。また、出版に際して、臨川書店の西之原一貴氏に懇切丁寧に編集のお手伝いをしていただいた。改めて、ここにお礼を申し上げたい。

酒井　英男
石田　肇

二〇一一年八月

目次

第1章

年代推定Ⅰ　自然災害の痕跡を追う

第1節　過去の地震を土壌の磁気から探る

酒井英男・泉　吉紀・岸田　徹

自然環境の変動は、各方面で重要な研究課題となっている。考古・歴史時代における環境変動の研究はヨーロッパで進んできた。日本では、ヨーロッパで明らかにされた環境変動はグローバルであったのか、日本の当時の社会にどの様に影響したのかの検討も目的として自然環境の研究が行われている。環境変動の一因として自然災害も注目される。地震・火山の災害が多発する日本では、遺跡でもその被害の跡が認められることは少なくない。気候変動に比べれば局所的ではあるが、地震や火山による災害は、人々の生活へ急な影響をもたらす環境変動として重要である。しかし、従来はそうした対象の研究に自然科学が貢献することはあまり無かった。

本稿では、こうした背景のもと、遺跡に残る地震の痕跡について年代等を探る研究方法を開発し、富山県の遺跡で調査した成果を紹介する。

1　残留磁化と考古地磁気

本稿で述べる研究の基本は物質の磁性である。自然界の土壌や岩石には重量で数%の鉄の酸化鉱物が含まれているが、そのうちの磁鉄鉱（Fe_3O_4）や赤鉄鉱（Fe_2O_3）は永久磁石になる性質があって、強磁性鉱物と称されている。

強磁性鉱物は、加熱されると冷却時に地磁気を残留磁化（永久磁石）として記憶できる。そして、強磁性鉱物

（磁性粒子）を含んでいる焼土や焼石、あるいは陶磁器等の遺物は、生成された時に、その時の地磁気の化石となる残留磁化を獲得する。上述の様な遺跡に残っている資料を用いて、過去の地磁気を復元する研究が行われており、これを考古地磁気学と称している。

また、海や湖に貯まる堆積物も地磁気の記録となる残留磁化を獲得できる。それは、堆積物に含まれる微細な磁性粒子は水中を漂う間に自由に向きを変えることができ、底へ堆積する時に磁気コンパスの様に地磁気方向に磁化の方向を揃えるためである。後で述べる地震時の液状化で形成される噴砂も、同様な機構により水中で残留磁化を獲得するので、地磁気の化石として考古地磁気学の対象とできる。

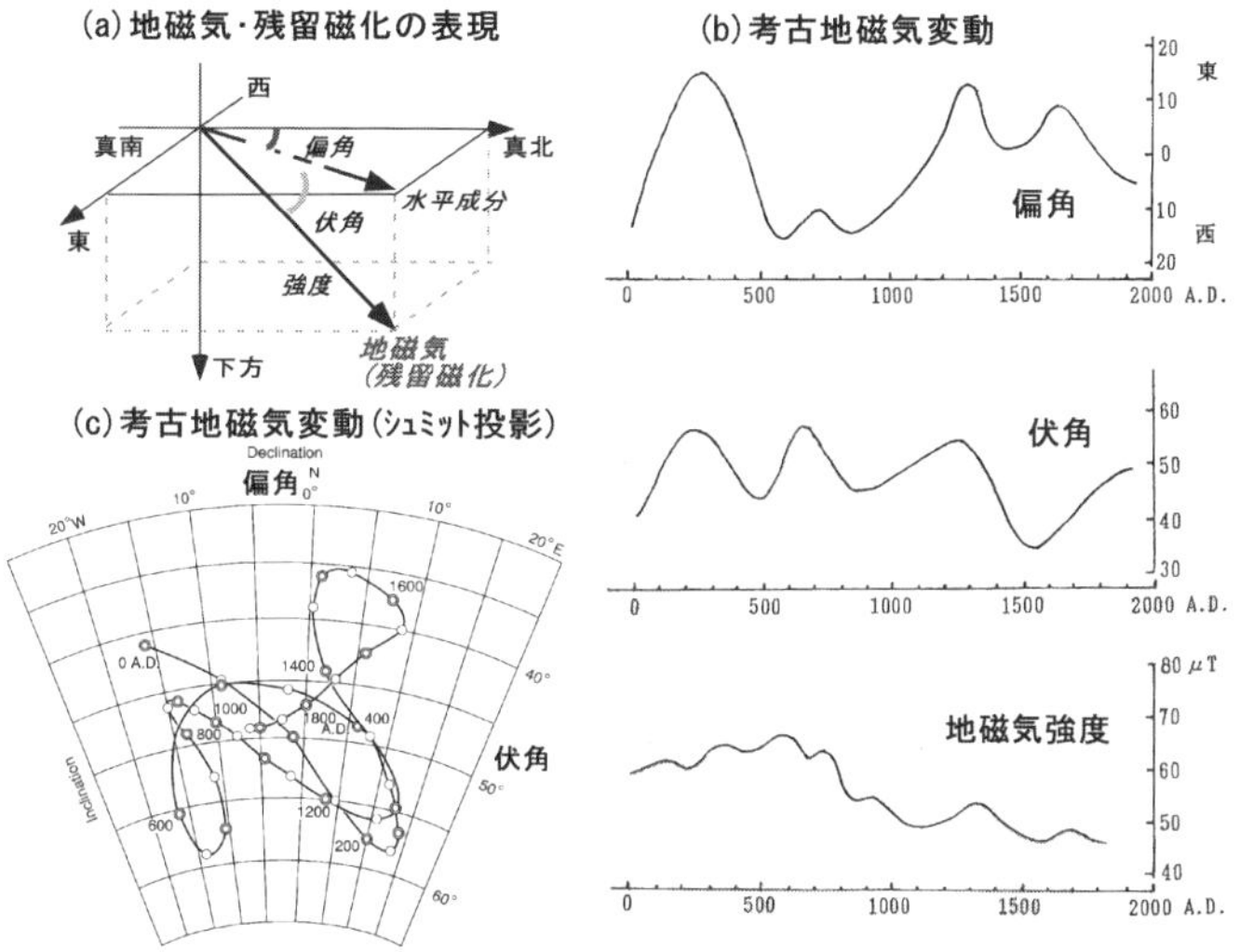

図１－１－１　左上：地磁気の３成分（偏角、伏角、地磁気強度）。右：地磁気３成分の過去2000年間の変動。左下：地磁気方向（偏角・伏角）の変動を拡大したシュミットネット上に示している。地磁気方向は、Hirooka(1971)、地磁気強度は、Sakai & Hirooka(1986) による。

考古地磁気の研究

地磁気は、**図１―１―１**左上の図の様に、方向を示す偏角（磁北極と真の北極のなす角）および伏角（磁北極に向かうベクトルと水平面とのなす角）と、大きさを示す地磁気強度の三成分で表される。地磁気は、地球中心部の流体運動により生じており、時代につれて方向も大きさも変化している。

焼土や堆積物は、壊されたり再び加熱されたりしなければ、一旦獲得した残留磁化を数千年後も安定

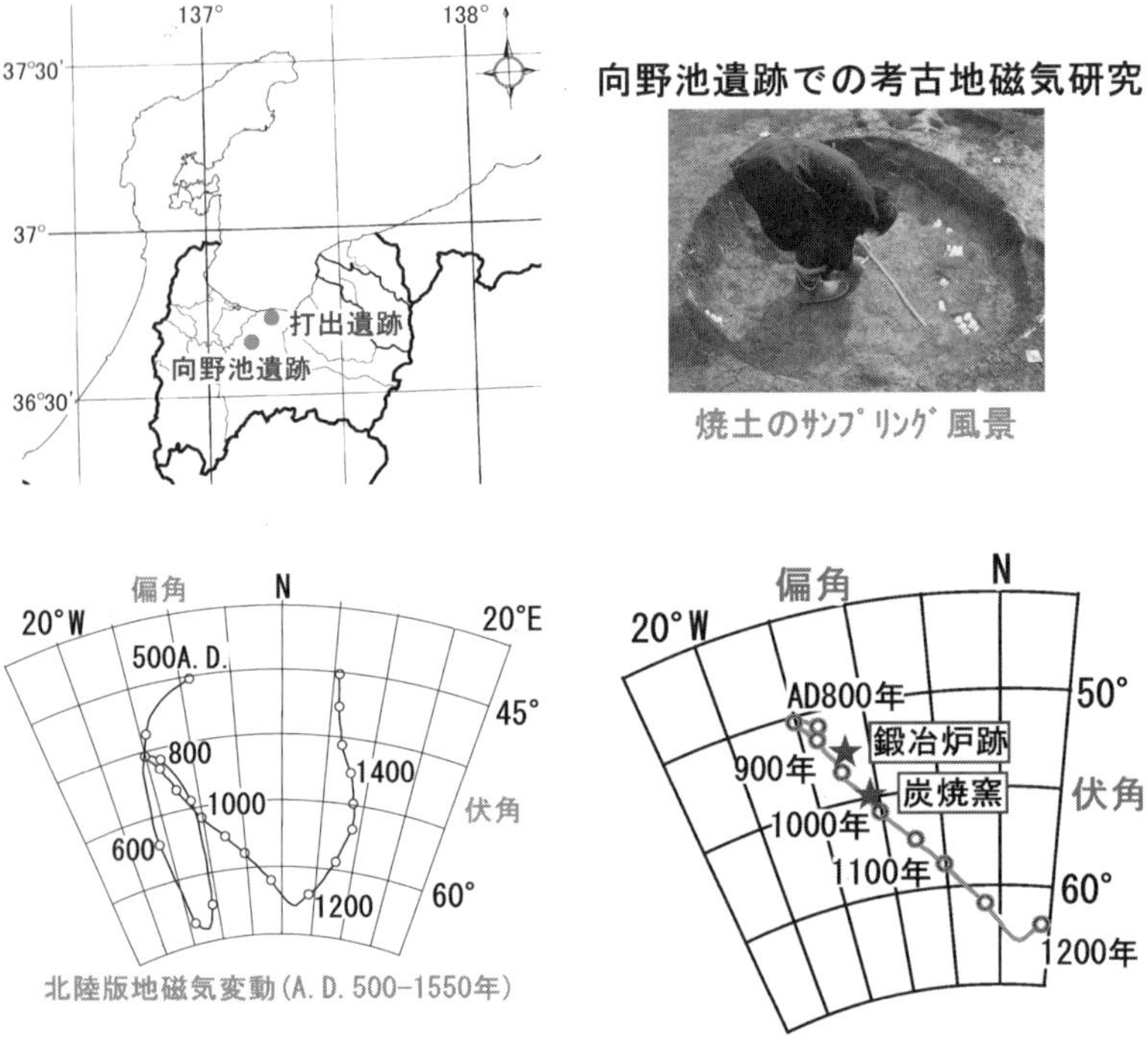

図１－１－２　研究対象の富山県の遺跡（左上）および、向野池遺跡での考古地磁気研究（酒井ほか、2006）を示す。北陸版地磁気変動は広岡（1997）による。

に残しているので、実験により読みとった残留磁化を用いて過去の地磁気が復元できる。そして、この研究法により、窯跡の焼土や遺物の残留磁化を用いて過去の地磁気が復元されてきた。図1―1―1の右図は、研究で得られた最近の二〇〇〇年間における日本の地磁気変動を示している。この地磁気変動を標準変動として、遺構の焼土や堆積物の残留磁化と対比すると遺構の年代が推定できる。現段階では地磁気方向の標準変動を用いて年代推定が実用的に行われており、焼土では、保存が良い場合には、数十年の精度での年代推定が可能となっている。

　図1―1―1に示す地磁気方向の標準変動は、近畿地方を中心に西南日本の試料を用いて研究されたもので西南日本版の地磁気変動と称されている。図をみると、過去二〇〇〇年間では、偏角は西偏二〇度から東偏一五度、伏角は三五度か

ら六〇度の範囲を複雑に変動していることが読みとれる。その後、より詳細な研究が進むにつれて、地域による地磁気変動の違いも検討できる様になった。北陸地域では、広岡（一九九七）により、六世紀から一六世紀の間の地磁気変動が研究され、北陸版の地磁気変動と称されている。

本稿では、富山県内の遺跡を対象とした研究を紹介するが、そこでは、**図１―１―２**の左下に示す北陸版の地磁気変動を用いている。

焼土での地磁気年代の研究例として、富山市向野池遺跡において富山市教育委員会により発掘された鍛冶炉跡と炭窯跡での調査をまず紹介する（**図１―１―２上**）。遺構は考古学調査から平安時代と推定されていたので、年代推定では、北陸版地磁気変動において、右下の図の様にＡＤ八〇〇―一二〇〇年における地磁気変動を拡大した図を利用した。星印で示した焼土の残留磁化の方向と、地磁気変動との比較から、鍛冶炉跡ではＡＤ九四〇―九五〇年頃の年代が推定され、この年代は、考古学年代ともほぼ合致した。また、近傍の焼壁土坑（簡易な炭窯跡）は、遺物が無いので年代不明とされていたが、同様に残留磁化の研究から、ＡＤ九八〇年頃の遺構と示された。以上の得られた年代について、誤差も考慮すると、底面に炭化物がある炭窯は、鍛冶炉等で用いる炭を製造した遺構であったことが地磁気の研究から裏付けられた。

２　富山市打出遺跡における噴砂の研究

遺跡の発掘調査の際に、地震の痕跡である噴砂跡がしばしば発見されている（寒川、一九九九）。地震で発生する地盤の液状化は現在も大きな被害を及ぼしているが、液状化した地中の砂が地下水と共に地表へ吹き出した噴砂は、地震の被害を裏付ける情報となる。遺跡に残った噴砂跡は、人々への地震の影響の証拠であり、災害としての地震を調べる重要な研究対象となる。

我々は、噴砂の磁気物性に着目して、特に噴砂から地震の年代を推定する手法の研究を進めてきた。古地震の調査で重要な噴砂跡であるが、調査の基本となる噴砂の年代を求める際、汎用の^{14}C法は適用できず、また地層や遺構との切り合いに基づく年代調査も容易で無い。そのため、噴砂を発生した地震の年代を、精度良く求める研究の開発が必要とされていた。

以下では、富山市・打出遺跡（図1―1―2）の噴砂について行った研究を例に、方法や成果を述べる。打出遺跡は、富山湾に注ぐ神通川の河口左岸に位置する、弥生時代から江戸時代に営まれた集落跡である。発掘調査により大規模な噴砂が見つかった（図1―1―3）。

噴砂試料の採集と考古学年代

現地表から約五〇cm掘り込んだ遺跡の調査面と、それより一m掘削された試掘坑において、噴砂層から研究試料を採集した。考古学調査により、十五世紀前半に埋葬された土葬墓の埋土を取り除いた段階で噴砂層が検出されたことから、当該噴砂を誘発した地震は十五世紀前半以前と推定された。また、噴砂で切られた炉跡の年代が考古地磁気研究から三世紀と得られたことも併せて、噴砂層は三―十五世紀前半の間に起きた地震で形成されたと考えられる。

地中レーダ探査で認めた噴砂の供給層

研究試料の採集と併行して、噴砂が認められた範囲の地下構造をレーダ探査で探った。図1―1―4には探査結果をもとに、表層から仮想的に面を剥いで地下を解析した結果を示している。

図より、遺構面で発見された噴砂は地下へ延びており、面の一三二cmより深部の領域に供給層があるとわかる。地震で液状化した土層が、上部の地層に裂け目を生じて噴出して当時の地表である遺構面へと現れたらしい。噴

図１－１－３　打出遺跡に出現した噴砂と試料採取

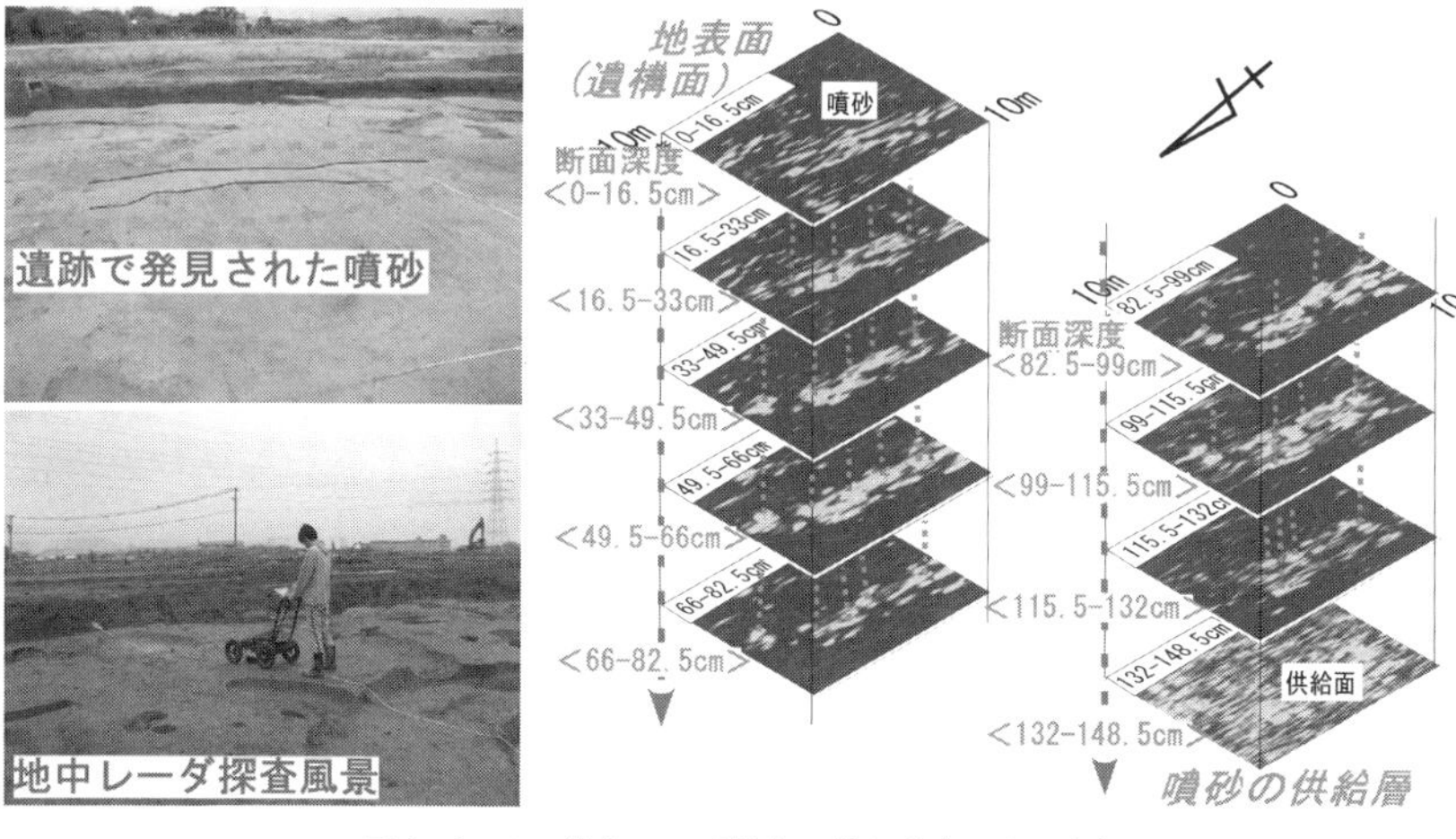

図１－１－４　地中レーダ探査で得た噴砂の地下分布

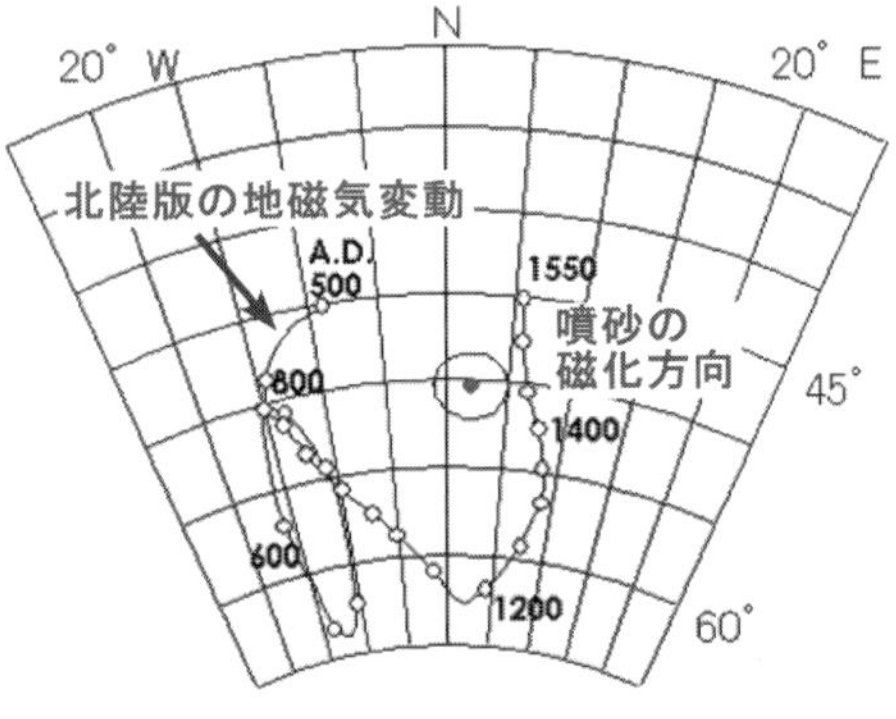

図１−１−５　北陸版地磁気変動と噴砂の残留磁化の平均方向と α95 信頼円

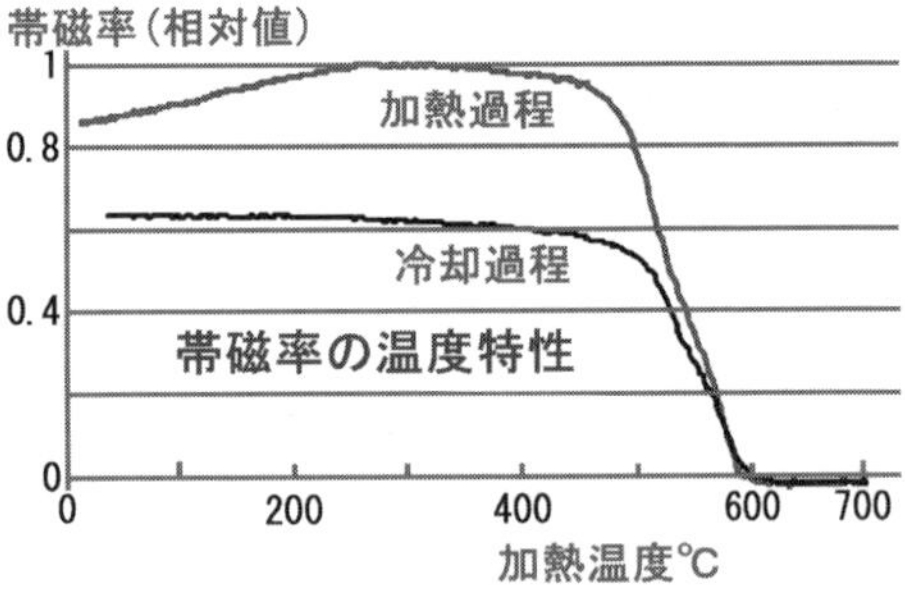

図１−１−６　帯磁率の温度変化

砂の範囲は北東―南西の方向に延びており、これは、地層が地震の時に受けた力や断層の方向と関係していると推察される。

残留磁化の測定結果と考古地磁気年代

遺構の発掘や調査の際に、噴砂の層は乱されている懸念があった。そこで交流消磁実験を行い、信頼度が高いと確認した磁化を持つ試料の実験結果をもとに噴砂の残留磁化を検討した。**図１―１―５**には、解析により得た五箇所（各箇所七個以上の試料）のデータの平均の磁化方向と九五％の信頼範囲（α_{95}信頼円）を、シュミットネット投影図に示し、地磁気変動曲線と対比した。先述の様に、考古学調査と炉跡の考古地磁気年代から、噴砂層の形成時期は、三世紀と十五世紀前半との間と推定されていた。また文献資料から、富山県で最も古い地震は九世紀の貞観地震と報告されているので、**図１―１―５**の北陸版地磁気変動（ＡＤ五〇〇―一五五〇年）による年代研究は可能と考えて、噴砂層の年代を検討した。

その結果、**図１―１―５**より、噴砂の形成年代は、十五世紀中頃（ＡＤ一四六〇±四〇年）と示された。

その他の磁化測定―帯磁率の温度変化

噴砂の磁性鉱物の種類を特定する目的で、幾つかの試料について帯磁率の温度変化を測定した。試料の加熱はアルゴン雰囲気中で室温～七〇〇℃まで行い、その後冷却した。殆どの試料では、**図１―１―６**に示す測定結果の様に、帯磁率は、四〇〇℃付近から減少し約五八〇℃で殆ど消失した。五八〇℃は磁鉄鉱のキュリー点（強磁性から常磁性に変わる温度）に相当するので、含まれる磁性鉱物は磁鉄鉱と結論できる。一部の噴砂では五二〇℃付近での帯磁率の急減もあり、これはチタンが含まれていることを示している。

磁鉄鉱が噴砂の主要な磁性鉱物と示されたが、このことは打出地域が海岸に近いことも関係していると考えられる。砂浜の地層に通常含まれる砂鉄は純粋な磁鉄鉱であり、噴砂の起源となった地層の生成状況を考える上で興味が持たれる。

地震の年代

噴砂を生じた地震について、一五世紀中頃（ＡＤ一四六〇±四〇年）という年代が得られた。理科年表にも示されている様に、紀元後に富山県で起きた大地震として、従来、ＡＤ八六三年の貞観地震、一五五四年の天正地震、一八五八年の安政地震が報告されていた。本研究の打出遺跡の噴砂跡は、その年代から、今まで未報告の地震に伴う液状化の発生があったことを示している。

この富山県では知られていなかった地震について、その後、『東岩瀬災害史』（城川、一九九四）に、文安五年の地震の記述が掲載されていることを確認した（富山市埋蔵文化財センター・古川氏）。

一四四八（文安五年）**八月越中に地震・大雨。放生津及びその東方に津波**（『坂田今村覚書』）

文中の放生津は、打出地域から西へ一〇ｋｍに位置する射水市（旧新湊市）の海岸部にあった湊町である。古文書に記された一四四八年の年代は、本研究で得た十五世紀中頃の地震の推定年代とも、考古学調査所見のいずれとも調和する。放生津を襲った地震は、その東方の近傍に位置した打出地域にも影響したことは十分考えられる。

以上の様に、噴砂の年代を磁化から求める研究方法を開発し、打出遺跡の噴砂層に適用した結果、未報告の古地震が見つかった。そしてこの地震の存在は、考古学調査所見や古文書からも裏付けられた。これらの成果は、考古学・歴史学と自然科学との文理融合の研究によって始めて可能となったものと言えよう。

研究結果の意義は他にも波及する。富山県では、過去一〇〇〇年間で、貞観地震（八六三年）、天正地震（一五五四年）、安政地震（一八五八年）の三回の地震による被害が示されていた。地震の発生周期を考えると約三〇〇年間に一度の確率となるが、天正地震より一〇〇年前の地震があったとなれば、地震被害の発生確率も変わって高くなる。

災害としての地震研究では、人々が住んでいた場所での地震の影響を調べることが重要である。そのことからも遺跡における地震跡は貴重な資料であり、遺跡から探る地震災害は地球科学や防災科学の面での進めるべき研究課題である。その文理融合の研究において、自然科学による研究は年代推定を中心に貢献が期待され、調査により過去に人々の生活に被害を生じた未知の地震が明らかになる可能性も高い。

地震活断層と十三―十五世紀の古地理

図１―１―７の左には、十三―十五世紀の打出遺跡周辺で、古文書等を元に調べられた古地理復元図を示している（中世岩瀬湊調査研究グループ（代表奥村奨）提供）。当時の海岸線は現在より沖側にあり、蛇行していた神通川の河口に打出遺跡は位置する。また、中世の三津七湊の一つで日本海流通の拠点であった岩瀬湊も近傍にある。打出遺跡を襲った十五世紀の地震は、「東岩瀬災害史」によれば津波を伴っており、岩瀬湊にも影響したと考えられる。地震と津波が岩瀬湊の衰退に絡み、湊が陸側へ移動したのもこの時期であったのかも知れず、三津七湊の歴史からも、同地域での研究の発展が望まれる。

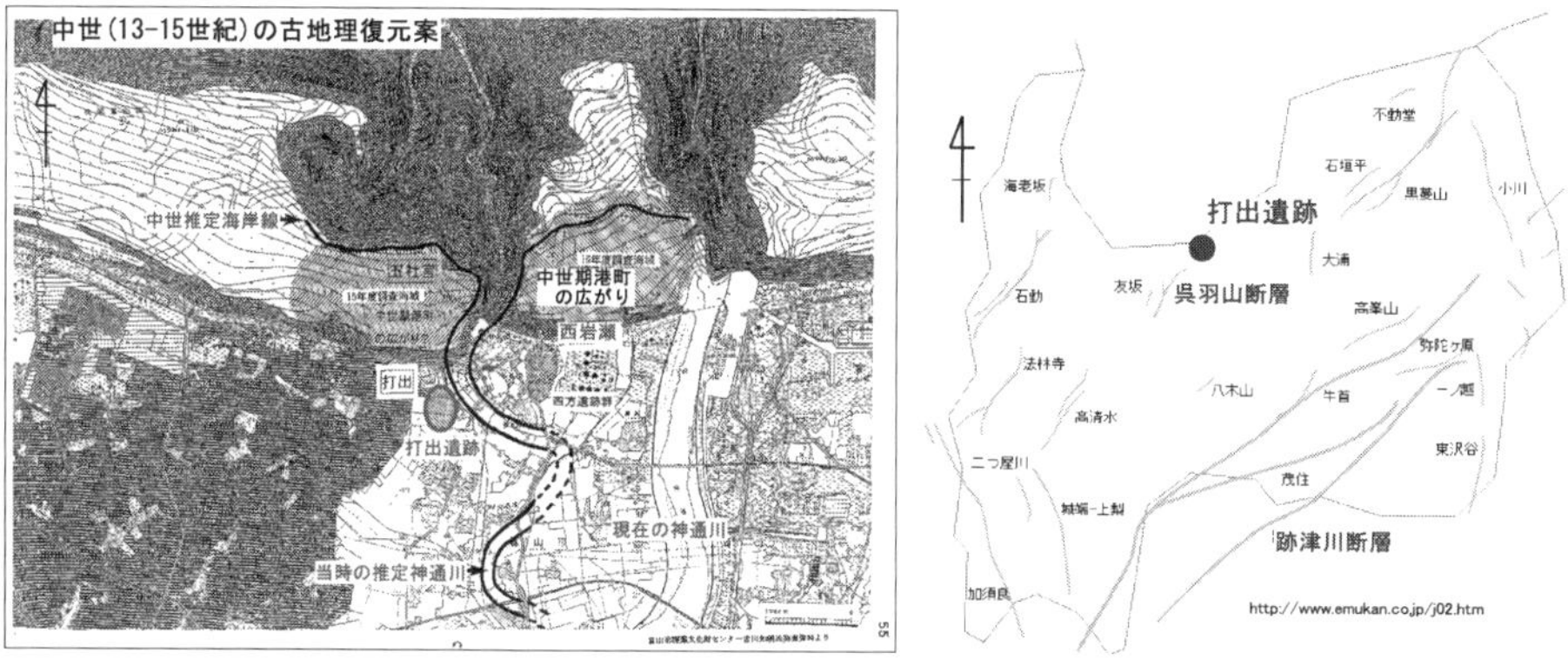

図1－1－7　左：中世期（13–15世紀）の富山市打出及び岩瀬湊周辺の古地理復元（中世岩瀬湊調査研究グループ）に加筆。右：富山県内の活断層と打出遺跡。

図の右には富山県内の活断層を示している。打出遺跡の噴砂の分布に北（北東）―南（南西）の走向が示されたが、富山市内を走る呉羽山断層の延長方向に打出遺跡があり、噴砂の延びる方向とも一致している。呉羽山断層は、富山湾の海底へつながるとの説があり、打出遺跡の噴砂との関係にも興味が持たれる。遺跡から地震の痕跡を探る調査は、当時の災害の復元だけで無く、広く地震学に貢献できる。

3　富山県の遺跡で認められたその他の過去の地震の痕跡の研究

高岡市石塚遺跡における噴砂

石塚遺跡は、高岡市中央部の庄川扇状地末端の微高地（標高約一〇m）に位置する（図1―1―8）。高岡市教育委員会の調査で、弥生時代中頃の平地式建物、竪穴住居や大型土坑等が発掘され、更に、遺構面では噴砂が広範囲に認められた。そこで、数m離れた二箇所の噴砂領域において実験試料を採集し、それらの残留磁化を研究した。

図1―1―8の右図に示す様に、測定した磁化方向（星印）を、地磁気変動と比較した結果、噴砂の年代はAD七五〇―九七〇年と推

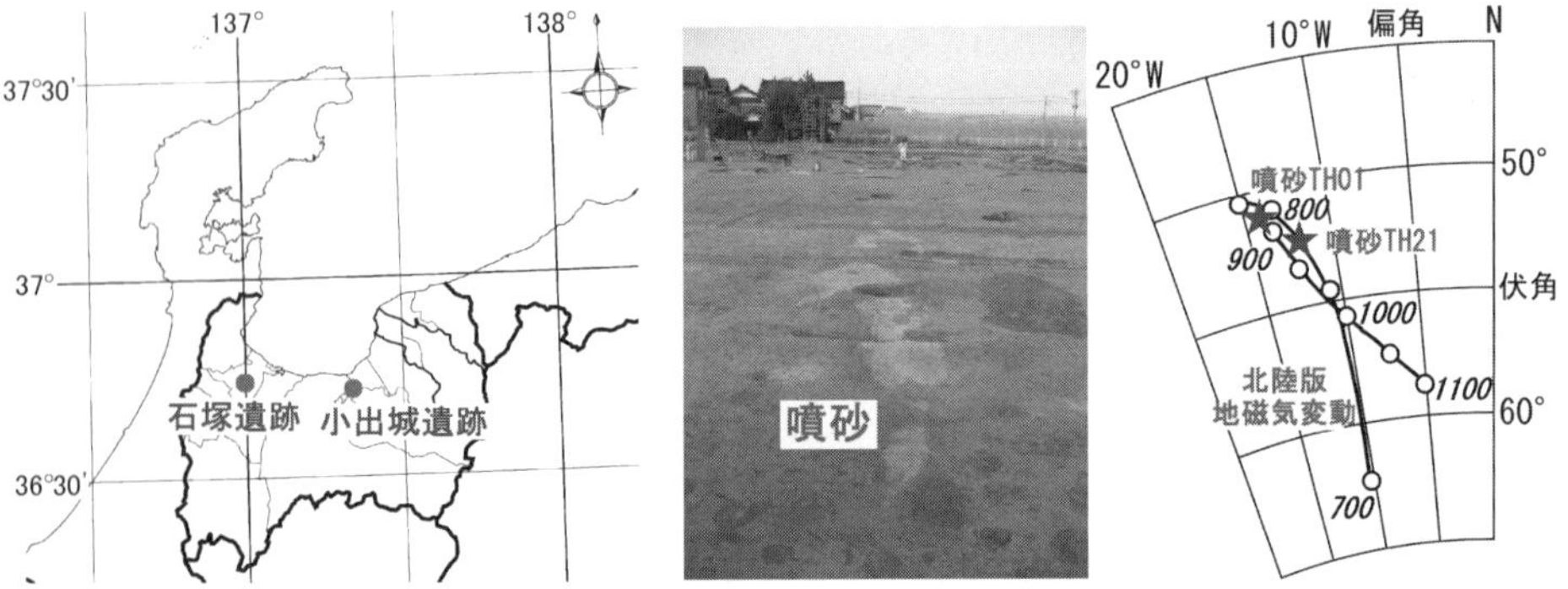

図１－１－８　石塚遺跡の噴砂、右は噴砂の磁化と北陸版地磁気変動（広岡、1997）との対比。

定された。これは、富山県内の古地震として、古文書の記録がある貞観地震（ＡＤ八六三年）の年代と対応する。考古学調査では、同噴砂は弥生時代中期の遺構を貫くが、中世の土坑で削平されており、地磁気年代との間によく合う状況が示されている。石塚遺跡に噴砂を発生した地震は、越中・越後を襲った貞観地震と考えられた（酒井他、二〇〇七）。

富山市小出城跡に現れた小断層の研究

小出城跡（図１—１—８）は、富山市北東部の白岩川右岸の低湿地帯に位置する戦国時代から安土桃山時代を中心とした時期の城館跡である。富山市教育委員会による発掘調査で現れた図１—１—９に示すほぼ鉛直な小断層の周囲で研究を行った。

土壌の磁化から、断層両側の地層のずれと変形が確認された。

更に、断層面沿いには、地震の際に表層が落ち込んで再堆積したと考えられる、くさび状の領域が存在した（噴砂の可能性もある）。この再堆積領域の残留磁化は、右の図に小円で囲んだ方向にまとまった。小断層は中世の遺構を切っているので、十二世紀以降の地磁気変動と磁化方向を比較した。その結果、北陸版地磁気変動（ＡＤ五〇〇—一五五〇年）とは一致せず、それ以降の変動として西南日本版変動と比較したところ、右の図より、再堆積領域の年代はＡＤ一八六〇±五〇年と推定された。西南日本版変動の基準点（京都）と富山との十六世紀以降の地磁気差は

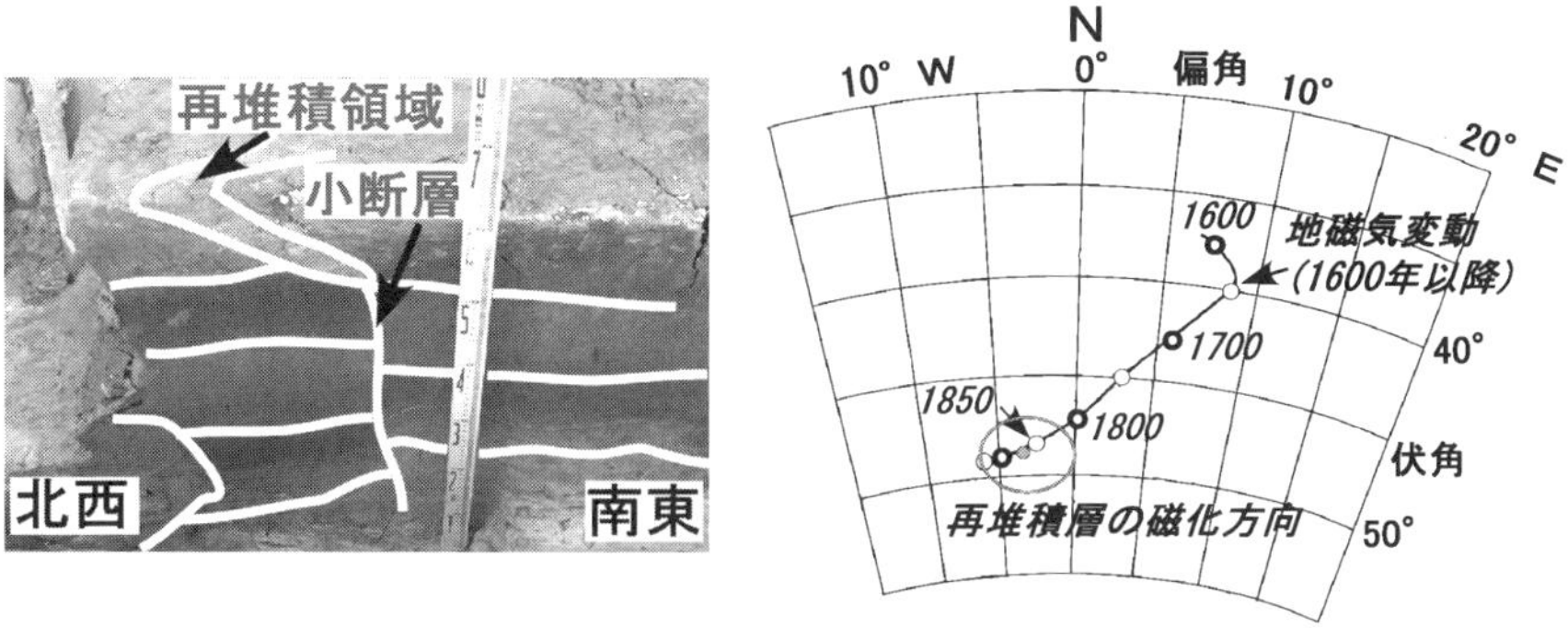

図１－１－９　左：小出城跡での小断層露頭。右：再堆積領域の磁化と地磁気変動の比較。

比較的少ないので、この比較は問題無いと考えられる。

得られたＡＤ一八六〇±五〇年の年代は、富山県で常願寺川流域に大きな被害を起こした安政飛越地震と対応できる。つまり、小出城跡の小断層は、ＡＤ一八五八年二月二六日に富山県を襲った「安政飛越地震」の時の形成と推測された。この地震は、富山県・岐阜県の県境を走る国内有数の活断層である跡津川断層が起こしており、『魚津在住言上抄』（成瀬正居編、金沢市立玉川図書館蔵）には、同地震による小出城近傍での被害を示す以下の記述がある（廣瀬、二〇〇〇）。

小出村、田地高低になり、地割れ砂噴出、家・蔵多数全半潰

小断層の地磁気年代は、小出城跡における安政飛越地震の被害を示す史実の証拠となった。

４　まとめ

自然環境の過去の人々の生活への影響を遺跡から探る研究は、現在の環境問題を考える上でも重要と考えられる。本稿では、環境変動としての自然災害に注目し、遺跡に残る地震被害の痕跡である噴砂の研究成果を報告した。

噴砂の磁気物性を用いる研究から、富山市打出遺跡では、富山県で初めての報告となる十五世紀中頃の地震が示され、考古学所見とも調和した。その後、この地震を示す古文書の存在も判明した。未報告の被害地震の解明は地震発生確率の研究でも有用であり、遺跡から探る自然災害調査の重要性が指摘された。また高岡市石塚遺跡では、同遺跡に現れた大規模噴砂は十世紀の貞観地震で生じたことが、噴砂層の磁化研究から判明した。更に、富山市小出城跡に認められた地震で歪んだ地層の年代研究は、古文書で示唆されていた一八五八年の安政地震の被害を裏付ける結果であった。

これまで概略を示した様に、地中レーダ探査は、噴砂の地中分布と供給源を明確に捉えていた。遺跡での噴砂を対象とするレーダ探査はあまり行われていなかったが、その有用性は他の遺跡でも確認している。また我々は、探査では、土壌物性の実測による検証が必要との方針を持っており、噴砂の電磁気物性も測定して探査結果の信頼性を検討した。

噴砂が地磁気方向に磁化を獲得する過程は興味深い課題である。水中で堆積物が磁化を獲得する場合と似ていると思われるが、地震による振動が磁化の効率を上げている可能性がある。人工的に液状化を起こす実験を進めており、噴砂の磁化過程がわかれば、より信頼度の高い噴砂および地震の年代が研究できると考えている。

本研究で例を示した噴砂や地震跡の研究は、考古学における新たな情報源となる。富山市打出遺跡と同様に未知の地震が各地の遺跡で見つかる可能性も高く、文理融合の地震災害科学として今後さらに発展すると期待される。

（謝辞）富山市教育委員会埋蔵文化財センターの古川知明氏・小黒智久氏には、本研究を進めるにあたって、多くの助言を頂きました。

参考文献

酒井英男・広岡公夫「古地磁気・岩石磁気からみた断層運動」、『月刊地球』第七号、一九八三年、三九四―三九八頁。
酒井英男・金井友里・岸田徹「富山市打出遺跡の焼土の古地磁気測定」、『富山市打出遺跡発掘調査報告書―一般県道四方新中茶屋線住宅基盤整備事業に伴う発掘調査報告』富山市埋蔵文化財調査報告７、二〇〇六年ａ、一七〇―一七八頁。

酒井英男・正和紗央里・岸田徹・伊藤孝・飯田肇「噴砂や断層近傍の土壌の磁化特性の研究—ペットボトルによる液状化の実験と古地震の年代推定」、『立山カルデラ砂防博物館研究紀要』第七号、二〇〇六年b、三一—三六頁。

酒井英男、山本雄治、不破裕司、酒井秀治「対雁Ⅱ遺跡の焼土と噴砂の考古地磁気研究」、『江別市　対雁2遺跡（9）』北海道埋蔵文化財センター調査報告書240、二〇〇七年a、一九一—一九四頁。

酒井英男・松延礼佳・岸田徹・伊藤孝・野垣好史「富山市小出城遺跡に現れた小断層の考古地磁気研究」、『富山市小出城跡発掘調査報告書』富山市埋蔵文化財調査報告14、二〇〇七年b、五九—六二頁。

酒井英男・伊藤孝・菅頭明日香「考古地磁気法による古地震の年代推定の研究」、『活断層研究』27号、二〇〇七年c、九—一六頁。

寒川旭『地震考古学　遺跡が語る地震の歴史』、中公新書、一九九九年。

城川勇編『東岩瀬災害史』東岩瀬災害史をつくる会、一九九四年、五頁。

中世岩瀬湊調査研究グループ（代表 奥村奨）「海中から中世岩瀬湊を探る」二〇〇四年度日本海学研究グループ支援事業中間報告、二〇〇五年。http://www.nihonkaigaku.org/library/group/i040401a-ta.html

富山市教育委員会埋蔵文化財センター編『富山市打出遺跡発掘調査報告書—一般県道四方新中茶屋線住宅基盤整備事業に伴う発掘調査報告』富山市埋蔵文化財調査報告7、二〇〇六年。

富山市教育委員会埋蔵文化財センター編『富山市向野池遺跡発掘調査報告書—呉羽南部企業団地造成に伴う埋蔵文化財発掘調査報告書』富山市埋蔵文化財調査報告18、二〇〇六年。

富山市教育委員会埋蔵文化財センター編『富山市小出城跡発掘調査報告書—一般県道下砂子坂池田町線道路改良事業に伴う埋蔵文化財発掘調査報告書』富山市埋蔵文化財調査報告14、二〇〇七年。

広岡公夫「北陸における考古地磁気研究」、北陸中世土器研究会編『中・近世の北陸　考古学が語る社会史』桂書房、一九九七年、五六〇—五八三頁。

廣瀬誠『地震の記憶　安政五年大震大水災記』桂書房、二〇〇〇年。

Hirooka, K., "Archaeomagnetic study for the past 2000 years in southwest Japan," *Memoirs of the Faculty of Science, Kyoto University. Series of Geology and Mineralogy* 38, 1971, pp.167—207.

Sakai, H. and K. Hirooka, "Archaeointensity determinations from western Japan," *Journal of Geomagnetism and Geoelectricity* 38, 1986, pp.1323–1329.

第2節　中国・北朝鮮国境白頭山の一〇世紀巨大噴火

放射性炭素法による高精度年代測定

中村俊夫・奥野　充・小田寛貴・南　雅代

朝鮮民主主義人民共和国（北朝鮮）と中華人民共和国（中国）との国境にある白頭山（中国名では長白山）は大陸の縁辺部にある標高二七七四ｍの孤峰の火山であり、美しいカルデラ湖を持つこと、周辺の険しい自然やまた温泉があることで知られている。この火山は、日本と関わりが深い。一〇世紀の巨大噴火により日本に火山灰がもたらされ、東北地方や北海道では降下軽石（テフラの給源となる白頭山Baitoushanと堆積層の模式地である苫小牧をとって白頭山苫小牧テフラ、あるいは頭文字を用いてB―Ｔｍテフラと呼称される）による明確な堆積物層が形成されている。噴火時は、約一〇〇〇㎞離れた日本にも火山灰降下による直接の被害や気候変化などの影響を及ぼしたことであろう。B―Ｔｍテフラ層は、この地方の考古遺跡の発掘において、地層の年代推定に役立つ基準堆積層として利用されている（**図1―2―1**）。

白頭山火山の一〇世紀の巨大噴火については、町田洋ほか（一九九〇、一九九二）により一連の研究が行われている。これらは、主として中国領側からの調査である。一方、田中克人ほか（一九九八、一九九九）は、北朝鮮領側から白頭山の調査を行い、噴火による降下軽石層から立木の状態にあった樹木幹片を採取し、その放射性炭素（^{14}C）年代測定を実施している。また二〇〇一年から、東北大学東北アジア研究センターを主体にした白頭山火山に関連する総合的な学術調査が行われ、白頭山火山の一〇世紀巨大噴火に関する新しい知見が得られつつある。この調査では文献調査も行われている。白頭山の噴火が起きた一〇世紀ころは、白頭山を含む中国大陸の北東領域を支配していた渤海国（六九八―九二六年）が契丹に滅ぼされた時期にあたり、渤海国滅亡に対する火山災害の

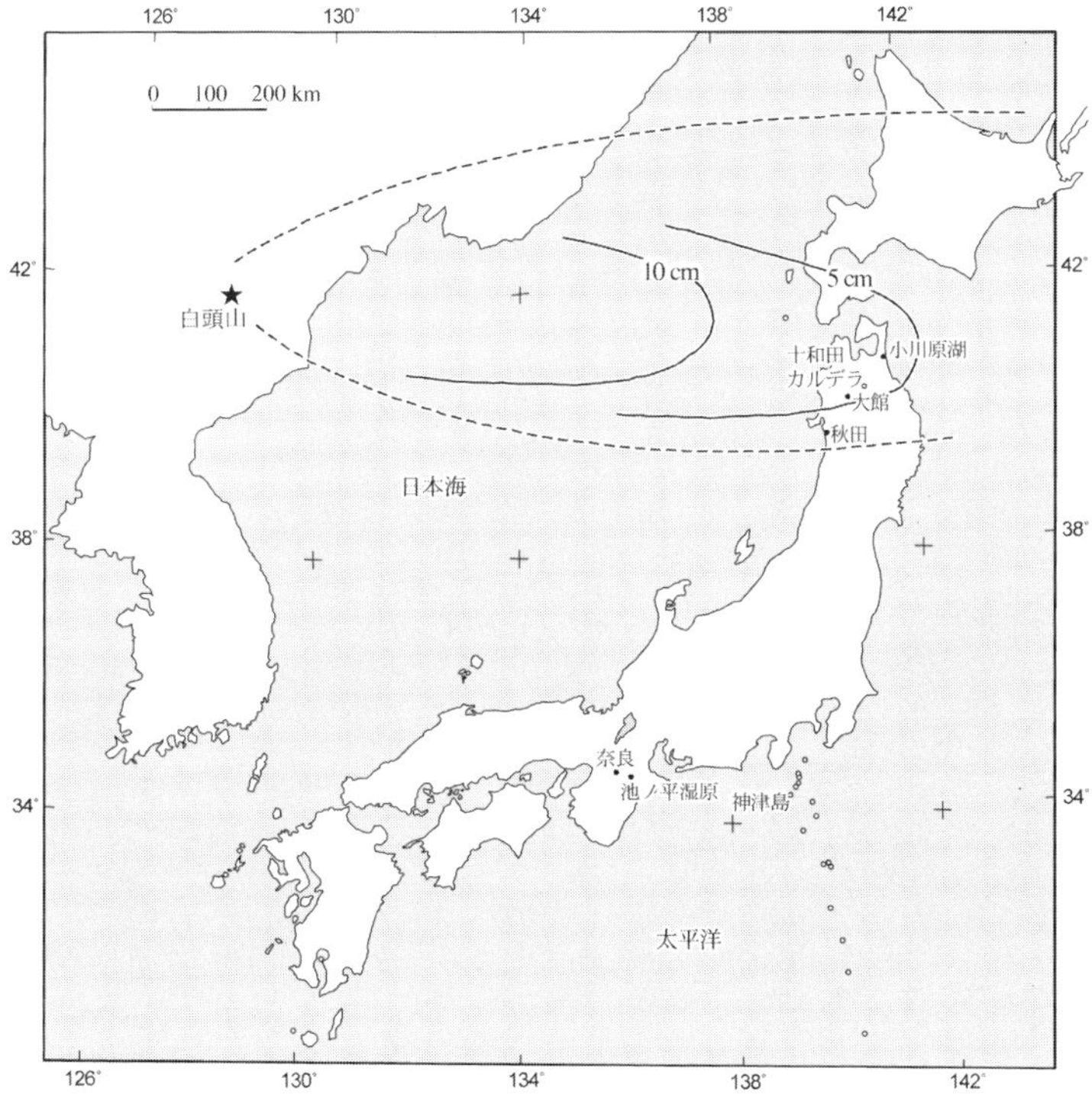

図１－２－１　白頭山の位置と白頭山苫小牧火山灰（B-Tm）の分布状況

影響が論じられているが、この火山の大噴火に関する文献記録などはまだ発見されていない。

名古屋大学では、加速器質量分析（AMS: accelerator mass spectrometry）による^{14}C年代測定を三〇年間行ってきた（中村、一九九九、二〇〇三、二〇一〇）。最近の研究により、樹木試料の年輪を分けてそれぞれの年輪の^{14}C年代を細かく測定することにより、すなわち、後述する^{14}C年代ウイグルマッチング解析により、樹木の伐採年や枯死年を高精度で決定することが可能であることを確信するに至っている。そこで、この^{14}C年代ウイグルマッチング解析を、白頭山の一〇世紀巨大噴火の年代決定に適用する。二〇〇一年に中国領側から白頭山山麓を調査し、巨大噴火に伴う火砕流・泥流堆積物の中から、^{14}C年代ウイグルマッチング解析に最適な樹木幹試料を採取した。

本稿では、ＡＭＳによる^{14}C年代測定法を概観する。次に、白頭山火山の一〇世紀巨大噴火に関して、これまで実施されてきた年代学的な研究成果をまとめたうえで、筆者らが白頭山山麓で採取した炭化樹木の年輪について^{14}C年代測定を、さらに^{14}C年代ウイグルマッチング解析を行った結果を述べる。

１　^{14}C年代測定法とは

放射性物質の壊変現象は早くから注目され、さまざまな放射性同位体を用いる年代測定法が開発され、発展してきた。^{14}C年代測定法は、一九四〇年代末に開発され、さらに一九七〇年代末には^{14}Cの放射能を測る方法から^{14}C原子を直接数える方法へと進化している。半減期が、五七三〇年であるため、現代から五—六万年前までしか測定できないが、高精度でかつ正確度の高い年代測定法であり、最終氷河期の中頃から後氷期にあたる現代までの地球環境変動の研究に盛んに用いられている。また、考古遺物や古文化財資料の年代測定にも幅広く利用されている。

天然の炭素は、三種類の炭素、すなわち、放射性の炭素原子（^{14}C）と安定な炭素原子（^{12}C及び^{13}C）から構成される。記号Ｃは炭素を表し、左肩の数字は質量数を表す。ＡＭＳにより、試料炭素を構成する^{12}C、^{13}Cおよび^{14}Cの個数の比率を同時に正確に測ることができるようになった。さて、この比率と年代にはどのような関係があるのか。実は、^{14}Cは放射性であり、時間の経過に従い、一定の割合で別の元素（窒素^{14}N）に変わる。この放射性壊変は、物理学の原理に基づき、規則正しく起こる。従って、放射性壊変は正確な時計として利用でき、この壊変による^{14}Cの減少量を測ることで、試料が形成されてからの経過時間がわかる。これが、^{14}C年代測定法である。

炭素は、生物に含まれる主要元素の一つであることから、生物に由来するさまざまな物質に含まれている。生物起源のさまざまな炭素を含む物質が^{14}C年代測定の対象となる。

^{14}Cは、宇宙から降ってくる宇宙線の作用により地球の大気中で形成される。^{14}Cは酸化されて二酸化炭素（$^{14}CO_2$）となり、大気中に存在する他の二酸化炭素とよく混合して、^{14}C濃度（^{12}Cに対する^{14}Cの割合）が一定になったあと、光合成、食物連鎖により生物体内に移行する。宇宙線による^{14}Cの生成が時間的に変動しなければ、放射壊変により減少する^{14}Cの個数と生成される個数とが釣り合って、地球上の^{14}Cの個数は時間的に変動しない。このため、炭素試料の^{14}C初期濃度はほぼ一定であり、試料中に残存している^{14}C濃度と試料が炭素固定を行ってからの経過時間（年代）との関係はほぼ指数関数で表される。さまざまな炭素含有物質のうち、炭素固定を行った時期が数万年前より新しいものでは、まだ^{14}Cが残っており、その^{14}C濃度を測定することで、炭素固定の年代、すなわち試料の形成年代が測定できる。

一九五〇年頃、リビーにより開発された^{14}C年代測定では、^{14}Cの検出は、^{14}Cが放射壊変する際に放出するエネルギーの弱い放射線を検出することにより行われている。^{14}Cという放射性核種の含有率は、年代の新しい資料では高く、反対に古い資料では低い。リビーは考古年代が判明している資料の^{14}C含有率を測定することで、この法則を明らかにした。また同時に、この研究は、考古学的年代が既知である資料を用いていることから、考古資料の年代を探究するという目的に対して^{14}C年代測定法が有効な手段となり得ることを直接示した研究でもある。

木・炭・骨・貝など炭素を含む試料についての測定が可能であること、また五七三〇年という^{14}Cの半減期から、適用範囲が現在から数万年前までであることなどからも、^{14}C法は考古資料に適した年代測定法であるといえる。資料の中に含まれている^{14}Cを定量することでその古さを求めるのが、^{14}C年代測定法である。^{14}Cの定量のため、リビーは screen-wall counter とよばれるガイガー・ミュラー（ガイガーとも言う）計数管により^{14}Cの放出するβ線の計数を行った。その後、気体比例計数管・液体シンチレーションカウンターを用いてβ線の計数を行う^{14}C年代測定法が開発された。これらが現在、放射線計数法もしくはβ線計数法とよばれているものである。

図１－２－２　AMS装置（名古屋大学）

その後、加速器質量分析計とよばれる測定器を用いた新興の^{14}C年代測定法が、一九七七年に開発され、一九八〇年代に入って本格的に利用されるようになった。放射線を計数するのではなく、試料に含まれている^{14}Cを直接計数するこの方法は上述の放射線計数法に比べて大きな利点を有するものであった。すなわち、測定に要する資料の量が約千分の一にまで低減されたのである。加速器質量分析法は、数ミリグラムの炭素試料での^{14}C年代測定を実現した。ＡＭＳの登場によって、元より量の少ない資料（例えば、土器に付着した炭化物・植物の種子等）、炭素含有率の低い資料（鉄滓・鉄器等）、破壊分析に供する量に限度のある資料（古文書・美術工芸品等）の年代測定が可能となり、^{14}C年代測定法の対象となる資料の範疇が実質的に拡大されるに至ったのである。

２　ＡＭＳによる^{14}C、^{13}C、^{12}C測定

名古屋大学に設置されているＡＭＳ装置の全体像を図１—２—２に示す。年代測定の前段階である試料調製操作において、試料から特定の炭素成分が抽出され、固体の炭素であるグラファイトに変えられる。分析計のイオン源で試料グラファイトから炭素の陰イオンが形成され、タンデム加速器を用いて加速されたあと陽イオンに変換されて再加速され、質量分析電磁石により、^{12}C、^{13}C、^{14}Cに分離される。^{12}Cおよび^{13}Cの陽イオンは電流読みとり装置で測られる。^{13}Cは、気体電離箱検出器へ導かれ、^{14}Cであることを確認されたあとに計数される。大気中CO_2の炭素同位体組成は、^{12}Cが0.989に対して^{13}Cが0.011、また^{14}Cは0.000000000001である。このように^{14}Cはきわめ

て微量にしか存在しないが、この割合を正確に測定できる。

名古屋大学のタンデトロン加速器質量分析計による^{14}C年代測定は次の様な特徴を持つ。
（１）ごく少量の炭素試料で測定が可能である。すなわち最終段階で分析計に用いる試料は、炭素として一mgあれば十分である。
（２）測定誤差は、数千年前までの比較的新しい試料については、定常的な年代測定では±二〇—±四〇年程度である。試料の年代が古くなると誤差はこれより大きくなる。
（３）ごく低い^{14}C濃度の測定が、すなわち古い年代の測定が可能である。約五万年前まで遡って年代測定ができる。
（４）測定に要する時間が短く、一試料あたり一—二時間で十分である。

３　^{14}C年代から暦年代への較正

年代測定試料は、試料が形成された年代である暦年代と、炭素同位体の測定から算出される^{14}C年代の二つの年代を持つ。樹木年輪年試料などについて、両年代の関係を**図１—２—３**に示す。暦年代は樹木の年輪年代と直接対応し、年輪の計数から求まる。海底堆積物では年縞の計数、サンゴ試料ではウラン-トリウム年代測定（ウラン（^{234}U）が壊変して生成されるトリウム（^{230}Th）の増加量から年代を推定する）から暦年代が得られる。こうして暦年代が決まった試料について^{14}C年代測定を行うことにより、試料の暦年代と^{14}C年代の関係が得られる。**図１—２—３**が、世界的に、^{14}C年代を暦年代へ換算（較正）する際に使われている「^{14}C年代—暦年代較正曲線（IntCal 04データ）」である。**図１—２—３**をよく見ると、^{14}C年代は暦年代からずれていることがわかる。おおよそＡＤ一年以前では、^{14}C年代は暦年代よりも系統的に若い値を示し、そのズレは年代が古くなるほど大きくなる。数千年前では^{14}C年代

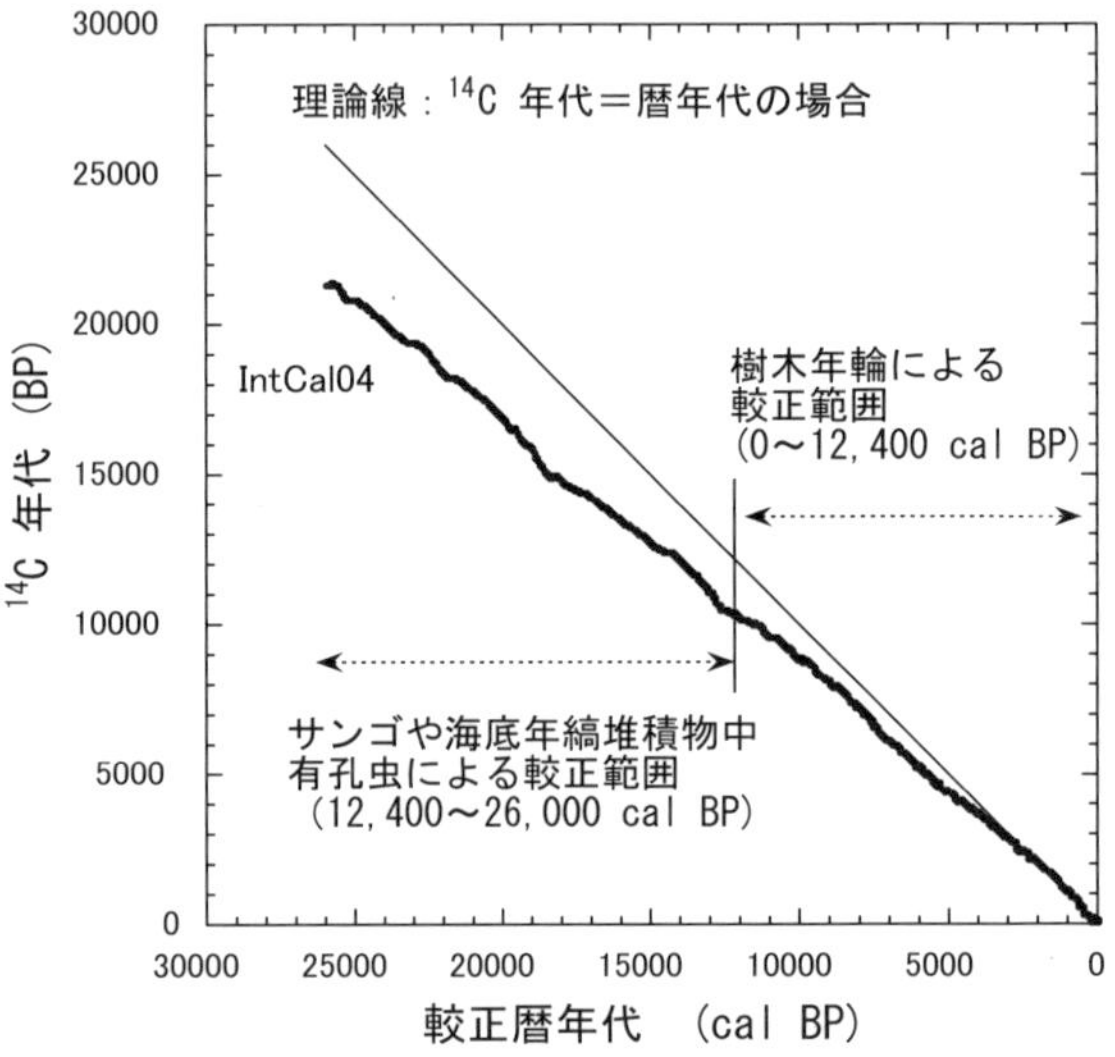

図１－２－３　^{14}C 年代－暦年代較正曲線（IntCal 04 データ）
較正暦年代で０―26,000 cal BP の期間の^{14}C 年代と暦年代の関係が示される。両年代共に BP（before present：西暦1950年から遡る）の年数で表される。“cal” は、calibrated の略で較正された暦年代を表し、BP のほか、紀元前、紀元を示す BC、AD を付けて cal BC、cal AD も用いられる。

は暦年代よりも五〇〇―八〇〇年若く、数万年前になると三〇〇〇―五〇〇〇年若くなる。こうした^{14}C年代の暦年代からのずれは、過去の^{14}C濃度が変化せず常に一定であったと仮定して^{14}C年代が算出されることによる。実際には、過去の^{14}C濃度は変化しており、その結果が**図１―２―３**に示されるような^{14}C年代の暦年代からのずれに現れている。特に、現代から一二四〇〇calBP（西暦紀元前一〇四五〇年）の間は、樹木年輪を用いて過去の^{14}C濃度が詳細に調べられており、^{14}C濃度（年代）のデコボコ（**図１―２―３**に見られる^{14}C年代のデコボコで^{14}Cウイグルと呼ばれる）が知られている。これらの^{14}C濃度（年代）の変動は、太陽活動や古地磁気の強弱変動、さらに気候変動にともなう大気―海洋間の炭素交換速度の経年変動によることが知られている。

考古学的イベントの時間的周期性（例えば、一つの土器型式の使用期間や型式の移り変わりなど）を解析しようとする際には、歪んだ時間尺度である^{14}C年代を使ってはいけない。代わりに暦年代を用いる必要がある。そこで、**図１―２―３**に示されるデータを用いて^{14}C年代から暦年代への較正が行われる。また木材試料などでは、四一ページで詳述する^{14}Cウイグルマッチング解析が行われる。

4　B—Tm噴出年代に関する最近の研究

年輪年代学による噴火の上限及び下限年代の設定

年輪年代測定は、樹木の年輪幅の測定データを広く蓄積して、年輪の暦年代と年輪幅変動の基準パターン（標準年輪幅変動曲線）を確立し、年代が未知の樹木片の年輪幅変動と標準年輪幅変動曲線との一致を比較・確認して、樹木片の年輪年代を決める方法である。個々の樹木の年輪幅は生育場所のローカルな気候（気温、湿度、日照など）に依存しており、年輪年代法は樹種や生育場所により適用制限がある。白頭山の一〇世紀の巨大噴火について、噴火により形成された火砕流・泥流堆積物中に残された樹木に対して年輪年代法の適用が試みられているがまだ成功していない。しかし、噴火の時期について、日本国内で発見された地層及び木材試料から以下のような重要な情報が年輪年代法から得られている。

八甲田火山東北麓にある田代湿原の泥炭層堆積物の最上部にごく薄い火山灰層が二枚重なってみられ、上位の黄白色火山灰層が一〇世紀の噴火による白頭山苫小牧テフラ（B—Tm）で、下位の白色火山灰層が十和田ａ火山灰（To-a）であることが確認されている。To-aは東北六県を広く覆うテフラであり、仙台市陸奥国分寺跡では、古記録から八七〇年と九三四年に対応すると思われる二つの遺物包含層に挟まれることが確認されている。さらに、To-aに伴う火山噴出物が火砕流、さらに泥流と化して米代川沿いに流下し、大館盆地と鷹巣盆地を一時的に湖沼化させた。この際、米代川沿いに毛馬内火砕流・泥流堆積物が作る段丘が残された。この段丘堆積物に覆われた古い家屋が出土した。埋没家屋の建材のうち最外年輪が保存されているスギの板材について、光谷拓実（二〇〇二）により年輪年代測定が行われ杉材の伐採年代として九一二年が得られている。毛馬内火砕流堆積物は、To-a降下軽石を時間間隙なしに覆うため、この火砕流堆積物の年代はTo-a降下軽石の噴出年代と同じであるとみてよい。従って、To-aとそれより遅いB—Tmの噴出は九一二年以降である。一方、古記録の「扶桑略記」

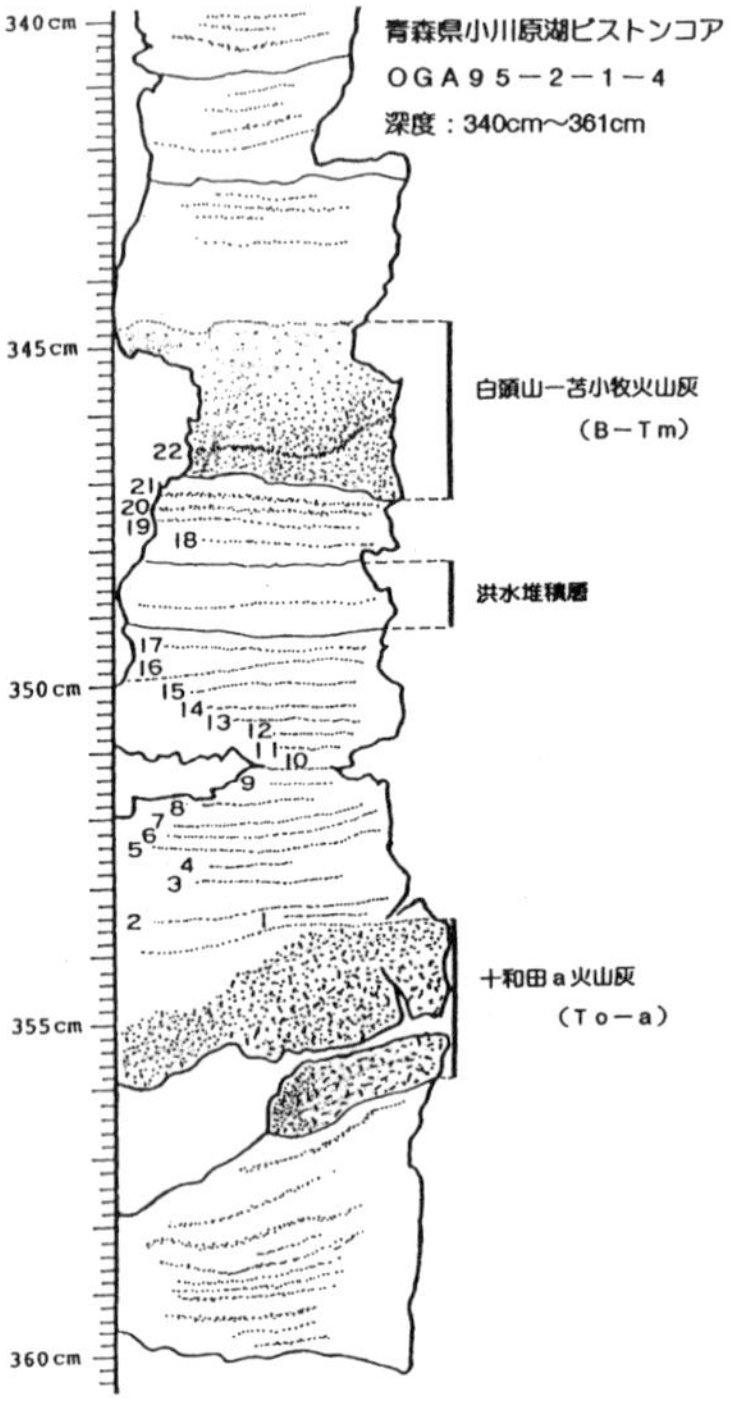

図1−2−4　青森県小川原湖の湖底堆積物コア試料にみられる年縞堆積物の構造とTo-aおよびB-Tmテフラ層（福澤仁之ほか、1998）

には、九一五年に、出羽の国で火山噴火に関連したイベントが起きた記載があり、これがTo-aの噴火年代とすれば、毛馬内火砕流堆積物に覆われた埋没家屋の建材の伐採年代である九一二年と調和的に関連付けられる。

また、「日本紀略」の「天慶二年正月二日（九三九年一月二六日）」に火山灰降下に関連するような記載が残されており、これがB—Tmテフラの降下を記したものである可能性が指摘されている。さらに、光谷拓実は、中国領内の調査においてB—Tm火砕流堆積物中から採取したチョウセンマツの炭化木の最外年輪の組織観察から、噴火の季節が冬であったと推定している。これは、「日本紀略」に記される「天慶二年正月二日（九三九年一月二六日）」にB—Tmテフラが降下したとする説と季節のうえでは調和する。

さらに、青森県野辺地町にある住宅遺跡から発見された堀がB—Tmテフラの堆積物層を貫いて造られていた。この堀の構築に使われていた板材の原料となる樹木の伐採年代は、年輪年代測定により九七二年であることが光谷拓実により明らかにされている。

このように、年輪年代測定グループによる研究の成果から、B—Tmテフラの噴出年代は、九一二—九七二年の間であると絞り込まれている。

小川原湖の湖成堆積物の年縞の解析

小川原湖の湖成堆積物に、樹木年輪に似た明瞭な縞模様の堆積層が見つかっており、一年に一枚ずつ堆積すれば年縞と呼べる。福澤仁之ほか（一九九八）により、この縞模様堆積物の観察から、堆積物層に残されているTo-aテフラ層とB―Ｔｍテフラ層の間に洪水イベント層を挟む二二枚の年縞が見られることが確認されている（図1―2―4）。年縞に欠損が無いとすれば、前述のようにTo-aの噴火年代として九一五年を用いると、B―Ｔｍテフラの降下年代は九三七―九三八年と推定される。

グリーンランドの氷床コアに記録された火山活動

長さ三〇〇〇ｍを超えるグリーンランド氷床ボーリングコア試料（GISP 2）は、過去の気候変動の様子を調査するために採取されたものである。このコアに記録されている、火山噴出物成分である硫酸イオン（SO_4^{2-}）の濃度の深度変化とコアの年代から、火山活動の歴史を読み解くことが可能である。実際、このコア試料からは紀元前七〇〇〇年以降の火山噴火の記録が読み出されている。

ジエリンスキーほか（一九九四）の解析によると、このＧＩＳＰ２コアに記録された火山活動において一〇世紀の巨大噴火に注目すると、白頭山の噴火は一〇二六年と記載されている噴火に対応する。後述するように、^{14}Cウイグルマッチング解析から得た結果として噴火の年代を九三四±六年としたが、推定年代の誤差範囲に入る九三六、九三八、九三九年に相当する氷床コアの層中に噴火の記録が残っている。ただし、ジエリンスキーほかは、この噴火記録はグリーンランドのエルドギャウ火山の噴火によるものとしている。

白頭山火山一〇世紀の噴火に関わる^{14}C年代データ

白頭山火山の一〇世紀噴火（B―Ｔｍテフラ）に関連した試料の^{14}C年代はこれまで十数点程度しか測定されてい

表１－２－１　B–Tm テフラに関連する樹木試料の^{14}C 年代*と較正暦年代（宮本毅ほか、2002）

番　号	試　料	採取地	（GPS データ）	^{14}C 年代（BP）	較正暦年代（± 1σ）
Bai-10c- 2	炭化木（火砕流中）	中国・東方沢	N42° 03′ 7.7″ E128° 5′ 7.4″	1210 ± 40	cal AD770-880
Bai-10c- 4	炭化木（火砕流中）	中国・東方沢		1160 ± 40	cal AD810-840 cal AD860-910 cal AD920-960
Bai-10c- 1	埋没樹木（降下軽石中の立木）	中国・円池付近の採石場	N42° 01′ 51.7″ E128° 24′ 15.3″	1310 ± 40	cal AD670-720 cal AD740-880
Bai-10c- 3	炭化木（火砕サージ中）	中国・白頭山山門	N42° 12′ 00.1″ E128° 10′ 45.8″	1090 ± 40	cal AD900-1000

＊ 測定機関は米国のベータアナリティク社

ない。その一部を**表１—２—１**に示す。

表１—２—１に示されるように、^{14}C年代は、ばらつきがかなり大きい。Ｂ—Ｔｍテフラに関連した試料のほとんどが炭化した樹木片であるとすれば、年代測定された試料のほとんどが炭化した樹木片であるとすれば、炭化樹木のどの部分の年輪を測定するべきか（本来なら、樹皮のすぐ内側にある枯死直前に形成された年輪を測定するべきである）が十分に認識されないままに、年代測定されたためと推察される。

北朝鮮で採取された埋没樹木の^{14}C年代ウイグルマッチング

ドイツの火山研究者であるホルンとシュミニッケ（二〇〇〇）は、北朝鮮領内の白頭山山麓において、厚さ約八ｍに及ぶＢ—Ｔｍ降下軽石堆積物中に埋まって、樹根を保持して立っていた樹木を採取した。この木材から板材を切り出し、それをドイツのキール大学のＡＭＳ施設で^{14}C年代測定を実施した。年輪を幾つか（実数は不明）測定して、^{14}Cウイグルマッチング解析により、噴火年代を九四五—九八四年と推定した。アメリカのダンラップ（一九九六）は、白頭山から採取した木炭により噴火年代を九六四±一六年と推定しており、これはホルンとシュミニッケの結果とよく一致している。しかしダンラップは、別途にアリゾナ大学のＡＭＳ施設で測定し^{14}Cウイグルマッチング解析により得た結果である一〇三九±一八年の方を、噴火年代として採用している。
ホルンとシュミニッケ、さらにダンラップの両グループは^{14}C年代測定結果の生データを公表していないため、^{14}Cウイグルマッチング解析の詳細はわからない。しかし、先に述べたように、年輪年代学の研究からＢ―Ｔｍテフラの噴出年代が九一五―九七二年に絞り込まれていることから、ホルンとシュミニッケの結果は矛盾しないが、ダンラップが報告している^{14}Cウイグルマッチング解析による結果である一〇三九±一八年は矛盾した結果となっている。

5　中国領内白頭山東北麓での調査

二〇〇一年の炭化木採取

筆者らは二〇〇一年の夏の終わりに、白頭山の東北麓の中国領内で、一〇世紀の巨大噴火に関連する樹木試料を採取した。白頭山の噴火により、白頭降下軽石（B-pfa）に続いて長白火砕流（C-pfl）が流れ、両江泥流（D-mfl）が発生した（**図1―2―5**）。採取した炭化樹木八点は、このような噴出物により埋積され炭化したものである。未炭化樹木一点（"01082901"）もあわせて採取した。噴火堆積物の調査地点（露頭番号）を**図1―2―6**に示す。

採取した埋没樹木試料のうちから、^{14}C年代ウイグルマッチングの解析に適した試料を選別した。その選別条件は、（1）枯死する直前に形成された年輪が残っていることを保証することとして、樹皮が付いていること、（2）^{14}Cウイグルマッチングが適用できるように、最低でも一〇〇年程度の樹齢があること、（3）一年輪毎に切り分けることができるように、ある程度の年輪幅（一㎜以上が望ましい）があること、の三点である。この条件を満たす試料として炭化樹木"01082702"を選別した（**図1―2―6**）。年輪数は一〇二個で、樹皮を保有し、ほぼ円形で年輪幅も比較的広く、肉眼でも年輪数を数えることができた（**図1―2―7**）。

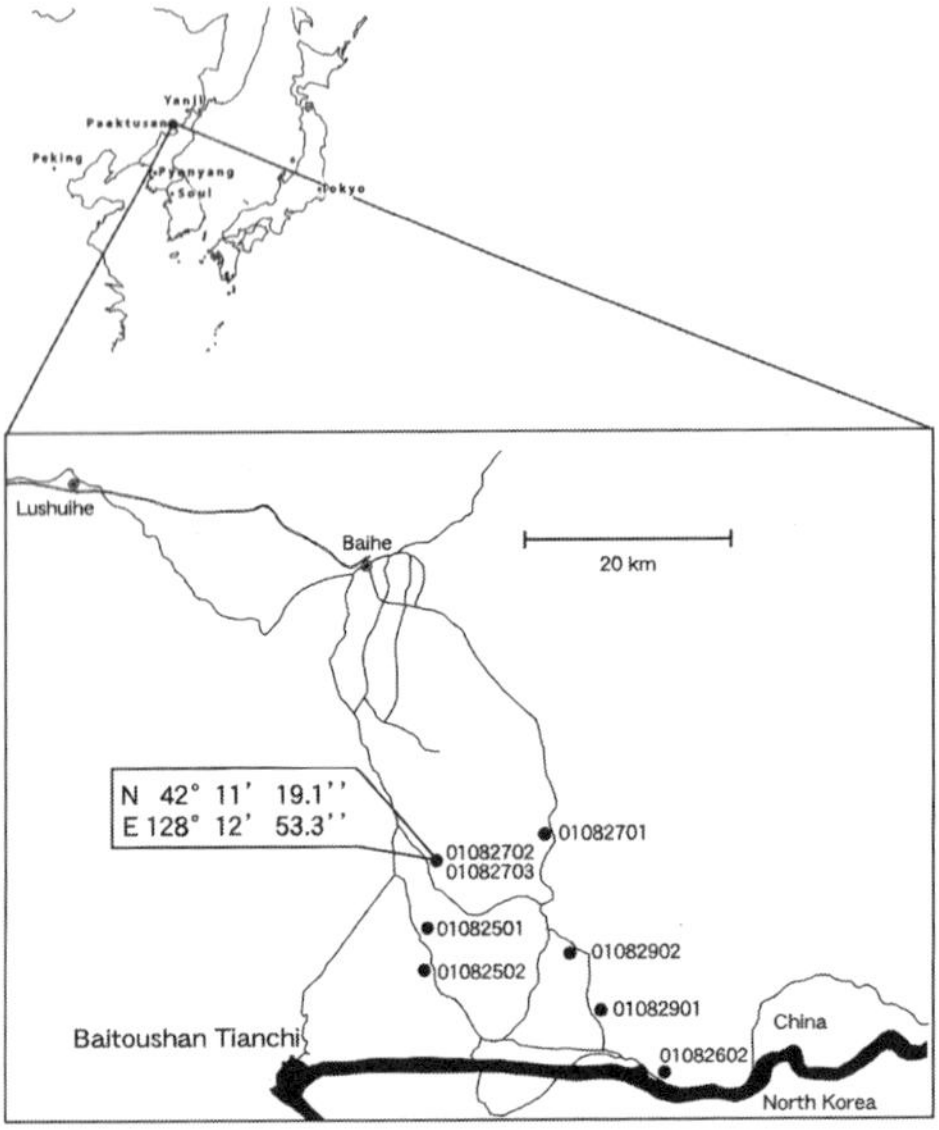

図１−２−６　白頭山の北東地域の中国領内における2001年調査領域と樹木試料採取地点
“01082702” が、筆者らが^{14}Cウイグルマッチング法を適用した炭化樹木を採取した地点であり、その位置はGPS（全地球測位システム）によると、北緯42°11′19.1″、東経128°12′53.3″である。

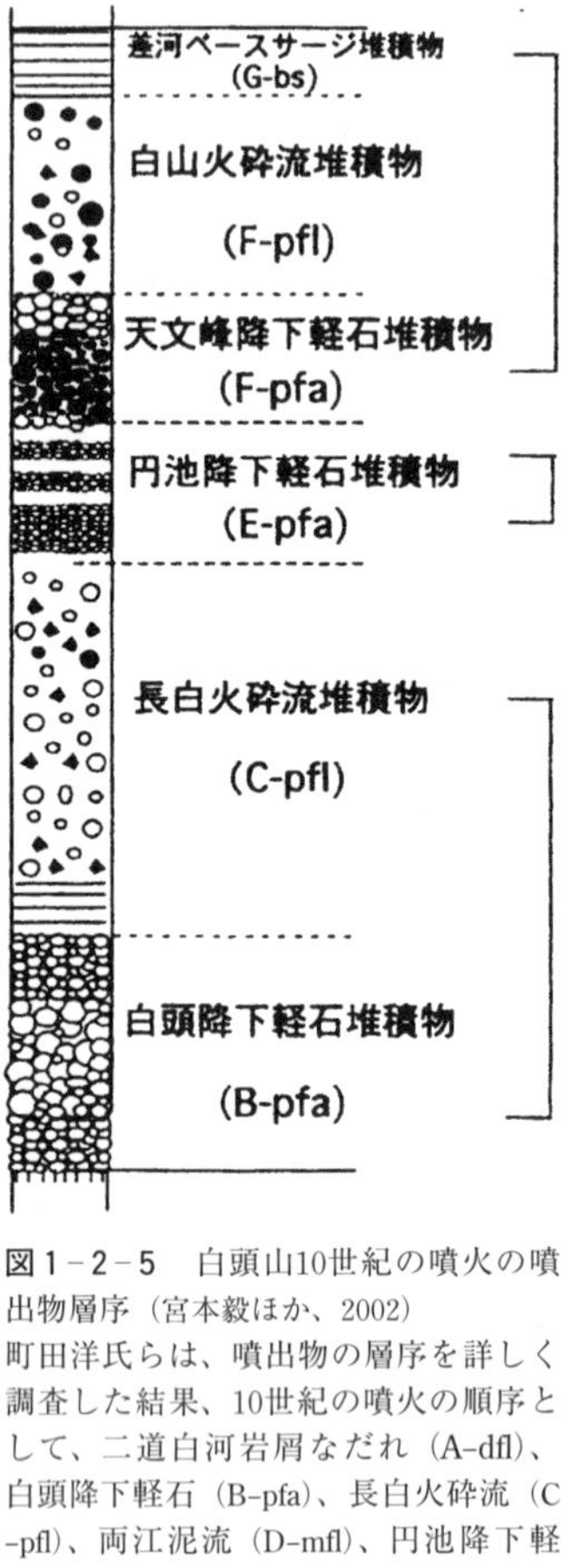

図１−２−５　白頭山10世紀の噴火の噴出物層序（宮本毅ほか、2002）
町田洋氏らは、噴出物の層序を詳しく調査した結果、10世紀の噴火の順序として、二道白河岩屑なだれ（A-dfl）、白頭降下軽石（B-pfa）、長白火砕流（C-pfl）、両江泥流（D-mfl）、円池降下軽石（E-pfa）、白山火砕流（F-pfl）の順で進んだとしている。その後の調査から、同氏らは、E-pfaを史書にある1702年の噴出物とし、F-pflをC-pflの上部をなすものであるとした。これに対し、宮本毅氏らは、最近の調査結果から、10世紀噴火ではC-pflとF-pflの２回のイグニンブライト噴火が確認できるとした。すなわち、噴煙柱の形成からイグニンブライトの流出に至る破局的な巨大噴火が、短期間の活動休止期を挟んで２度起こったとしている。

図１−２−７　^{14}Cウイグルマッチングに用いた炭化樹木年輪試料（“01082702”）ピンを立てて年輪を数えた。

年輪の分割と試料調製

輪切りにした炭化樹木から、放射方向に、全年輪を含む短冊を切り出し、外側から内側に向かって年輪試料を分割し採取した。最外年輪を含む外側の二〇年分の年輪は、年輪幅がきわめて狭く一年輪毎の分割が困難であったため、二年分ずつをまとめて切り出した。外から二一番目以降九二番目までの年輪は一年輪ずつに分割して採取した。九二番目より内側の年輪は破壊が著しいため年輪試料の分取は行っていない。採取した八二個の年輪試料のうち、^{14}C年代測定を実施した試料数は全部で三五点である（**表1―2―2**）。

採取した炭化物試料を、まず蒸留水に浸して超音波洗浄し、汚れを取り除いた。次に、試料が堆積物に埋まっ

表1－2－2　白頭山10世紀巨大噴火に関わる炭化木材年輪の^{14}C年代

年輪番号*	δ^{13}C(‰)**	^{14}C年代 (BP)	年代誤差 (±1σ)	実験室番号 (NUTA2－)
1, 2	－25	1195	33	3857
3, 4	－23	1117	30	3858
7, 8	－21	1202	28	4636
11, 12	－24	1163	33	4822
15, 16	－23	1086	31	4637
17, 18	－23	1152	32	4638
21	－24	1127	33	3859
24	－23	1069	30	4643
27	－24	1093	32	4642
30	－22	1075	31	4644
31	－23	1139	33	3860
33	－23	1153	28	4823
36	－22	1115	31	4651
39	－24	1143	32	4652
41	－23	1156	33	3865
42	－24	1113	32	4653
45	－24	1105	31	4654
48	－24	1167	29	4824
51	－23	1137	32	3866
54	－22	1119	31	4655
57	－23	1151	32	4657
60	－24	1264	28	4808
61	－25	1209	34	3867
63	－24	1245	28	4809
66	－24	1205	28	4810
69	－24	1209	28	4815
71	－25	1225	33	3868
72	－24	1226	28	4816
75	－24	1224	27	4817
78	－24	1256	28	4818
81	－24	1205	32	3869
84	－24	1196	31	4645
87	－23	1184	31	4646
90	－24	1157	31	4647
91	－24	1257	32	3874

＊　最外年輪から中心に向かって付けた番号
＊＊　本文の（1）式を参照のこと

ていた間に付着した可能性のある、有機態や無機態の炭素含有物からなる外来混入物を除去するための化学処理を行った。炭化した年輪は、スパーテルで砕いてビーカーに蒸留水と共に入れて九〇℃で数時間加熱処理した。次に、一・二規定塩酸で九〇℃で二時間の処理を二回行い炭酸塩等を溶解除去した。さらに、一・二規定水酸化ナトリウム水溶液を用いて九〇℃で数時間処理してフミン酸などを溶解除去した。このアルカリ処理を二回繰返した。さらに、一・二規定塩酸で九〇℃で二時間の処理を二回行い、蒸留水でよく洗浄して塩酸を完全に取り除いたあと乾燥した。外径九㎜、長さ三〇〇㎜の石英管に、約七〇〇㎎の線状酸化銅と共に約七㎎の乾燥した木炭試料を入れ、真空装置に接続して高真空に排気したあと封じ切った。これを電気炉内で八五〇℃にて約二時間加熱して、試料中の炭素を燃焼して二酸化炭素に変えた。次に真空装置中で、液体窒素（マイナス一九六℃）およびエタノールと液体窒素の混合物（約マイナス一〇〇℃）を寒剤として用いて水分などの副産物を除去して高純度の二酸化炭素を回収した。二酸化炭素の量は炭素にしてほぼ四㎎であり、乾燥試料からの炭素収率は重量比で六〇―六五％であった。

回収された二酸化炭素の約一・五㎎について、約三㎎の鉄粉末を触媒として水素で還元してグラファイトを得た。次に、生成されたグラファイトを乾燥したのちアルミニウム製の試料ホルダーに詰めて圧縮し、検査試料としてＡＭＳ装置のイオン源に装填した。^{14}C年代測定に際して^{14}C濃度の比較測定に用いられる標準体としては、米国国立標準技術研究所（NIST）から提供されているシュウ酸（SRM-4990 C）が用いられる。シュウ酸標準体からのグラファイト調製は、試料とほぼ同様な操作で行った。

ＡＭＳによる^{14}C年代測定

上述のようにして、木材年輪試料およびシュウ酸標準体から調製したグラファイトについて、名古屋大学に設置されているタンデトロン加速器質量分析計を用いて^{14}C年代測定を行った。この分析計では、^{14}Cと^{12}Cの存在比

（$^{14}C/^{12}C$比（=R））が、未知試料（R_{sample}）と^{14}C濃度が既知の標準体（R_{AD1950}）とについて同一の条件のもとに測定され、R_{sample}/R_{AD1950}比が得られる。また、炭素安定同位体比$^{13}C/^{12}C$も同時に測定される。炭素安定同位体比は、試料とピーディーベレムナイト（PDB）標準体の$^{13}C/^{12}C$比からの偏差として、

$$\delta^{13}C_{PDB}\ (‰) = \left[(^{13}C/^{12}C)_{sample} / (^{13}C/^{12}C)_{PDB} - 1.0 \right] \times 100 \qquad (1)$$

で定義される。

R_{sample}/R_{AD1950}比について、同時に測定された$\delta^{13}C_{PDB}$を用いて炭素同位体分別の補正を行ったのち試料の^{14}C年代値を算出した。^{14}Cの半減期としては、国際的な慣例に従ってリビーの半減期五五六八年を用いた。^{14}C年代値は、西暦一九五〇年から遡った年数として、年数にBP（before present）を付けて表される。誤差は一標準偏差を示した。

^{14}C年代ウイグルマッチング

図1—2—3の説明で述べたように、樹木年輪の暦年代に対して^{14}C年代はジグザグした変動を示す。この変動は^{14}Cウイグルと呼ばれる。^{14}C年代測定では、^{14}C年代算出における基本的な仮定として、過去の大気中二酸化炭素の^{14}C濃度が、^{14}C年代測定が適用される現在から六万年前に遡って常に一定であったとされる。しかし、実際には^{14}C濃度は経年変動を経てきた。

このように、^{14}C濃度変動のウイグルは、樹木の特質によるものではなく、年輪形成の原料となる大気中二酸化炭素の^{14}C濃度の経年変動による。一方、同じ時期に生育した樹木年輪は同じ^{14}C濃度変動を示す。これにより、IntCal 04データを用いて、試料について測定された^{14}C年代を暦年代へ較正することができる。さらに、年輪年代法における標準年輪幅変動曲線の利用と同じようにして、年代が未知の樹木年輪についてそれぞれの年輪の順番と^{14}C濃度を測定し、それらを標準の^{14}C年代—暦年代変動曲線とも言うべきIntCal 04データ（図1—2—3）に絵合わせして、樹木の暦年代を高精度で決定することができる。これが^{14}Cウイグルマッチング解析である。

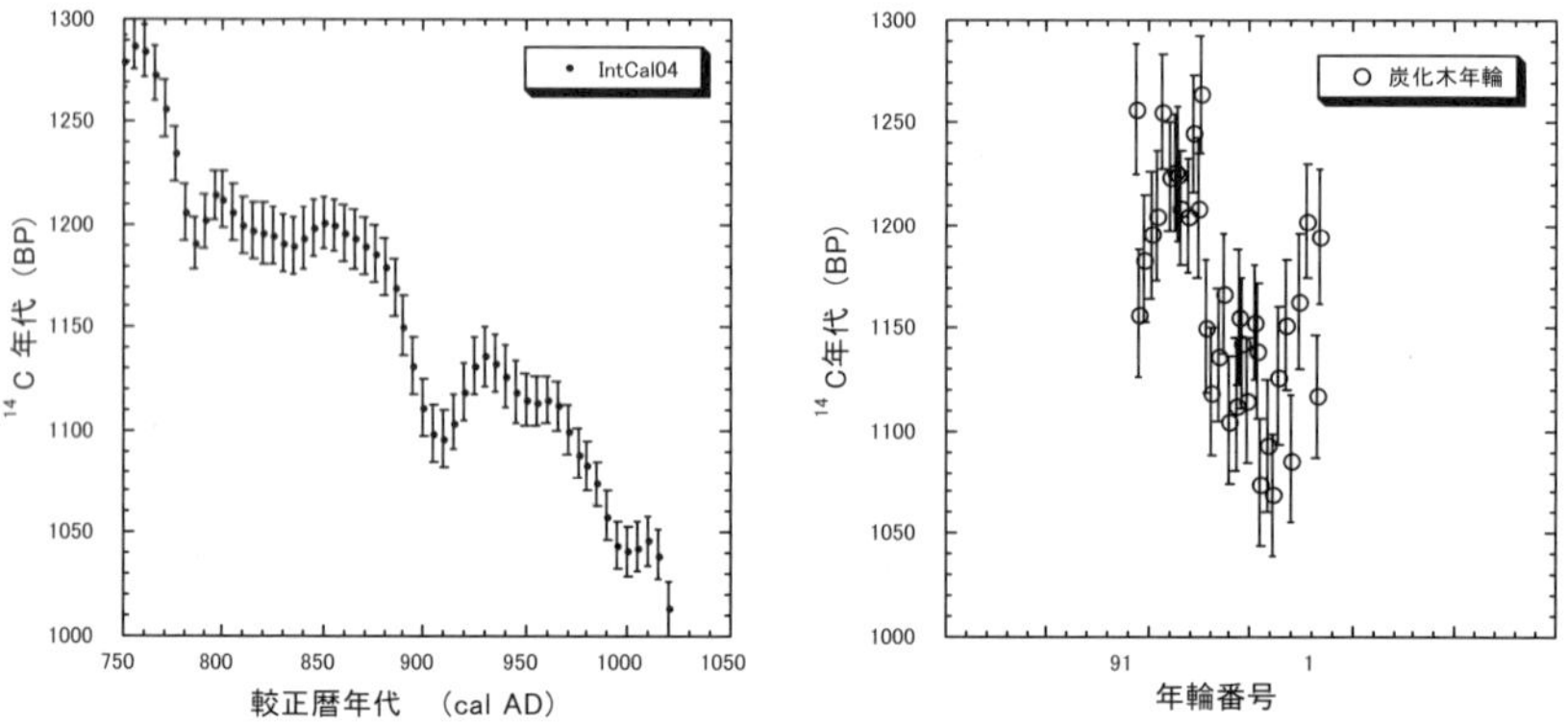

図1－2－8　埋没炭化樹木について得られた^{14}C年代（右図）および、その^{14}C年代範囲を示すIntCal04データ（左図）

三五個の年輪試料について得られた^{14}C年代を**表1―2―2**および**図1―2―8**の右側に示す。**図1―2―8**の左側は、IntCal 04データのうち、今回対象とした年輪試料について得られた^{14}C年代を含む範囲を示す。左右の図の横軸（暦年代）は同じ年代間隔で示してある。^{14}C年代ウイグルマッチングとは、縦軸の^{14}C年代の値を同じにしておいて、左右のグラフの横軸をずらして両グラフが最も良く重なり合うように組合わせして、年輪試料の暦年代を求めることに他ならない。

さて、^{14}Cウイグルマッチング解析は統計学の最尤法に基づき以下のようにして行われる。年輪について測定された^{14}C年代それぞれについて、IntCal 04データ及びCalib 5.0較正プログラムを用いて暦年代の確率分布（P_i）が算出される。すなわち、^{14}C年代がある特定の暦年代を示す可能性を確率的に示したものであり、それをP_i（j）とする。ここで、iは年輪試料の番号、jは特定の暦年代であり、P_i（j）のjについての総和は一に規格化されている。そこで、炭化木材について^{14}C年代測定した個々の年輪の間隔は既知であることから、上述の組合わせのベストフィットは次式に示される確率の積P（尤度関数）が最大になる場合として定義される。

$$P=P_1(n)\times P_2(n-2)\times P_3(n-6)\times P_4(n-10)\times P_5(n-14)\times P_6(n-16)\times P_7(n-20)\times\cdots\times P_i(n-k+1)\times\cdots\times P_{35}(n-90) \quad\text{———}\quad (2)$$

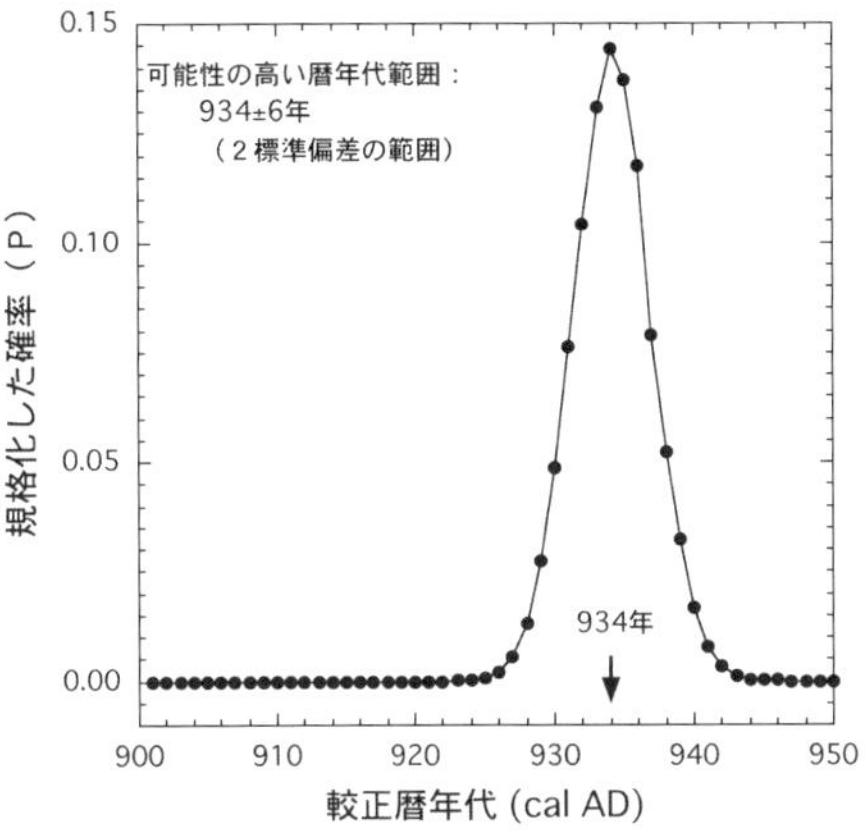

図1－2－9　14Cウイグルマッチング解析により得られる確率の積P（（2）式）と埋没樹木の最外年輪の暦年代との関係

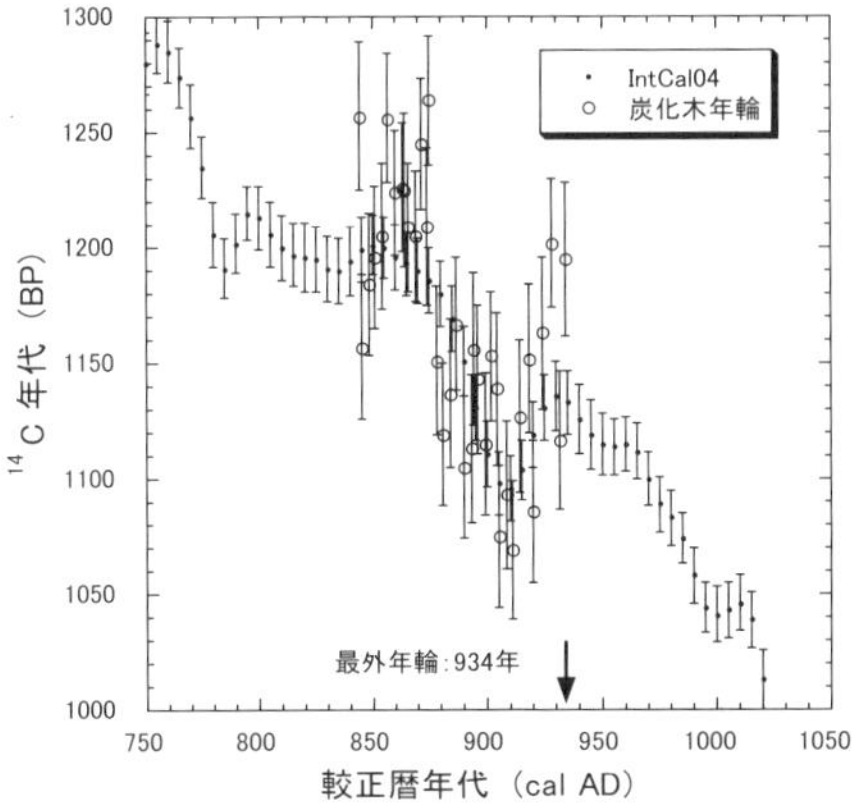

図1－2－10　14Cウイグルマッチング解析の結果に基づく炭化木材の14C年代とIntCal04データの比較

ここで、nは埋没樹木の最外年輪の暦年代、kは年代測定したi番目の年輪が最外年輪から数えて何番目の年輪であるかを示す。分析した年輪で、i=7の年輪は最外年輪から数えて二一番目であり（表1—2—2）、埋没樹木の最外年輪の暦年代がnの場合、i=7の年輪の暦年代はn-20に相当し、このときの可能性の確率はP_7(n-20)で与えられる。測定した年輪すべてについて、この可能性の確率をもとめ、それらの積としてPを得る。暦年代nを可能性のある範囲で変えて、この積Pが最大になる暦年代nを求めることがウイグルマッチング解析による最適化である。

なお、最外年輪から数えて一番目から二〇番目までは、二年輪ずつをまとめたため、測定された14C年代は、それぞれ奇数番目の年輪を示すものと仮定した。

^{14}C年代測定及びウイグルマッチング解析の結果

埋没樹木の最外年輪の暦年代（(2)式のｎ）として九〇〇―九五〇年まで変えたときの確率の積Ｐの分布を図１―２―９に示す。積Ｐの総和が一・〇になるように規格化してある。積Ｐの最大値は西暦年で九三四年のときに得られる。また、九三四年の確率の最大値から確率のレベルを下げつつ、確率を足し合わせて、確率の和が〇・九五四になる暦年代の範囲を求める。これが、九五・四％（二標準偏差）の確率で示される可能性の高い暦年代範囲となる。すなわち、九五・四％の確率で、埋没樹木（01082702）の最外年輪の暦年代は九三四±六年と得られる。埋没樹木の最外年輪を九三四年として、測定された^{14}C年代とIntCal 04データを比較して図１―２―10に示す。両者の一致はよい。この結果から、白頭山の一〇世紀巨大噴火は、二〇〇一年夏に採取した炭化樹木の^{14}Cウイグルマッチング解析の結果として、九五・四％の確率で九二八―九四〇年の間に発生したと結論される。

６　まとめ

中国と北朝鮮の国境に位置する白頭山火山において、一〇世紀の巨大噴火（日本ではＢ―Ｔｍテフラを堆積させた）により発生した火砕流・泥流に埋没した炭化樹木の年輪試料三五点の^{14}C年代値をもとに^{14}Cウイグルマッチング解析を行った結果、炭化樹木の最外年輪の暦年代（樹木の枯死年代を示す）として九三四±六年（九二八―九四〇年）を得た。この暦年代は、先に述べたように、日本に降下したＢ―Ｔｍテフラに関する年輪年代学的研究に基づいて設定された年代上の制約である九一五―九七二年の範囲に入っている。また、小川原湖の湖底堆積物の年縞の計数により推定されたＢ―Ｔｍテフラの堆積年代である九三七―九三八年とは非常に良く一致している。さらに、「日本紀略」に記載されている九三九年一月二六日の火山灰降下をＢ―Ｔｍテフラの降下であるとする提案とも良く一致している。

グリーンランドの氷床コア試料（GISP２）に記録された火山活動と比較すると、九三六、九三八、九三九年に記録されている硫酸イオン（SO_4^{2-}）濃度の増加と対応する可能性がある（発表者のジエリンスキーほかは、これらの三年分の記録はアイスランドのエルドギャウ火山の噴火によるものとしている）。

他方、北朝鮮領内の白頭山山麓において、降下軽石堆積物中から採取された埋没樹木について、ホルンとシュミニッケは、ドイツのキール大学のＡＭＳシステムを用いて^{14}C年代を測定し、^{14}C年代ウイグルマッチング解析を行った結果として九四五―九八四年の噴火年代を報告しているが、我々の結果は、これよりも古い暦年代であることを示している。ホルンとシュミニッケの年代解析の詳細が解らないため、これ以上詳しい比較はできない。

以上に述べたように、Ｂ―Ｔｍテフラの噴出年や日本における降下年に関する年輪年代、堆積物の年縞、^{14}C年代ウイグルマッチング、極域の氷床コアなどの解析を総合すると、白頭山の噴火は一〇世紀上半期の後半頃の可能性が高いと結論できよう。

最後に付言すると、白頭山の一〇世紀巨大噴火による災害が、当時、白頭山の北、東一帯を支配していた渤海国の滅亡（九二六年）の原因となった可能性が指摘されている。しかし、今回の^{14}C年代ウイグルマッチング解析によれば、白頭山の噴火は渤海国の滅亡の後に発生したと推定される（**図１―２―９**において、九二六年の可能性の確率はほぼゼロである）。

（謝辞）本研究の遂行にあたり、東北大学東北アジア研究センターの諸先生には、白頭山火山噴火堆積物や^{14}C年代測定結果などに関して貴重な助言を頂いた。なお、本研究の実施にあたり、科学研究費補助金特定領域研究（２）研究課題「中世都市遺跡の電磁気調査と^{14}C年代法による編年の研究」（課題番号15068206）の研究費を利用した。ここに記して感謝いたします。

参考文献

田中克人・根本直樹・田中和夫「朝鮮民主主義人民共和国内での白頭山調査中間報告」、『青森県史研究』第二号、一九九八年。四九―五六頁。

田中克人・根本直樹・田中和夫・中川希人「白頭山で採取した軽石と埋没樹幹の年代」、『青森県史研究』第三号、一九九九年。二六―三四頁。

中村俊夫「放射性炭素年代測定法」、『考古学のための年代測定学入門』古今書院、一九九九年。一―三八頁。

中村俊夫「放射性炭素年代測定法と暦年代較正」、『環境考古学マニュアル』同成社、二〇〇三年。三〇一―三二二頁。

中村俊夫「年代測定―環境史の解明をめざす炭素年代測定」、『地球環境学事典』弘文堂、二〇一〇年。三九〇―三九一頁。

福澤仁之ほか「年縞堆積物を用いた白頭山―苫小牧火山灰（B-Tm）の降灰年代の推定」、『汽水域研究』第五号、一九九八年。五五―六二頁。

町田洋「火山噴火と渤海の衰亡」、『謎の王国・渤海』角川選書、一九九二年。一〇四―一二九頁。

町田洋・新井房夫『火山灰アトラス』東京大学出版会、一九九二年。

宮本毅ほか「白頭山（長白山）の爆発的噴火史の再検討」、『東北アジア研究』第七号、二〇〇二年。九三―一一〇頁。

Dunlap, C.E., *Physical, chemical, and temporal relations among products of the 11th century eruption of Baitoushan, China/North Korea*, Santa Cruz : University of California, 1996, p.215.

Horn, S. and Schmincke, H.-U., “Volatile emission during the eruption of Baitoushan volcano (china/North Korea) ca.969 AD,” *Bulletin of volcanology* 61, 2000, pp.537–555.

Machida, H., Moriwaki, H. and Zhao, Da-Chang, “The recent major eruption of Changbai volcano and its environmental effects,” *Geographical Reports of Tokyo Metropolitan University* 25, 1990, pp.1–20.

Mitsutani, T. “The latest developments in dendrochronology,” *Preprints of the International Congress on Archaeological Science, held on January 22–23, 2003, at Nara-ken New Public Hall*, 2003, pp.85–88.

Zielinski, G.A., Mayewski, P.A., Meeker, L.D., Whitlow, S., Twickler, M.S., Morrison, M., Meese, D.A., Gow, A.J., and Alley, R.B. “Record of volcanism since 7000 B.C. from the GISP2 Greenland ice core and implications for the volcano-climate system,” *Science* 264, 1994, pp.948–952.

第2章
遺跡および自然環境の復元

第1節　大規模遺構を復元する

電磁気探査の利用

岸田　徹・酒井英男

考古学は、物質資料（モノ）の収集、分類を基礎として研究し、過去の人々の生活様式や文化、環境を復元、再構築する。研究対象とする遺跡や遺構、遺物の多くは、通常、地下に埋没していることが多く、そこから情報を得るためには発掘調査が第一の方法となる。発掘調査は遺跡を地下から露出させるため、研究者の目や手で対象を確認できるので、最も確実な調査手法である。

しかし、発掘調査は、「失敗のできない実験」と言われる様に、常にリスクを伴う。発掘の過程で誤って取り除かれた土などは、二度と元の状態には戻らず、それにより見過ごされた情報を再び得ることは出来ない。そのため、発掘前に地下の様子（遺構や遺物の埋設位置・深度、分布状況等）を可能な限り詳しく把握しておくことが望まれる。遺構や遺物の埋没状況、その位置や深度を事前に把握出来れば、調査精度が向上し、取り出せる歴史情報の量・質共に高まる。従って、発掘前には遺構・遺物の位置や分布を推測するため、様々な事前調査が行なわれている。現地表に露出した遺物の散布状況の観察、地形測量による自然・非自然的地形の判断、ボーリング・ステッキ（検土杖）による土壌採取等である。この様な事前の調査方法の一つとして、近年、物理学的な計測機器を用いた「物理探査」が用いられている。遺跡を対象とする物理探査は、「遺跡探査」と呼ばれ、発掘前の事前調査だけでなく史跡整備に係る遺跡範囲の調査などにも使用されている。

物理探査は「地下に存在する物質の物理的、化学的性質について人為的または自然に生じた現象を遠隔的に観測し、その資料を解析することにより、地下の状態や状況を解明する技術」（物理探査学会、二〇〇五年）であり、地球物理学や地質学を基礎として、地下資源開発の分野で、発展してきた。探査の手法は着目する物理現象（比抵抗・磁気・重力・比誘電率等）によって様々なものがあり、資源、土木、建設、防災、環境、学術等の様々な分野で活用されている。

考古学の遺構・遺物は、地下水や鉱脈と違い、浅部に位置し、対象物も小さい。国内に関して言えば、遺跡の殆どは地表より五ｍ以内の浅部に存在する。この付近の深度は、弾性波探査などでは表層のノイズ範囲にあたる。そのため、遺跡探査では主に、比較的浅部の探査が可能な電気探査や磁気探査、地中レーダ探査等が利用されることが多い。特に地中レーダ探査は、広範囲を迅速に調査でき、分解能が高いので、考古遺跡の探査法として、現在、最も有用な調査手法といえる。

１　地中レーダ探査

地中レーダ（ground penetrating radar：GPR）探査は、地中における電磁波（レーダ波）の反射、屈折、透過、減衰等の物理現象を観測して地下の構造を調べる手法である。探査装置は送信と受信の二つのアンテナを有し、送信アンテナより地中に送り込まれた電磁波のうち、地中の地層の不連続面（誘電率の異なる境界面）で反射し、地上に戻ってきた電磁波を受信アンテナで受信する。レーダ波の往復に要した時間（伝搬時間）と反射波の強度を記録して測定順に並べることで、地下の擬似的な断面図（ＧＰＲプロファイル）を作成する。電磁気的な不連続面としては、地質学的な不連続面（層理面や断層面、岩種の異なる境界面など）や空洞、ガス管などの人工埋設物などが挙げられる。

地中レーダ探査では、測定したデータをその場で疑似的な断面図としてモニターに表示できる。また、他の探査方法に比べ、分解能も高く、測定時間が短いという利点がある。

地中レーダ探査における探査可能深度はアンテナの周波数に依存する。一般に、使用する周波数は数ＭＨｚから数ＧＨｚの範囲であり、短波（ＨＦ）から極超短波（ＵＨＦ）帯にあたる。低い周波数のアンテナでは探査深度が深く、高い周波数のものは浅い。一方で、得られるデータの分解能は、高い周波数に比べて低い周波数では粗くなる。そのため、対象とする遺構・遺物の深度や大きさにより用いるアンテナ（周波数）を選ぶ必要がある。

２　考古遺跡における探査の有用性

我が国において、何らかの物理学的計測機器を用いて地下の遺構・遺物を調査する探査は、一九四〇年代末から行われているが、その技術、機器の進歩は目覚ましいものがある。現在では、発掘調査前の事前調査法として、また、トレンチ発掘（トレンチとは発掘の際の試掘坑のことである。）で得られた部分的な成果を面的に拡大するため、探査は様々な遺構・遺物を対象に実施されている。

前述のように考古学研究を行う上で「発掘」は最も確実な調査方法ではある。しかし、古代以降、土木技術の発達と人口増加が相まって、前時代までと比較して遺跡の広範囲化、遺構の複雑化・大型化が急速に進行した。この様な大規模な遺跡・遺構については、限られたトレンチ発掘による調査では、得られる情報も限定されたものとなる。また、貴重な遺跡では一種の破壊行為である発掘は許可されないことも多い。この様な状況においては広範囲を非破壊で調査できる探査は有効な調査手法となる。また、海外調査の様に、限られた期間と人員、費用で最大限の成果が求められる場合にも、迅速に地下を調査できる探査は効果的である。

３　アウラガ遺跡における電磁気調査

都市や宮殿は、多くの人々が生活し、多種多様な遺構が存在する。その規模は大きく、全体を発掘することは容易ではない。本項では、モンゴル国のアウラガ（Avraga）遺跡を対象として行った研究成果について述べる。チンギス＝ハンの宮殿および霊廟が建てられていた基壇上と周辺部で探査を行い、地中の遺構の様相を探ることが目的である。発掘調査と探査データの比較、検証を行い、その構造を明らかにしている。

遺跡の概要

アウラガ遺跡はモンゴル国ヘンティ県デリゲルハーン郡に所在し（図2―1―1）、東西一二〇〇m、南北五〇

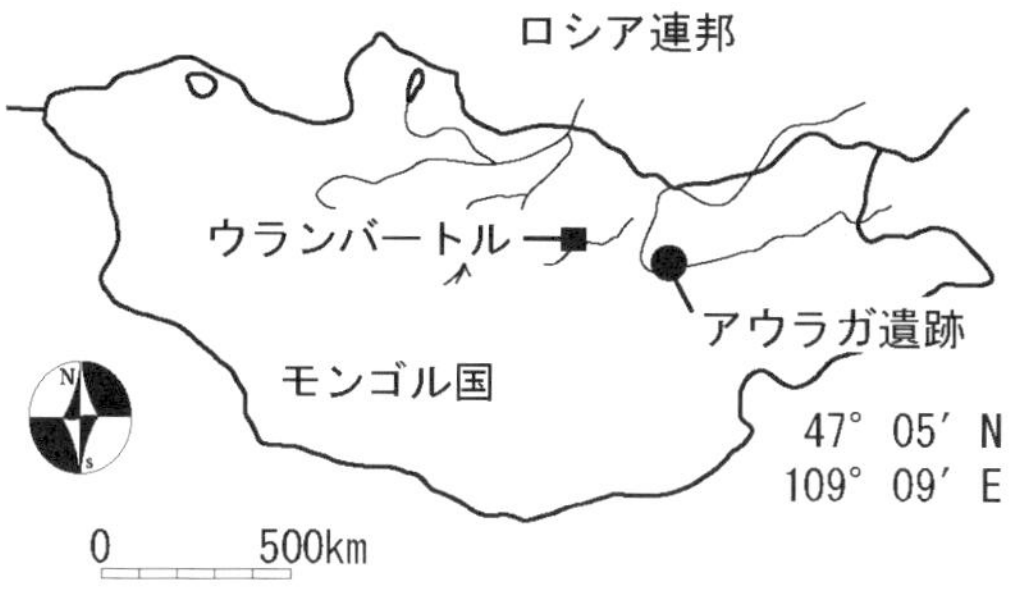

図２－１－１　アウラガ遺跡の位置

図２－１－２　中央基壇で発掘された石窟遺構（上）および焼飯跡（下）　S. Kato and N. Shiraishi (eds.) 2005 より転載。一部加筆。

〇mの範囲に建物跡と見られる基壇群が存在している。この地は、古くからモンゴル帝国の初代皇帝であるチンギス＝ハン（Genghis Khan）の宮殿（オルド）跡との伝承があった所である。

二〇〇一年より日本・モンゴル合同調査団による発掘調査が実施されている。遺跡の中央に位置する中央基壇（第1建物跡）を発掘した結果、南北約八m、東西約一三mで南に開口した凸形の石組み遺構が見つかった（図2―1―2左）。石組みの高さは約〇・四mあり、ゲル住居の間仕切りと考えられている。床には火を焚いた痕跡があり、何らかの祭祀が行われていたと推測される。また、基壇の周縁部分に設定したトレンチからは、灰や馬の骨と灰を埋めた穴が見つかっている。これはモンゴル民族の祖霊祭祀の痕跡である焼飯《しょうはん》跡と見られている（図2―1―2右）。この焼飯の儀式が確認されたことで、発見された施設は霊廟として使用されていたことが判明した。さらにその下層からは、二時期の礎石建物跡が発掘され、本遺跡はチンギス＝ハンとオゴデイ（二代皇帝）の時代には宮殿として使用されていたことも明らかとなった。しかし、焼飯の分布状態や、基壇の周辺部の遺構の存在等については、現時点において発掘調査は行われておらず、その様相は不明である。

探査の概要

地中レーダ探査には、中心周波数二五〇MHzのアンテナを用いている。中央基壇を中心とする一〇七×一二三m（探査面積約一万三〇〇〇m²）の範囲、及びその周辺地区を探査した。地中レーダ探査において、深度は電磁波の送信―反射―受信に要した時間と電磁波の地中での伝搬速度から計算される。本研究では、発掘トレンチ近傍で探査を行い、トレンチで確認された地山（岩盤層）と探査で認められた境界面の比較から地中伝搬速度を求め、その値を深度解析に用いることでおよその深度を見積もっている。

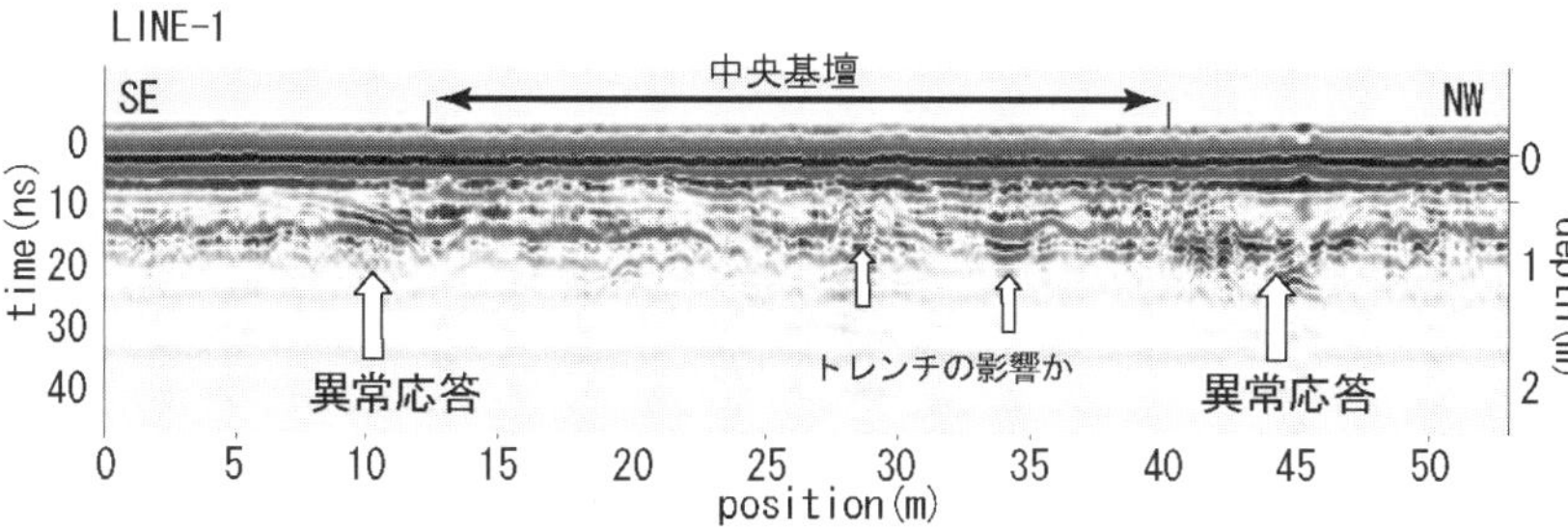

図２－１－３　中央基壇における代表的なプロファイル

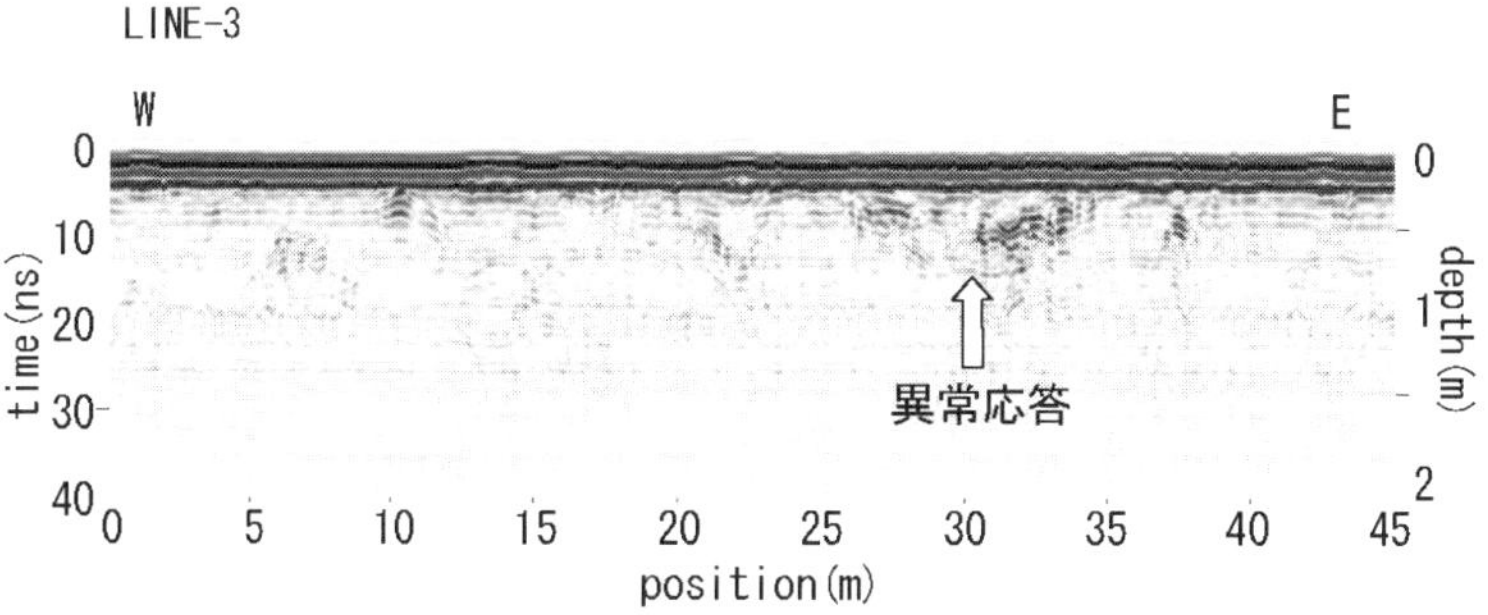

図２－１－４　建物跡 Loc.9 における代表的なプロファイル

中央基壇の探査結果

代表的な探査断面図を図2―1―3に示す。図の左側縦軸は電磁波が反射して戻るまでの走時（単位ナノ秒：ｎｓ）を示す。右側縦軸は推測される地表からの深度を示し、横軸は測線距離を示している。Line-1は中央基壇の中心を通り、南東より北西に探査した測線であり、基壇は測線距離の一二―四〇ｍの位置に存在する。測線距離六―一二ｍ、深度〇・四―〇・八ｍの領域に、異常応答が認められた。同領域では、周囲に見られる成層構造が見られないことから、地層が人為的な改変を受けており、何らかの遺構が存在すると考えられる。基壇北西側の測線距離四一―四五ｍ、深度〇・四―一ｍの領域にも同様の異常応答がある。基壇上にも地表から一ｍ深度にいくつかの異常が認められるが、過去の発掘トレンチがもたらす不要な反射波が多く、遺構や遺物との判別は困難である。

周辺の建物跡（Loc.9）の探査結果

中央基壇より東へ三〇〇ｍに位置する比較的小型の建物跡Loc.9で得られた代表的なプロファイルを図２―１―４に示す。測線距離二六―三四ｍ、深度〇・二ｍに異常応答が認められた。図からは逆台形状の土坑の様にも見え、遺構を捉えた可能性が高いと考えられた。同様の異常応答は同測線の周辺に集中して認められ、大型の遺構もしくは遺物の集中地点が存在していると推測される。

タイムスライス（Time slice）図による焼飯遺構と壁跡の検討

中央基壇で実施したプロファイルを総合してタイムスライス法による解析を行った（図２―１―５）。深度〇・二―〇・四ｍでの解析では基壇を取り囲む強い異常応答がある。異常応答の幅は三―五ｍで、基壇の北側と東側で幅が広くなっている。更に深部での解析では、この様な異常応答は見られなかったことから、同深度範囲に異常が集中していると考えられる。

探査で認めた異常な範囲と発掘結果と比較すると、異常のある地点は基壇の周囲に密集しており、図２―１―５中●で表した焼飯跡に対応することが考えられる。個数の推算は困難であるが、数百箇所の焼飯跡が存在すると推測される。

次に、中央基壇および周辺部の全てのプロファイルを用いてタイムスライスによる解析を行った。図２―１―６には深度〇・二―〇・四ｍの領域での結果を示している。図の西隅と南隅、及び北西より基壇東側に現在の車道を示す二本の轍跡が認められる。これとは別に白矢印で示した部分で、北西―南東方向に直線状に伸びる異常応答（壁跡Ⅰ・壁跡Ⅱ）が明瞭に認められる。この基壇に沿う様に観測される異常は、航空写真及び詳細な地形測量図から推測された土壁の位置とほぼ合致しており、壁跡を示すと考えられる。探査結果から、壁跡の幅はおよそ二・五―四ｍと読み取れる。また、壁跡Ⅱの南角の領域には、四角形の施設が推測される。これは、遺跡の性格から見張り台等の施設である可能性が考えられる。

壁跡の構築年代の推定

探査結果からみた壁跡Ⅰと壁跡Ⅱの異常は平行ではなくずれている。壁跡Ⅰの軸方向は現在の磁北に対し約三一度西にずれており、壁跡Ⅱでは約三五度西にずれている。同時期に構築された壁であれば、同一の基準軸を使用すると考えられ、壁跡ⅠとⅡの構築された時期が違う可能性を示している。そこで、壁跡Ⅰ及び壁跡Ⅱの構築年代について、中央基壇の建物跡の発掘結果を参考にして考えてみる。二〇〇三年度の発掘調査により、中央基壇では、三時期の建物跡が発掘されている。以下にその推定時期を示す。

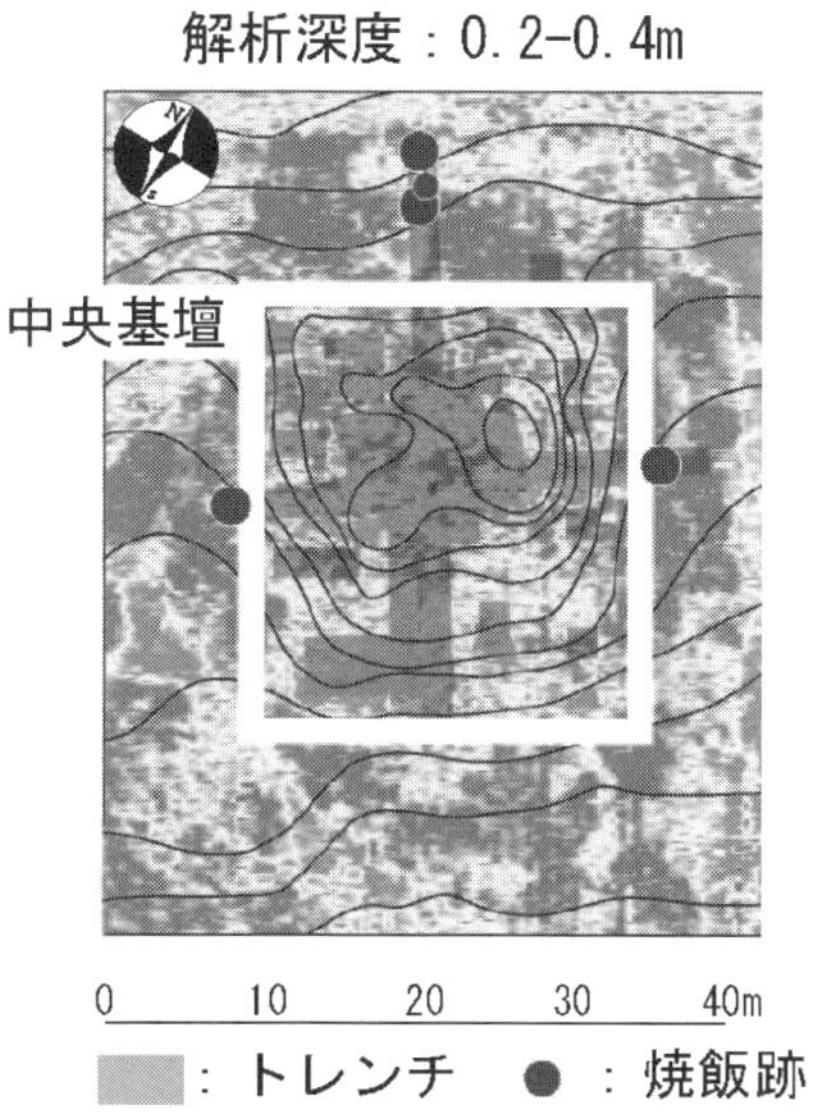

図２－１－５　地中レーダにより捉えた以上の分布と発掘された焼飯跡との対応。白枠は基壇の位置を示す。

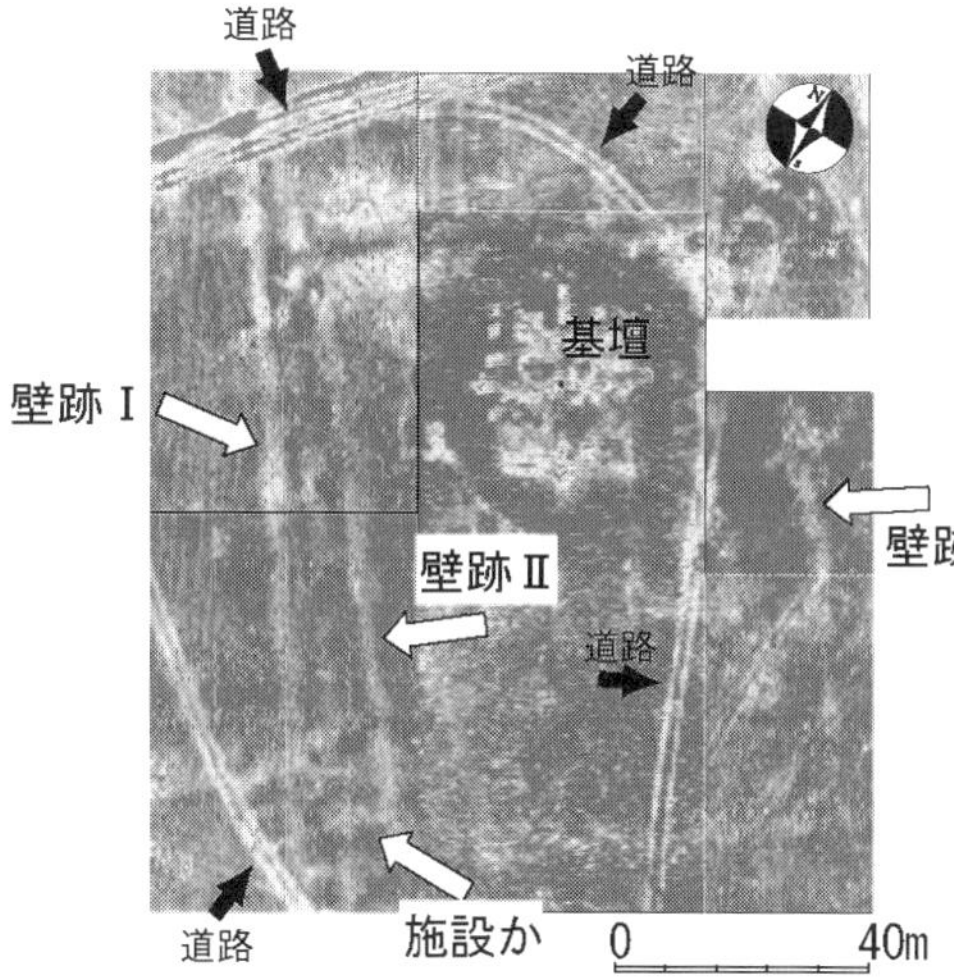

図２－１－６　中央基壇と周辺部におけるタイムスライス図（深度０−20cm）

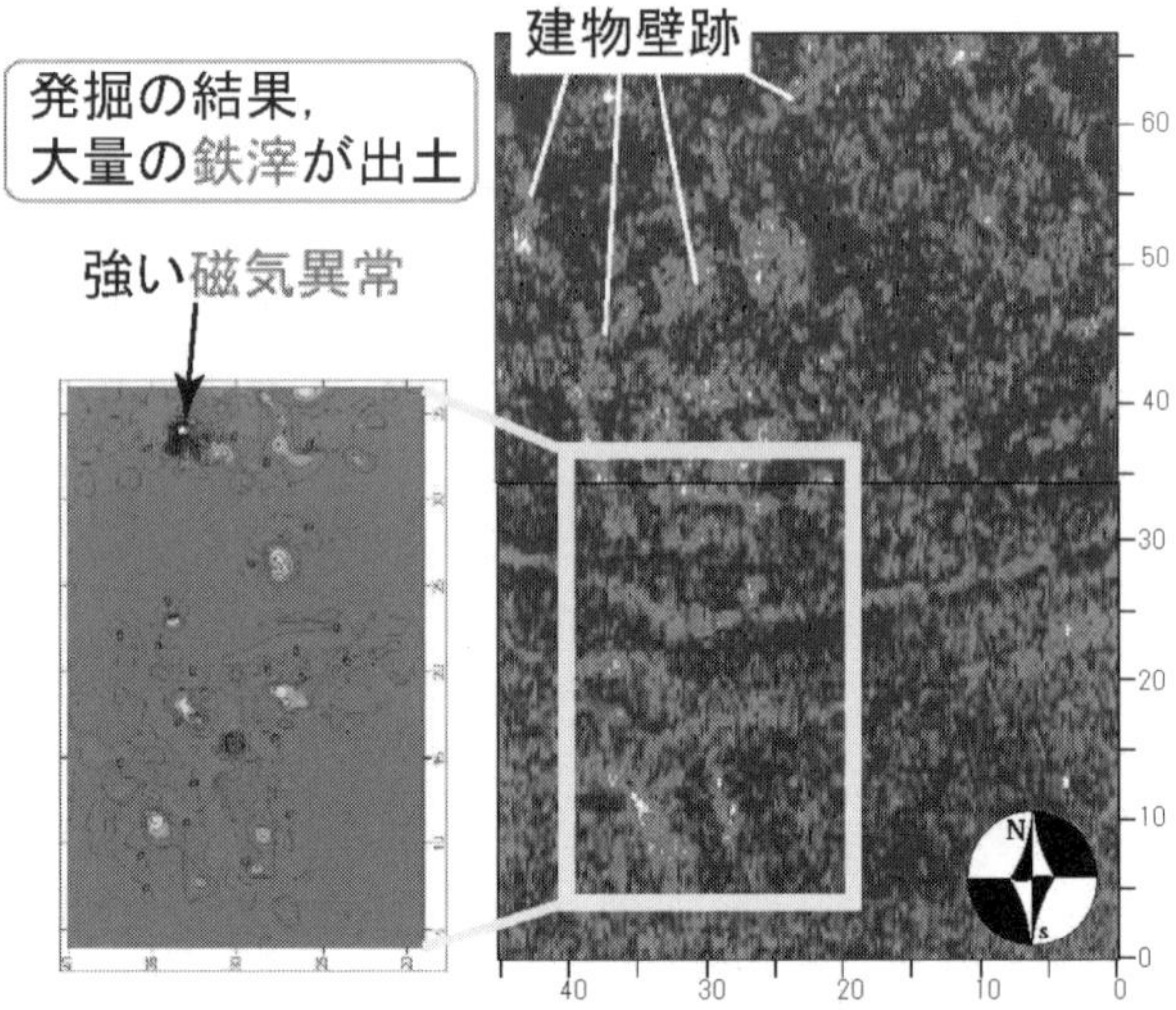

図２－１－７　Loc.9 における地中レーダ探査結果（タイムスライス図）と磁気探査の結果

・最下部建物（一三世紀初頭）チンギスが建設した基壇および宮殿跡。
・下部建物（一二二九年）オゴデイにより改築された宮殿跡。
・上部建物（一三世紀末）歴代皇帝を祭る霊廟跡。一五世紀中頃まで使用されたと考えられる。

上記の変遷において、下部建物と上部建物については、発掘で見つかった礎石の配置から軸線の方向が推定できる。礎石の配置からは、下部建物は現在の磁北より約三四・四度西にずれた直線方向を、上部建物は磁北より約三〇・二度西にずれた北西—南東の方向を基準として建てられたと考えられる。最下部建物では、六基の礎石が見つかっているが、二基はトレンチ壁際で一部のみ確認されたものであり、残りの礎石も直線の配置を読むのは難しく、基準軸の推定は行っていない。

発掘で判明した礎石の配置から求めた建物の方向と、地中レーダ探査で基壇を囲む壁跡の方向を比較した結果、上部建物の軸線と壁跡Ⅰの方向、及び下部建物の軸線と壁跡Ⅱの軸方向は、ほぼ同じである。同軸方向を持つ壁と建物は同時期に建設された可能性が高く、壁跡Ⅰは一三世紀初頭から中頃、壁跡Ⅱは一三世紀末から一五世紀中頃に構築されたと推定できる。

製鉄関連遺構の検討

Loc.9周辺では現地表面に鉄滓が散布しており、製鉄関連遺構の存在が推定されていた。そのため地中レーダ探査で顕著な異常応答が検出された範囲で被熱遺構の探査に有効な磁気探査を実施し、両探査結果を比較、検討することで、遺構の位置推定の精度を高めた。磁気探査はフラックスゲート型磁力計を使用した。二一×三二mの範囲を〇・五×〇・五mに一測点で測定している。

図2―1―7に地中レーダ探査によるタイムスライス図（右）と磁気探査のデータより作成した磁気異常の平面分布図（左）を並べて示している。タイムスライス図（右図）では探査範囲の北半分に建物の壁跡と考えられる直線状の異常応答が認められる。現状で、地表面にはこの様な壁跡は認められないが、探査により地中に埋没している壁の残存部分が捉えられたと考えられる。

また磁気探査では探査範囲内の北側、やや西よりに強い異常が認められる。探査後に行われた発掘調査の結果、この地点から大量の鉄滓が出土し、製鉄関連の遺構が存在することがわかった。探査と発掘の結果から製鉄関連の工房跡の存在を明らかにすることが出来た。

4　富山県久泉遺跡における大溝を対象とした探査

古代・中世期の日本では、全国的に集村化が進行したことが知られている。その背景には、新田開発や溜池、用水管理など農業や土木技術の革新があった。大規模集落の出現と共に、溜池や大溝などの灌漑工事も盛んに行われたと考えられる。しかし、従来、そのような灌漑、導水施設について詳細に復元し、研究した例は全国的にも少ない。

以下では、富山県砺波市の久泉遺跡において、発掘調査からその一部が認められた大溝（SD09）について、非

図2-1-8　久泉遺跡で見つかった大溝（SD09）の写真（左）と探査範囲の位置（右）　砺波市教育委員会『久泉遺跡発掘調査報告Ⅱ』2005年より転載、一部加筆。

破壊の地中レーダ探査を用いて復元し、その流路、構造や掘削土量を求めた研究について述べる。

遺跡の概要

久泉遺跡は、富山県の西部中央の砺波市に所在する。砺波市は大部分が東部を北流する庄川により形成された扇状地になっており、久泉遺跡も、庄川左岸の庄川扇状地扇央部に位置している。二〇〇五年度に砺波市教育委員会が行った発掘調査により、幅約八m、地表からの深さ約二・七mの大溝（SD09）が見つかった（**図2―1―8左**）。発見当初は、旧河道とされていたが、詳細な調査の結果、溝が遺跡内でも比較的標高の高い場所に位置しており、自然の河道とは考えられないこと、さらに数度の再掘削の跡が見られることから、人工的に掘削された溝であると考えられる。

大溝は覆土内より古代、中世の遺物が出土しており、数回再掘削された痕跡も確認されている。また、溝内堆積物の磁化の研究から、大溝は一二世紀中頃まで機能しており、その後一三世紀初め～中頃に埋没したと推定されている。つまり、大溝は掘削された後も長期にわたって使用されていたこと考えられる。

中世期に久泉遺跡周辺は徳大寺家領般若野荘が広く存在しており、奈良時代に成立した東大寺領荘園（伊加流伎・石粟・井山）三

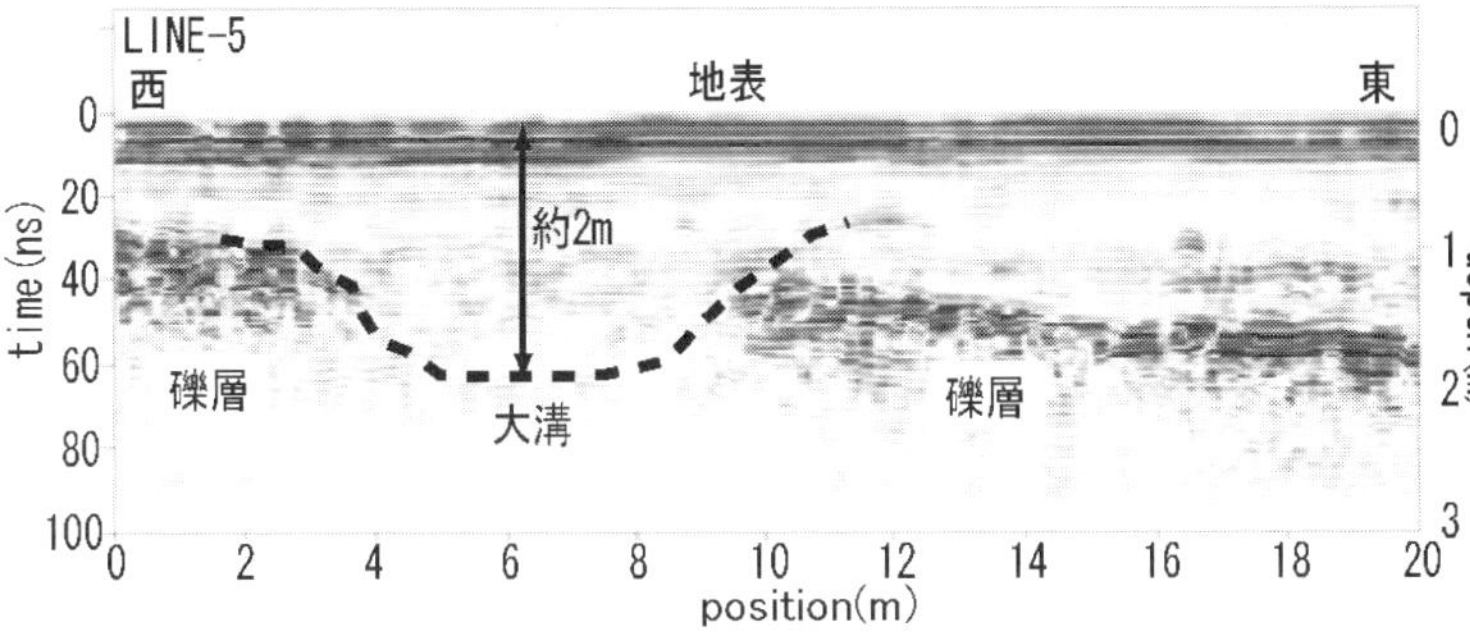

図２−１−９　発掘調査により発見された大溝の位置（右上）とGRID 1で売られた代表的なプロファイル（下、LINE−５）

荘を包括して存在したと考えられている。般若野荘がいつ頃成立したかは現在のところ判明していないが、広大な荘園成立の背景に、古代に掘削された大溝による灌漑、水運環境が重要な要素であったことが推察される。

探査の概要

探査は中心周波数二五〇ＭＨｚのアンテナを使用し、大溝が発見されたトレンチの近傍から探査を開始した。現地で測定データをモニタ－し、溝の位置を把握しながら、順次、探査区を延長することとした。探査地は主に水田や畑地であったが、建物や私有地により、探査出来ない場所も存在する。

探査区の設定は現在の水田、道路の区画を基準として設定した。探査区内の各測線間隔は一—五ｍである。探査区の四隅の点を基準点としてＧＰＳにより測位し、地図上に探査範囲、測線位置をプロットしている。

発掘トレンチ近傍での探査結果

発掘調査のトレンチ内で発見された大溝は、Ｎ四五度Ｅの方向に直線的に掘削されていた。そのため、まず発掘トレンチより約一五ｍ北東で、大溝の予想される位置に探査区（GRID 1）を設定した（図２—

１—８右）。図２—１—９にGRID 1で得られた代表的なプロファイル（LINE 5）を示している。LINE 5では、測線距離一〇m、深度約一・一mから探査終了地点（測線距離二五m）の深度約二mを結ぶ地層の境界面が見られた。久泉遺跡では地表から一—二mの表層堆積物の下に、礫層が存在していることが砺波市教育委員会の実施した発掘調査で判明しており、この境界面は礫層の上面に当たると考えられた。測線距離二—九mでは、その境界が途切れており、連続していない。発掘調査では、大溝は礫層を〇・八m程掘削していることが確認されており、この礫層の不連続は大溝によるものと推定できた。また、礫層の途切れている箇所では、礫層より約一m深部に溝底と考えられるやや平坦な構造が認められる。これにより溝底までの深さは地表面より約二mと考えられる。地中レーダ探査から復元された溝の断面形は、およそ逆凸字形をしており、発掘調査で認められた大溝の形状とも整合する。同様の地下構造は他の測線でも明確に捉えられている。

この様に、大溝の応答を現地で判読し、その位置を調べながら隣接地域へと順次、探査区を設定した。その結果、総数三一七本の測線において、延べ約一万五〇〇〇mに及ぶ距離を探査した。

地中レーダにより求まった大溝の経路

図２—１—10には、各探査区のプロファイルの解析から復元した約二kmに渡る大溝の流路を太線で示す。破線部分は、民家や建物等により探査できなかった場所について、前後の繋がりから位置を推定して復元したものである（注—図中の大溝の太さは実際の溝幅とは異なる）。図から、大溝は現在の庄川に近づきながら、北方向にさらに伸びていくと考えられたが、想定される流路は工場の敷地内にあたり、これ以上の探査は現段階では行うことができなかった。

大溝全体としては、僅かに東西に蛇行しながら約Ｎ六五度Ｅの方向に下流方向へ延びている。掘削工事がこの方向を目指して行われたことを示している。

大溝の久泉遺跡より南側での特徴

久泉遺跡から南方向へと探査した結果、遺跡より約三五〇mの地点で、それまでの大溝を示す応答や、発掘で見つかった大溝（SD09）に比べて、かなり大規模な溝状構造（幅四〇m以上）が認められる（図2—1—11上）。これは人工的な溝と考えるよりもむしろ旧河道の可能性が考えられる。ただし、大溝が蛇行しており、測線に対して斜行しているために幅が広く見えた懸念があるため、タイムスライス法による解析を行い、平面的な形状を求めることとした。

図2－1－10　探査結果から復元した大溝の流路（太線で示す）

図2—1—11下に一・三五—一・八m深度でのタイムスライス図を示す。LINE 10で認められた構造は、確かに、遺跡が発掘された大溝より平面的な幅は広い。この結果はLINE 10付近の溝状構造は、旧河道である可能性が高いことを示している。溝構造の東岸の立ち上がりが探査範囲外にあたり、川幅を正確に見積もれなかったが、幅二五m以上と推測された。現地形から判断すると、この旧河川は、S五〇度W—N五〇度Eの方向へ、南西の上流側から北東の下流へと流れていたと考えられる。

また、大溝は、南側で僅かに東へ屈曲し、旧河道と合流する様子がタイムスライス図

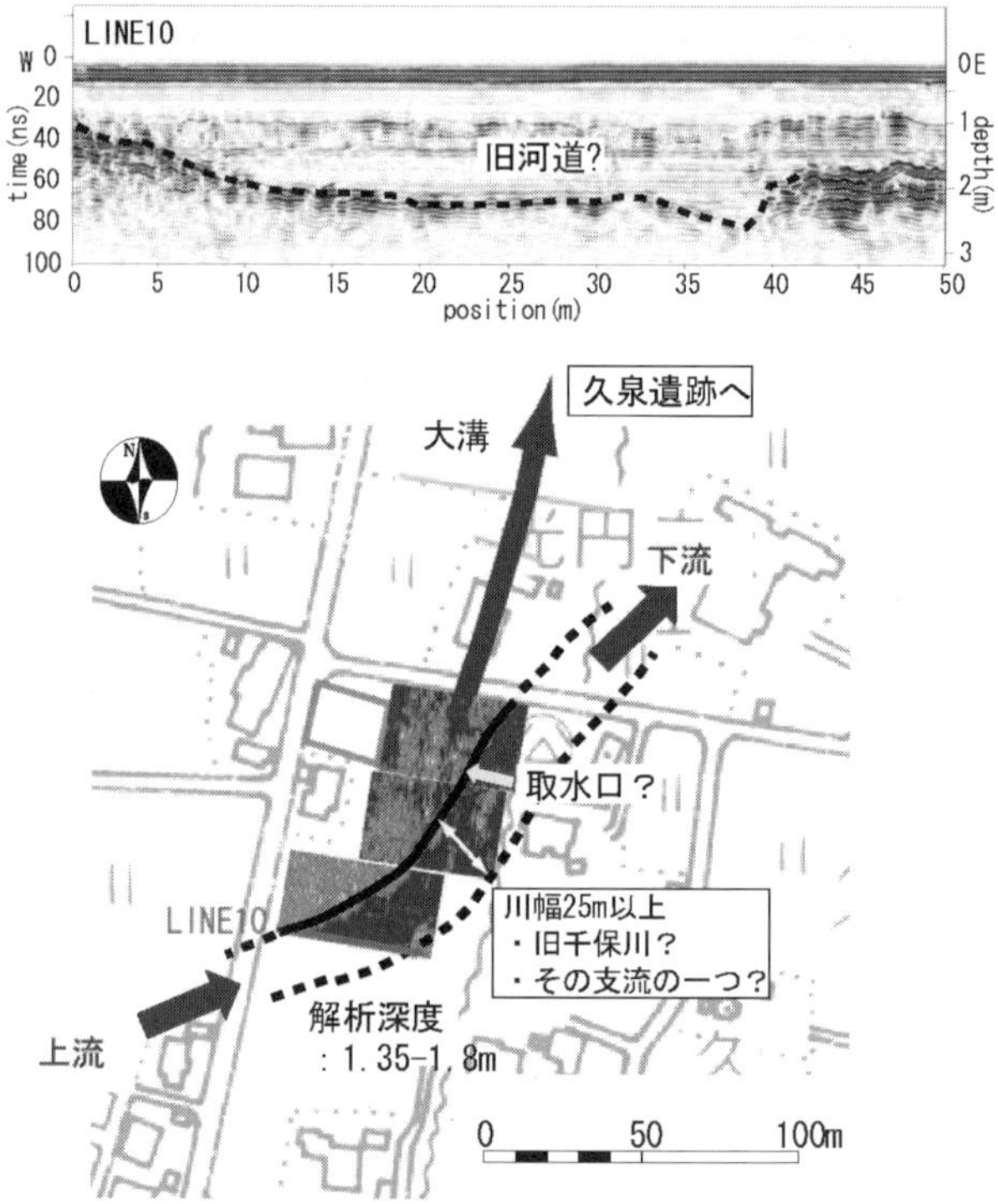

図２－１－11　久泉遺跡より南側での探査結果　LINE10におけるプロファイル（上）とタイムスライス図（下、深度約1.35-1.8m）

で認められる。以上の結果を総合すると、この旧河道は、大溝が使用されていた時代の河川であったと推測される。大溝と旧河道との取り付き部には、幅約一mの異常応答（図中矢印で示す）が認められる、この異常は、大溝に流入する水量を調整する堰の様な、入水量を調節するための遺構である可能性が考えられる。

大溝の掘削土量について

タイムスライス図により、溝の方向（軸線）が推定できた探査区では、溝に直交する断面にプロファイルを投影して、溝の直交断面形を検討した。溝の①上面の幅、②傾斜変換点での幅、③底面の幅、④上面より傾斜変換点までの深さ、⑤上面から底面までの深さ、⑥地表から溝底までの深さの6つの計測値を各プロファイルから読み取った。その結果、**図２―１―12上**に示す様なモデル構造が推定される。次に、読み取った値を元に、大溝が直線で近似できる範囲についてそれぞれ三次元モデルを作成した（**図２―１―12下**）。そして作成した三次元図を用いて、溝の掘削量を求める。解析の結果、大溝の掘削量は約一万六〇〇〇㎥と得られた。

大溝掘削に投下された労働量の推定

次に、大溝の掘削にかかる労働量の推定を行った。水野時二は、八世紀に掘削された越前国（現在の福井県）の桑原庄や栗川庄等の溝について、文献資料に示された溝の幅、深さ、距離と延べ人員から、その掘削土量と労働量について考察している（水野、一九七一）。水野の計算した掘削量を用いて、探査結果から求められた大溝の土量から、大溝の掘削にかかった延べ人数を計算した。その結果、労働量（延べ人数）は、四五七二―五四八六人と求められた。久泉周辺地区は、主として砂礫層で構成される扇状地に立地している。溝の掘削効率が悪かったと考えられるので、投下された労働量は上記の見積もりよりも更に多かった可能性もある。

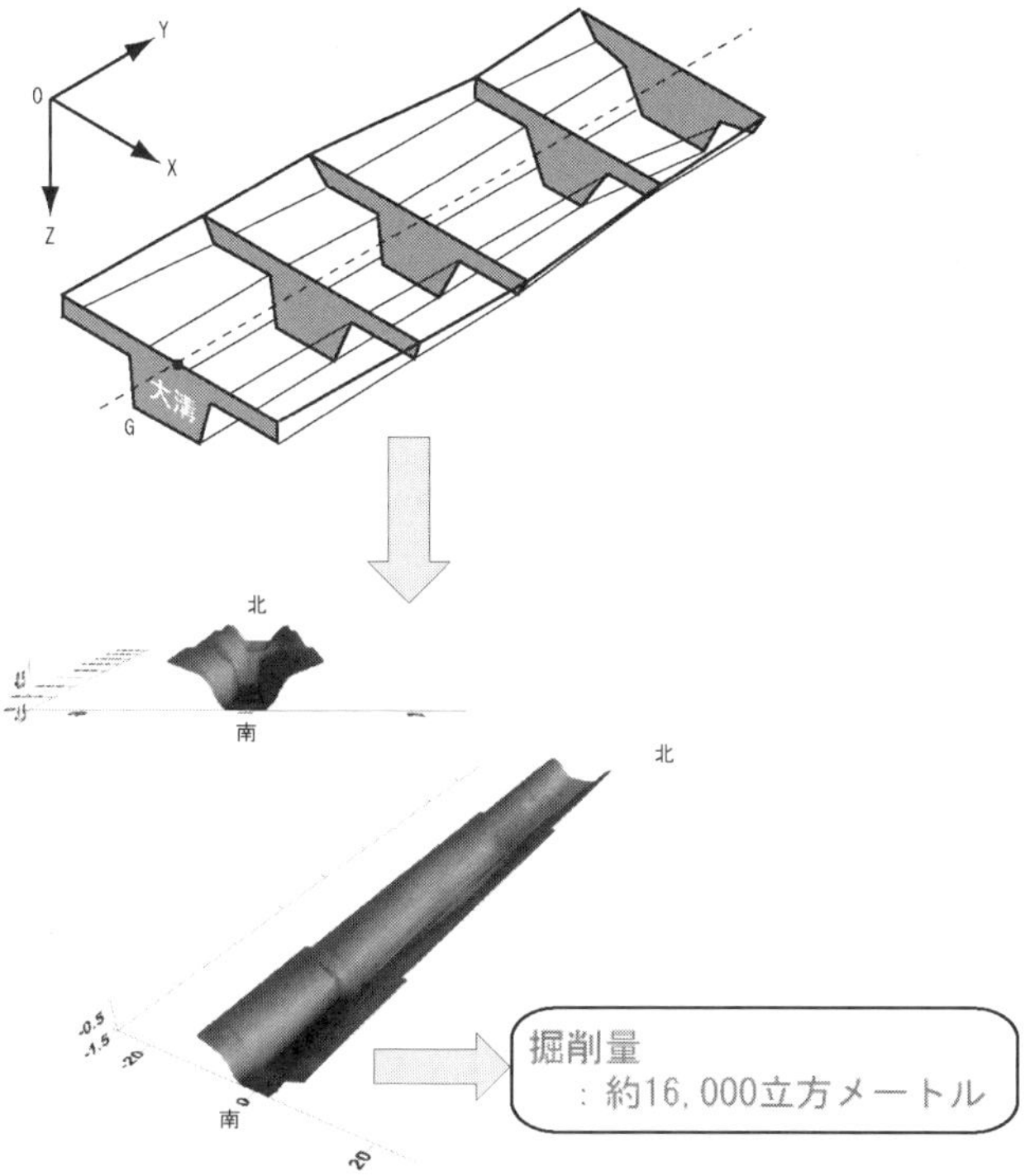

図２–１–12　プロファイルから作成した大溝の断面モデル図の例（上）と大溝の三次元モデル（下）

越前国の奈良時代の荘園において、溝の掘削に投下された労働量は、桑原庄が約一二〇〇人、栗川庄では約三〇〇人であった。これらに比べて、久泉遺跡の大溝の掘削に投下された労働量は三倍から一〇倍である。このことは、当時の久泉遺跡の周辺地区は重要な開墾地であり、多くの人々が居住する大荘村が近傍に広がっていたことを示唆している。

５　まとめ

本稿では、モンゴル国アウラガ遺跡の祭祀、工房遺構と富山県久泉遺跡の大溝を対象として行った電磁気探査の成果について述べた。

アウラガ遺跡では、中央基壇を中心として、詳細な地中レーダ探査を広範囲に行った結果、基壇の周縁部で、顕著な異常を検出した。一部で行われた発掘結果と併せて考察した結果、このレーダ波の異常応答は灰や動物骨の詰まったモンゴル民族の祖霊祭祀（焼飯）の跡であることが推測された。焼飯跡は基壇の周縁部約五ｍ幅の範囲に集中して行われたと考えられる。中国の正史『元史』によればチンギス＝ハンの死後、一日三回、焼飯の祭りが行われたとの記載がある。この記述が正しいとするならば、千回以上の焼飯の祭りが行われたことになり、地中レーダ探査の結果は、『元史』の記述を裏付ける結果であるといえる。

また、基壇の更に外側の部分に、直線状の異常応答が認められた。これは、宮殿又は霊廟に属する壁跡と考えられる。壁跡では発掘調査は行われていない。構築時期は探査で復元した方向と、中央基壇の発掘された建物の軸方向の比較から、壁跡Ⅰはチンギス以後の歴代皇帝を祭る霊廟跡である上部建物（一三世紀末から一五世紀中頃）の時期に作られたと考えられた。壁跡Ⅱは初代皇帝チンギスと二代オゴデイの宮殿が建設された頃（一三世紀初頭から中頃）に作られた壁跡と推測された。

また、中央基壇の東側には、土壁で構築された建物跡が存在し、製鉄関連の工房であることが探査と発掘の結果明らかとなった。これは鉄器の大量生産がモンゴル帝国の急速な勢力拡大に繋がったことを裏付ける発見として注目される。

久泉遺跡では、過去の大規模土木工事である荘園開発に伴う大溝を対象として、非破壊の地中レーダ探査を用いて復元し、その流路や掘削土量を求めた。地中レーダ探査の結果からは全長二km以上にわたる、大溝が掘削されていたことが判明し、その取水口と考えられる旧河道の位置も推定できた。大規模工事の全容の解明は部分的な発掘調査では、詳細に検討できないため、本研究の成果は、貴重なデータといえる。

また、探査結果から作成した大溝の三次元モデル図から、大溝の掘削量を推定した。解析の結果、探査で判明した部分だけで、掘削された土量は約一万六〇〇〇㎥、掘削に投下された労働力は延べ約五〇〇〇人以上と試算出来た。

探査を用いて広範囲で大溝の流路を復元することにより、水田の広がりや、人々の土地利用の状況、更には近傍に立地する遺跡との関係を研究することも可能となる。また、掘削土量を見積もることにより、工事の規模は数値化され、工事費用や工事日数、人員について、比較検討する際の基礎データとなる。大規模工事は当時の社会情勢も大きく反映しており、探査を用いた非破壊での復元研究は、歴史研究に貴重な情報を提供することが出来ると考える。

参考文献

物理探査学会編『新版　物理探査用語辞典』愛智出版、二〇〇五年。
水野時二『条里制の歴史地理学的研究　尾張・美濃・越前を中心として』大明堂、一九七一年。
S. Kato and N. Shiraishi（eds.）, *Avraga : occasional paper on the excavations of the palace of Genghis Khan.* Tokyo : Doseisha, 2005.

第2節　中世の環境と農耕の変遷　環境考古学の知

金原　正明

1　中世の環境と寒暖

今までの研究において、中世は自然科学分析の対象とされることも少なく、情報の精度という点でも詳細には極めてとらえにくい時期であった。また、先史時代の自然環境の復元や変遷が比較的一要因的でとらえやすいのに対し、中世は人間による環境変化が著しくなり、農耕のみならず窯業など影響が多様化する。弥生時代に始まる水田稲作で平野部が開発され、古墳時代からの須恵器や古代の瓦や陶器生産などの窯業、都城や官衙や寺院の建築資材の伐採、製鉄における燃料や炭の供給、これらにより、森林の伐採が行われ、禿山や二次林化が進んだと考えてきた。二次林の代表はアカマツ林であり、弥生時代以降順次、森林が二次林化（一度失われた森林が再生すること）したとみられてきた。

弥生時代以降の気候変動は、尾瀬ケ原湿原の泥炭層の花粉分析から寒冷を示すマツ属複維管束亜属（ゴヨウマツ類）の花粉の増減を指標として、古墳寒冷期、奈良・平安鎌倉温暖期、室町時代以降の小氷期として変動が示されている（**図2―2―1**）。これら（特に中世後半の小氷期）は小変動であり、日本や東アジアでは、ヨーロッパの小氷期ほどの寒冷さがあったとみなすことには疑問がある。

中世には海岸部で大規模な砂丘が発達し、古代村落や畠を砂丘に埋もれさせている。鳥取県上伊勢遺跡の畠跡（中世）も砂丘に埋もれ、復旧を繰り返す。花粉分析ではソバの畑作が認められ（**表2―2―1**）、珪藻分析では池

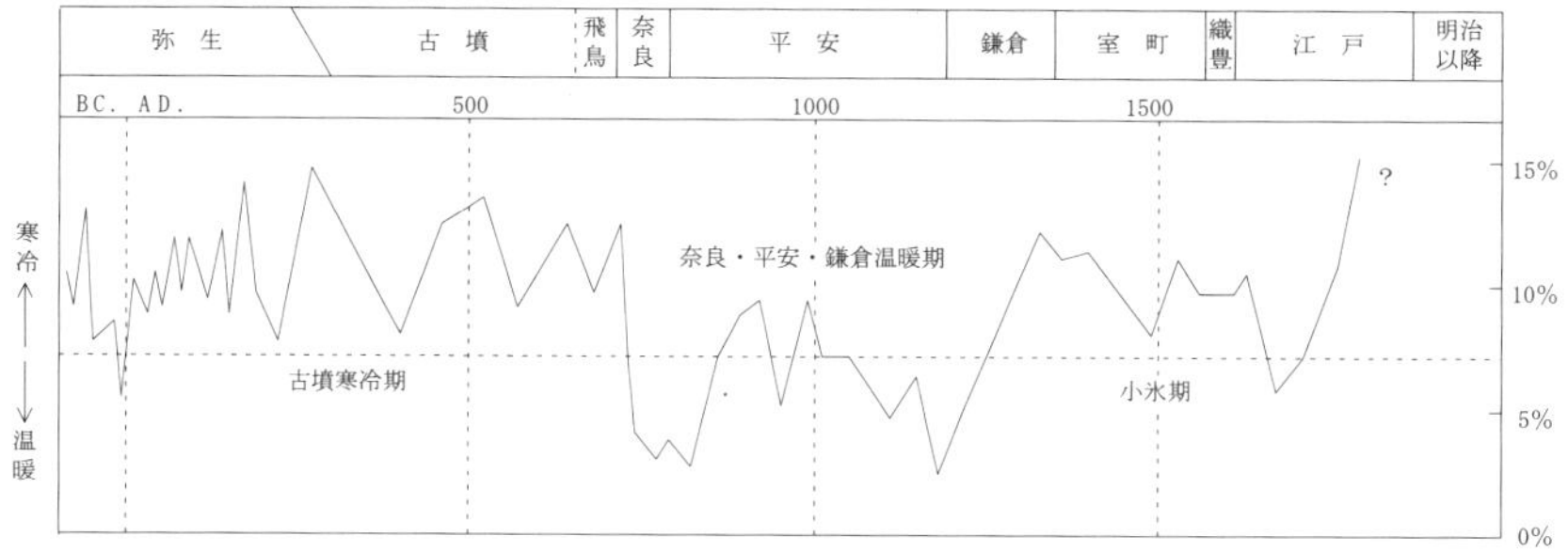

図2-2-1　尾瀬ヶ原のゴヨウマツ亜属（マツ属単維管束亜属）花粉の出現率からみた古気候曲線（坂口、1985に加筆）

表2-2-1　鳥取県上伊勢遺跡畠跡（中世）における花粉分析結果

分類群		試料		
学名	和名	1	2	3
Arborealpollen	樹木花粉			
Castanea crenata	クリ		1	
Castanopsis	シイ属	1		
Nonarboreal pollen	草本花粉			
Gramineae	イネ科	4		
Cyperaceae	カヤツリグサ科	1	1	
Fagopyrum	ソバ属	1		
Lactucoideae	タンポポ亜科	1	7	
Asteroideae	キク亜科		2	
Artemisia	ヨモギ属	10	9	
Fern spore	シダ植物胞子			
Monolate type spore	単条溝胞子		13	
Arboreal pollen	樹木花粉	1	1	0
Arboreal/Nonarboreal pollen	樹木・草本花粉	0	0	0
Nonarboreal pollen	草本花粉	17	19	0
Total pollen	花粉総数	18	20	0
Pollen frequencies of 1 cm^3	試料1 cm^3中の花粉密度	2.5×10^2	1.4×10^2	0.0
Unknown pollen	未同定花粉	1	0	0
Fern spore	シダ植物胞子	0	13	0
Helminth eggs	寄生虫卵	(−)	(−)	(−)
Digestion rimeins	明らかな消化残渣	(−)	(−)	(−)

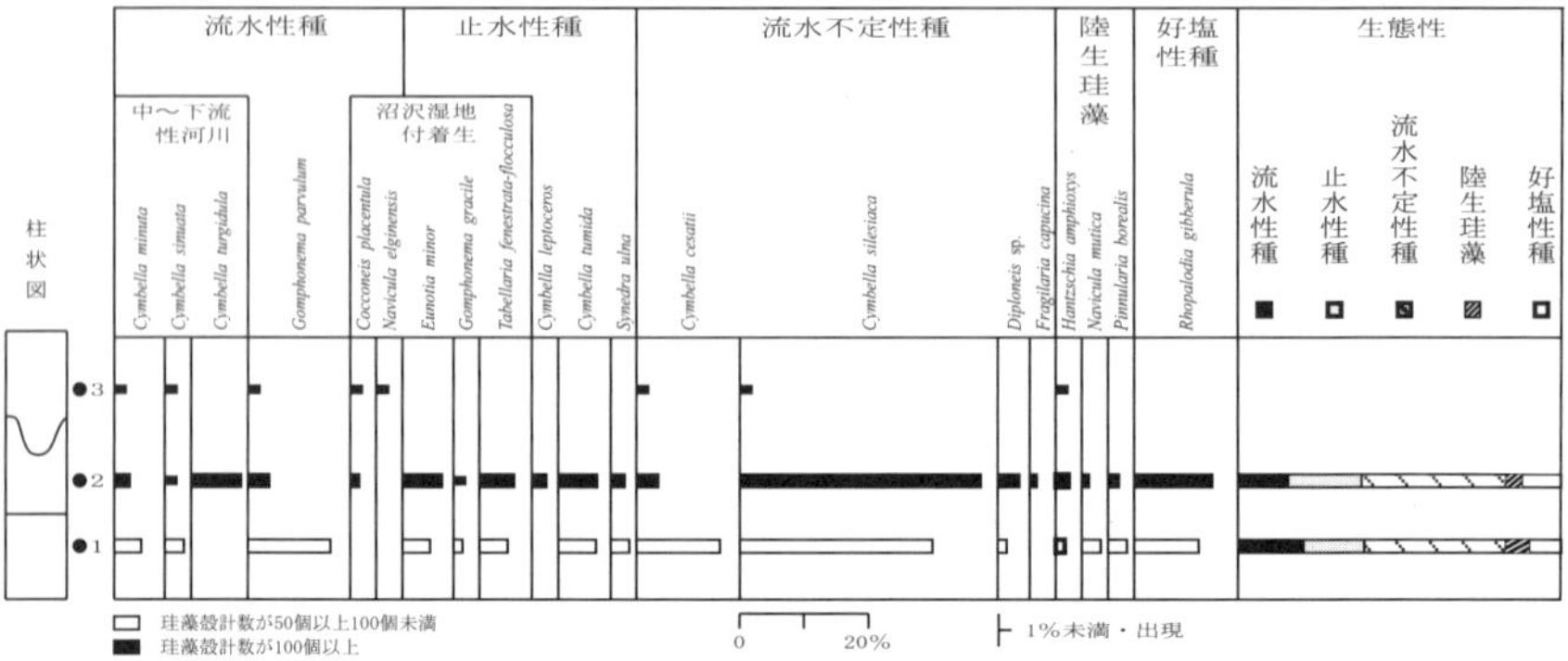

図２－２－２　鳥取県上伊勢遺跡（中世）の畠跡

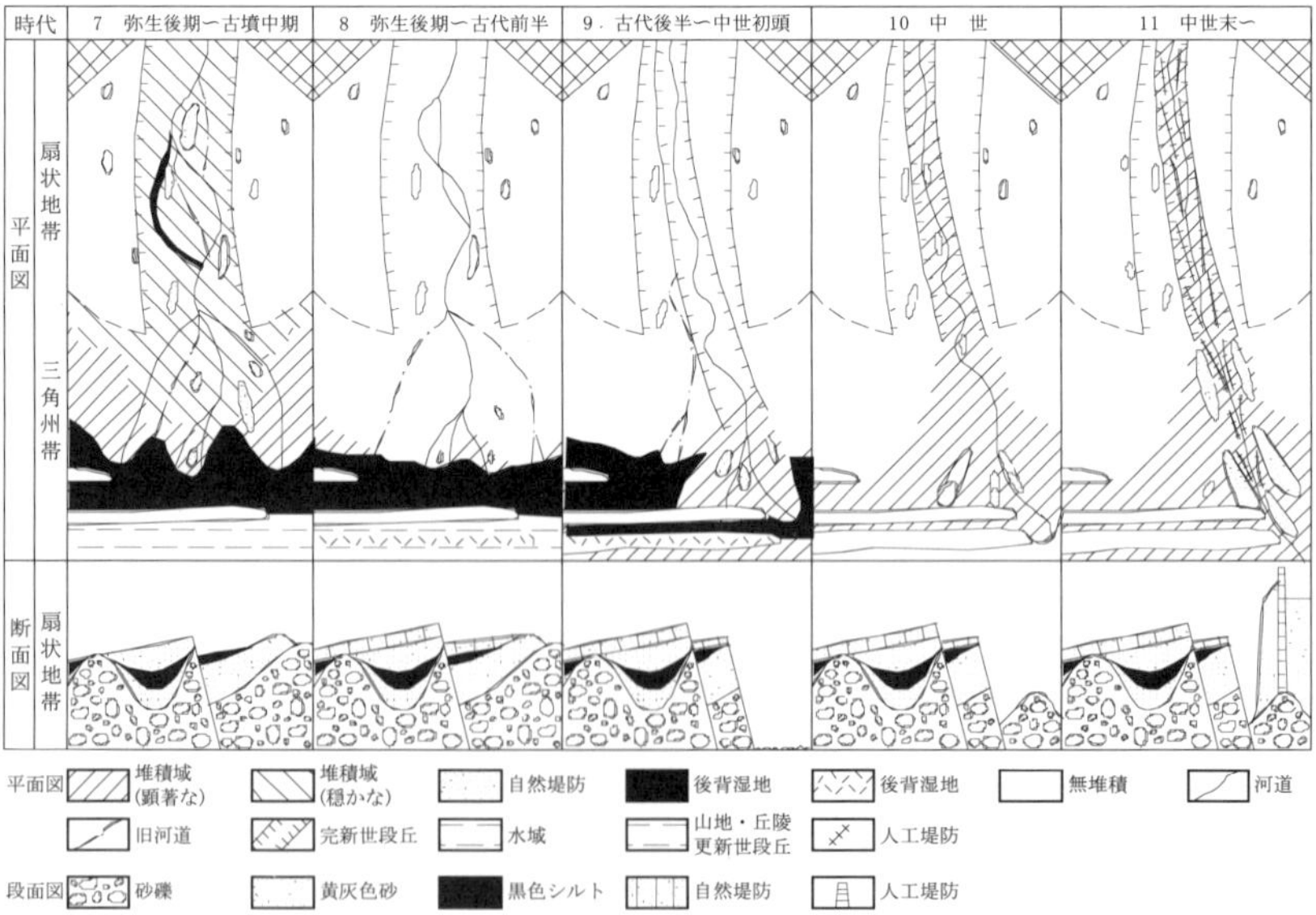

図２－２－３　微地形環境の変遷（高橋、1995に加筆）

沼や河川の珪藻、水草に付着して生活する珪藻が多く検出され、畠への潅水と水草を肥料としていたことが考えられる（図2―2―2）。

瀬戸内を中心とする沖積平野の発達は年代的、構造的な分類が行われている（図2―2―3）。中世では、十世紀末―十二世紀初頭と十五世紀末頃に地形環境の変化の著しい時期があった。十一世紀頃に完新世段丘Ⅱ面の形成が行われ、完新世段丘Ⅱ面および完新世段丘Ⅰ面では灌漑条件の悪化などで放棄されたり、生産力の落ち込んだりするところが増加した。中世の開発の特徴はこれら完新世段丘面の再開発や現氾濫原面や自然堤防帯（いわゆる河原）の開発であるという。

2　平野部の農耕の諸相

平野部で中世遺跡の農耕を示唆できる地域的や連続的に、栽培植物をも含めて分析した事例は断片的である。河内平野の池島福万寺遺跡では、十世紀―十一世紀には低い部分で水田が営まれ微高地部分には畠が営まれ、十一世紀後半―十二世紀には灌漑システムの変革が行われまた島畠が出現し、十五世紀―十六世紀は島畠が発達する景観が明らかにされた（井上、二〇〇一）。花粉分析からは、弥生時代にはカシ林と水田が分布し、弥生時代後期にシイ林とカシ林が増加し、照葉樹二次林が成立しやや拡大して、生産域の減少ないし停滞が認められ、十一世紀まで続く（図2―2―4）。十二世紀になると大きな画期が生じ、水田が拡大し、ソバを代表とする畠も多く営まれ、森林が大きく減少する。十一世紀後半―十二世紀には灌漑システムの変革の時期にほぼあたる。十四世紀―十六世紀はアカマツ二次林が拡大する。十七世紀以降は商用作物であるアブラナ（アブラナ科）やワタが集約的に栽培される。アブラナは近世の菜種油の需要に対応した作物である。河内平野では近隣の鬼虎川遺跡で平安時代後期以降にマツモなどの沈水植物が増加して湿潤化し、低湿地に対応した堀上田が形成され始める。

奈良盆地の箸尾遺跡では、十世紀およびそれ以前は河川沿いの低地部を中心に水田が営まれる。十一世紀初頭―十二世紀後半以降に水田と微高地を主とする畠がいとなまれる。樹園地跡も存在する。十二世紀後半―十三世紀の中頃に水田区画の変革がある。十四世紀後半―十七世紀初頭の時期は洪水砂の堆積があり、島畠が形成される。花粉分析からは、十世紀およびそれ以前は雑草の多い集約性の悪い水田が営まれていたとみられ、カシ類（コナラ属アカガシ亜属）とスギが多く、アカマツ二次林の成立は認められない。十一世紀初頭から十七世紀初頭はイネ属型を含むイネ科花粉が優占し、ソバ属のやや連続した出現から、集約性の高い水田とソバで代表される畠が営まれる。出土種実では多彩な畑作が認められる。森林ではカシ類（コナラ属アカガシ亜属）がやや減じてナラ

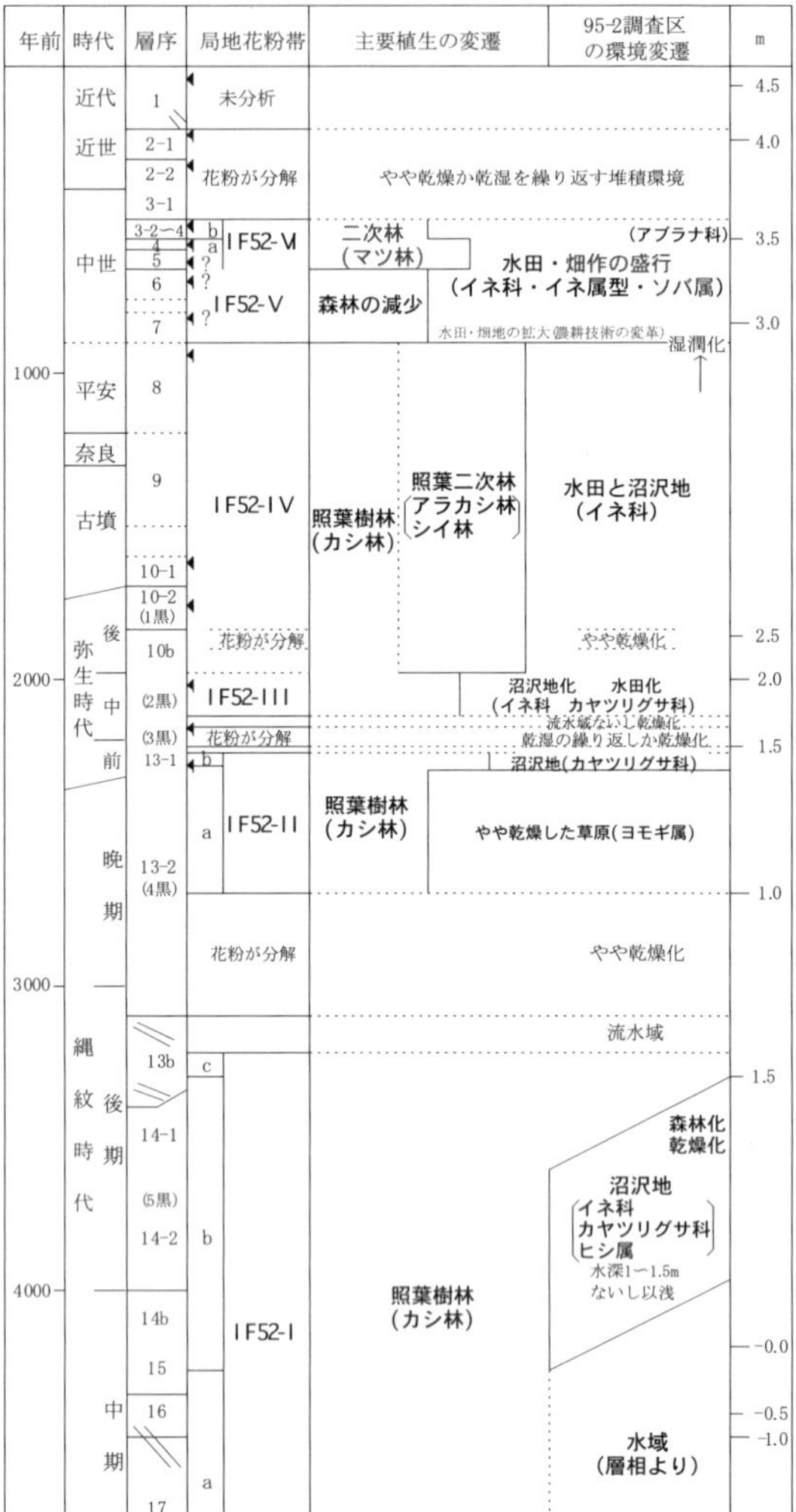

図２－２－４　河内平野、池島・福万寺遺跡を主として推定される植生と環境

類（コナラ属コナラ亜属）とアカマツ（マツ属複維管束亜属）の花粉がやや多く、コナラやアカマツなどの二次林が成立する。十七世紀以降は特徴的にアブラナ科が増加し、ワタなども検出される。

愛媛県来住廃寺遺跡や山口県吉田馬場遺跡においても、古代後半から中世または平安時代後期から、イネ科の卓越、ソバ属の検出、照葉樹林要素の減少、アカマツ（マツ属複維管束亜属）の増加がみられ、水田の集約化、ソバに代表される畑作の盛行、アカマツ二次林の成立が認められる。

西日本の平野部においては、あらわれ方に多少の差異はあるが、十一世紀から十二世紀に画期がみられ、水田の集約化、ソバに代表される畑作の盛行、落葉広葉樹（コナラなど）、照葉樹（アラカシやシイ類）、マツ属複維管束亜属（生態上アカマツ）の二次林の増加が認められる。特に平野部におけるソバ栽培は特筆すべき事柄である。十七世紀以降は、商用作物のアブラナやワタが集約的に栽培される。なお、森林要素の変遷は、丘陵山地部を反映したものであり、二次林の変遷も中世を考える上で重要となるが、後述の項でまとめる。

3　中世の栽培植物

この時期の栽培植物は、種《しゅ》まで同定できる遺体の多い種実で示されるが、各遺跡や遺構によって、偏る傾向にあり、その遺跡や地域または中世という時期を代表するものか注意が必要である。奈良県箸尾遺跡では十二世紀・十三世紀の複数の遺構から多様な栽培植物が検出されており、中世の特徴がよく示されている。以下に草本と樹木に分けて示す。

草本…イネ、コムギ、オオムギ、アサ、ソバ、ナス、ササゲ属（マメ類）、ウリ類、ヒョウタン類

樹木…ヤマグワ、ツルコウゾ、スモモ、ウメ、モモ、ナシ、カキノキ属

他の有用植物…クリ、ウルシ属、ムクノキ、イヌホウズキ

表2-2-2　和歌山県根来寺周辺遺跡（16世紀後半）の倉庫跡出土種実類

（分類群）		部位	KH02－INGII区 SX02（350cc中）
学名	和名		
Oryza sativa L.	イネ	果実（炭化）	5061
Hordeum vulgare L.	オオムギ	果実（炭化）	2849
Triticum aestivum L.	コムギ	果実（炭化）	14
Total	合計		7924

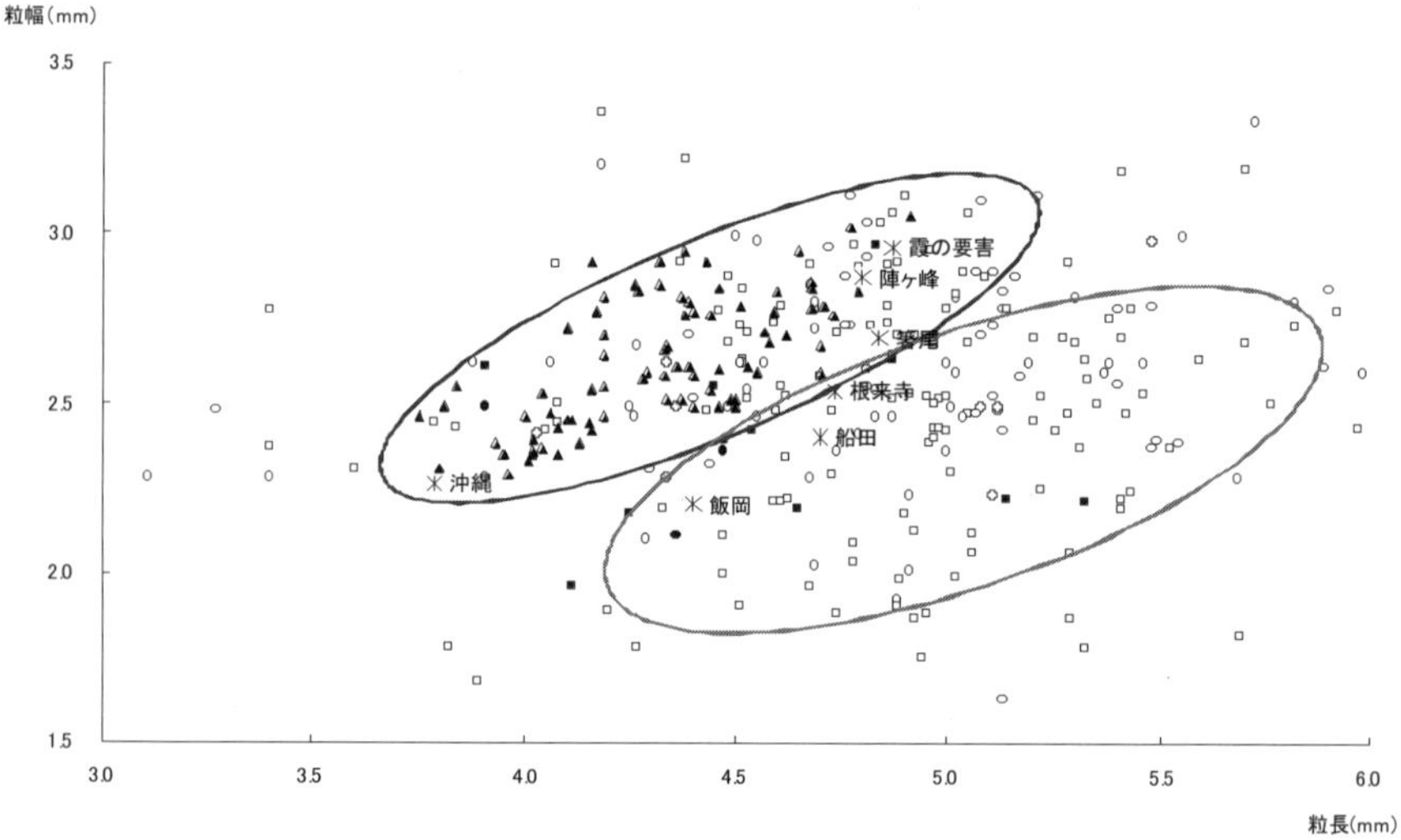

図2-2-5　炭化米の粒長・粒幅の分布　○根来寺　＊中世（一部平安を含む）各遺跡平均値　△日本古代以前各遺跡平均値　●中国古代各遺跡平均値

この中で、遺跡としてみてイネ、コムギ、オオムギ、ソバ、ナス、ササゲ属（マメ類）、ウリ類が多く、主要な作物である。ツルコウゾは分布が山口県以西の暖地であり、和紙の生産目的に明らかに栽培されたもので、クワ属は養蚕、ウルシ属は蝋燭採取のためで、これらも栽培されていたとみなされる。農耕遺跡であるため、集落遺跡でみられるオニグルミやキイチゴ属などの採取された植物はない。このように箸尾遺跡の十二世紀・十三世紀の栽培植物は特に多様な畑作物が認められ、コムギ、オオムギ、ソバ、ササゲ属（マメ類）の穀類、イネも大型のものが含まれ陸稲の可能性もある。

和歌山県根来寺周辺遺跡では十六世紀後半の多量の炭化穀類が各所出土する。これらは天正十三年（一五八五年）の豊臣秀吉の奇襲攻めによって焼き払われたもので、倉庫跡から出土したものである（**表２―２―２**）。計数した遺構の資料で最も多いイネ（炭化米）で五〇六一粒、オオムギ二八四九粒、コムギ十四粒であり、他にダイズも検出される。また、イネ（炭化米）の大きさを計測すると、今まで日本で出土したイネ（炭化米）より大型のものが多く（**図２―２―５**）、少なくとも二系統のイネ（炭化米）がある。発掘調査を追認できるいくつかの遺跡で確認され、大型のものは現在のイネ（コメ）より大きい。古代から中世にかけて、多様な環境に耐える唐法師と呼ばれる赤米の品種が入り、陸稲としてまた悪環境の低湿地の水田で栽培され、これらの可能性が高いとみられる。特に乾燥しやすい水田や陸稲として、オオムギなどと伴に中世の生産性を飛躍的にのばしたと考えられる。

以上のように中世では畑作が盛行することによって飛躍的に耕地が増加したとみなされる。

４　山地の開発と農耕

中世の山地の開発と農耕は、平野部のデータから、落葉広葉樹（コナラなど）、照葉樹（アラカシやシイ類）、マツ属複維管束亜属（生態上アカマツ）の二次林の増加として認められ、上部に向かいアカマツ二次林が増加し、山地

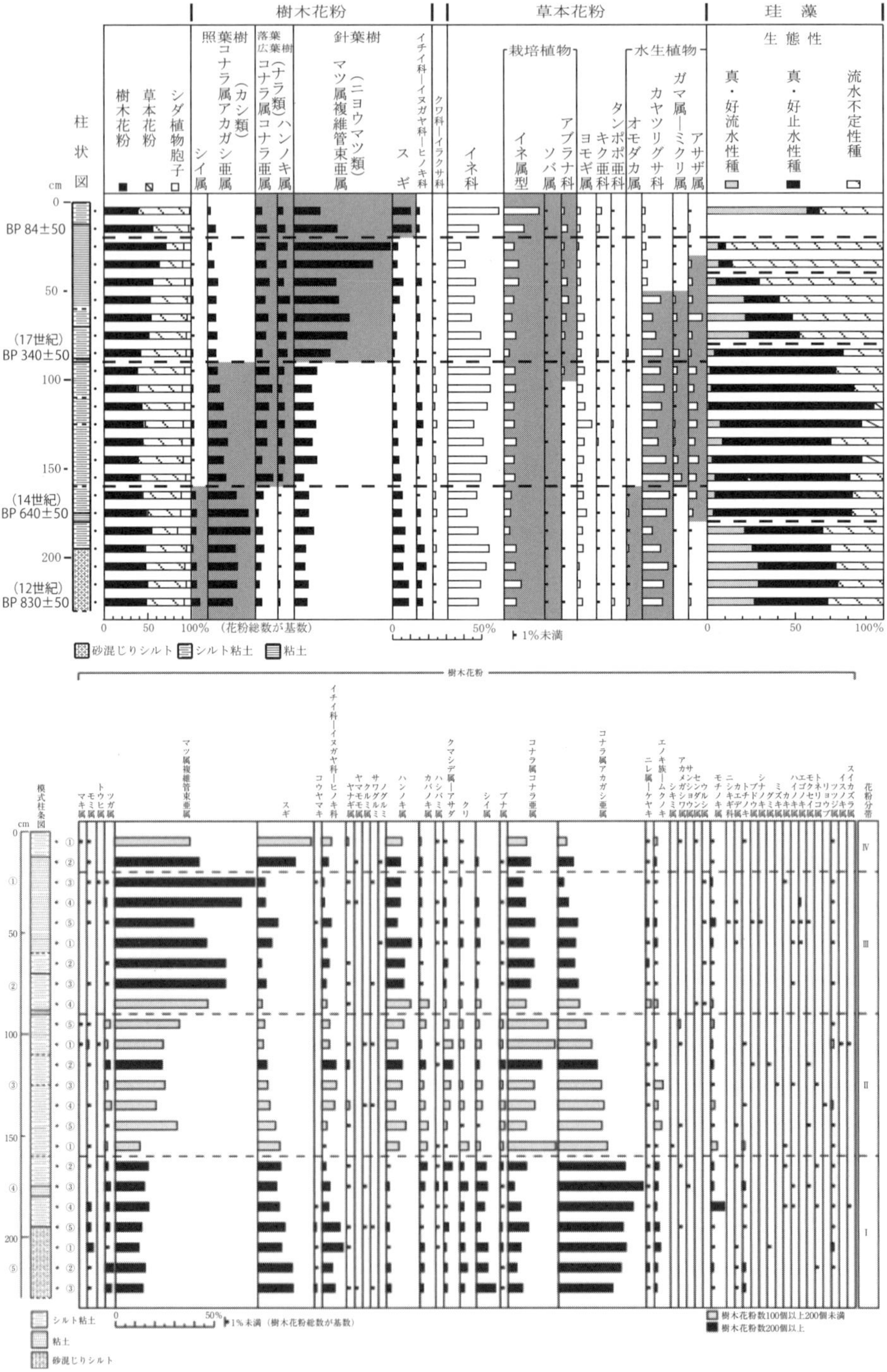

図２－２－６　（上）巨椋池における花粉組成図　（下）同 樹木花粉組成図

の疲弊度は大きくなることが示される。京都盆地南部の巨椋《おぐら》池跡の堆積物からは、中世を区分できるタイムスパンの長い花粉分析データが得られた（図2―2―6）。巨椋池は琵琶湖から流れ出る宇治川が京都盆地に流れ込む最も低いところに形成された広大な湖沼であり、文献から中世の成立が確認されている。豊臣秀吉が堤を築き、宇治川と巨椋池が分離され、明治から特に事業として干拓され、昭和に入って消滅した。今回の調査地点は巨椋池の中心部であり、地表下二・三mで砂層に達し放射性年代測定で十二世紀の値が得られている。そこより地表下一・六mまで、十二世紀―十三世紀では、樹木ではコナラ属アカガシ亜属、草本ではイネ属型を含むイネ科が多く水田が営まれ、山地にはカシ林が分布する。ソバ属花粉が伴われ畑作が行われるが、山地部での二次林はコナラ属コナラ亜属やマツ属複維管束亜属の著しい増加はみられない。「三代実録」には十世紀の焼畑の記事があるが、平野部縁辺の山地に留まっていたとみなされる。この時期の巨椋池は珪藻分析で好流水性種と好止水種が検出され、カヤツリグサ科やオモダカ属やミズアオイ属の抽水植物が伴われ、これら草本の生育する深さ〇・五m内外の比較的浅くやや淀みながら流れる水域であった。地表下一・六mから〇・九mまで、十四世紀―十五世紀は、特徴として樹木のコナラ属コナラ亜属（コナラなど）やマツ属複維管束亜属（アカマツ）が増加する。ソバ属を伴い山地で焼畑が盛行し、山地部の二次林化が進む。この時期の巨椋池は真・好止水性種の珪藻が優占し、ガマ属―ミクリ属の大型抽水植物やアサザ属を主とする浮葉植物が生育し、深さ一・〇m内外から一・五mのやや深い湖沼であった。地表下〇・九m以浅、十七世紀以降は森林でアカマツ（マツ属複維管束亜属）林が優勢となり、里山としての経営が反映され、森林が回復する。この時期の巨椋池は上位に向かって水草の繁茂する浅い曖昧な水域になる。地表下〇・二m以浅、十九世紀後半以降は特に森林でスギが増加し、スギの植林などの人工造林が行われた。

同様の段階の示すデータは能登半島の山間部でも得られ、能都町本木樟谷製炭窯跡の谷部の堆積でも認められた（図2―2―7）。当初スギの原生林が分布していたが、古代から中世にかけてイネ科の草本の増加とともに森

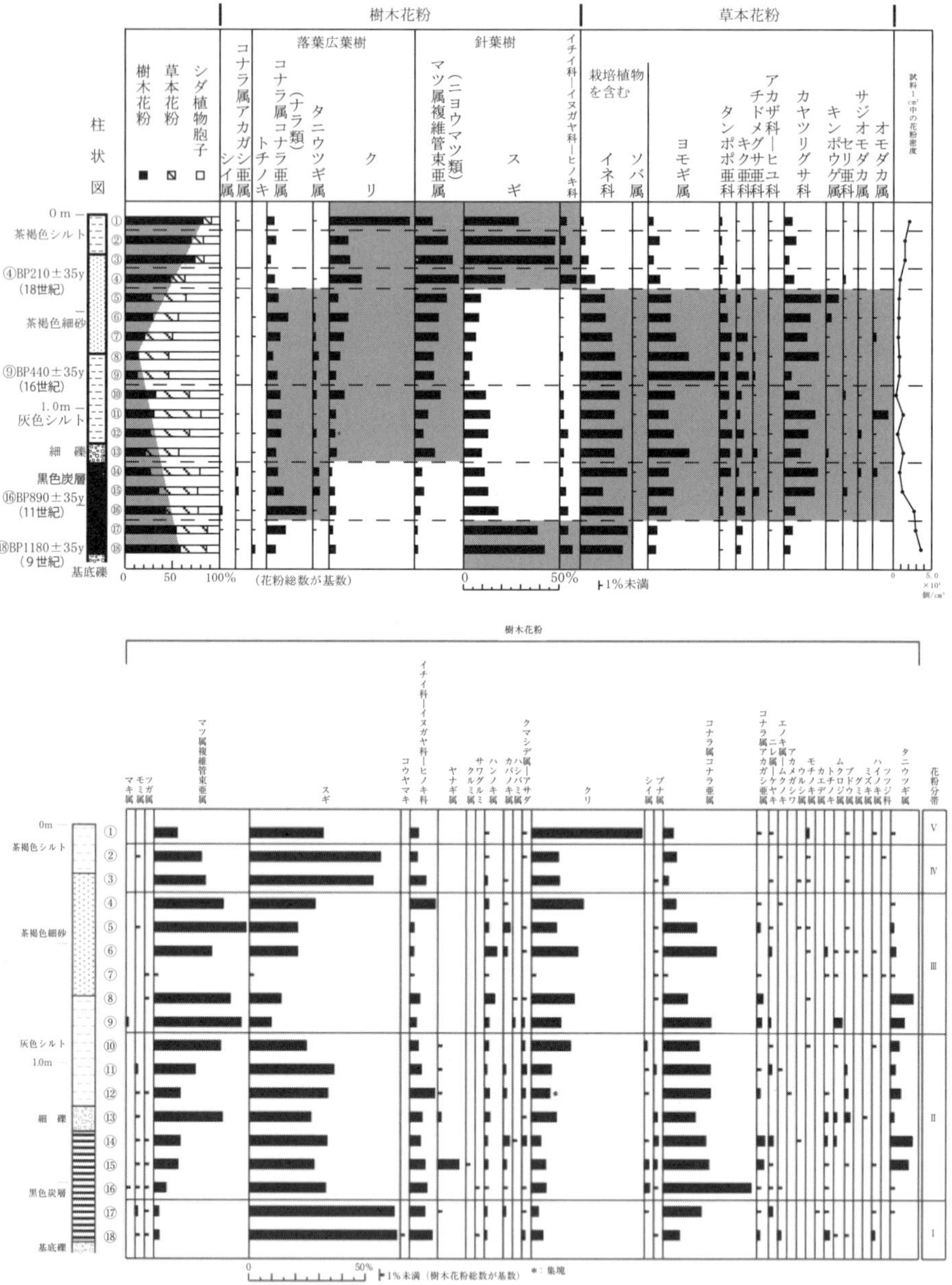

図２−２−７　(上) 能登町本木樟谷窯跡群東部谷における花粉ダイアグラム　(下) 同 樹木花粉ダイアグラム

表２－２－３　古代・中世・近世の環境と農耕の変遷

古墳時代	この頃までに沖積平野の水田化	緑辺山地の照葉二次林化 古墳築造等による局部的二次林化
８世紀		谷底平野の開発とその周辺二次林化（ソバを伴う）
９・10世紀		緑辺山地で焼畑等による二次林化 窯業・製鉄による地域的山地開発に伴う畑作 山焼と雑穀・豆類（三代実録）
11～13世紀	畑作物の多様化（ソバ）　中世型イネ（仮称）伝播 水田の集約化 （田畑輪換）	山地の開発・焼畑等 照葉二次林・落葉二次林
14・15世紀		落葉二次林・アカマツ二次林（山地の荒廃・疎林化）
16世紀	（人糞施肥）	
17世紀	商用作物の栽培（アブラナ）	アカマツ林等の里山の成立（森林の回復）

林が減少する。中世ではスギをやや残しながらコナラやアカマツの二次林が増加し、クリの二次林も増加する。イネ科やシダ類の優占、カヤツリグサ科の増加、ソバ属の検出から、畑作が示唆される。炭層の堆積から、ソバや雑穀類の焼畑が示唆される。二次林が増加するものの、森林は全体に減少して疎林化する。中世から近世にかけては、アカマツやクリの二次林が拡大し、より疎林化し痩悪地化した。ソバや雑穀類の焼畑も継続される。上部では森林が徐々に回復し、造林とみなされるスギ林も多くなり、最上部ではクリも多くなり、最も森林の多い時期になる。奥能登の中心域の山間部のような地域において、古代から中世にかけて製炭窯の経営とともにソバや雑穀類の焼畑が行われ、中世末には痩悪地化しアカマツ二次林などの疎林が分布するようになったのである。

５　古代から中世、近世の農耕変革の画期

古代から中世の農耕の変革は、十世紀頃に始まり当初より焼畑が伴われ、十一―十二世紀の平野部の再開発を灌漑システムを伴う開発が行われ、水田の集約化に加えイネ、オオムギ、コムギ、ソバなどの穀類の畑作が盛行し、他の畑作物も多様化す

る。これらは特に平野部でのソバやムギの栽培が盛行するのが特徴であり、平野縁辺部の山地では焼畑を伴うソバや雑穀類などの畑作が行われる。中世後半（十四世紀）になると、山地部の比較的深部までも、焼畑を伴うソバや雑穀類などの畑作が、製炭や窯業や製鉄などとともに経営されていったと推定される。山地は痩悪地化し、アカマツを中心とする疎林の二次林へと変化した。十七世紀以降になるとアブラナ科やワタなどの商用作物が集約的に栽培され、里山としてのアカマツ林などが成立し森林が回復される。これらの変化は、農業経営を行う社会構造の変革でもあり、集落の変遷などとも有機的なつながりをもつと考えられる。

参考文献

金原正明『自然科学分析による中世の環境変動の解明と農耕変遷の究明』平成十九年度文部科学省科学研究費補助金成果報告書、二〇〇八年。

坂口豊「過去一万三〇〇〇年間の気候の変化と人間の歴史」『講座文明と環境』第六巻、朝倉書店、一九九五年。

高橋学「臨海平野における地形環境の変貌と土地開発」日下雅義編『古代の環境と考古学』古今書院、一九九五年。

第3節　中世の人間活動と土砂災害

北部九州・樫原湿原のボーリングコア分析

奥野　充・森　勇一・藤木利之・杉山真二・此松昌彦
上田恭子・長岡信治・中村俊夫・鮎沢　潤

北部九州、樫原《かしのきばる》湿原（標高五九一ｍ）は、脊振《せふり》山地の西部（唐津市七山池原《ななやまいけばる》）にあり（図2—3—1A）、周辺に点在する大小の湿原のうち最も保存状態が良いことから、一九七六年に佐賀県自然環境保全地域に指定されている（上赤、一九九五。安藤・吉森、二〇〇七）。現在、この湿原の北西部には堰によって溜池があり、玉島《たましま》川水系の桑原《くわばら》川が流れ出ている（図2—3—1B）。この付近には明瞭な地すべりや崩壊地形は認められないので、この堰が湿地の成立に深く関与していると考えられるが、その構築年代などの詳細は明らかではない。

湿原堆積物を詳しく調べると、自然環境だけではなく、土地利用など人為による自然改変も読み取ることができる。さらに放射性炭素（^{14}C）年代測定から、湿原環境の時間的変遷もわかる。筆者らは、脊振山地での環境変動を解明するため、二〇〇三年四月に樫原湿原からコア試料（KS0304）を採取した（奥野、二〇〇五。奥野ほか、二〇〇六）。ここでは、珪藻化石、化石花粉・胞子、植物珪酸体、大型植物化石および昆虫化石を中心に、湿原堆積物から読み取られた環境変動を紹介する。

1　コア試料KS0304

コア試料KS0304は、湿原のほぼ中央部（図2—3—1B）から、ピート・サンプラーを用いて、直径二・五

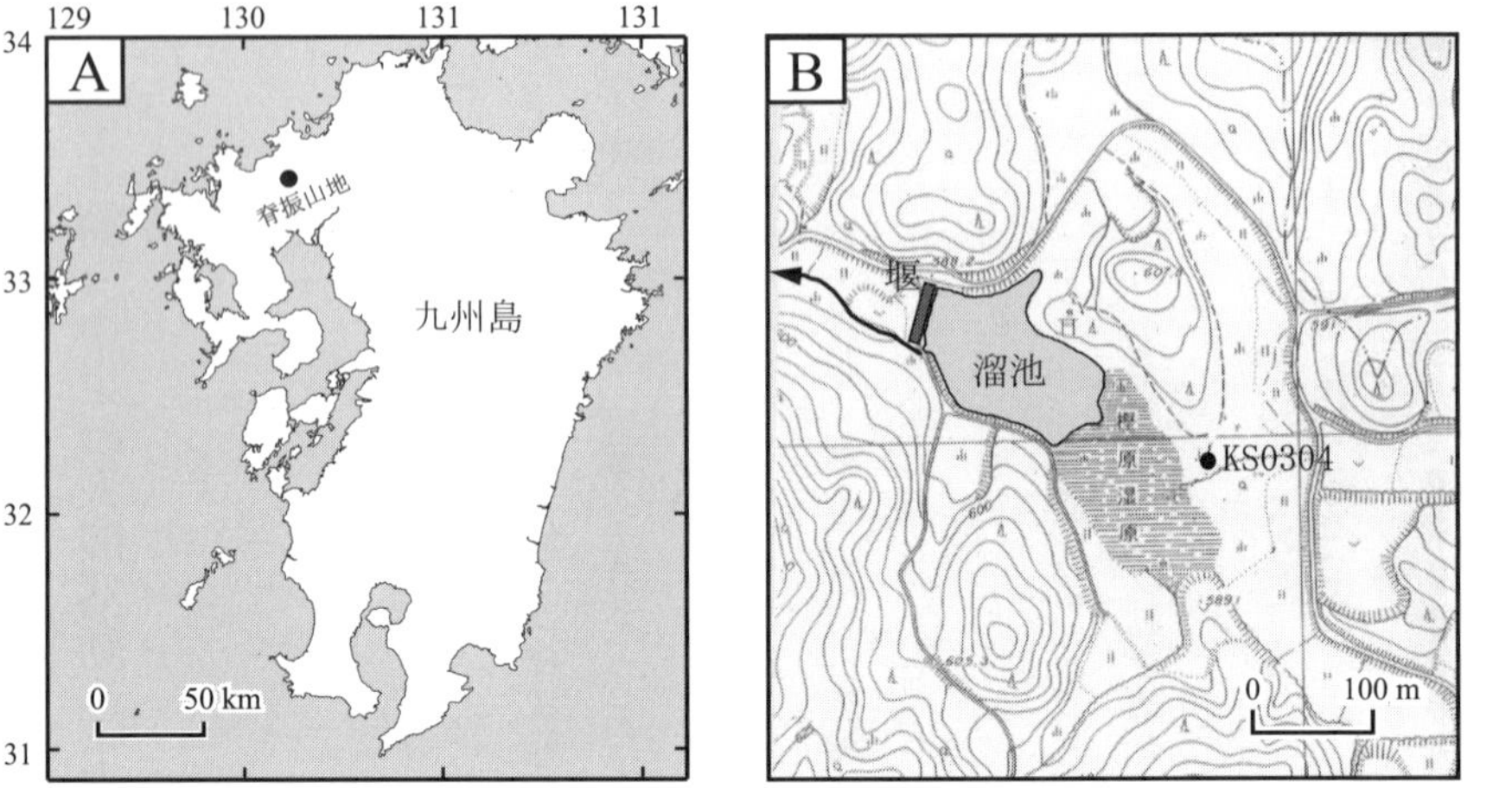

図2―3―1　樫原湿原の位置図。(A) 九州における脊振山地の位置、(B) 樫原湿原におけるボーリング地点 KS0304。矢印は、桑原川の流向を示す。国土地理院発行1／5000国土基本図（11－1C40）の一部を使用した。

cm、長さ二五cmの円柱状試料、計一三本として採取した。ただし、地表から深度一・〇mまでは非常に軟弱なために採取できなかった。このコア試料は、深度一・〇mから四・二五mまでのコア長三・二五mで、全部で二四層に区分される（**図2―3―2**）。このコア試料は、最下部からの黒褐色細粒砂層から上方細粒化し、深度三・五―三・〇mでは暗灰褐色シルト層となるが、深度三・〇―二・六六mの暗灰褐色中～粗粒砂層、深度二・六六―二・五六mの暗灰褐色～黄褐色シルト層、深度二・五六―二・三一mの黄褐色中～粗粒砂層が覆う。深度二・三一―一・七五mは黄褐色～暗灰褐色腐植質シルト層であるが、そのうち深度一・九三―一・八七mは暗褐色泥炭質シルト層となる。これを深度一・七五―一・五mの黄褐色中～粗粒砂層が覆うが、深度一・六三―一・六一mには黄褐色砂質シルト層が挟在している。深度一・五―一・三七mでは灰褐色細粒砂層から砂質シルト層へと細粒化し、一・三七m以浅は灰褐色ないし暗褐色シルト層である。

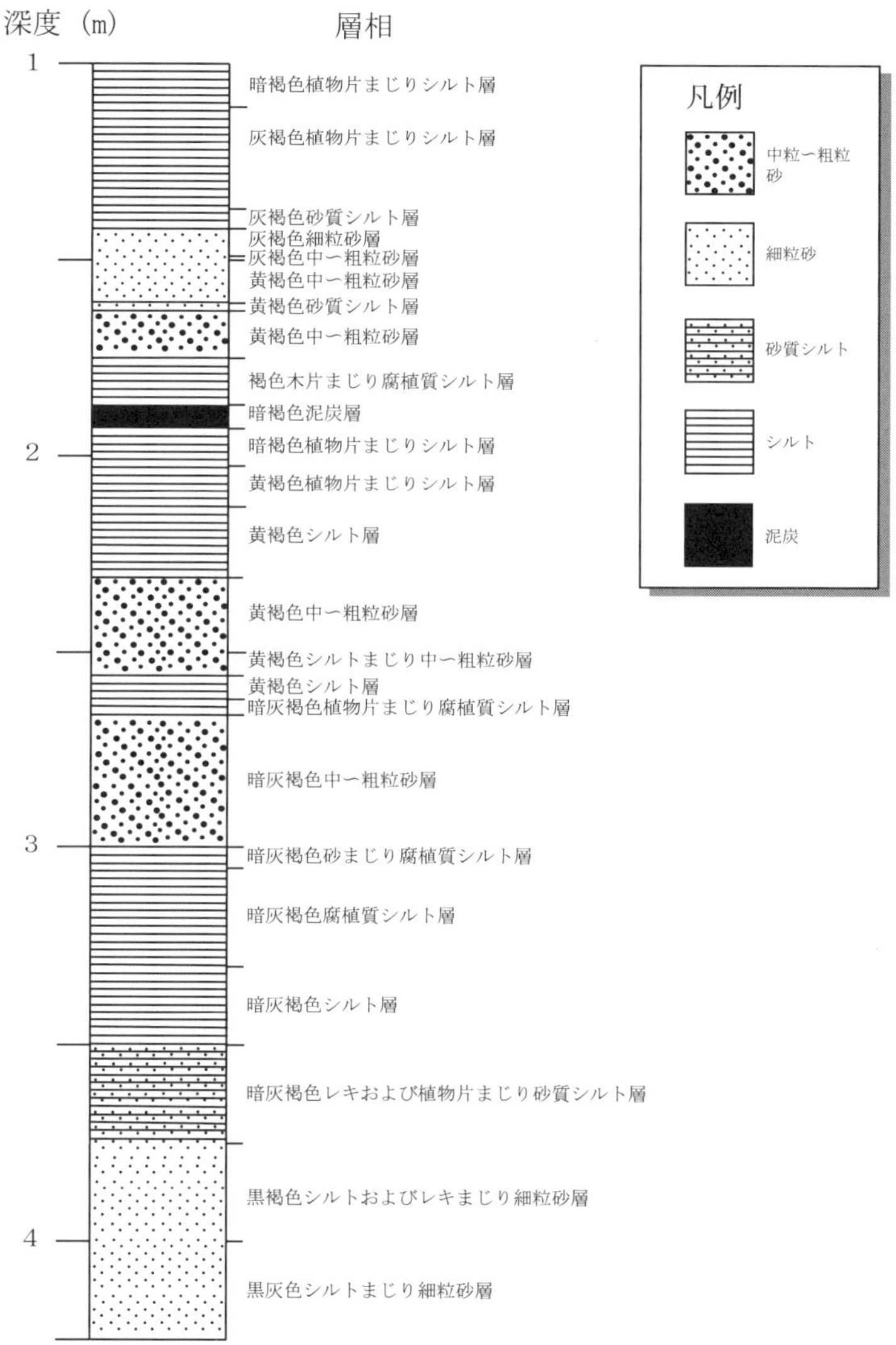

図2—3—2　KS0304コアの柱状図（奥野ほか、2006）

２　分析方法

含水比、乾燥密度、全炭素および全窒素含有量、色調、鉱物組成および泥分含有率などの測定用試料（上位よりC―1～39）として、七㎤（層厚二・二㎝）のポリカーボネート・キューブを用いて五・八㎝または六・八㎝間隔で計三九試料を採取した。次に、層厚一㎝の珪藻化石用の分析試料（上位よりD―1～52）を二・二㎝、三・八㎝ないし一一・二㎝間隔で計五二試料を採取し、その一部は化石花粉と植物珪酸体の分析にも用いた。これらの試料の採取後、一本のコア試料を二分割した計二六試料を昆虫および大型植物化石用の分析試料（上位よりI―1～26）とした。また、^{14}C年代測定用の試料は、深度二・二三mおよび四・二一mの二層準から採取した。

キューブ試料について、採取直後に湿潤重量を測定後、六〇℃で四八時間以上乾燥させた。含水比と乾燥密度は、乾燥させたキューブ試料の重量を測定して算出した。泥分含有率は、乾燥試料を分取・秤量した後、開口径六三㎛の篩中で水洗して細粒分を除去し、その残渣を乾燥させた重量を測定して算出した。さらに、残渣のうち粒径一㎜以上の砕屑粒子については、エポキシ樹脂で包埋して薄片を作製し、偏光顕微鏡下で観察した。

乾燥試料の一部をメノウ乳鉢によって粉砕し、CNコーダーを用いて全炭素（C）および全窒素含有量（N）を測定した。この粉末試料について、X線回折装置（XRD）を使用して構成鉱物種を同定した。試料に含まれる粘土鉱物を検討するため、砂層を除いた二四試料について水簸《すいひ》により粒径二㎛以下の粒子を分離し、スライドグラスに塗布した。さらに、ポリ塩化ビニリデンフィルムで覆った粉末試料の色調を、デジタル土色計により測定した。土色計は、同様のフィルムで覆った白色校正板を用いて校正した。試料の色調は、CIE L*a*b*表色系で表される。L*は明度を表し、〇（黒）―一〇〇（白）の値をとる。a*はプラスが赤、マイナスが緑を、b*はプラスが黄、マイナスが青を表す。a*とb*の絶対値が大きいほど彩度が増す。

^{14}C年代測定は、タンデトロン加速器質量分析計を用いた（中村、一九九九）。腐植質堆積物から植物細片を取り

出し、植物細片とその残りの全有機態炭素について測定した。植物細片は針状・繊維状のものがほとんどで、全有機態炭素には微細な植物片が含まれている。試料は、酸―アルカリ―酸処理を施し、酸化銅と共にバイコール管に真空封入して約二時間八五〇℃に加熱した。生じた気体を真空ライン中で精製して二酸化炭素を得て、水素還元法によりグラファイト・ターゲットを作製した。^{14}C年代値は同位体分別効果を補正し、リビーの半減期五五六八年を用いて算出した。さらに^{14}C年代は、データ・セットINTCAL 98を用いたコンピュータ・プログラム*CALIB* ver.4.3で暦年較正した。

珪藻化石は、採取した五二試料のうちD―1～43とD―46～52でそれぞれ二試料ごとの計二六試料を分析した。試料の間隔は七cmまたは一六cmであるが、D―43とD―46の間隔は二〇・八cmである。試料一gに過酸化水素水（三五％）を加えて煮沸して有機物を分解し、粒子を分散させた。岩片除去後、水洗と遠心分離を四―五回繰り返した。次に、カバーグラスに希釈した分離試料を一mℓずつ滴下してホットプレート上で乾燥させた。マウントメディアをのせたスライドグラス上に試料を展開したカバーグラスを逆にかぶせ、アルコールランプで焼き付けた。検鏡は一〇〇〇倍の光学顕微鏡下で二〇〇個体になるまで計数し、種ごとの相対頻度を求めた。なお、珪藻殻数が著しく少ない試料では、顕微鏡下で一〇―一五走査線を検鏡した。

化石花粉・胞子の抽出は、一〇％水酸化カリウム処理、塩化亜鉛比重分離処理を行い、さらにアセトリシス法（Erdtman, 1934）を行った（Fujiki and Yasuda, 2004）。抽出された化石花粉・胞子は、エタノールシリーズ（三〇％、六〇％、九九・五％）で脱水、キシレンに置換後、封入剤（オイキット）中に分散してプレパラート作成した。化石花粉・胞子の同定は、光学顕微鏡下で木本類花粉二〇〇個以上、しかも木本・草本花粉計五〇〇個以上計数した。

植物珪酸体の抽出と定量は、ガラスビーズ法を用いて行った（藤原、一九七六）。試料を一〇五℃で二四時間乾燥後、試料約一gに対して直径約四〇μmのガラスビーズ（約〇・〇二g）を添加した。電気炉灰化法（五五〇℃・六時間）による脱有機物処理、超音波水中照射（三〇〇W・四二kHz・一〇分間）による分散、沈底法による二〇μm以下の微粒子除去の後、オイキットで封入した。植物珪酸体の同定は、四〇〇倍の偏光顕微鏡下で、主にイネ科植物の機動細胞に由来する植物珪酸体を対象とし、ガラスビーズ個数が四〇〇以上になるまで計数した。これはほぼプレパラート一枚分の精査に相当する。試料一gあたりのガラスビーズ個数に、計数された植物珪酸体とガラスビーズ個数の比率をかけて、試料一g中の植物珪酸体個数を求めた。また、おもな分類群について、この値に試料の仮比重（一・〇と仮定）と各植物の換算係数（機動細胞珪酸体一個あたりの植物体乾重、単位10^{-5}g）をかけて、単位面積で層厚一cmあたりの植物体生産量を算出し、各植物の繁茂状況や植物間の占有割合を具体的にとらえた。イネの換算係数は二・九四、ヨシ属（ヨシ）は六・三一、ススキ属（ススキ）は一・二四、メダケ節は一・一六、ネザサ節は〇・四八、チマキザサ節・チシマザサ節は〇・七五、ミヤコザサ節は〇・三〇である（杉山、一九九九・二〇〇〇・二〇〇九）。

昆虫化石の分析試料は、湿潤重量で一〇〇—二〇〇gと少量なため、まずブロック割り法（野尻湖昆虫グループ、一九八八）で試料を細割した後、水洗浮遊選別法によって昆虫化石を抽出した。細割した試料をバット上の篩（開口径五〇〇㎛）中で水洗した。この水洗作業を繰り返して岩片、細粒分および植物根などを除去した。これを双眼実体顕微鏡下で検鏡し、水面に浮かんだ昆虫片（ハネや脚など）および水中に没した昆虫片（胸部や頭など）を抽出した。これらの標本を一〇—六四倍の実体顕微鏡下で現生標本と比較・同定した。

大型植物化石は、昆虫化石の抽出過程および泥分含有率のための水洗によって抽出し、一六—六〇倍の実体顕微鏡下において中山ほか（二〇〇四）を参照して、微小な種子、果実、葉などを同定した。

3　分析結果

図2—3—3に較正暦年と深度の関係図を示す。得られた較正暦年は層序と矛盾しないが、同層準の植物細片

に比べて腐植質堆積物の全有機態炭素の方が系統的に古い年代を示す。深度と暦年の関係は、ごく短時間に堆積したと考えられる中~粗粒砂層を除いて堆積速度が一定であると仮定して、最も確率の高い暦年をもとに求めた。平均堆積速度は、腐植質堆積物の全有機態炭素は五・八㎜/年で、植物細片ではモードが二点あり五・九または四・二㎜/年で（図2―3―3）、日本の沖積低地での泥炭層の平均堆積速度一㎜/年（阪口、一九七四）と比較して四―六倍である。

堆積物の物性（含水比、乾燥密度、泥分含有率、石英と長石の石英指数、全炭素含有量、C/N比、色調）を図2―3―4に示す。含水比は一五―六八%の範囲にあり、中~粗粒砂層では二〇%前後と低いが、シルト層では比較的高い傾向を示す。また、三・〇m以深では四〇%前後で安定している。乾燥密度は〇・四―一・三g/㎤の範囲で、含水比とは逆相関の関係がある。中~粗粒砂層では、ほぼ一・〇g/㎤以上であるが、シルト層では〇・五g/㎤まで低下している。泥分含有率は一―九八%と大きく変動し、層相とよく調和している。中―粗粒砂層では極めて低い値を示す。

全炭素含有量は〇・一―七・六%の範囲にあり、泥炭質シルト層で最も高く、中~粗粒砂層で低い値を示す。なお、XRDでは方解石や菱鉄鉱などの炭酸塩鉱物は検出されておらず、この全炭素含有量は有機態炭素の量を示すと考えられる。C/N比は、最下部から深度二・二mにかけて二一から一三へと徐々に減少するが、深度二・〇m付近から増加に転じて二〇前後の値を示す。

堆積物の色調では、明度であるL*は四八―七二の範囲であり、全炭素含有量と明瞭な逆相関の関係がある。砂層では比較的高い値を示す。色相a*とb*は、前者が〇―一〇の値を、後者は九―二八の値を示す。両者の変動はよく同調しており、中~粗粒砂層の直下の三層準で顕著なピークが認められた。ただし、深度三・三mのピークのみが暗灰褐色シルト層中に認められた。

XRDの結果では、石英、斜長石、カリ長石および痕跡量のカオリン鉱物がすべての層準で認められた。これ

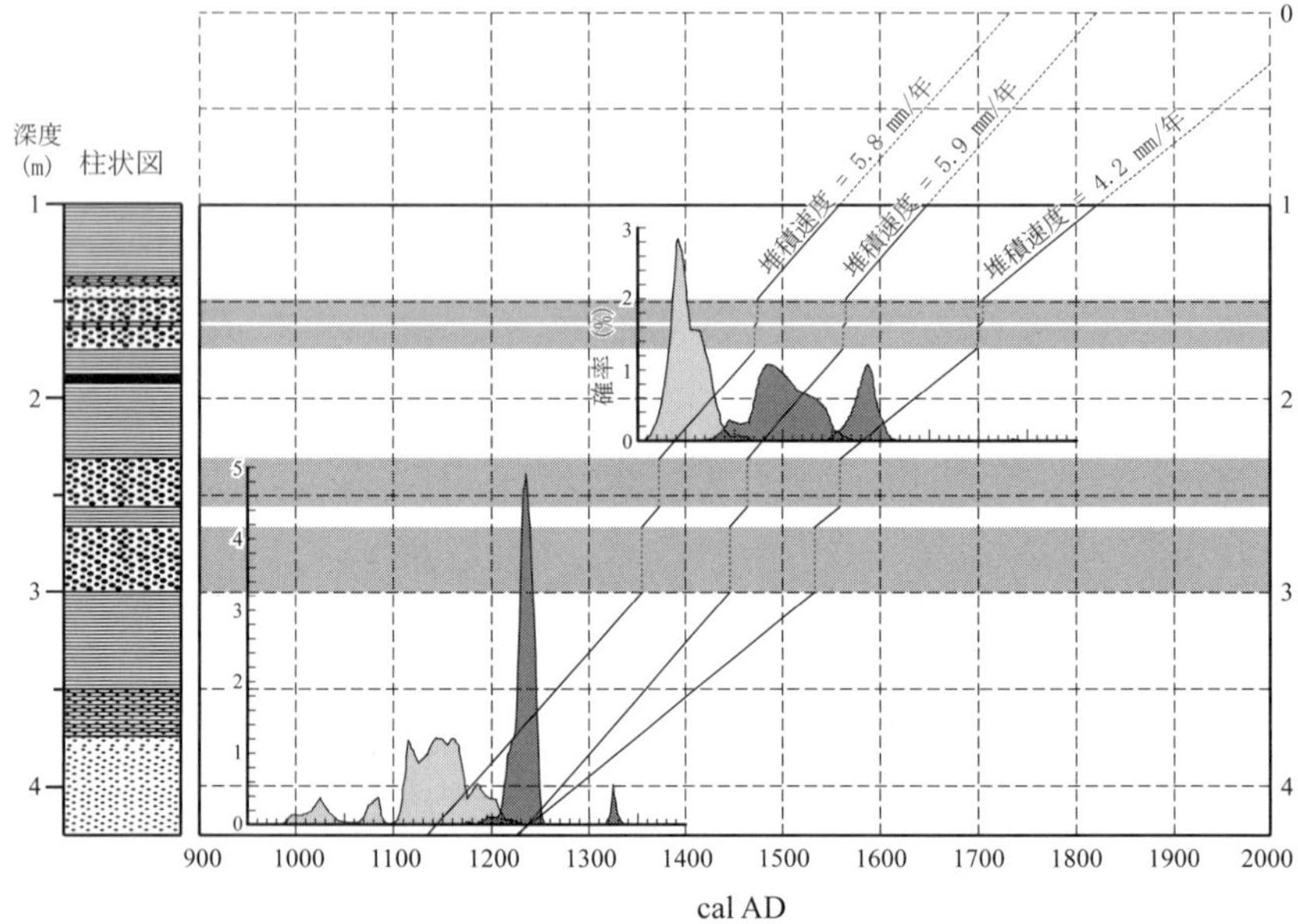

図２－３－３　較正暦年と深度の関係。堆積速度は、較正暦年の確率の高い年代値によるもので、中～粗粒砂層は短時間に堆積したものとして除外した（奥野ほか、2006）。

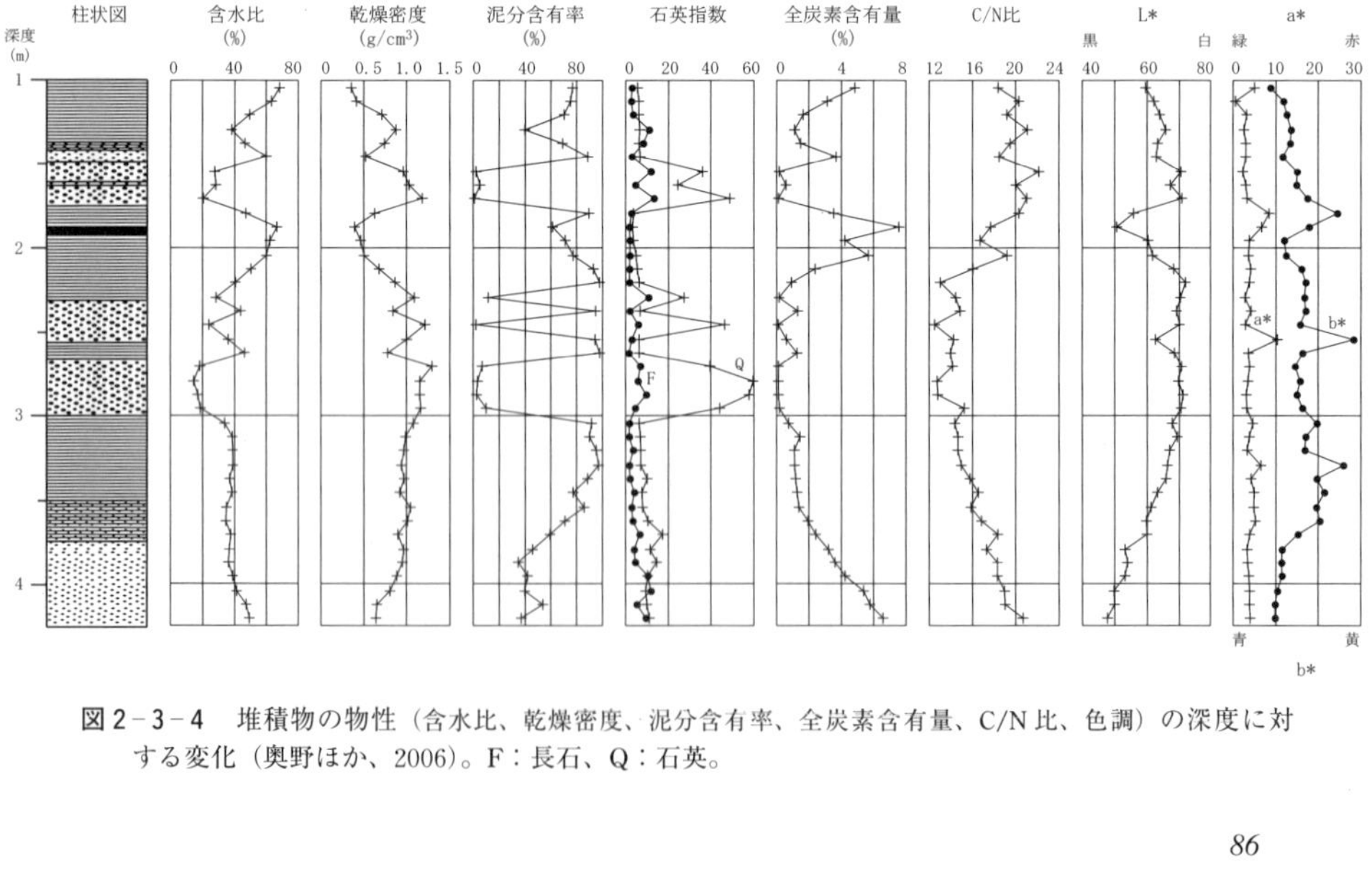

図２－３－４　堆積物の物性（含水比、乾燥密度、泥分含有率、全炭素含有量、C/N 比、色調）の深度に対する変化（奥野ほか、2006）。F：長石、Q：石英。

らの回折線強度は、砂層ではカオリン鉱物＜長石＜石英、またはカオリン鉱物＜石英＜長石、シルト層ではカオリン鉱物≦石英あるいは長石、となる傾向が認められる。石英と長石の石英指数は、共に同じ変動パターンを示すが、石英の方が大きく変動する。粒径二㎛以下の粘土分画でも、カオリン鉱物のブロードで弱い反射が認められた。カオリン鉱物、バーミキュライト（一四Å中間体ないし緑泥石の可能性もある）および針鉄鉱は、すべての試料から見出されている。鉱物の結晶化度は、カオリン鉱物が低く、バーミキュライトは全般に高い。針鉄鉱は結晶化度の良好なものから低いものまで層準とは無関係に現れる。鏡下において、砕屑粒子の形状はいずれも角ばっており、粒子内には石英、斜長石、カリ長石、マイクロクリンが認められる。砕屑粒子ごとに長石の風化変質度に差異があり、比較的新鮮なものから粘土化・雲母化が進んでいるものまで多様である。また、粒子の縁辺部にのみ微量の黒雲母が認められ、比較的新鮮なものと緑泥石化しているものがある。

珪藻化石ダイアグラムを**図2―3―5**に、その試料ごとの群集組成および産出殻数を**図2―3―6**に示す。珪藻化石は、二六試料のうち二一試料から三一属一一四種、計三〇〇〇殻が検出される。深度約一mおよび深度二・七―三・〇mの中～粗粒砂層の五試料（D―9、21、23、29、31）からは検出されない。珪藻化石の含有殻数は、上位のD―1～39では10^4～10^5個／gであるが、三・五m以深のD―41～52では10^6～10^7個／gと多い（**図2―3―6**）。特にD―41、46、50、52では、珪藻殻の保存状態も非常に良かった。珪藻化石の種組成では、好アルカリ性・水流不定性種で付着生種の*Rhopalodia gibberula* が計三五八殻と最も多く出現し、真アルカリ性・好止水性種で浮遊生種の*Aulacoseira ambigia*（三〇一殻）、好アルカリ性・真流水性種で底生種の*Navicula elginensis*（二五四殻）などがこれに次いで検出される（**図2―3―5**）。深度約一・九〇―二・七〇mで*R. gibberula* が多産するが、全体の珪藻殻数が少ない上、他の種もほとんど出現しないことによる見かけ上の現象である。

群集組成では、pHについては全体に真ないし好アルカリ性種の出現率が一八―八七％と高く、真～好酸性種はD―3（深度一・一四m）の五〇％、D―5（深度一・三一m）の三一％と最上部の植物片混じりシルト層でやや

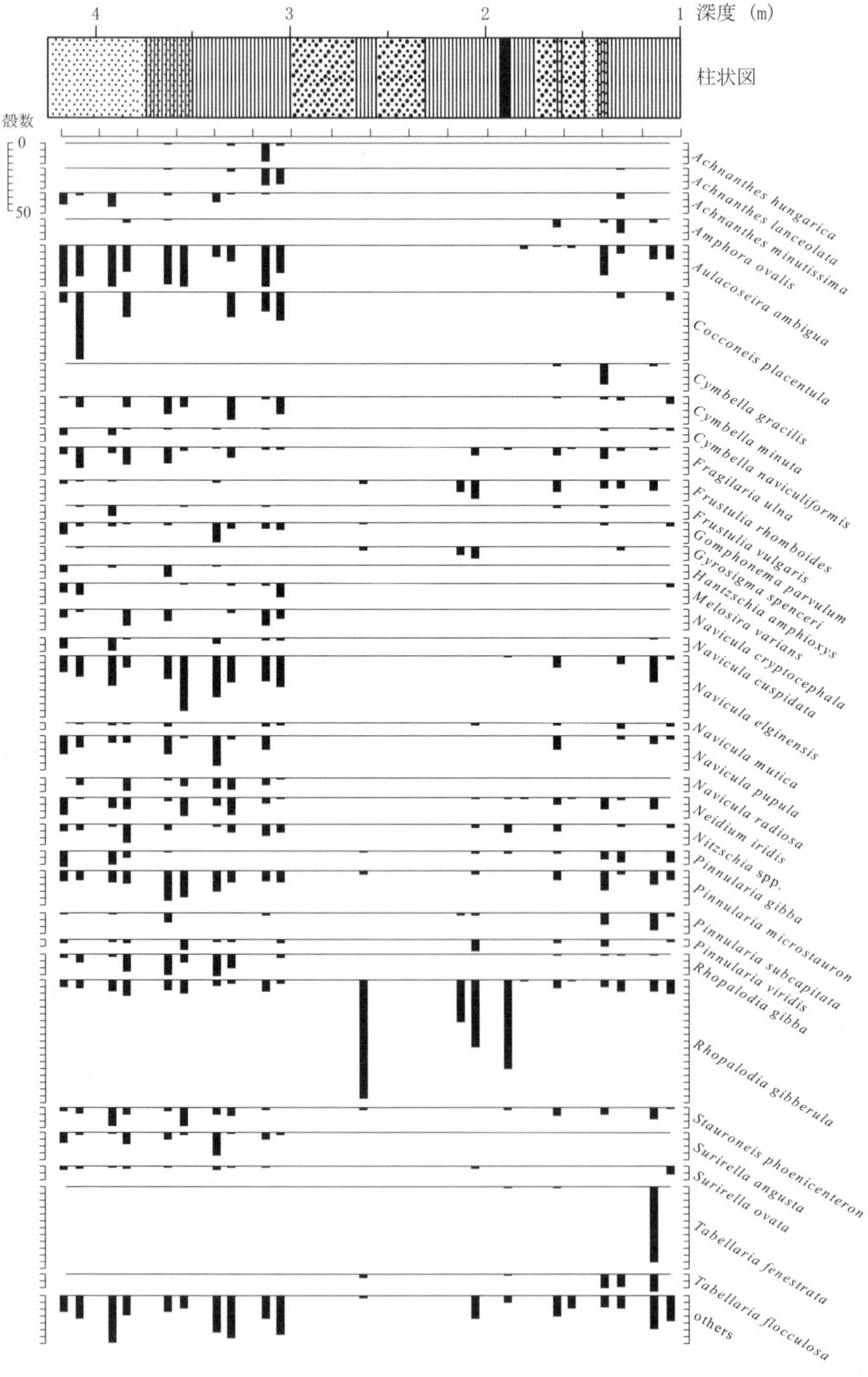

図２−３−５　珪藻化石ダイアグラム

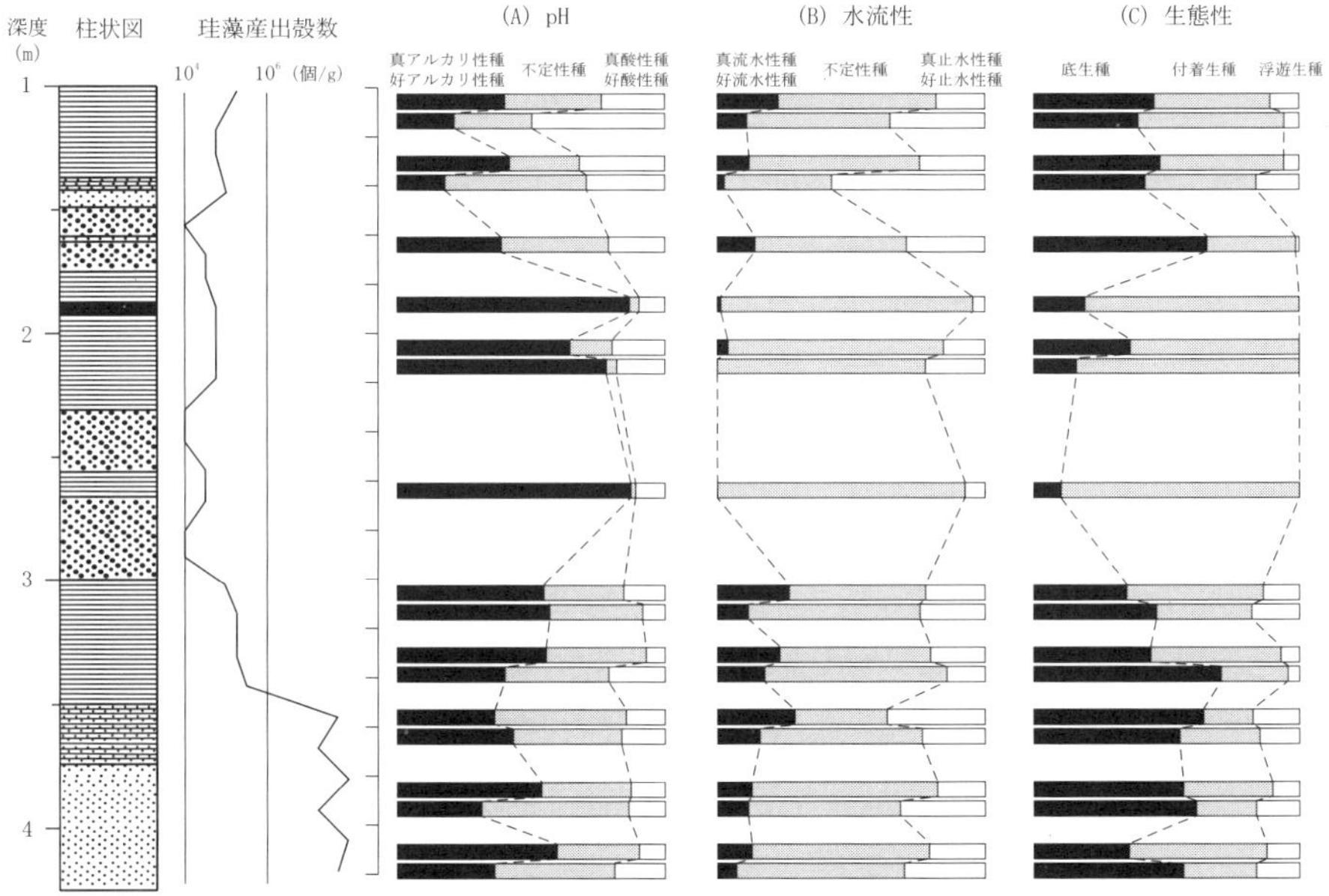

図2－3－6　珪藻化石群集および珪藻殻数の変化

高いだけで全体を通じて一九%と低率である（図2―3―6A）。また、水流性では、D―7（深度一・三九m）で真～好止水性種が五六%と多いことを除けば、すべての試料において不定性種が優占し、真～好流水性種も全体に少ない（図2―3―6B）。生態性についてみると、底生種や付着生種の出現率が高く、浮遊生種は最も多い試料でも二〇%を上回ることはない。底生種では、D―39（深度三・三九m）の七〇%をはじめ下位層準で出現率が高い傾向が認められる（図2―3―6C）。

化石花粉・胞子ダイアグラムを図2―3―7に示す。木本類では、マツ属（*Pinus*）が優占で、次に常緑広葉樹のコナラ属アカガシ亜属（*Quercus* subgen. *Cyclobalanopsis*）とシイ属（*Castanopsis*）が多い（図2―3―7A）。上部に向かってマツ属は増加し、コナラ属アカガシ亜属とシイ属は減少している。落葉広葉樹花粉は全体的に産出が少ないが、下部で多く上部で少なくなる。草本類では、イネ科（Gramineae）、カヤツリグサ科（Cyperaceae）、アリノトウグサ属（*Haloragis*）、オミナエシ科（Valeri-

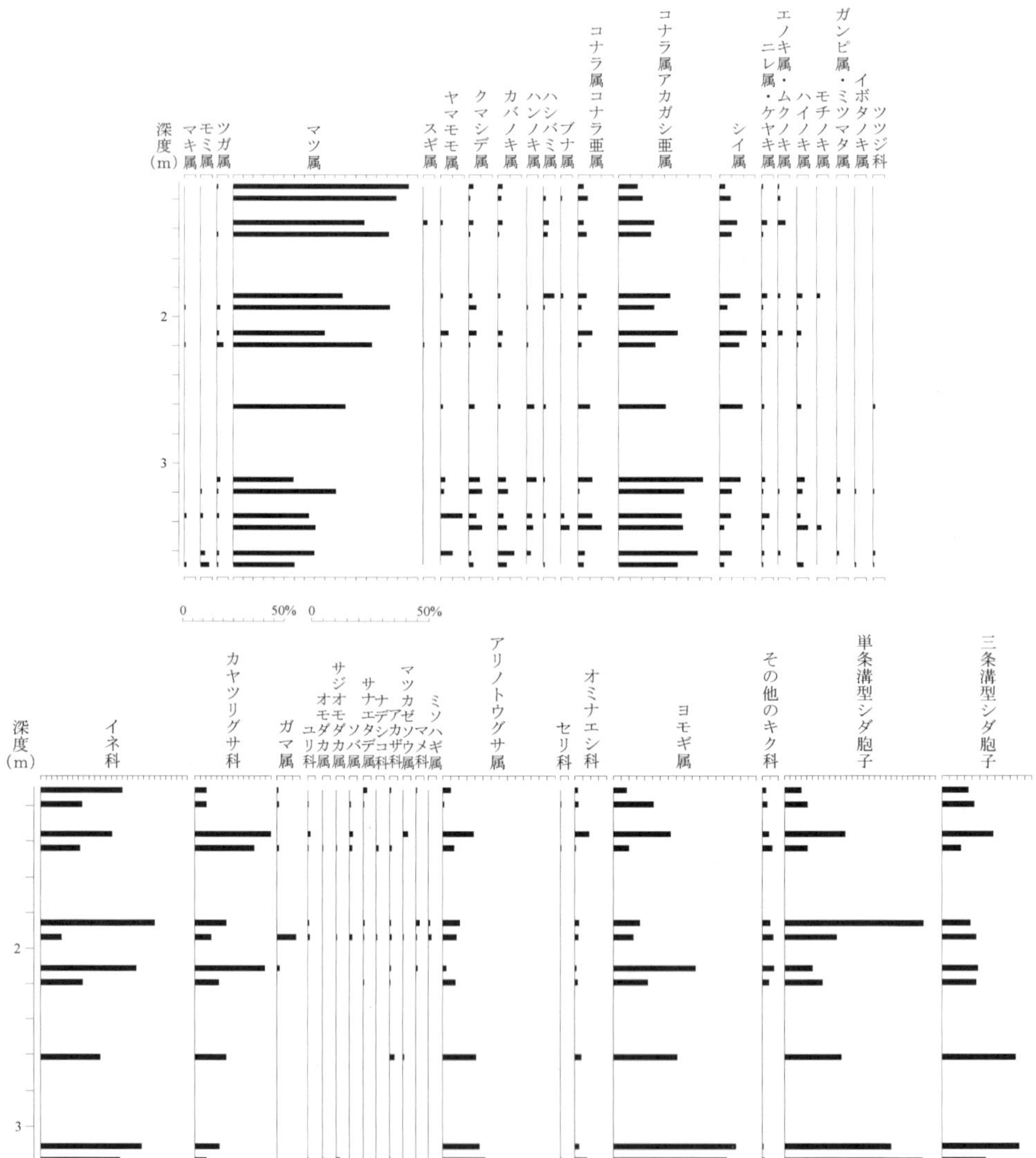

図２－３－７　化石花粉・胞子ダイアグラム。(A) 木本類花粉。(B) 草本類花粉・シダ胞子類。

anaceae）、ヨモギ属（*Artemisia*）などが多く産出する（図2―3―7B）。カヤツリグサ科は上部に向かって増加、アリノトウグサ属、オミナエシ科、ヨモギ属は上部に向かって減少している。三・二m以深で水田雑草のオモダカ属（*Sagittaria*）、サジオモダカ属（*Alisma*）花粉が連続的に産出する。一方、二・〇m以浅からはソバ属（*Fagopyrum*）の花粉が産出する。

　検出された植物珪酸体の分類群は、イネ科のイネ、ヨシ属、ススキ属型（おもにススキ属）、ウシクサ族A（チガヤ属など）、ジュズダマ属、Bタイプが、イネ科―タケ亜科のメダケ節型（メダケ属メダケ節・リュウキュウチク節、ヤダケ属）、ネザサ節型（おもにメダケ属ネザサ節）、チマキザサ節型（ササ属チマキザサ節・チシマザサ節など）、ミヤコザサ節型（ササ属ミヤコザサ節など）、イネ科―その他の、表皮毛起源、棒状珪酸体（おもに結合組織細胞由来）、カヤツリグサ科、シダ類、樹木の、ブナ科（シイ属）、マンサク科（イスノキ属）などが検出された（図2―3―8）。試料D―1、試料D―16および試料D―38～44からイネが検出された。ただし、イネの密度は六〇〇―一三〇〇個／gで、稲作跡の判断基準五〇〇〇個／gを下回る。また、試料D―14、D―16、D―20から検出されたジュズダマ属には、食用や薬用となるハトムギが含まれるが、現時点では植物珪酸体の形態から栽培種と野草のジュズダマを完全に識別できない。密度も七〇〇―八〇〇個／gと低い。

　大型植物化石は、二六試料のうちの一二試料から計一〇三個体が検出される。層相との関係では、シルト層や細粒砂層から検出されたが、中～粗粒砂層からは検出されない。全体的に水辺草本植物であるカヤツリグサ科のホタルイ属 *Scripus*（ホタルイ型 *S. Juncioides* type（図2―3―1A）とカンガレイ型 *S. triangulates* type（図2―3―1B）を含む）が、試料I―22（深度三・七五―三・六三m）より上位で検出され、試料I―11～3（深度二・三三―一・二五m）にかけてカンガレイ型ホタルイ属が安定的に連続して検出されている。特にI―10、I―9ではホタルイ型とカンガレイ型ホタルイ属の果実が多く検出される。これに同じカヤツリグサ科であるスゲ属 *Carex*（図2―3―9C）やカヤツリグサ属 *Cyperus*（図2―3―9D）の果実が深度二・三三mより上位で随伴している。

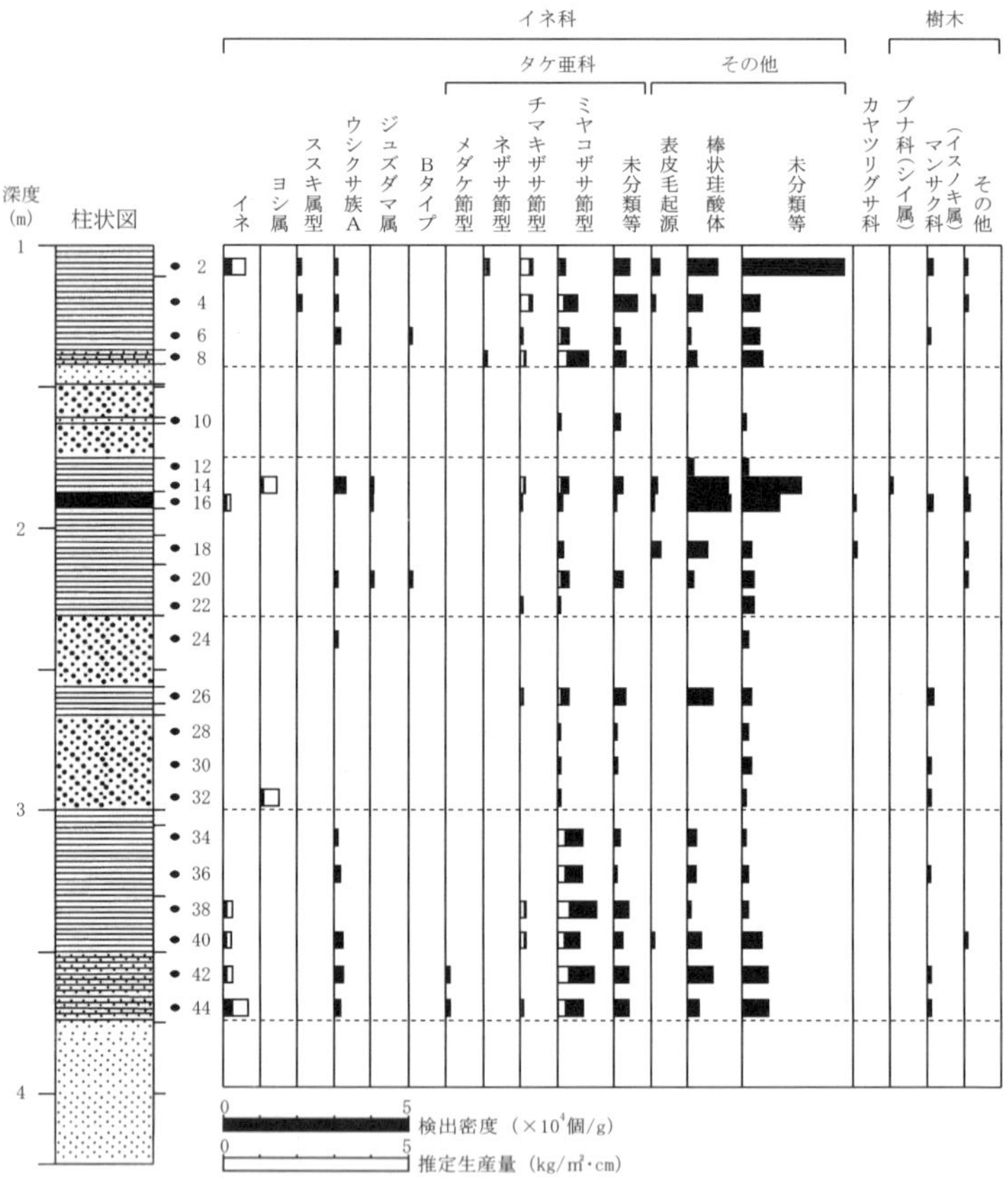

図２－３－８　植物珪酸体ダイアグラム

また、深度三m以深では、沈水植物であるイバラモ属*Najas*の種子が試料Ⅰ―21（深度三・六三―三・五〇m）で検出されている（**図２―３―９F**）。木本植物はサンショウ属*Zanthoxylum*の核が試料Ⅰ―24（深度四・〇〇―三・八八m）から、モミ属*Abies*の葉が試料Ⅰ―22（深度三・七五―三・六三m）から検出されたのみである。さらに特徴的な分類群として明るい湿った露岩地に分布し、暖帯性の草原に生育するコキンバイザサ属*Hypoxis*の種子（**図２―３―９E**）がⅠ―14（深度二・七五―二・六三m）とⅠ―10（深度二・二五―二・一三m）から検出される。また、サジオモダカ

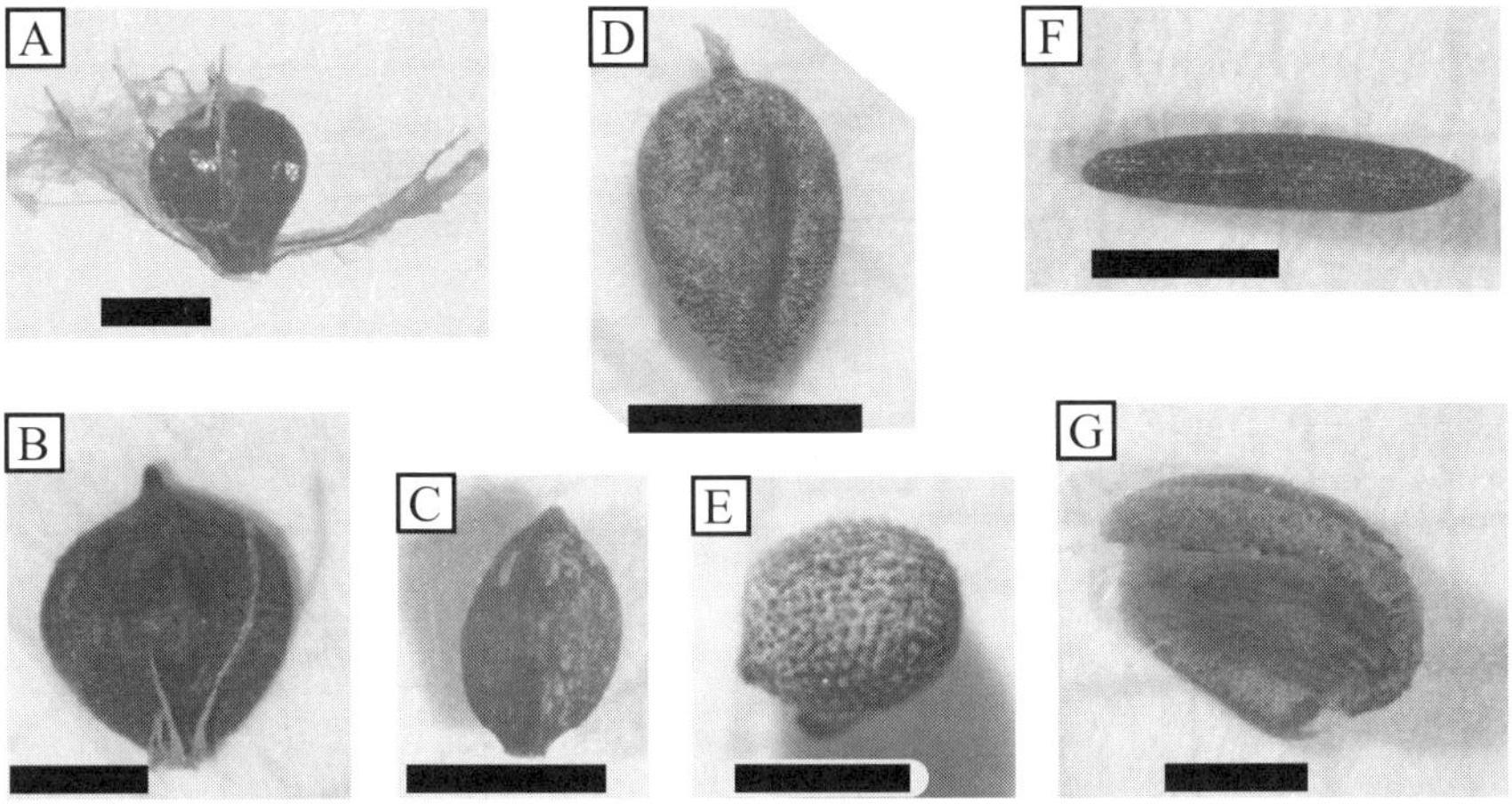

図2－3－9　KS0304コアの代表的な大型植物化石の顕微鏡写真。
(A) ホタルイ属（カンガレイ型）の果実（試料I－3）。(B) ホタルイ属（ホタルイ型）の果実（試料I－8）。(C) スゲ属の果実（試料I－8）。(D) カヤツリグサ属の果実（試料I－8）。(E) コキンバイザサの種子（試料I－10）。(F) イバラモ属の種子（試料I－21）。(G) サジオモダカ属の果実（試料I－19）。

属*Alisma*の果実（図2―3―9G）がI―19とI―18（深度三・二五―三・一五m）から検出される。

昆虫化石は計一二三点で、深度二・三一―一・九三mの黄褐色～暗褐色シルト層から比較的よく産出したが、中～粗粒砂層からはほとんど検出されない（図2―3―10）。珪藻化石の含有殻数が多い深度三・〇―三・五mの暗褐色シルト層からは得られないが、これ以外では珪藻化石とほぼ同じ層準から産出している。特に深度一・八m付近に分布する暗褐色泥炭質シルト層付近と深度二・〇―二・三mの黄褐色シルト層から多産する。この層準では、キヌツヤミズクサハムシ*Plateumaris sericea*（二八点、図2―3―11AおよびE）が特徴的に産出し、これに同種を含む未分類のネクイハムシ亜科Donaciinae（二一点）およびフトネクイハムシ*Donacia clavareaui*（三点、図2―3―11B）が随伴する。一方、深度三・五m以深の暗灰褐色～黒褐色シルト混じり細粒砂層からは、産出点数が少ないもののイネネクイハムシ*Donacia provosti*（四点、図2―3―11CおよびD）が発見され、ドウガネブイブイ*Anomala cuprea*（一点、図2―3―11H）、オサムシ科Carabidae（八

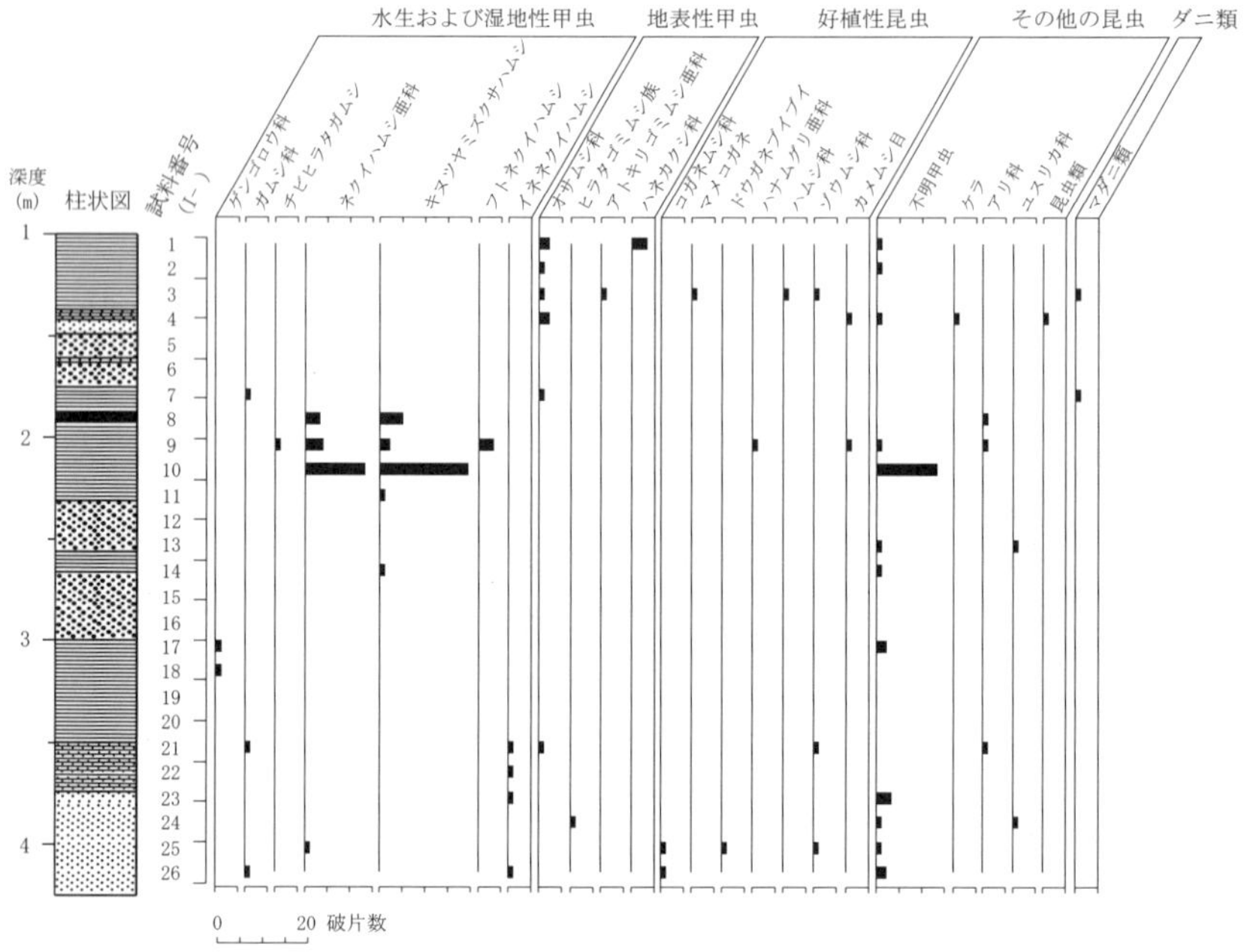

図２－３－10　昆虫化石ダイアグラム

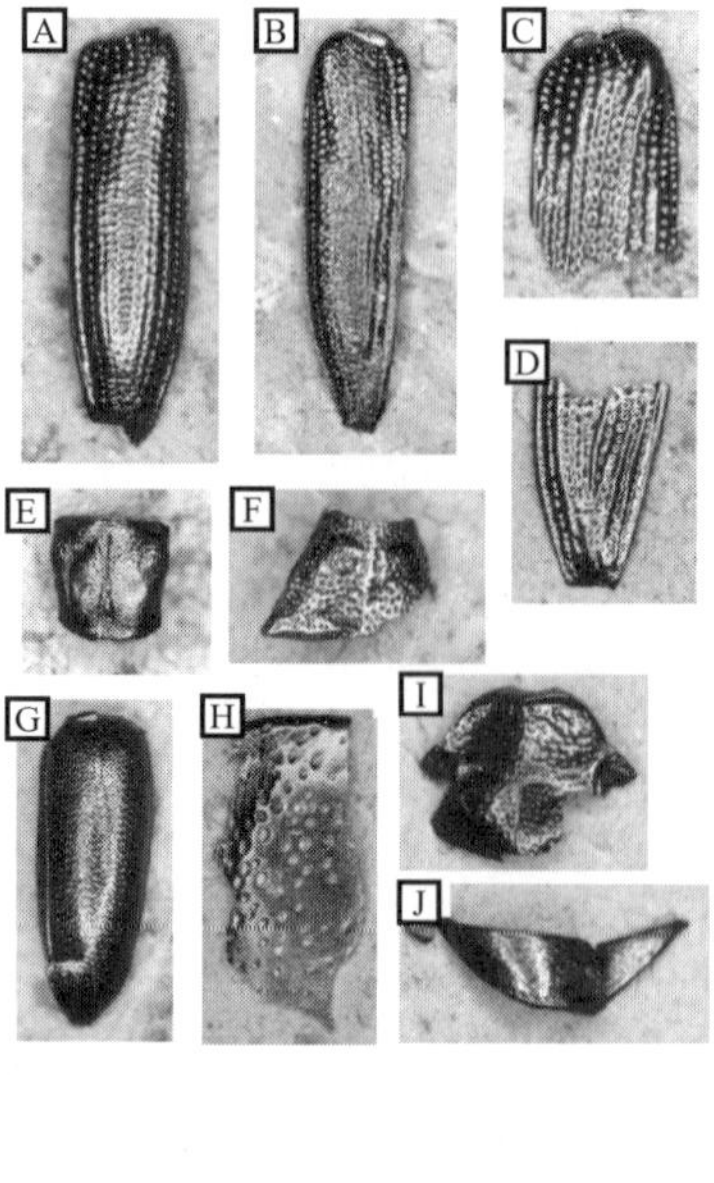

図２－３－11　KS0304コアの代表的な昆虫化石の顕微鏡写真 (A) キヌツヤミズクサハムシの右上翅（長さ4.9mm、試料Ｉ－９）。(B) フトネクイハムシの左上翅（長さ6.2mm、試料Ｉ－９）。(C) イネネクイハムシの右上翅片（長さ2.2mm、試料Ｉ－21）。(D) イネネクイハムシの右上翅片（長さ2.2mm、試料Ｉ－26）。(E) キヌツヤミズクサハムシの前胸背板（長さ1.4mm、試料Ｉ－10）。(F) カメムシ目の前胸背板（長さ1.8mm、試料Ｉ－９）。(G) チビヒラタガムシの右上翅（長さ2.0mm、試料Ｉ－９）。(H) ドウガネブイブイの前胸背板片（長さ1.8mm、試料Ｉ－25）。(I) ハナムグリ亜科の頭部（幅2.0mm、試料Ｉ－９）。(J) マメコガネの腹部腹板（幅4.8mm、試料Ｉ－３）。

点）、ガムシ科 Hydrophilidae（三点）、ゾウムシ科 Curcurionidae（三点）などが見つかっている。

４　樫原湿原に記録された環境変動

この湿原の堆積年代は、約五〇ｍ西方のコア試料 KS0412―3（深度〇―四・〇ｍ）で、三点の植物片の[14]C年代から、最下部の年代が一二〇〇［ｃａｌ ＡＤ］、平均堆積速度が四・一㎜／年と報告されており（奥野ほか、二〇〇五）、今回の植物細片で得られる堆積速度四・二㎜／年（図２―３―３）とほぼ一致している。この堆積速度を採用すると、このコア試料も一二〇〇［ｃａｌ ＡＤ］以降のものであり、中世以降の環境変化およびそれに関連する人間活動の影響を記録していると考えられる。

砕屑粒子は、構成鉱物および組織から、すべて花崗岩類起源であると判断される。後背地に分布する花崗岩類には長石と黒雲母が普遍的に含まれ、カオリン鉱物とバーミキュライトはそれらの風化生成物である。針鉄鉱は花崗岩に含まれるマフィック鉱物に由来すると考えられる。砕屑粒子の構成鉱物、風化変質状況および形状から、これらの粒子の運搬距離は比較的短いであろう。また、黒雲母や緑泥石、雲母粘土鉱物をほとんど伴わないことは、後背地からの運搬・堆積過程で選択的に分離された可能性を示す。このような形成場として、花崗岩悪地の崩積土や稜線部の残留土の河谷への流入、近傍の平坦地への堆積などが考えられる。層相、乾燥密度、泥分含有率および石英や長石の石英指数（図２―３―４）から、深度三・〇ｍ以浅では周囲から流入する砂粒子が土壌有機物を希釈することで、全炭素含有量が減少すると解釈できる。ただし、最下部から深度三・〇ｍでは、上方細粒化とともに泥分含有率は増加するが、炭素含有量の減少と乾燥密度の増加が認められることから、砂サイズ以下の砕屑粒子の流入量が増加したと考えられる。

陸上で生育する高等植物に由来する有機物のＣ／Ｎ比は一五―三〇と高いが、水中のプランクトンに由来する有機物のC／N比は六―一五程度と小さい値を示す。このコアKS0304では、最下部から深度二・二mにかけて高等植物の影響が徐々に弱くなって池沼的環境へ移行するが、深度二・二mから再び高等植物の影響が強くなり（図2―3―4）、深度一・八m付近すなわち一七世紀中葉（図2―3―3）から現在のような湿原環境が成立したと考えられる。

三・五m以深から産出するイネネクイハムシは、日本各地の弥生～古墳時代以降の水田耕作土中より顕著に認められ、水田層の認定に有効な稲作害虫の一種である（森、一九九六）。また、ドウガネブイブイは、中世以降、マメ類・ブドウ・カキなど人間が栽培した畑作物や果樹などの葉を加害する畑作指標昆虫として知られる（森、二〇〇九）。これ以外に検出された分類群は、地表性昆虫のオサムシ科や水生昆虫として知られるガムシ科、食植性のゾウムシ科などであった。珪藻化石では産出殻数が多かった *R. gibberula*、*A. ambigua*、*N. elginensis* などは、近現代の水田内やその周辺の水深の浅い弱アルカリ水域に多く、水田指標珪藻とされるものである（森、一九九九）。これらは三・〇m以深の一〇試料（D―33～52）で高率に出現し、同じく水田指標珪藻として知られる *Neidium iridis*、*Pinularia microstauron*、*Navicula pupura* なども多く検出されている。このように三・〇m以深では珪藻化石の優占種からも水田耕作土であった可能性を示唆し、昆虫化石と珪藻化石の分析結果はきわめてよく符合する。大型植物化石でも、この層準から主に山野に自生し栽培植物としても知られるサンショウや湖沼・ため池・河川・水路・水田などに生育する抽水性～湿性の多年草と知られるサジオモダカ属の種子、さらに類似した環境に生育する沈水植物（角野、一九九四）であるイバラモ属の種子が検出されている。このことから浅い水域が広がり、水田耕作がなされていた可能性が大型植物化石の分析結果からも示される。花粉化石では三・二m以深で水田雑草のオモダカ属やサジオモダカ属が連続的に産出し、植物珪酸体でもイネが検出されており、稲作が行われていた可能性が考えられる。これらの結果、最下部から深度三・〇m以深では、分析に供した試料が人為的影響を強く反映した土壌であることを強く示唆する。

一方、深度一・八―二・三ｍで多産したキヌツヤミズクサハムシは、水深の浅い湿地や池沼・ため池などに生息し、幼虫はカサスゲを食害し、成虫は主にヒメミクリやミズバショウ・ミツガシワ・アゼスゲなどを食害したり訪花するとされる。フトネクイハムシは、開水面の少ない湿地のスゲ群落中に生息し、成虫はシオクグやヌマハリイ・ヒメハリイなどに訪花したりすることが知られている。大型植物化石でも、湿地や沼沢地、河川の周囲に生息することが多いカヤツリグサ科のホタルイ属や同じく湿地や沼沢地・ため池などに見られるスゲ属が深度二・三ｍ付近およびその上位で多産し、湿原環境であったと考えられる。さらに下部ではコキンバイザサの種子が検出されていることから、周辺では土壌の薄い湿潤な露岩地や日当たりのよい草地が分布していた可能性がある。花粉化石でも三・〇ｍ以浅では、オモダカ属やサジオモダカ属が突然産出しなくなり、水田が放棄された可能性を示す。また、二・〇ｍ以浅からソバ属の花粉が産出することから、このころからソバ栽培も始まったとみられる。

人為度の高い環境を示す深度三・〇ｍ以深と自然度の高い環境を示す深度二・三ｍ以浅の間には、二枚の砂層が挟在しており（**図2―3―2**）、その堆積年代は約一五二〇［ｃａｌ　ＡＤ］である（**図2―3―4**）。この砂層による水田の埋没後、放棄されて一七世紀中葉には湿原環境が成立したのであろう。砂粒子を供給したと想定される花崗岩悪地は、人為的な植生破壊によって成立した可能性が考えられ、花粉化石でも最も優占するマツ属が上部に向かって増加、コナラ属アカガシ亜属とシイ属は逆に減少することから、周辺の植生破壊がその後も進行したことを示している。

（謝辞）本稿は、日本第四紀学会二〇〇四年大会（山形大学）での講演内容に加筆・修正したものである。佐賀県知事への試料採取の届出に際して、佐賀県環境生活局環境課（当時）の吉森清史氏にたいへんお世話になった。現地調査では、尾田武文博士（当時名古屋大学）、水田利穂氏、岡本清次氏、立石慶喜氏（佐賀市富士町在住）をはじめとする多くの方々にご協力いただいた。なお、この研究の一部は、日本学術振興会の基盤研究（Ｂ）（１）「第四紀末の地形・地質年代尺度の高度化・精密化の総合的研究」（課題番号14380301、研究代表者奥村晃史）および文部科学省の特定領域研究（２）「中世都市遺跡の電磁気調査と^{14}C年代法による編年の研究」（課題番号15068206-00、研究代表者酒井英男）を使用した。記して謝意を表します。

参考文献

安藤克幸・吉森清史「樫原湿原の自然再生について（小特集　環境の保全と創生）」『土と基礎』第五五巻七号、二〇〇七年。一二—一六頁。

奥野充「樫原湿原の堆積物から環境変動を読む」『歴史読本』第五〇巻二号。一二一—一二三頁。

奥野充・中村俊夫・藤木利之・杉山真二・酒井英男・吉田直人・森勇一・上田恭子・此松昌彦・鮎沢潤・長岡信治・稲永康平「北部九州の樫原湿原におけるボーリング・コア試料（KS 0412–3）の分析結果（速報）」『名古屋大学加速器質量分析計業績報告書』第一六号、二〇〇五年、一五六—一六七頁。

奥野充・森勇一・上田恭子・中村俊夫・長岡信治・鮎沢潤・藤木利之・此松昌彦・稲永康平・水田利穂「北部九州、樫原湿原でのボーリングコア（KS0304）の堆積物性と放射性炭素年代」『福岡大学理学集報』第三六巻一号、二〇〇六年。三一—四一頁。

角野康郎『日本水草図鑑』文一総合出版、一九九四年。一七四頁。

上赤博文「佐賀県の湿原植物—樫原湿原」、佐賀県高等学校教育研究会理科部会地学部（編）『佐賀の自然をたずねて』築地書館、一九九五年。四三—四七頁。

阪口豊『泥炭地の地学—環境の変化を探る』東京大学出版会、一九七四年。三二九頁。

杉山真二「植物珪酸体分析からみた最終氷期以降の九州南部における照葉樹林発達史」『第四紀研究』第三八巻二号、一九九九年。一〇九—一二三頁。

杉山真二「植物珪酸体（プラント・オパール）」辻誠一郎（編）『考古学と植物学』同成社、二〇〇〇年。一八九—二一三頁。

杉山真二「植物珪酸体と古生態（人と植物の関わりあい④）」小杉康ほか（編）『大地と森の中で—縄文時代の古生態系（縄文の考古学Ⅲ）』同成社、二〇〇九年。一〇五—一一四頁。

中村俊夫「放射性炭素法」、長友恒人（編）『考古学のための年代測定学入門』古今書院、一九九九年。一—三六頁。

中山至大・井之口希秀・南谷忠志『日本植物種子図鑑（改訂版）』東北大学出版会、二〇〇四年。六六七頁。

野尻湖昆虫グループ『昆虫化石ハンドブック（グリーンブックス138）』ニュー・サイエンス社、一九八八年。一二六頁。

藤原宏志「プラント・オパール分析法の基礎的研究（1）　数種イネ科栽培植物の珪酸体標本と定量分析法」『考古学と自然科学』第九号、一九七六年。一五—二九頁。

森勇一「稲作農耕と昆虫（特集　稲作の伝播と長江文明）」『季刊考古学』第五六号、一九九六年。五九—六三頁。

森勇一「先史～歴史時代の地層中の珪藻化石群集と古環境復元への応用」*Diatom* 15, 1999, pp.127–147.

森勇一「遺跡産昆虫から探る人々の暮らし（特集　考古学の中の生き物たち）」『BIOSTORY（生き物文化誌学会誌）』第一一号、二〇〇九年。一一六—一二六頁。

Erdtman, G., “Über die Verwendung von Essigsäureanhydrid bei Pollenuntersuchungen,” *Svenska Botanica Tidsskrift* 28, 1934, pp.354–361.

Fujiki, T. and Yasuda, Y., “Vegetation history during the Holocene from Lake Hyangho, northeastern Korea,” *Quaternary International* 123–125, 2004, pp.63–69.

第４節　イネの遺伝的多様性

ＤＮＡ分析による研究

熊谷真彦・植田信太郎

人類の定住化および文明の発達は農耕や家畜の獲得に大きく依存したことに疑う余地はない。この基盤となった植物の栽培化や動物の家畜化は過去一万三〇〇〇年の間に起こったと考えられている。その中でも現在世界中で栽培されているイネの栽培化は約一万年前に中国で起こったとされている。アジアに興った文明はこのイネの栽培化なしにはあり得なかったであろう。現在ではイネは世界で最も主要な穀物であり、世界の七割近い人々が栄養源としてイネに依存している。特にアジア圏では、日本を含むほとんどの国がイネ（コメ）を主食としている。栽培イネの祖先である野生イネは世界中の様々な環境に分布している。たとえば森林部、サバンナ、山間部、川、湖といった環境に適応し生息している。一方、栽培イネは特に水田での生育に最適化させることにより、より栄養価の高い品種が生み出されてきた。この栽培化の過程では様々な人為選択が行われ、その結果である遺伝的な変異が栽培イネのゲノム中に刻み込まれている。したがって、イネの進化史は特にアジアにおける文明の発達と関連づけて重要な研究対象である。にもかかわらず、ヒトの進化史の研究に比べてイネの進化史はいまだ手つかずの部分が多いのが現状である。では、このイネの進化史を明らかにするためにはどうしたらよいだろうか。一つの有効な手段として、現代のイネに加え、古代のイネを分析することが考えられる。過去に稲作があった証拠と考えられる炭化米と呼ばれる黒色に変色した古代のイネが、中国や日本などのさまざまな遺跡から出土している。この炭化米のＤＮＡ分析が出来れば、これまで大部分が推測でしかなかったイネの栽培に関する進化史が直接的かつ詳細に明らかにできると期待できる。

1　イネとは

イネ（*Oryza* 属）は二一の野生種と二種の栽培種を含む二三種からなり、その分布域は熱帯地方全域から中央・南アメリカ、アフリカ、オセアニア、そしてアジアに広がっている。これらの種は四つの種群（species complex）に分類されている。*O. sativa* complex, *O. officinalis* complex, *O. ridleyi* complex, *O. granulata* complex であり、他にこの四種群には含まれない *O. brachyantha* という種があるが、この種は他の種との関係が明らかになっていない。*Oryza* 属のゲノムには二倍体のタイプ（AA、BB、CC、EE、FF、GG）と四倍体のタイプ（BBCC、CCDD、HHJJ）がある。これらのゲノムタイプは種間交配と細胞遺伝学的解析、全ゲノムDNAハイブリダイゼーション分析などの研究により決定されてきた。

Oryza 属の種の系統関係はこれまで、Restriction Fragment Length Polymorphism（RFLP）、Amplified Fragment Length Polymorphism（AFLP）、Randomly Amplified Polymorphic DNA（RAPD）、Single Sequence Repeat（SSR）、SINE insertion patterns、DNA配列決定などにより解析されてきた。ミトコンドリアDNAのRFLPと核DNAのMITE—AFLPを用いた研究により、*Oryza* 属の四つの種群のうち、二つの種群に大部分の種が含まれることが明らかとなっている。つまり、AAゲノムを持つ七種からなる *O. sativa* complex とBBCC、EE、BBCC、そしてCCDDゲノムを持つ九種からなる *O. officinalis* complex である。

これまでの研究により *Oryza* 属における系統関係はある程度明らかになってきたが、依然としてはっきりとしない部分が残されている。RFLPやAFLPなどの遺伝マーカーは進化史を順序だって反映しているわけではなく、一度に大幅な変化をすることも考えられるため、系統的な解析に用いることには不確定要素が大きい。それゆえ、*Oryza* 属全体の系統関係をより確実に明らかにするために塩基配列のみを用いた系統解析が必要であるが、これまで塩基配列のみを用いた *Oryza* 属全体の系統解析はほとんど行われていない。核の *Adh* 1、*Adh* 2遺伝子および葉緑体の *matK* 遺伝子の塩基配列を用いて *Oryza* 属全体の系統解析を行った解析が報告されているが、*Oryza* 属内の近縁種間の系統関係を明らかにするには至っていない。そこで本論では、*Oryza* 属全体の系統関係をより確実に明らかにするために不可欠な「変異が多く蓄積している領域」の探索をまず初めにおこない、探索によって得られた多変異領域のＤＮＡ配列を用いて解析をおこなった結果について述べる（Kumagai et al. 2010）。

２　イネ属の遺伝的多様性（系統解析）

データベースに登録されている現生イネ三系統の葉緑体全ゲノム配列（約一三四・五ｋｂ）をアライメント（整列配置）し、より多くの差異が集まっていると推測される領域を探索した。この window analysis のアウトプット情報には、塩基配列の置換（突然変異によって、ある塩基から別の塩基へ変化すること）に加えて、塩基配列の挿入・欠失の情報も含まれている。塩基配列の挿入・欠失の事象回数は、その長さとの間に直線的な関係は見出されておらず、長さに拘わらず一つの事象として扱うのが一般的である。したがって、葉緑体全ゲノムの中で塩基配列の置換と挿入・欠先の事象回数が多く集まっている領域を抽出した。これら領域の中から、特により多くの差異（変異）が集中して存在している三つの領域を選び、ＰＣＲ法によるＤＮＡ分析をおこなった。なお、炭化米をもちいた古代ＤＮＡ解析への展開を視野に入れ、当初から古代ＤＮＡを睨んだ実験条件を設定した。

野生イネおよび栽培イネ一九種六二系統について、上記三つの領域をＰＣＲ法によって増幅した後、ダイレクトシークエンス法により塩基配列を明らかにした。得られた塩基配列情報の中から置換情報をもちいて近隣結合法による分子系統樹を作成した。次に、塩基置換情報に加えて二塩基以上の挿入・欠失の情報も含めた系統ネットワークを構築した（図２—４—１）。この系統ネットワークは、主に組み換え、遺伝子変換、ドメインの融合・分離などの際に生じる染色体上の異なる領域の配列間での系統関係のズレを考慮に入れ、全体の系統関係を表す

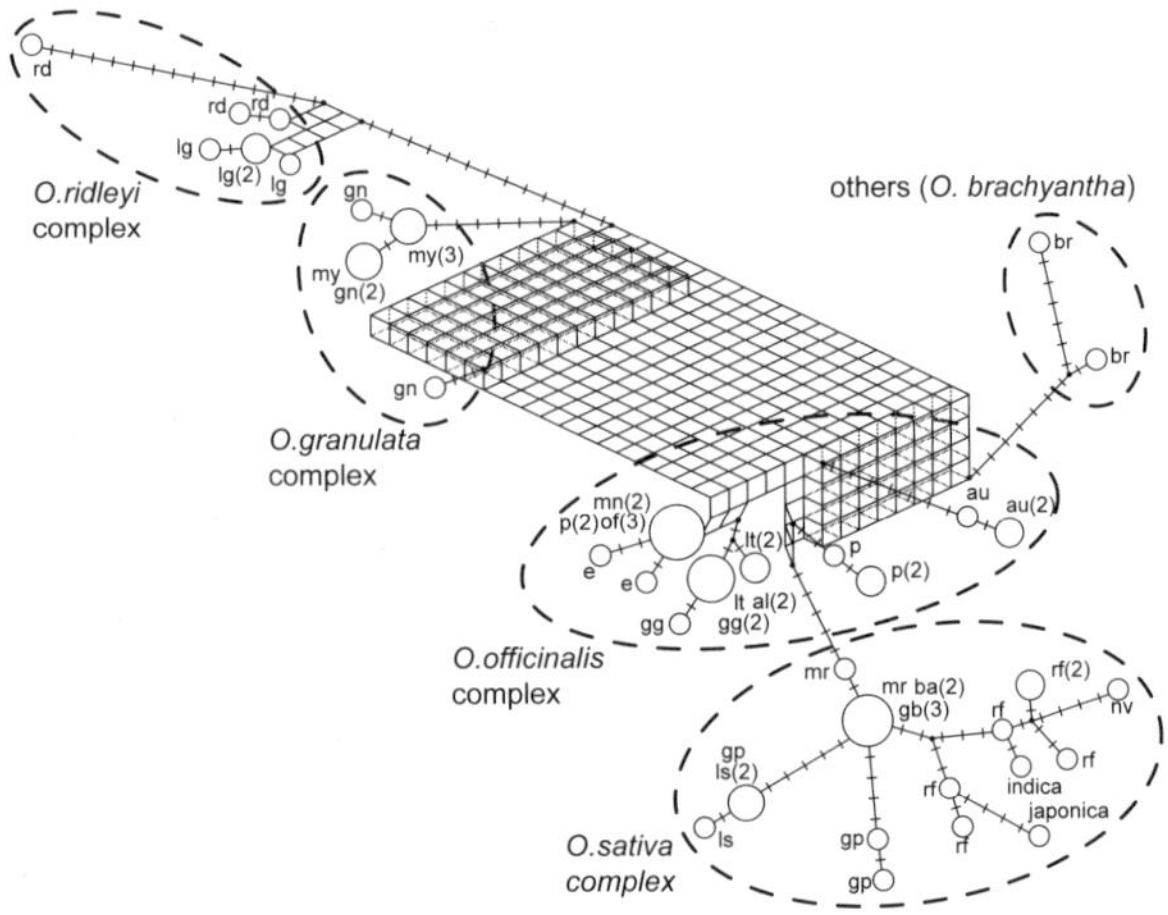

図２－４－１　現生イネ、*Oryza* 属 19 種（59 系統）の葉緑体 DNA 系統ネットワーク

葉緑体全ゲノム配列の解析から抽出した変異が集中している３領域を用いて作成した。図中の四辺形の１辺、および直線に直交する１短線は１変異を示し、遺伝的な距離を示している。円の大きさは含まれる系統の数に比例している。四辺形の箇所は複数の系統で並行的に獲得された変異を示している。１文字もしくは２文字のアルファベットは種名の省略（gb : *O. glaberrima,* rf : *O. rufipogon,* mr : *O. meridionalis,* ls : *O. longistaminata,* gp : *O. glumaepatula,* ba : *O. barthii,* p : *O. punctata,* e : *O. eichingeri,* of : *O. officinalis,* mn : *O. minuta,* lt : *O. latiforia,* al : *O. alta,* gg : *O. grandiglumis,* au : *O. australiensis,* br : *O. brachyantha,* gn : *O. granulata,* my : *O. meyeriana,* rd : *O. ridyeli,* lg : *O. longiglumis*）であり、括弧内の数は系統数を示す。

ものである。すなわち、系統ネットワークは異なる系統で独立に生じた同じ変化（平行的に獲得した変異）を表すことができる（斎藤、二〇〇七）。このような複数の樹形を取り得る場合には、通常の系統樹作成法では共通の部分のみを示す合意系統樹が作成される。しかしこの場合には失われる情報が出る場合がある。これに対し系統ネットワークでは取り得る樹形全てを示すことができ、重要な情報を失うことがない。この系統ネットワークは、本質的に組み換えがなく、系統樹に近いネットワークが期待されるオルガネラのＤＮＡ配列の解析にも適している。なお、分析では塩基置換と挿入欠失を同列の情報として扱ったが、塩基の挿入・欠失のパターンは分子系統樹の樹形にほぼ一致していた。その結果、以下のことが明らかとなった。

イネ属の系統分析

Oryza 属は、*O. sativa* complex、*O. officinalis* complex、*O. granulata* complex、*O. ridleyi* complex、そしてその他の種の五つのグループに分類される。今回の解析の結果、各々の species complex はそれぞれクラスターを形成した。*O. ridleyi* complex、*O. granulata* complex、*O. sativa* complex はそれぞれ単系統性を示している。また、栽培イネの系統を含む *O. sativa* complex は *O. officinalis* complex の中から派生した種群であると考えられる。

Oryza sativa complex

O. sativa complex は七種からなり、*Oryza* 属における主要な種群のひとつである。これまでに、二一種五〇系統（七種一八系統の *O. sativa* complex の種を含む）を用いた系統解析から、*O. sativa* complex は単系統であることが明らかとなっている。また、AAタイプの染色体は二倍体イネでのみ見られる。*O. sativa* complex は世界中に広く分布し、*Oryza* 属の中で最も新しく分岐した系統である。*O. sativa*complex には栽培種である *O. sativa* と *O. glaberrima* も含まれ、AAゲノムを持つ種はイネ栽培の最も重要な遺伝的資源としての役割を負っているが、これらの種の系統関係は未だに明確にならない部分が残されている。核のRFLP、MITE—AFLP、遺伝子のイントロン領域のDNA配列を用いた研究では *O. meridionalis* は他の種と最も大きく分岐していると報告しているが、*O. longi staminata* の系統が残りの種と非常に遠い関係であると報告している先行研究もある。そして、この種群で最も議論され続けている問題は、アジアの栽培イネである *O. sativa* の二つの亜種である *japonica*（ジャポニカ）と *indica*（インディカ）が単系統性の起源を持つのか、もしくは多系統性の起源を持つのかという点である。

今回の解析の結果、*O. barthii*、*O. glaberrima* そして *O. meridionalis* が中心的なハプログループを作った。そこから、*O. sativa* と *O. rufipogon*、*O. glumaepatura*、*O. longistaminata* のクラスターがそれぞれ分かれた。枝の長さで示されている遺伝距離は *O. longistaminata* が最も遠い結果となった。これは先行研究の報告と一致する結果である。*O. glumaepatura* の一系統（W 2199）は同種の他系統とではなく、*O. longistaminata* 系統とクラスターを形成した。*O. glumaepatura* は中央・南アメリカ大陸の種であり、W 2199はブラジルでサンプリングされた系統である。他方、*O. longistaminata* はアフリカに生息する種である。このような、ラテンアメリカの *O. glumaepatura* がアフリカでサンプリングされた *O. longistaminata* とクラスターするという結果は先行研究でも報告されている。本研究の結果とこれらの先行研究は、ラテンアメリカのＡＡゲノムの種はラテンアメリカの固有種と後からアジアやアフリカから持ち込まれた種が交雑して成り立っているという考察を支持するものである。

栽培イネ *O. sativa* とその祖先 *O. rufigon* の集団は大きく二つのグループに分岐し、栽培イネの二亜種ジャポニカ、インディカはそれぞれ別々のグループに分かれた。この結果はこれまでの多くの先行研究で述べられてきた、ジャポニカ、インディカと *rufipogon* の集団が別々の二つの単系統性を示すクラスターに分かれ、ジャポニカ、インディカはそれぞれ別々の野生イネを祖先とするという考察と一致する。

Oryza officinalis complex

O. officinalis complex では、*O. punctata*（ＢＢゲノム）と *O. australiensis*（ＥＥゲノム）が大きく分岐しており、その他の種は比較的最近に分岐したという結果が得られている。葉緑体ＤＮＡのＲＦＬＰを用いた研究から、ＢＢＣＣゲノムの種である *O. minuta* と *O. punctata* は祖先の異なる細胞質を持っていることが明らかとなっている。*O. minuta* は二倍体のＢＢゲノムの種である *O. punctata* 由来の細胞質を、逆に *O. punctata* の四倍体（ＢＢＣＣゲノム）の系統はＣＣゲノムの種由来の細胞質を持つことが推測されている。しかしながら、ミトコンドリアと葉緑体のＳＳＲおよびその近傍の塩基配列を用いた最近の研究によれば、ＢＢＣＣゲノムの *O. punctata* と *O. minuta* は両者ともＣＣゲノム由来の細胞質を持つとの結果が報告されている。また、ＣＣＤＤゲノムの種（*O. latiforia*、*O. alta*、*O. grandiglumis*）はＣＣゲノムの種を母系の祖先に持ち、一回の交雑イベントにより生じたことが示唆されている。一方、ＥＥゲノムの種である *O. australiensis* は、このＣＣＤＤゲノムの種のＤＤ染色体をもたら

した祖先と最も近縁な種であると考えられてきた。

今回の解析の結果、*O. officinalis* complex では *O. australiensis* と *O. punctata* のいくつかの系統はその他の種から大きく分岐している。この結果は先行研究を支持する。その他の *O. officinalis* complex の種はゲノムタイプごとにクラスターした。系統ネットワークより、*O. australiensis* は他の *O. officinalis* complex の種が分岐するよりも以前に分岐したことがわかる。*O. punctata* には葉緑体ゲノムが二種類存在することが示された。四倍体のＢＢＣＣゲノムを持つ **W 1024**、**W 1408**の二系統は *O. officinalis*complex 内のＣＣゲノムの種（*O. officinalis*、*O. eichingeri*）およびＢＢＣＣゲノムの *O. minuta* と一つのクラスターを作る。一方、二倍体のＢＢゲノムを持つ系統 **W 1514**と **W 1590**、四倍体の系統 **W 1474**は *O. sativa* complex のクラスターと最も近傍に位置する。この結果はＡＡゲノムとＢＢゲノムが最も近い共通の母系祖先を持つことを示し、この部分に関しては全ての先行研究と一致する。一方、ＢＢＣＣとＢＢおよびＣＣゲノムの関係については、ＢＢＣＣゲノムの *O. punctata* の母系祖先がＣＣゲノムであり、ＢＢＣＣゲノムの *O. minuta* の祖先はＢＢゲノムの *O. punctata* であるという報告と、ＣＣゲノムの種がＢＢＣＣゲノムの *O. punctata* と *O. minuta* の両方の母系祖先であるという報告がある。今回の解析結果は、ＢＢＣＣゲノムの *O. punctata* の一系統がＢＢゲノムと共通の母系祖先を持つというもので、これまでに報告されていない結果であった。このことは、ＢＢＣＣゲノムタイプを持つ種の成り立ちは単一ではないことを強く示唆する。ＢＢＣＣゲノムを持つ *O. punctata* と *O. minuta* にはＢＢゲノムを母系に持つ系統とＣＣゲノムを母系に持つ系統のどちらもあるということが推察される。また、ＣＣＤＤゲノムを持つ *O. latiforia*、*O. alta*、*O. grandiglumis* は一つのクラスターを形成した。このことは、互いに非常に近縁な系統関係にあることを示している。この結果は先行研究と一致するが、Nishikawa *et al*. 2005 とは一致しない。Nishikawa *et al*.2005 では、*O. latiforia* は残りの二種と異なり、*O. officinalis* などとクラスターし、ＣＣゲノム種由来の葉緑体を持つ結果となっている。

Oryza ridleyi complex, *Oryza granulata* complex, *Oryza brachyantha*

これらの種群は東南アジアに生息しており、*O. sativa* complex および *O. officinalis* complex と生息域は重なっているが、今回の解析の結果、遺伝的に非常に遠い種群であることが分かった。*O. ridleyi* complex においては弱いながらも各種ごとの分岐が見られるが、*O. granulata* complex の二種、*O. granulata* と *O. meyeriana* は混ざり合ったクラスターを形成している。したがって *O. granulata* と *O. meyeriana* は種が完全には分化していない可能性がある。*O. brachyantha* の系統関係はこれまで不明であった。本研究により *O. officinalis*complex と最も近いことが示されたが、並行的に獲得されたと思われる変異を複数持つため、今後の研究を待たねばならない。

3　栽培イネ *Oryza sativa*

イネには二種の栽培種がある。そのうちの一種は *O. sativa* で、もう一種は *O. glaberrima* である。*O. sativa* はアジアを起源とし、今日では世界中で栽培されている。一方 *O. glaberrima* は西アフリカ起源であり、栽培もこの地域に限られている。*O. sativa* と最も近縁な現生野生イネは *O. rufipogon* であり、この種が *O. sativa* の祖先であると考えられている。*O. sativa* と *O. rufipogon* には形態や生活史において、多くの種内変異が見られる。*O. sativa* は形態的に *O. sativa L ssp. japonica*（ジャポニカ）と *O. sativa L ssp. indica*（インディカ）という二つの亜種に分類される。ジャポニカは温帯および、寒冷な地域での栽培に適しており、インディカは熱帯地域での栽培に適している。また、*javanica*（ジャバニカ）というジャポニカとインディカに比べて非常に米粒の大きな第三の亜種が記載されたが、このジャバニカはジャポニカの熱帯地方の系統だと考えられ、熱帯ジャポニカと呼ぶ研究者もいる。この亜種の呼称は統一されておらず、現在でも研究者間で異なっている。インディカとジャポニカは形態的な表現型がオーバーラップする部分が多く、これらの二亜種を区別する上での単一の分類基準はない。また、

O. rufipogon の系統も二つの生態型（多年生型と一年生型）に分けられる。これらの二つの生態型は、生活史と分布特性において明確な差があることが報告されている。一年生の *O. rufipogon* を別種として *O. nivara* と呼ぶ研究者もいるが、生物学的な種を考えるとこれらの二つの生態型は同一の種であるとみなす考えが一般的である。なお、この二つの生態型の中間型を示す *O. rufipogon* も報告されている。

4　*Oryza sativa* の祖先・起源地

O. sativa の祖先とその起源地については多くの議論がなされてきている。栽培イネ *O. sativa* の二つの亜種ジャポニカとインディカは当初、単一の祖先を持つと考えられていた。すなわち、ある *O. rufipogon* の一系統が栽培化されることによりインディカとジャポニカの二つの栽培品種に進化したと考えられていた。しかし、その後の生物化学および、分子生物学的な研究から、いくつかの特徴や遺伝子座について、インディカ、ジャポニカがそれぞれ *O. rufipogon* の異なる系統間とより近縁であるという結果が得られた。その後、栽培イネ *O. sativa* と野生イネ *O. rufipogon* の計一〇一系統を用いて、核ゲノム中の p-SINE 1というレトロトランスポゾンの挿入の有無を調べた系統解析により、栽培イネが多系統的な起源を持つことを示す結果が報告された（Cheng et al. 2003）。その中ではジャポニカに最も近縁な野生イネは中国の野生イネであり、他方インディカは東南アジア地方の野生イネと近縁であることを報告している。すなわちジャポニカは中国で栽培化が起こり、インディカは東南アジア地域で栽培化されたことが示唆された。また、葉緑体と核の遺伝子の対立遺伝子頻度を地理と関連づけて調べる系統地理学を用いた最近の研究からもジャポニカの栽培化の起源が中国であることが支持された（Londo et al. 2006）。また、ジャポニカとインディカの葉緑体ゲノムの比較からは、この二つの亜種の葉緑体の分岐年代は八万六〇〇〇―二〇万年前と予測され、ミトコンドリアゲノムの比較からはミトコンドリアゲノムの分岐年代は四

万五〇〇〇—一二五万年前と予測された。考古学的な遺物証拠からジャポニカの栽培化は約一万年前であろうと考えられており、この値はそれよりもはるかに古い。したがってこのことからも、ジャポニカとインディカが *rufipogon* の異なる系統を起源とすることが強く示唆される。

5　栽培イネの痕跡

イネの栽培がいつから行われてきたかという問題は自然科学のみならず、考古学の世界でも非常に注目されている問題である。この問題は自然科学、考古学どちらかの分野のみの研究で明らかにすることは難しく、学際的な研究が求められている。古代の稲作の痕跡は遺跡から出土する水田跡、炭化米、土器やレンガ中の稲籾、プラントオパール、花粉など様々な形で見出されてきた。プラントオパールとは植物体の細胞壁に珪酸が集積してガラス状になっているものをいう。このプラントオパールは硬く強靭で、熱にも化学的変化に対しても強い抵抗力を示す。このようにプラントオパールは非常に安定で、何万年にもわたって保存されるようである。ある時代に稲作があったのかどうかを探る手がかりとして、最も一般的に利用されているプラントオパールは機動細胞の珪酸体である。この細胞はイネ科の植物に特有のものであるので、このプラントオパールが土壌中に大量に含まれていれば、イネの栽培が行われていたとする考えが出された。

日本における最古の稲作の痕跡は、岡山県の縄文時代前期の遺跡（朝寝鼻貝塚）にて土壌から発見された栽培イネのものと思われるプラントオパールである。また、土壌よりも年代の確かな土器の中からは縄文時代晩期の遺跡にて、栽培イネのものと思われるプラントオパールが発見されている。これらのプラントオパール分析から縄文時代前期にはすでに稲作が存在していたのではないかという説が唱えられている。しかしプラントオパールは同一種の中でも形態が非常に多様性に富んでおり、イネ科植物内の近縁種間で種を分類することは容易ではなく、さらに分類の基準も明確化されていない。このためプラントオパールだけでは稲作の証拠とはならないといった議論もされており、現在のところ「プラントオパールの発見＝稲作の存在」といったコンセンサスは得られていない。

この問題に対して稲作の確かな証拠とされているものは遺跡から出土する水田跡と炭化米である。炭化米とは、古代の遺跡から出土するコメの総称である。これらのコメは表面が黒色に変色しており、一見すると焼けて炭化してしまっているように見えるためにこう呼ばれる。これらの炭化米は焼けたものと、実際には焼けたのではなく経年により黒色に変色したものがあると考えられる。例えば、中国浙江省の河姆渡《かぼと》遺跡（約七〇〇〇年前）からは一二〇トンもの大量のコメが出土した。これらのコメの大部分は出土当時、籾の色がそのまま残っていたが、その後の保存期間中に黒色に変化した。土壌中に埋もれている間、光・空気から遮断されていたコメが、発掘により土から取り上げられ、光・空気に触れることにより急速に黒色に変化したものと考えられる。このような事実から、コメは火を受けなかった場合にも、長い年月の間の化学変化により黒く変色してしまうと考えられる。これまでに出土した炭化米でもっとも古いといわれているものは中国の湖南省南部の洞窟遺跡、玉蟾岩《ぎょくせきがん》遺跡から出土した一万二〇〇〇年前といわれるものである。日本では弥生前期の地層から発見されたものが最も古く、様々な時代の各地の遺跡から炭化米が発見されている。

６　炭化米のＤＮＡ分析

遺跡から出土した炭化米からＤＮＡを抽出し、その遺伝的情報を明らかにする試みが、二〇世紀最後の四半世紀に飛躍的に発展したバイオテクノロジーの手法を用いておこなわれている（佐藤、二〇〇二）。炭化米ＤＮＡ分析の先行研究においてＤＮＡマーカーとして用いられてきた一つが、葉緑体ＤＮＡの中のＰＳ―ＩＤ領域（Plastid

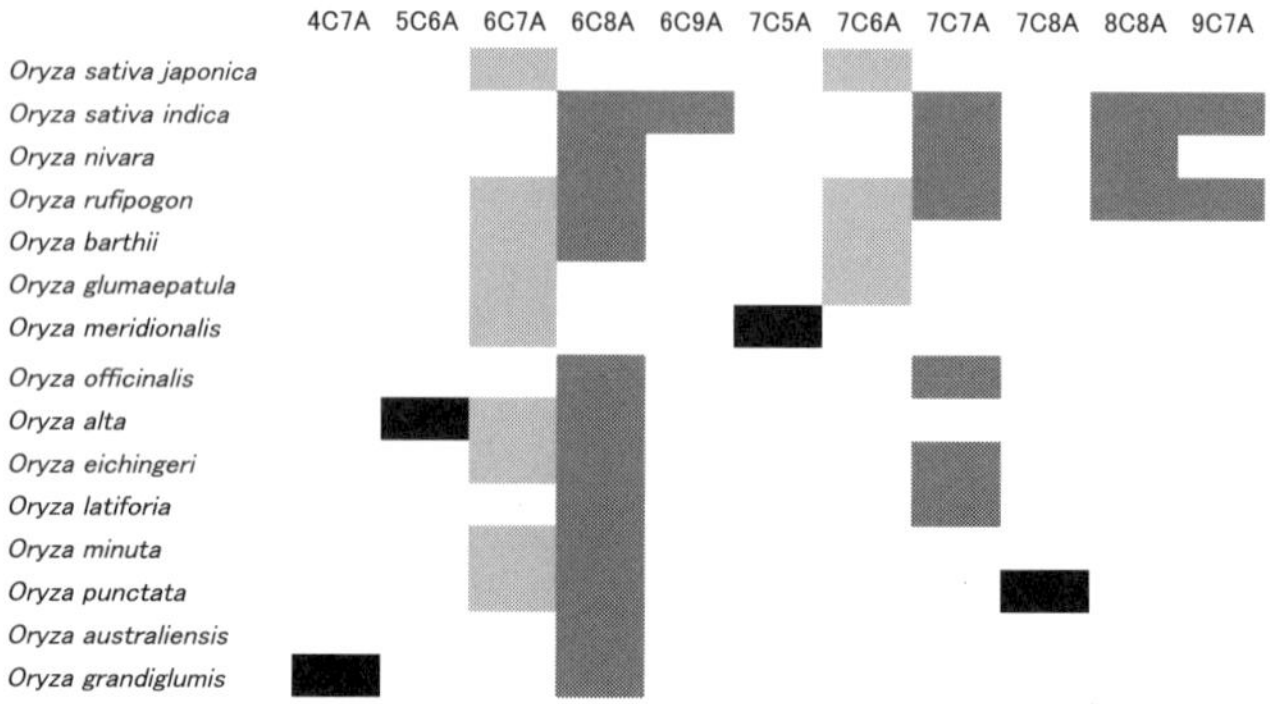

図２－４－２　*Oryza sativa* complex ならびに *Oryza sativa* complex と最も近縁な *Oryza officinalis* complex における PS-ID 領域の C & A リピート
最も薄い影は *Oryza sativa L ssp. japonica* と共通な C & A リピートを、中間色の影は *Oryza sativa L ssp. indica* と共通な C & A リピートを、最も濃い影はその他の C&A リピートを示している。

Subtype Identity sequence）と呼ばれる配列である。このPS—ID領域は葉緑体の *rpl* 14と *rpl* 16という二つの遺伝子間のスペーサー領域であり、アデニン（A）とシトシン（C）の連続配列を含む。このA、Cの連続数により葉緑体のタイプを定義し、それによってイネの系統を特定しようとする試みである。現代の栽培イネであるジャポニカ、インディカ、野生イネ *rufipogon* を用いた研究では、このPS—IDのタイプはジャポニカではCが六つとAが七つ（以下、６Ｃ７Ａと表記）、および７Ｃ６Ａであるのに対して、インディカでは６Ｃ８Ａ、６Ｃ９Ａ、７Ｃ７Ａ、８Ｃ８Ａ、９Ｃ７Ａである。また、現生祖先種である *rufipogon* には、６Ｃ９Ａ、８Ｃ８Ａ以外の全てのタイプ、つまり６Ｃ７Ａ、６Ｃ８Ａ、７Ｃ６Ａ、７Ｃ７Ａ、９Ｃ７Ａが存在することが報告されている。植田らは今回、*Oryza* 属に属する一六種三七系統の野生イネのPS—ID領域の塩基配列を半網羅的に決定した。栽培イネが属する *Oryza sativa* complex、ならびに、*Oryza sativa* complex と最も近縁な *Oryza officinalis* complex に関するおけるPS—ID領域のC&Aリピートのタイプをまとめた結果を図２—４—２に示す。図から明らかなように、炭化米DNA分析で用いられてきたDNAマーカーである葉緑体PS—ID領域のC&Aリピートのタイプはジャポニカ、インディカにそれぞれ特異的なものは存在しない。*Oryza rufipogon* を初めとして数多くの野生イネにジャポニカ、インディカと同じタイプが広く見られる。同様の事が、インディカ、ジャポニカを区別するもう一つのＤＮＡマーカーとして用いられている葉緑体の ORF 100 という遺伝子の六九塩基対（bp）の欠失、に関してても言える。すなわち、インディカではこの六九塩基対の欠失がみられるのに対し、ジャポニカでは見られないが、欠失型と非欠失型の両型が *O. rufipogon* において存在している。

以上述べたように、これまでの炭化米研究で用いられてきたＤＮＡマーカーはジャポニカ、インディカにそれぞれ特異的なものではなく、野生イネ *rufipogon* の間にもジャポニカ、インディカと同じタイプが広く見られるマーカーである。したがって、これらのマーカーでは、炭化米を現在栽培されているジャポニカ、インディカと同じ系統であると判別することは不可能である。これらのマーカーのみでジャポニカ、インディカを分類することは過去の栽培化の歴史の中では、現在の栽培米につながる系統しか栽培されてこなかったことを前提としており、それ以外の系統を栽培していた場合を想定していない。遺跡から出土したコメ粒が現在栽培されているジャポニカ、インディカのいずれの系統か、またはそのどちらでもないのかを識別するためには、野生イネからジャポニカ、インディカを区別できる、すなわち *rufipogon* には見られず、かつ、ジャポニカ、インディカのそれぞれに特異的な新たなＤＮＡマーカーが必要である。

前述のように、我々は今回、炭化米ＤＮＡ分析の前段階となる「葉緑体ゲノム全塩基配列の *in silico* 比較解析によって遺伝的変異が多数蓄積している領域」を複数発見した。これらの領域を用いることにより葉緑体ＤＮＡ配列レベルで現生イネの詳細な系統解析を行うことが可能になったが、更に詳細な解析によって、ジャポニカ、インディカそれぞれの系統だけに特異的な塩基置換や塩基の挿入・欠失を複数発見している。これらの変異サイトを用いることにより、今後は炭化米をジャポニカ、インディカそしてそれ以外の系統に明確に分類することが可能になると期待される。

7　今後の展望

炭化米DNAの分析結果を有意義な研究成果として実らせるためには、どのようなDNA領域を用いれば答えを導き出せるのかという問題の解決からスタートさせなければならないのが偽らざる現状である。しかし、地道な努力の向こうには、我々の主食であるコメについて次のような知見を得ることが期待される。第一は、現在の栽培イネの起源地を直接明らかにすることである。現生イネのDNAを用いた解析からジャポニカは中国において、インディカは東南アジアにおいて栽培化されたと考えられている。考古学的な証拠、つまり炭化米がより古い遺跡から出土したことから中国・長江中流域がジャポニカの起源地であると示唆されているが、炭化米のDNA分析を行うことによりこの地域で栽培されていたイネが現在の栽培イネの直接の祖先系統であるのかを明らかにすることができる。第二は、近代以前にはどのような系統のイネが栽培されていたか、という問題である。日本の至る所で、ある限られた系統が栽培されるようになったのは明治以降であり、それ以前は多様なイネが栽培されていた。したがって、古代から中世、そして近世、それぞれの時代でどのようなイネが栽培されていたのかを、それらの遺伝的多様性を通じて明らかにすることが出来る。そして、この結果を地域ごとに、かつ時代縦断的に分析・比較することによって、稲作の地理的・時代的変遷をたどることが可能となる。第三は、日本にもたらされたイネ（コメ）はどこから来たのかを直接探ることが可能となる。文物の記録から、古くから日本は中国、朝鮮半島との交易が断続的に行われてきたことが明らかとなっている。その中でコメの取引があったことも容易に推測できる。したがって、日本への栽培イネの流入は単一のイベントではなかったことが考えられる。中国、朝鮮半島を含めた各地の様々な時代の炭化米のDNA分析を行うことにより、稲作の伝来についての知見、そして日本列島への人の渡来や周辺地域との文化的交流について知見が得られるだろう。ところで、人の移動や交易を通して入ってきたイネはすべてが日本での栽培に適したイネであったとは限らず、コメとしての食用の役割だけに終わったものもあるかも知れない。我々は現在の事象から物事を演繹しがちであるが、過去に生じた事象が現代にまで受け継がれることは圧倒的に稀であることを忘れてはならない。我々現代型ホモサピエンスが地球上を闊歩し始めたのは高々十数万年前であり、ネアンデルタール人を含めて数多くの人類（ヒト科に属する生物）が地球上から去っていったのである。ましてや、人為的淘汰が強く働いてきた栽培植物や家畜では言わずもがなである。現生（現代）のものだけを見ていただけでは決して明らかにすることの出来ない「情報（歴史）」が炭化米には隠されているのである。

参考文献

斎藤成也『ゲノム進化を考える―系統樹の数理から脳神経系の進化まで』サイエンス社、二〇〇七年。

佐藤洋一郎『DNA 考古学のすすめ』丸善ライブラリー、二〇〇二年。

Cheng, C., Motohashi, R., Tsuchimoto, S., Fukuta, Y., Ohtsubo, H., Ohtsubo, E, "Polyphyletic Origin of Cultivated Rice : Based on the Interspersion Pattern of SINEs," *Molecular Biology and Evolution* 20, 2003, pp.67–75.

Kumagai, M., Wang, L., Ueda, S., "Genetic diversity and evolutionary relationships in genus *Oryza* revealed by using highly variable regions of chloroplast DNA," *Gene* 462(1–2), 2010, pp.44–51.

Londo, J.P., Chiang, Y.C., Hung, K.H., Chiang, T.Y., Schaal, B.A., "Phylogeography of Asian wild rice, *Oryza rufipogon*, reveals multiple independent domestications of cultivated rice, *Oryza sativa*," *Proceedings of the National Academy of Sciences of the United States of America* 103, 2006, pp.9578–9583.

Nishikawa, T., Vaughan, A.D., Kadowaki, K., "Phylogenetic analysis of *Oryza*species, based on simple sequence repeats and their flanking nucleotide sequences from the mitochondrial and chloroplast genomes," *Theoretical and applied genetics* 110, 2005, pp.696–705.

第3章

古人骨・動物遺存体の分析と社会環境の復元

第１節　日本列島の北と南の人々の生活誌復元

形質人類学からの研究

石田　肇・山内貴之・譜久嶺忠彦

考古学に、形質人類学（もしくは、生物考古学）として、いかなる寄与が可能であろうか。本編では、日本の古代、中世、そして近世という時代に注目し、南の島である琉球列島、幕府が置かれた鎌倉、北の辺縁である北海道を舞台として、生物考古学研究の現状を紹介する。

具体的な研究としては以下のようなものが挙げられる。外傷や関節症性変化から、ある特定の労働状況、その負荷の程度を調査する。また、骨病変から診断できる特異的感染症、つまり、結核、ハンセン病及び梅毒の罹患を検知する。これらから、当時の人々の衛生状態、生活状態を復元する。豊富な人骨資料が得られる地域では、生命表を作り、その地域の生老病死を明らかにする。動物遺存体においても、カットマークなどの人為的痕跡や残存部位などから、動物ごとの使用目的を明らかにするとともに、遺跡への堆積過程を検討する。それにより、動物の処理にあたった人々やその社会構造についても明確にする。

こういった古典的な手法に加えて、もちろん、人や動物の古代ＤＮＡの分析や同位体分析を通して、系統ならびに人々の動き、動植物の利用、さらには、疾病の確定診断を行っていく。

中世の生物資料を用いて社会を復元するために、生物学や医学が果たす役割は、現在の社会において寄与する比率と同程度、大きいはずである。個々の分析の詳細は、それぞれの分野の著者にお任せしているので、そちらをお読みいただきたい。

中世の人類学紹介

人類進化の流れは、脳の増大と咀嚼器官の退化である。脳の大きさは、ネアンデルタール人類段階で、最も大きくなる。咀嚼器官の退化は現代でも続いていて、日本列島でも、縄文時代の頑丈な咀嚼器官形態が、弥生時代以降、徐々に弱くなっている。山口敏は咀嚼器官の退化と頭形の変化を結びつけた。つまり、日本人の顔面骨格の時代変化をみると、古代から中世までは、咀嚼筋（側頭筋）の退化による、顔の幅の縮小（頬骨弓幅の縮小）が起こり、中世から現代の間は、歯や咀嚼筋の退化と顎骨が短くなることによる、奥行きの縮小（顔長、下顎長の縮小）が起こった。これと同じことが脳頭蓋にも起こったと考え、古代から中世にかけては、頭蓋の幅が減少し、代償的に前後径が増す（図3―1―1）。また、中世から現代は、頭蓋の前後径が短くなるので、その分、再び横幅が増すのである。山口の言葉を借りれば、「長頭化や短頭化は、脳頭蓋そのものに原因があるのではなく、咀嚼器官の退化が顔の骨格の形と大きさを変え、その影響で二次的に脳頭蓋に生じた変化なのではないか」ということになる。もちろん、その他の要因も複雑に絡み合っているのであろう。最近の研究では、九州・山口地域の中世人骨で幼児期からすでに長頭傾向が見られていると言う興味深い結果が報告されている。乳幼児期の栄養も関係するのであろうか。

　海部陽介の仕事は、歯の咬耗の減少を具体的に証明している（図3―1―2）。歯の咬耗は、農業の始まりとともに少なくなる。

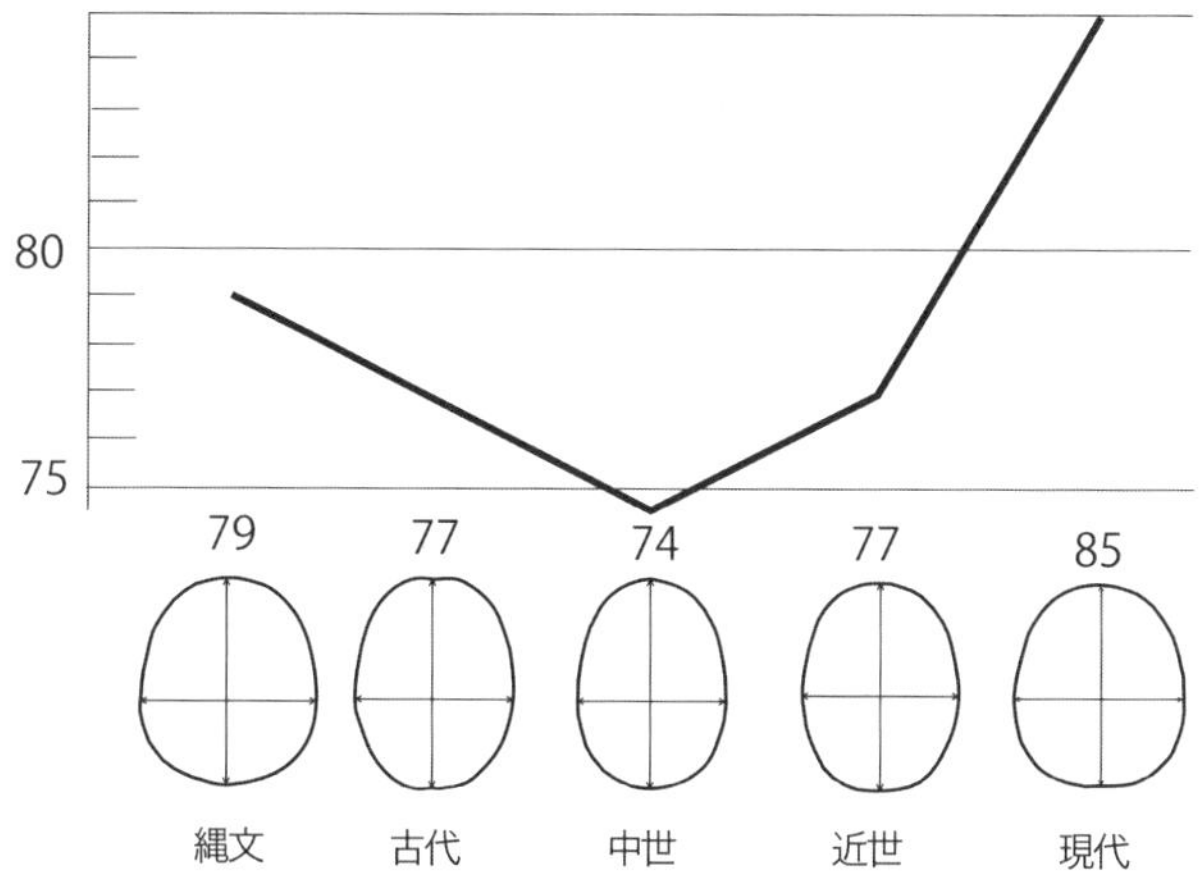

図３－１－１　頭骸形態の変化（Suzuki, 1969にもとづく）

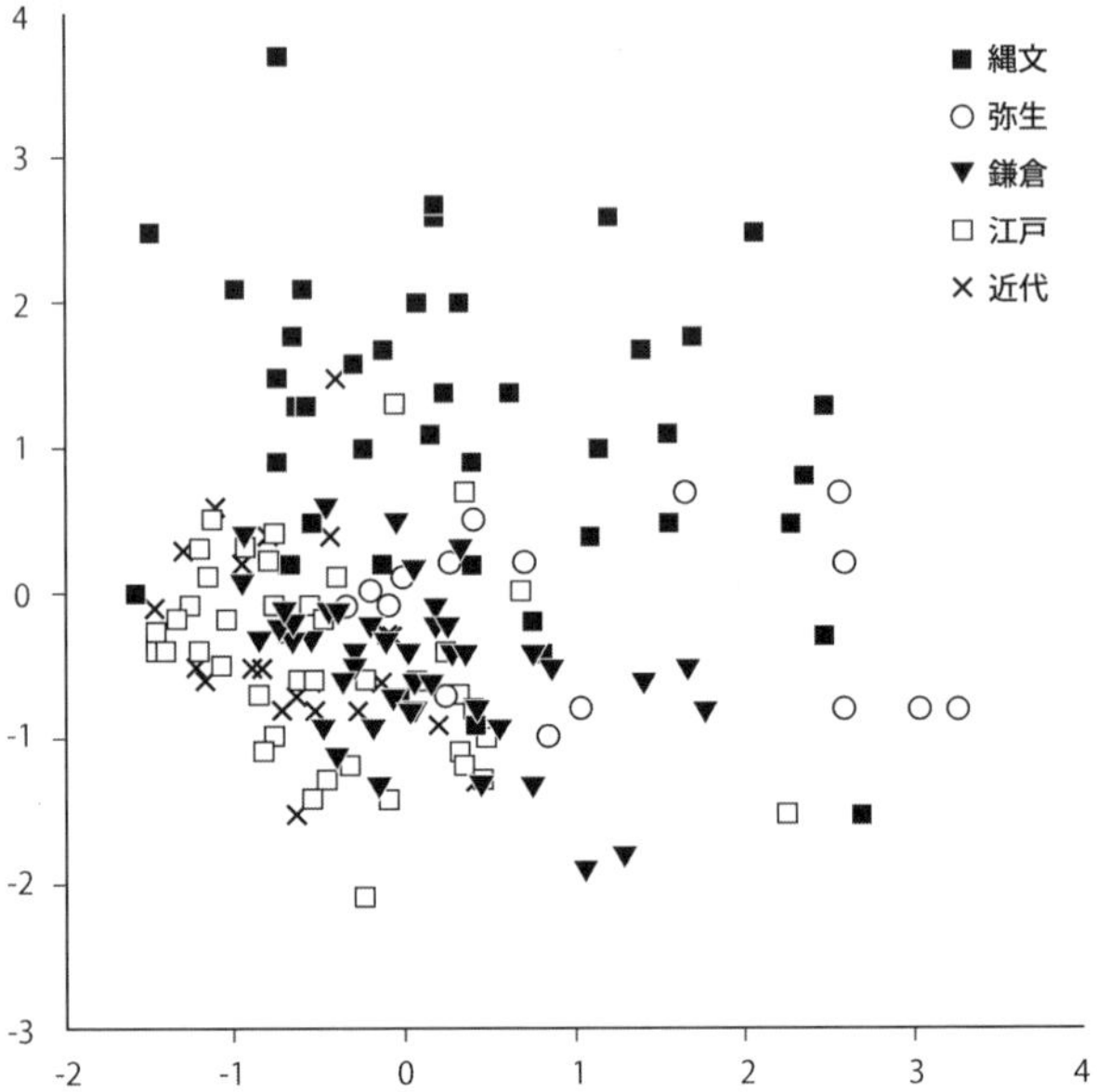

図3－1－2　歯の咬耗度の変化。縦軸が前歯、横軸が奥歯の磨り減り程度を表す。（Kaifu, 2000にもとづく）

これは、世界中の農耕革命に伴う変化である。また、奥歯の咬耗は、中世以降、とくに近世からは、ぐっと軽くなるという。では、何が咬耗を減少させたのか。原因として、調理方法の変化、箸などの使用が考えられるが、実証はこれからであろう。

　同時期に、南の琉球列島はグスク時代を迎え、北海道以北ではオホーツク文化の人々が出現する。これらの人々の生活の模様は、鎌倉に代表される中世日本人とは様相を異にするようだ。鎌倉については、先に述べたように、それぞれの専門家の立場から、紹介があるので、ここでは、北と南に焦点をあてて、紹介していくことにする。

北海道・サハリン

北海道では、続縄文時代のあとに、擦文時代が続く。この時期の人骨の発見例は、伊達市有珠善光寺遺跡、伊達市南有珠7遺跡、余市町大川遺跡などを数えるにすぎない。百々幸雄は有珠善光寺の男性頭蓋計測値を用いて判別分析を実施し、アイヌ的と報告している。千歳市ウサクマイ遺跡からは、擦文時代初期の人骨が九体出土している。保存状態が悪く、計測は不可能だったが、観察では、アイヌ頭蓋の特徴と共通する項目が認められている。一方、五世紀ごろから十一世紀にかけて、北海道の北部ならびにオホーツク海沿岸に、サハリンから来たとされるオホーツク文化が広がる（図3―1―3）。この人類集団の頭蓋は、顔面の高径も横幅も大きく、全体に顔が大きい。とくに、男性の上顔高は、七八ミリに達し、日本国内で時代を超えて、最も顔面の高い人々といえる。さらに、上顎骨が大きく、頬骨は横に張り出している。顔面が極めて平坦なのも大事な特徴である。つまり、鼻の骨が平坦で、横から見ると頬と鼻が重なるくらいである。オホーツク文化の人骨では、頭蓋には、細かな形態の変異があり、それを用いて、集団内、集団間多様性を調べることができる。オホーツク文化の人骨では、眼窩上孔、舌下神経管二分、頬骨横縫合後裂残存、顎舌骨筋神経溝骨橋の頻度が高い（図3―1―4）。四肢は、肘から先、膝から下の遠位部分が相対的に短い。推定身長は、男性の平均が約一六〇センチメートルである。これらは、シベリア・極東の寒冷地に暮らす人々の形態と共通する。オホーツク文化人骨については、いろいろなところで紹介をしているので、興味のある方は、お読みいただければ幸いである。

オホーツク文化が終わり、擦文時代も終わると、日本で言う中世の真っ只中である。この時代には、伊達市有珠善光寺遺跡、森町御幸町遺跡および千歳市末広遺跡などから人骨が発見されている。資料は断片的だが、もちろんアイヌ民族に通ずる形態的特徴がみられる。

今回、我々は、頭蓋形態小変異十八項目を用いて、アイヌの地域性の出現について、調査した。アイヌをサハリン、北海道東北部および南西部の三地域にわけて、縄文時代人やオホーツク文化人集団、さらに、近隣諸集団と比較検討を行った。その結果、基本的にアイヌは、縄文時代人由来の集団であるが、サハリン、北海道東北部のアイヌは、後のオホーツク文化集団など北方集団の影響を強く受けた可能性があることを示唆できた（図3―1―5）。

さらに、古代DNAを用いた遺伝学的手法やR-matrix法を用いた形態分析で、オホーツク文化人集団の起源は、やはり、サハリン北部やアムール川下流域のニヴヒやウリチに近いこと、さらには、オホーツク文化人集団がアイヌの成立に深く関っていることを示した。

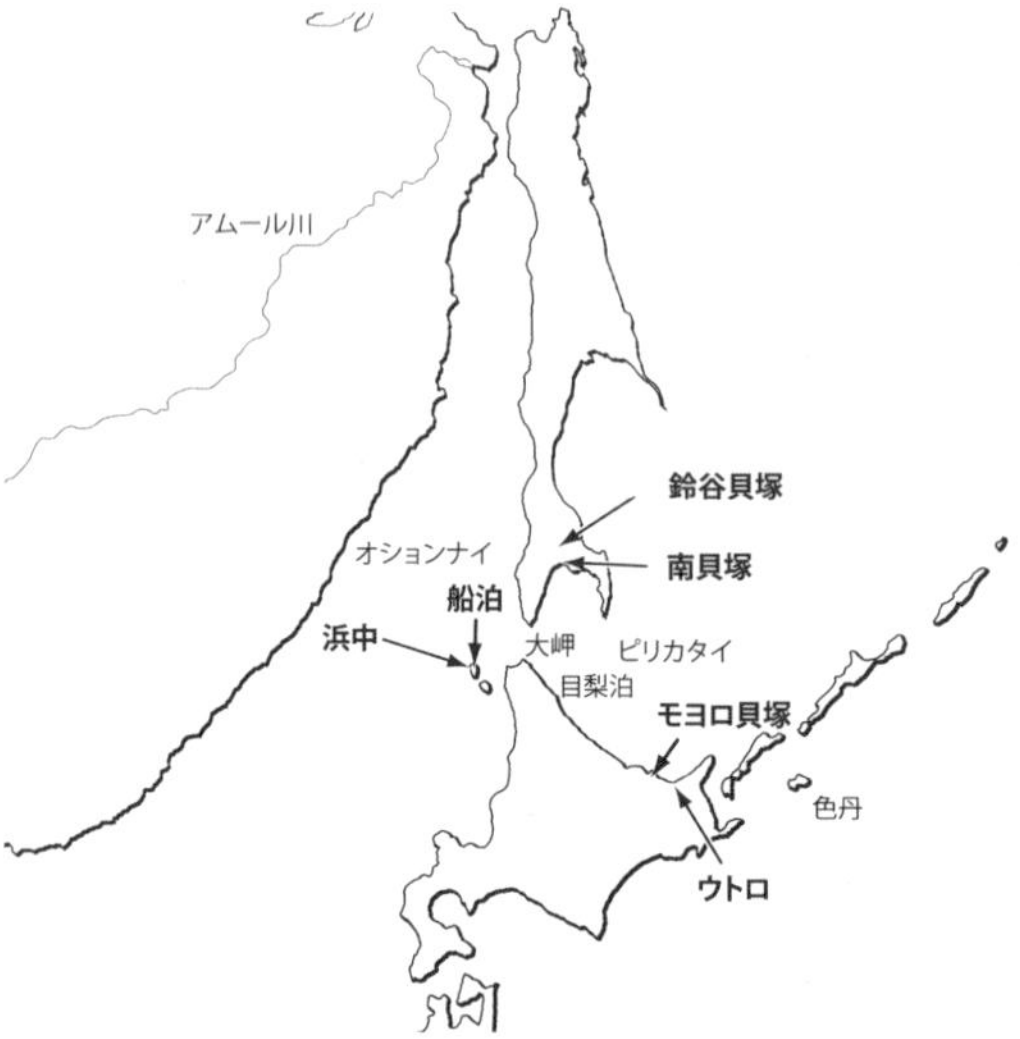

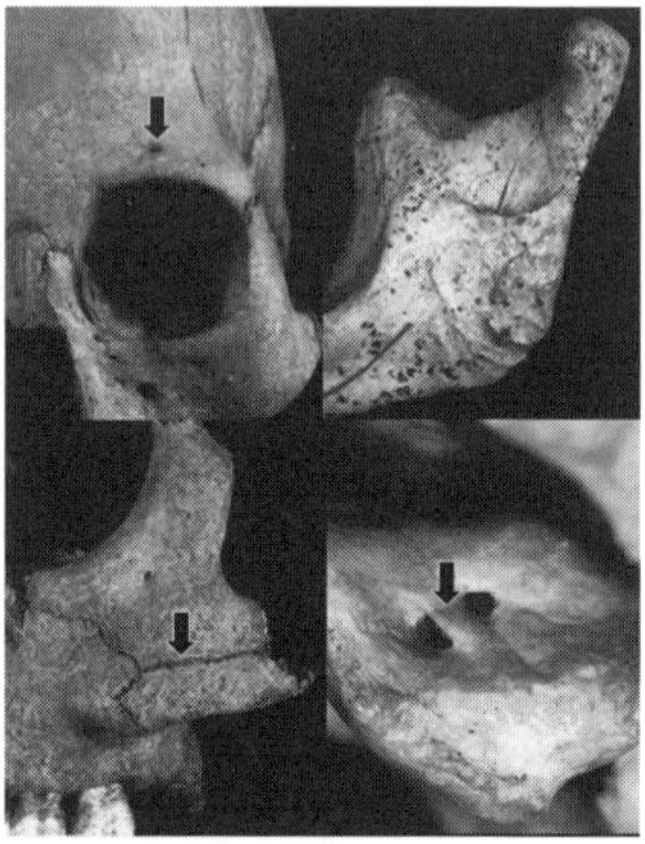

図３−１−３（左）　オホーツク文化人骨出土遺跡
図３−１−４（右）　眼窩上孔（左上)、顎舌骨筋神経溝骨橋（右上)、頬骨横縫合後裂残存（この例は、完全二分)（左下)、舌下神経管二分（右下）の例。

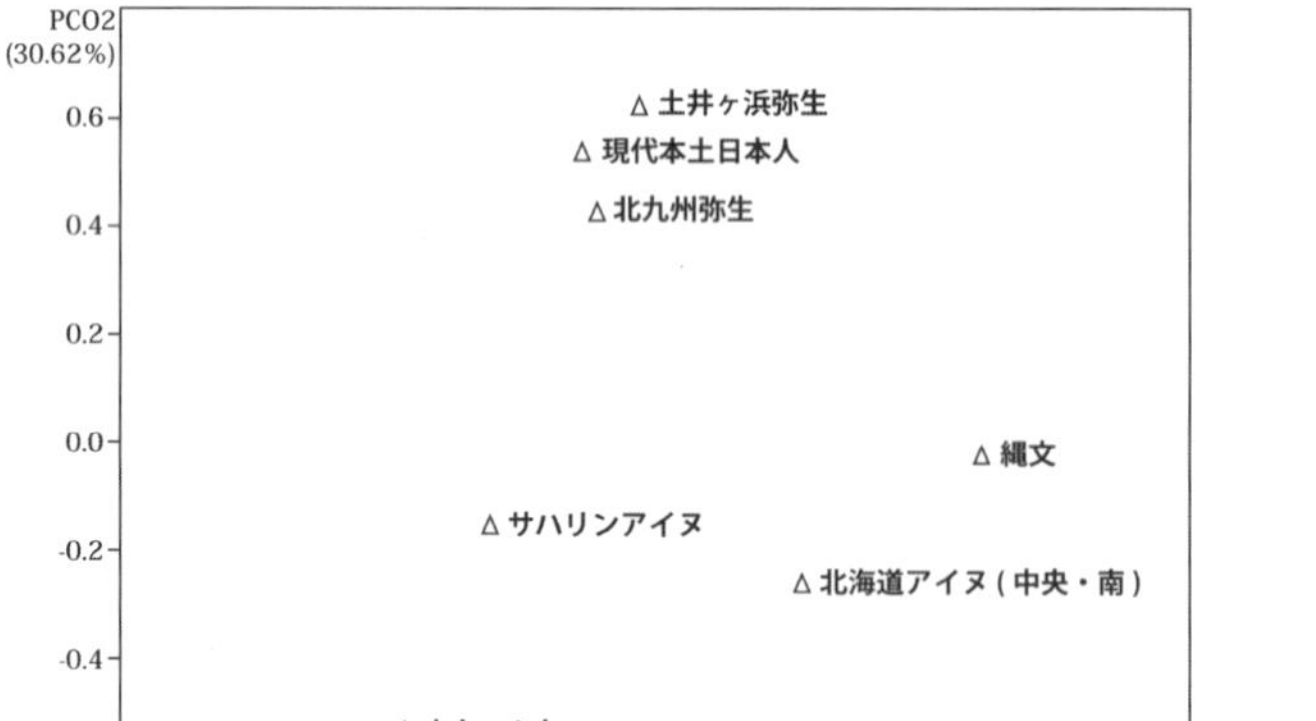

図３−１−５　頭蓋形態小変異を基にした距離を用いた多次元尺度構成法

琉球列島（図３―１―６）

沖縄の縄文時代人骨は、相対的に横幅の広い丸顔で、低身長であり、コンパクトな縄文時代人と表現できる。宮古・八重山地方でのこの時代の人骨の発見はない。弥生時代相当期では、沖縄にも、広田遺跡出土人骨に似た、サイズの小さな集団がいたとされる。大腿骨骨体の柱状性や脛骨の扁平性は弱いという特徴が見られる。また、縄文時代から弥生時代の沖縄の人骨群について、眼窩上孔の頻度は低く、横後頭縫合痕跡、舌下神経管二分、横頬骨縫合痕跡およびや顎舌骨筋神経溝骨橋の頻度が高いという報告がある。

琉球の近世の人々は、頭蓋の計測値では、頭蓋最大長、最大幅、高さとも本土日本人とあまり違いがない。顔面が広く、上顔高も低く、低顔傾向にあることが分かる。顔面平坦度は現代日本人に比べてはるかに平坦であり、北部九州の弥生時代人骨や古墳時代人骨に匹敵する。具体的には、前頭部、鼻骨部および頬上顎部のすべてが平坦である。頭蓋形態小変異では、眼窩上孔の頻度が高く、舌下神経管二分の頻度が低い。横頬骨縫合痕跡の頻度も低く、内側口蓋管や顎舌骨筋神経溝骨橋などの骨過形成形質の頻度は低いが、沖縄本島ではやや高い傾向にある。また、アステリオン骨、後頭乳突縫合骨や頭頂切痕骨などの頻度が高いのが特徴である。このように、中世、つまり、グスク時代に形質の大変化が起こったようである。これらの形質の変化の詳細の説明は、別の機会に譲ることにして、今回は、中近世の人々の生活を見ていくことにする。

図３－１－６　琉球列島の図。久米島とヤッチのガマ遺跡の位置を示す。

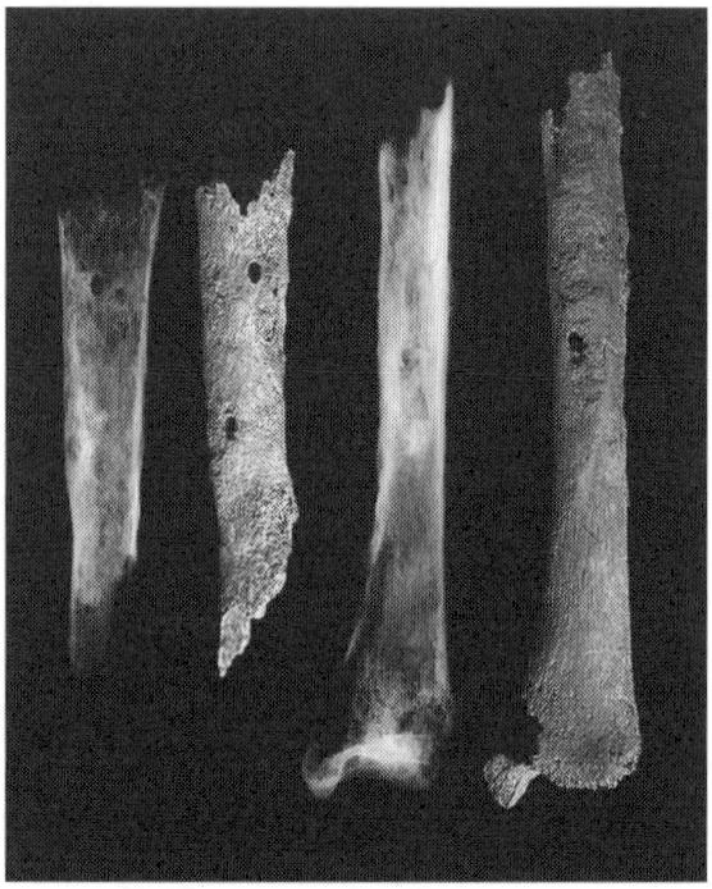

図３−１−７　石垣島出土近世人骨にみられた重篤な骨髄炎

図３−１−８　久米島ヤッチのガマ・カンジン原古墓群

石垣島の事例

中世から近世にかけての石垣市の遺跡群から、多数の古人骨が出土している。我々は、その病理学的な所見を報告した。鉄欠乏性貧血を示すと考えられるクリブラ・オルビタリアや、小児期の成長障害を示す歯冠のエナメル質減形成の頻度が高く、栄養の不足、感染症の蔓延、もしくは寄生虫の存在を示唆している。

また、関節症の頻度が高く、厳しい労働の結果と考えられる。骨折後、普通に労働を続けるための二次的関節症が発症し、重症化した例も報告した。さらに、感染の指標となる骨膜炎の頻度も下腿骨で高く、また、炎症が骨髄に進展して広がる骨髄炎の例も二例あった（図３―１―７）。この骨膜炎と骨髄炎の高い頻度は、普通の感染症ではなく、南に多いトレポネマトーシスを考える必要があろう。

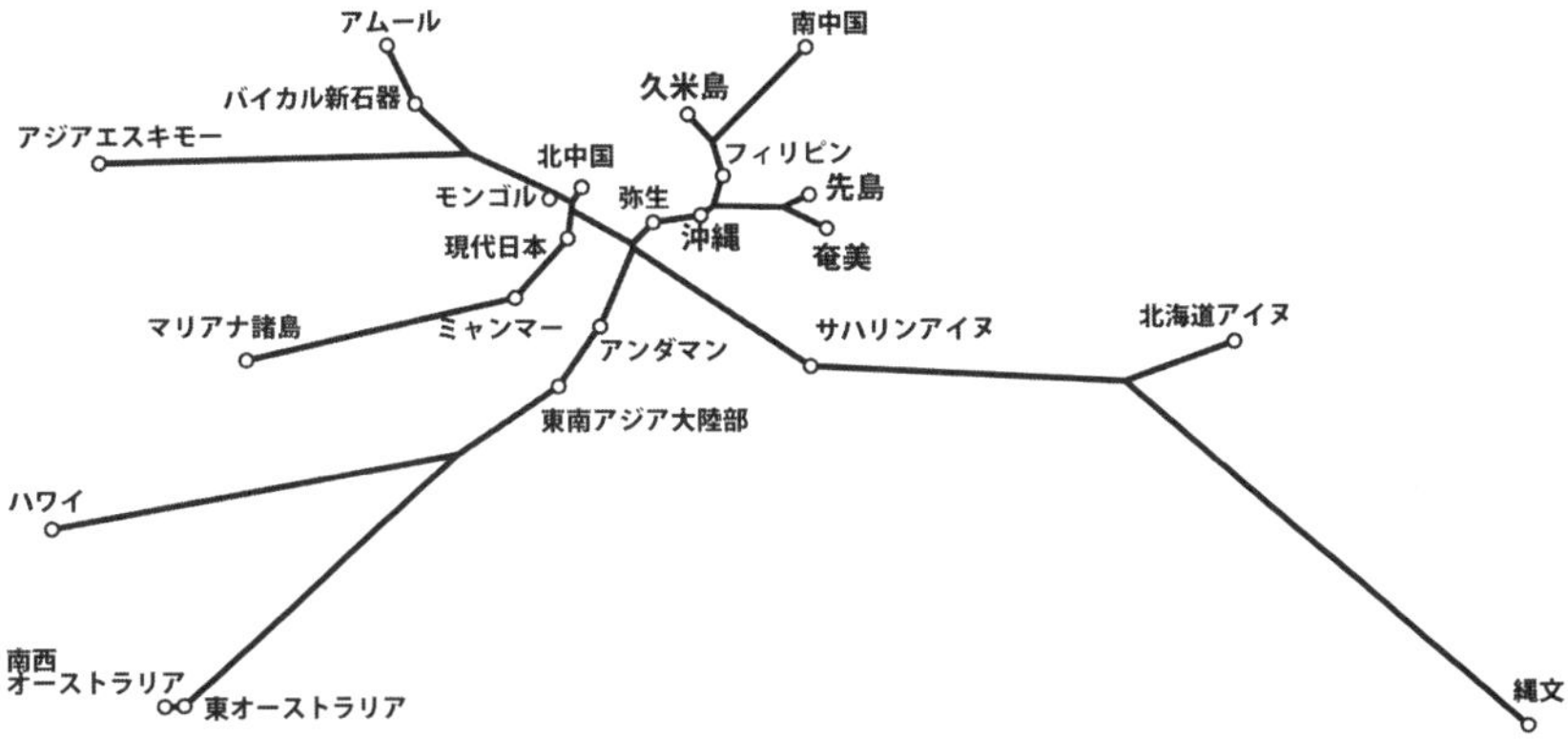

図3－1－9　頭蓋形態小変異の頻度を基にした距離から求めた近隣結合法

久米島の事例

久米島は、那覇の西方約九〇キロメートルの位置にある。沖縄県内でも石垣島、宮古島および西表島につぐ大きな島である（図3―1―6）。ヤッチのガマ・カンジン原遺跡は、久米島（旧具志川村）の中央部に位置しており、洞穴の前庭部を利用して作られた近世の古墓群である（図3―1―8）。久米島では八世紀初めに農耕が始まったと伝えられている。この古墓群に埋葬されている人々は、納められている厨子の制作年代より十七世紀から二〇世紀中頃までの農耕民と考えられている。ヤッチのガマ・カンジン原古墓群の人骨（以下、久米島近世人骨）は、平成十年から平成十二年度までに沖縄県教育委員会が記録保存のために発掘調査を行った。久米島近世人骨は、個体識別が可能で保存状態が良好なものが多数発掘されており、そのため沖縄の近世人骨を調査するにあたり重要な資料である。

頭蓋形態小変異の研究

まず、久米島近世人骨、一二一個体の頭蓋形態小変異を調査した。その結果を基に、近隣の人類集団と比較した。その結果、沖縄は、本島、奄美、先島、久米島と一つにまとまり、弥生時代人を始めとして、本土日本集団とともに、南中国や東南アジア集団との類似も見られた（図3―1―9）。これは、近年の遺伝学的研究でも言われているように、先史時代から歴史時代にかけて、本土日本からのみならず、南方からの遺伝的影響を受けていた可能性を示唆する。

歯科疾患と同位体分析

齲蝕（虫歯）、生前脱落歯、エナメル質減形成について調査した。齲歯率は女性が男性より有意に高かった。全体の齲歯率は一八・九％である。生前脱落歯率も女性が有意に高かった。若年と老年とに分けて比較した場合、齲歯率、生前脱落歯率ともに老年に有意に高い。エナメル質減形成は三歳半から五歳半にかけて最も多く発生し、頻度は若年成人女性が男性よりも高く、早く死亡した個体では、幼児期にストレスが多かったことを示していると思われる。齲歯率、生前脱落歯率が女性に有意に高かったことは、妊娠や更年期など女性特有のホルモンの変化による影響に加え、安定同位体分析で、女性が炭水化物から、男性は魚類からたんぱく質を摂取する傾向があり、文化的社会的な側面からの男女間の食習慣の違いも反映しているという興味深い結果がえられた。

変形性脊椎関節症の研究

同じく一〇一個体を用いて、脊椎の変形性関節症を調査した。その結果、男女とも腰椎の関節症の頻度が高く、とくに椎体前縁部に関節症を多く認め、前かがみになるような農作業などの習慣的労働があったことを示唆した。また、女性では、頚椎に頻度が高く、頭上運搬などの作業も女性の仕事であった可能性があり、民俗学者の指摘と一致する。本州の縄文時代や関東の江戸時代人骨と比較すると、関節症の頻度が低く、さらに軽症化の傾向にあり、当時の良好な生活環境がうかがえるとともに、生活様式の差に言及する必要があるのかもしれない。

四肢の変形性関節症の研究

次に、著者の一人である山内貴之は、久米島近世人骨の四肢の変形性関節症に注目した。ここで、一つの事例研究として報告し、今後の糧としたい。

変形性関節症は、関節軟骨の変性と軟骨下骨の骨改変に始まり、進行するとそれらの破壊、変形をきたす変性関節疾患であり、病理学的には磨耗相と増殖相の混在によって特徴づけられる慢性、進行性、非炎症性関節疾患であると定義されている。山口敏は、骨組織は一般的に年齢に付随し、加齢と共に骨破壊、編成を繰り返してゆくが、年齢因子の他に、さまざまな身体活動に関する力学的ストレスが関節に影響を及ぼし、変性過程、変動を発生させると述べている。

久米島近世人骨をもとに四肢の変形性関節症の評価を行うことで、年齢以外の因子や、その時代の生活様式の特徴が得られる。そこで、久米島近世人骨の四肢の変形性関節症を調査し比較ならびに検討を行った。

今回、久米島近世成人骨格から、ヤッチのガマ一〇六個体（男性五六個体、女性五〇個体）、カンジン原六個体（男性四個体、女性二個体）、合計一一二個体を調査した。男女間の年齢構成について独立性の検定を行ったが有意差は認めなかった。

部位として、上肢は肩関節、肘関節、手関節を、下肢では、股関節、膝関節、足関節の六関節を対象として観察した。肩関節は、関節窩及び上腕骨頭、鎖骨、肩峰を観察した。肘関節は腕尺関節、腕橈関節、上橈尺関節を一つとして観察した。手関節は、橈骨遠位関節と尺骨の頭部を観察した。さらに股関節は大腿骨頭、寛骨臼を観察した。膝関節は内側顆、外側顆、膝関節の内外側面を一つとして観察した。そして、足関節は、脛骨と腓骨及び距骨の間を観察した。

関節面の辺縁部の骨棘形成に関してはブリッジの分類を基に、スケール〇（関節症無し）、スケール一（微量か最小）、スケール二（軽度）、スケール三（中等度）、スケール四（重度）の五段階評価とした。上記の分類をもとに、久米島近世人骨の四肢の関節面の骨棘を評価し、ブリッジの基準を参考にし、スケール〇から二を（−）関節症無し、スケール三から四を（+）関節症有りとして、変形性関節症の頻度を求めた。

（1）変形性関節症と年齢

男女を成年、成年〜熟年、熟年、熟年〜老年、老年の五つの年齢群に分け、加齢に伴う変形性関節症の頻度を求めた（図3―1―10）。加齢に伴う頻度については、独立性の検定において有意差は認められなかった。しかし、男女共に加齢に伴い変形性関節症の頻度が高くなる傾向にあり成年〜熟年以降から頻度が高くなる。しかし、熟年〜老年になると頻度はやや低くなる傾向を示している。

（2）変形性関節症の左右差別比較

フィッシャーの直接確率法用いて左右差を比較したが、男性では、スケール三―四では有意差は認められなかった。女性も、スケール三―四では有意差は認められなかった。スケール四だけで比較しても、同様に有意差は認められなかった。

（3）変形性関節症の部位別比較

関節間に差があるか否かを検定するため男女それぞれ左右の六関節全体で独立性の検定を行った結果、有意差を認めた。具体的には、男性で、左右肩関節、股関節および左膝関節に、女性では同様に左右肩関節、右肘関節、左右股関節および膝関節に変形性関節症の頻度が五〇%を越え、関節の部位間で差を認めた。

（4）変形性関節症の性別比較

スケール三―四では、有意差は認められなかった。しかし、スケール四において女性の右肘関節に変形性関節症の頻度が高く、有意差を認めた（図3―1―11）。

変形性関節症は、滑膜関節に起こりやすい疾患であり、関節軟骨の損傷、加重による力学的負荷によって起こ

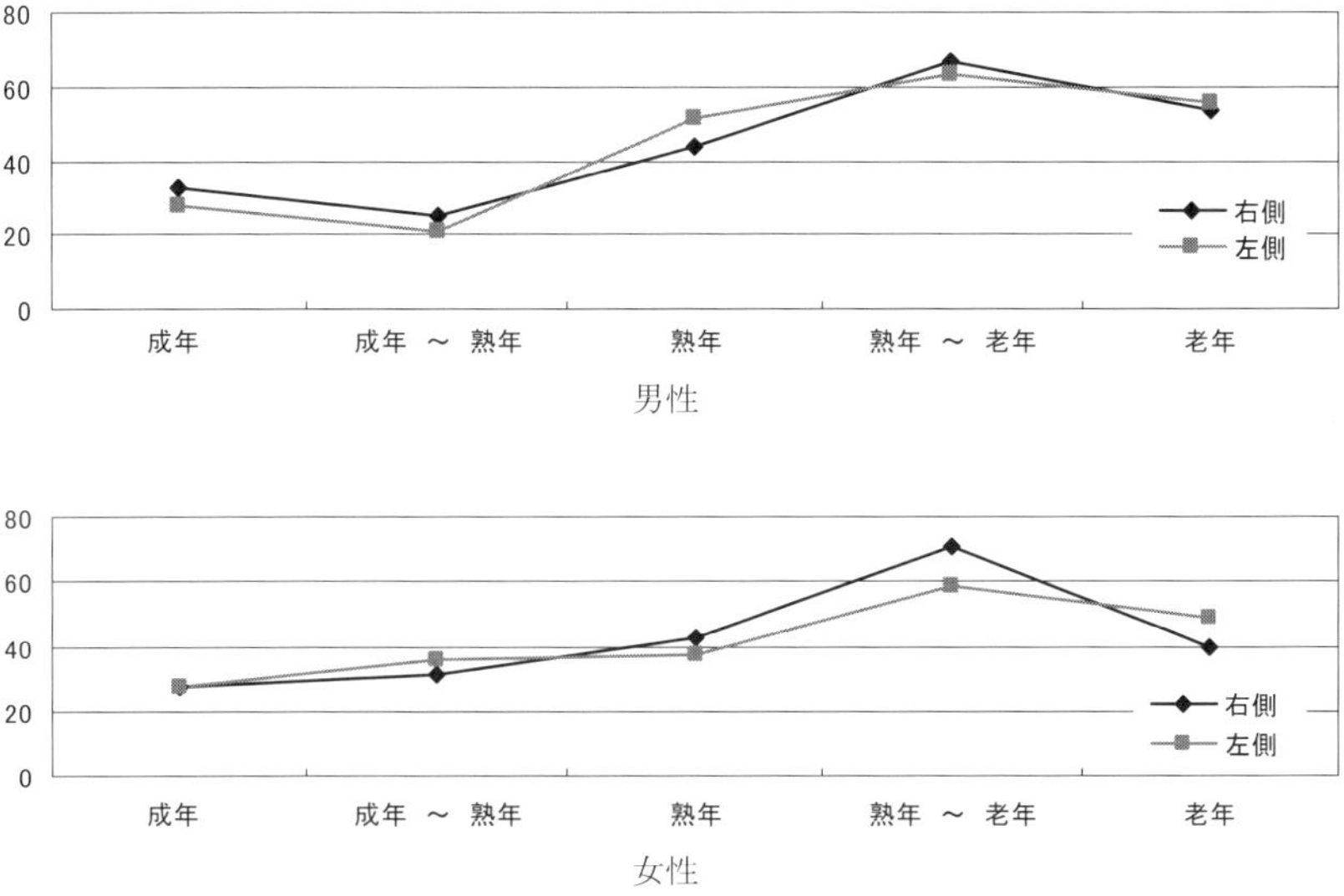

図３－１－10　変形性関節症の年齢群別頻度変化

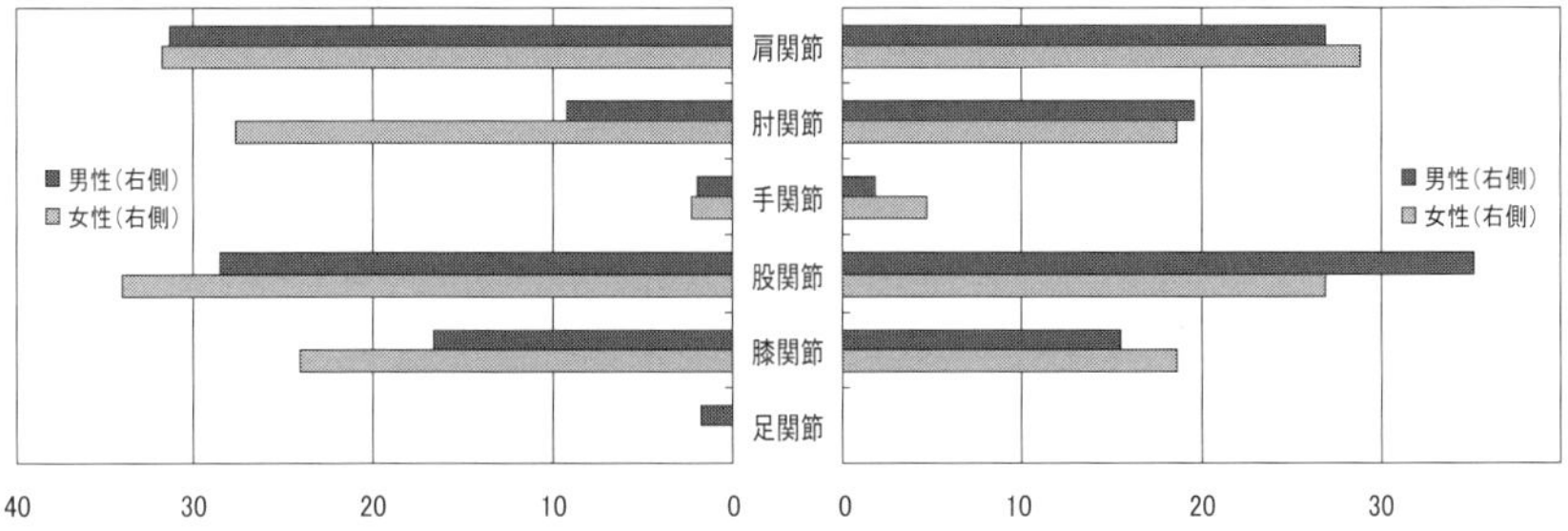

図３－１－11　変形性関節症の部位別、左右別頻度（スケール四のみ）

る軟骨下骨の変化、軽度の関節骨膜炎、肥厚等の病理学上の特徴を描写している。一般的には加齢に伴う退行性変性が原因とされているが、しかし、さまざまな危険因子があり、性、遺伝学要素、行動の影響と民族性も含む。たとえば現代では変形性関節症を発症しやすい部位として、荷重による影響が強い膝関節が挙げられる。吉田らは日本人と米国白人の同世代の女性で、レントゲン撮影により変形性関節症の比較を行い、日本人女性の膝関節に有病率が高いことを報告している。

久米島の近世人骨は男女とも、全体的に加齢に従い、変形性関節症の頻度が増加傾向にあるが統計的には有意差がなかった。一般的に、変形性関節症は加齢に伴う退行性変性疾患であると述べられており、ディッペらは、変形性関節症は加齢とともに増加する疾患であると述べ、ド・アンブロザも、男性より女性に加齢に伴い股関節、膝関節に高い有病率を含むと報告している。フェルソンらは五〇歳前では、男性が女性より有病率が高く、五〇歳以上では女性は男性よりも手、足と膝関節で影響を受けると説明し、弦本も現代日本人を調査し、上肢、下肢において、男女ともに四〇―五〇歳代に変形性関節症が急激な増大を示しているが、それ以上の年齢では男性では上肢に、女性では下肢に変形性関節症が増加し、性差が認められると述べている。久米島近世人骨では男女ともに年齢の増加に伴い、変形性関節症の頻度が高くなる傾向が認められるものの若年者にも変形性関節症が認められる。また熟年～老年以降では減少傾向にあった。この結果より、久米島近世人骨では変形性関節症の発症が、加齢に伴う因子のみならずその他の因子も関与している事が考えられる。

その因子として、ディッペらは年齢に加えて、遺伝因子として関節の成長や形状を挙げ、環境因子として肥満、労働による関節損傷、関節への負荷を挙げている。福島は、北部九州および山口、島根県の遺跡から出土した弥生時代の人骨を対象とし、変形性関節症の発症因子として、労働との関連が考えられる、と述べている。ブリッジも女性は四肢全体に頻度が高く、その要因として、家事労働、農業という仕事に関連している事を指摘している。山口はアイヌ、日本人およびカナダエスキモーは肘関節に、北アメリカの黒人や白人は膝関節に変形性関節症の発症が高いと説明している。マーブスは、肘関節における退行変性をエスキモーで報告しており、これによるとエスキモーの日常生活で、カヤックを櫂で漕ぐ動作や、狩猟の際の弓矢の使用が、肘関節に重篤な力学的ストレスを及ぼしていると解釈している。鈴木は日本の先史時代のヒト骨格を調査したところ、上肢では肘関節、下肢では膝関節に変形性関節症の頻度が高いと述べており、井上らもアジア人はフランス人よりも膝蓋大腿関節に変形性関節症の頻度が高いと報告している。

久米島近世人骨においても、四肢の近位関節に変形性関節症の頻度が高かった。とくに肩関節、股関節、膝関節に変形性関節症の頻度が高い結果を得、女性においては右肘関節にも高い頻度が得られている。上江洲によると、久米島の近世農耕民が使用していた米搗きの竪杵（アジン）は琉球列島の中でも太い部類に属していると述べている。さらに耕起器具で、田内鍬も久米島で使用されている鍬は柄が短く特徴的である。湿地地帯では蓄力の農耕が出来ず、人力のみの労働力であった。これらの理由より、久米島近世人は労働による力学的ストレスが上肢、下肢の近位関節に負担をかけ、その結果として、変形性関節症が発症したものと考えられる。

また、ブリッジの研究では、南東部米国の狩猟民、農耕民の男女共に肩関節、肘関節、膝関節に変形性関節症の頻度が高く、股関節では低いと述べている。しかし、ブリッジの研究で頻度が低いと述べられている股関節にも久米島近世人骨では男女共に、変形性関節症の頻度が高い結果が出ている。ド・アンブロザは、デンマークの高齢患者を調査すると、軽度の変形性股関節症が男女で同じ頻度で起こったにもかかわらず、総有病率で重篤な変形性股関節症は女性に多く男性の二倍であった。さらに、クエッタらは、変形性関節症の影響を受ける部位として、股関節、膝関節、脊椎、中足指節関節、手指の近位、遠位指節間関節が多いと述べている。これはブリッジらの研究とは対象的である。一般に、農耕民は股関節の変形性関節症が多い。フェルソンらは農耕民の膝立ち仕事や、重い荷物の持ち運び（揚重）、しゃがみ動作等の仕事は膝、股関節に変形性関節症の特に高い割合を持つと述べている。久米島近世人は農耕民であったために、男女共に左右の股関節において変形性関節症の頻度が高くなったと考えられる。

さらに久米島近世人骨で性差において、女性の右肘関節に変形性関節症の頻度が高く有意差を認めた。ブリッジは、南西部米国先住民の女性にも肘関節に変形性関節症の頻度が高い傾向を述べ、その要因として脱穀方法という労働を推定しており、山口は男女間では姿勢、習慣の違いがあることを説明している。久米島は貢納制度時代に納める租税として、七割を久米島紬の織物で代納していた。そのため女性は男性と違い、農作業以外に機織という労働も課せられていたと考えられる。クエッタらは、関節症の発症は職業により影響を受けると報告しており、ロバーツらも特定の活動、職業を実践している人々は特定の関節に変形性関節症を引き起こすことを説明している。久米島近世人の女性はこの様な過酷な労働条件を強いられており、そのため肘関節に有意に関節症が認められたのではないかと考えられる。

諸見里らの報告にあるように、脊椎でも、男性よりも女性に変形性関節症の重度化を認めており、瑞慶覧らの琉球列島の石垣島の研究においても肘関節の変形性関節症は、男性よりも女性に頻度が高い結果が出ている。米田らは、同じ久米島近世人骨を資料とし、炭素と窒素の安定同位体分析から主なタンパク質を男性は動物や魚から、女性は穀物から摂取したと推定し、男女間の食性にも相違があるのではないかと報告している。女性は男性以上に過酷な労働、食事規制を強いられてきたことは容易に推測出来る。このように久米島近世の女性は男性と違い普段の農作業以外に機織、荷物の運搬という労働、食性の違い等が要因となり、男性よりも重篤な変形性関節症にかかる割合が高くなる傾向があったと考えられる。

終わりに

北海道と琉球列島を中心として、生活誌復元の一つの方法を示した。必ずしも、中世に限定できなかったのは、資料数の問題である。中世鎌倉を除けば、北海道や琉球列島で、中世人骨として十分な資料数を確保するのは、難しいが、疫学研究には、十分な例数が望ましい。そのため、精度の高い年齢推定法やロジスティック回帰分析を用いて、十分な疫学解析を実施する必要がある。実は関節症関連遺伝子も報告があり、集団差も指摘されているので、これらの遺伝子も古人骨から見つかれば、生物考古学的分析がさらに精度を増す。

先史人類集団の総合的な生物考古学的研究は、日本ではなかなか進んでいない。我々は、近世久米島人骨ならびにオホーツク文化人集団で、歯科疾患ならびに変形性関節症を調査し、さらには、四肢骨の形態研究へと調査を進めようとしている。それをさらに進展させ、調査集団を増加させることにより、この狭い日本列島にも、いくつもの多様な文化集団の存在を示すことが可能となるだろう。

つまり、日本列島全体で、たとえば変形性関節症の分析を進めるなど、地域性を明らかにすることが必要であり、それは近々進展すると思われる。また、生物考古学研究と相対する形で、同位体分析による食性復元を行う。米田穣の食性分析は興味深く、数々の疾病、平均寿命の研究と連携してくるはずである。同位体分析による食性解析は、生業を実証的に明らかにし、変形性関節症などの分析結果、歯科疾患の存在様式との整合性を確かめることが可能となる。同位体分析と生物考古学的分析は、生活誌復元の両輪である。

このように、人類学は、昔の人々の生きざまの基本資料を提供していくのが、重要な仕事となろう。

参考文献

上江洲均『琉球諸島の民具』未来社、一九八三年。
弦本敏行「四肢骨関節の辺縁部骨棘形成について」『長崎医学会雑誌』第六五号、一九九〇年。二二一—二三七頁。
福島一彦「西南日本弥生人の骨病変について」『福岡医学雑誌』第七九号、一八八八年。二一七—二四八頁。
諸見里恵一・譜久嶺忠彦・土肥直美・埴原恒彦・西銘章・米田穣・石田肇「沖縄県久米島ヤッチのガマ・カンジン原古墓群から出土した近世人骨の変形性脊椎関節症」*Anthropological Science*（*Japanese series*）115, 2006, pp.25-36.
山口敏『日本人の生いたち』みすず書房、一九九九年。
米田穣「古人骨の化学分析による先史人類学—コラーゲンの同位体分析を中心に」*Anthropological Science*（*Japanese Series*）114, 2006, pp.5-15.
Bridges P. S., "Degenerative joint disease in hunter-gatherers and agriculturalists from the Southeastern United States," *American Journal of Physical An-*

thropology 85, 1991, pp.379-391.

Dieppe P. A. and Lohmander, L. S., "Pathogenesis and management of pain in osteoarthritis, " *Lancet* 365, 2005, pp.965-973.

D'Ambrosia R. D., "Epidemiology of osteoarthritis, " *Orthopedics* 28, 2005, pp.201-205.

Felson D. T., Lawrence R. C., Dieppe P. A., Hirsch R., Helmick C. G., Jordan J. M., Kington R. S., Lane N. E., Nevitt M. C., Zhang Y., Sowers M. F., McAlindon T., Spector T. D., Poole A. R., Yanovski S., Ateshian G., Sharma L., Buckwalter J. A., Brandt K. D. and Fries J. F., "Osteoarthritis : New insights, " *Annals of Internal Medicine* 133, 2000, pp.635-646.

Inoue K., Hukuda S., Fardellon P., Yang Z. Q., Nakai M., Katayama K., Ushiyama T., Saruhashi Y., Huang J., Mayeda A., Catteddu I., and Obry C., "Prevalence of large-joint osteoarthritis in Asian and Caucasian skeletal populations, " *Rheumatology* 40, 2001, pp.70-73.

Kaifu Y. "Tooth wear and compensatory modification of the anterior dentoalveolar complex in humans, " *American Journal of Physical Anthropology* 111, 2000, pp.369-392.

Kuettner K. E and Cole A. A."Cartilage degeneration in different human joints, " *Osteoarthritis and Cartilage* 13, 2005, pp.93-103.

Merbs C. F., *Patterns of activity-induced pathology in a Canadian Inuit population : Archaeological Survey of Canada Paper* 119, Ottawa : National Museums of Canada, 1983, pp.1-119.

Roberts C. and Manchester K., *The Archaeology of Disease*, New York : Cornell University Press, 2005.

Suzuki T., "Indicators of stress in prehistoric Jomon skeletal remains in Japan, " *Anthropological Science* 106, 1998, pp.127-137.

Yamaguchi B., "Incidence of degenerative bone changes in the distal joint surfaces of the humerus and femur, " *Bulletin of the National Science Museum. Series D* 10, 1984, pp.9-17.

Yoshida S., Aoyagi K., Felson D.T., Aliabadi P., Shindo H., and Takemoto T. "Comparison of the prevalence of radiographic osteoarthritis of the knee and hand between Japan and the United States, " *The Journal of Rheumatology* 29, 2002, pp.1454-1458.

第2節　食生態から見た北海道と沖縄の中世

米田　穣

今日、我々人間は動植物を自らの手で管理することで食料を生産しており、一見、自然環境からは独立して生きているように見える。しかし、実際には我々の生活は、歴史的な経緯に大きな影響を受けている。そのため、今日の生活のあり方を理解する上で過去の人々の生活を理解することは非常に重要である。しかし、考古学的な資料から具体的な生活像を復元することは容易ではない。

中世において、今日まで続く日本の伝統的な食生活が形成されたと考えられている（渡辺実、一九六四）。古代律令国家の形成にともなって、仏教を信仰する支配者階級を中心に米食を重視して肉食を否定する傾向が起こったが、それがさらに一般に広まったのがこの時期である。実際には肉食も行われていたようだが、あまり好ましいものではないという認識が広まり、米と魚、野菜を中心とする日本の伝統的な食事の形が形成された。また、今日の一日三食の習慣をはじめ、寺家で発達した精進料理や、武家の本陣料理も室町時代に形作られており、それらは今日の日本料理の基礎となっている。

一方、米に基礎をおいた経済は、公家から武家へと支配階層がかわっても継続した。経済的な意味をもつ米をはじめとした穀物については、支配者階層では米が多く消費されていたのに対し、農民は畑作や水田での二毛作によって得られる雑穀を多く消費しており、中世には階層や貧富の差により食生活の多様性が拡大したという指摘がある。これは、農業技術の発展により二毛作が広く行われるようになり、主食に雑穀が取り込まれた結果である。この主食の多様化にともなって人口が拡大していることから、雑穀は庶民の栄養状態の改善に貢献したと考えられている。中世に利用された雑穀には、ヒエ・アワ・オオムギなどが含まれていた。

今日の日本の伝統的な食文化を理解する上で、中世における様々な階級の人々の食生態と、その地域差を復元することは極めて重要である。しかし、文献に残される情報は支配階層のものが中心であり、庶民の日常的な食生活について、その実体は分かっていない。とくに中央国家の支配力がまだ完全には及んでいなかった北海道と琉球列島では文献が限られており、当時の食生活を知ることは困難である。そこで、本研究では北海道と琉球の食生活について、骨の化学分析という新しい方法でのアプローチを試みた。

中世に相当する時代、北海道では縄文・続縄文文化の系統を引き継ぐ擦文文化と、サハリンから移住してきた大陸由来の文化であるオホーツク文化が共存し、それらが融合してアイヌ文化が形成される時期に相当する。一方の琉球列島では、一二世紀頃から各地に諸侯がグスク（城）をかまえるグスク時代が展開している。それ以前の貝塚時代は狩猟、採集、漁撈が主たる生業だったと考えられるが、グスク時代は水田稲作を含む農耕が広く展開した時期である。それぞれの文化の遺跡から出土した古人骨試料から、残存するタンパク質（コラーゲン）を分析し、その炭素と窒素に含まれる同位体の割合を測定した。その結果を断片的ではあるが文献に残された本州の生活と比較し、中世の日本列島における食生活の多様性と、その歴史的な位置づけを考察してみたい。文書記録に残されている本州、四国、九州にたいして、北海道と沖縄は中世においては「日本」の枠組みからはずれている。逆に、中世における日本のあり方を理解するためには、これらの地域との共通点と相違点に注目することが有効である。

1　同位体による食生活の復元

ここで古人骨の化学分析で、どうやって過去の食生活を復元するかを簡単に説明しておこう。我々は骨のタンパク質を抽出して、そのなかに含まれる炭素と窒素の同位体比を測定している。同位体とは化学的に同じ性質を持っているが質量の異なる原子のことである。例えば炭素の九九％は質量数12という重さの原子（炭素12）である。しかし、自然界には約一・一％程の割合で質量数が13の炭素（炭素13）が存在している。窒素の場合は窒素14と窒素15（〇・三六％）という二種類の安定同位体が知られている。この二種類の炭素（炭素12と炭素13）は重さこそ違うが、どちらも炭素として全く同じ性質を持っている。我々の身体を含め、全ての有機物にはある割合で炭素13や窒素15が必ず含まれているのだ。様々な動物や植物でその割合を調べてみると、動植物の種類によってその割合に違いがあることがわかった。例えば、植物では光合成の方法の違いにより、C_3植物とC_4植物と呼ばれる二つのグループに分かれる。比較的炭素13含有量が少ないC_3植物には、樹木や米や麦などの作物が含まれる。一方、炭素13を多く含むC_4植物は乾燥した日のあたる場所に適応しており、トウモロコシやアワ、ヒエ、キビなどの雑穀が含まれている。

一方、海洋に住む魚貝類では、炭素と窒素の両方で重たい同位体が比較的多い特徴がある。詳しく見てみると、食物連鎖を通じて重たい同位体が濃縮するので、魚や動物の種類によって同位体比が異なり、食物連鎖の最上位に位置する海生哺乳類では、窒素15が非常に高くなる。海洋生態系は、陸上生態系よりも長い食物連鎖をもっているのが原因である。

雑食性の食生活をもっている人間は、このように同位体比が異なる様々な食物を摂取して、それを原料として体をつくっている。食物に重たい同位体がたくさん含まれていれば、我々の体にも重たい同位体の割合が多くなる。したがって、骨に残されたタンパク質の同位体比から、過去の人々がどのような同位体の特徴をもつ食料を、どのくらい食べたかを知ることができるのだ。ただし、タンパク質の同位体比に記録されている情報は、食物の重量比でもなく、エネルギー比でもなく、食物に含まれるタンパク質の量の割合であることに注意が必要である。

古人骨の同位体分析では、生物の組織を形づくる有機物の炭素や窒素を測定しており、骨資料の場合は残存するタンパク質、コラーゲンを分析対象にする。コラーゲンは、組織を形づくる役割のタンパク質で、皮膚や腱に多く含まれる。骨組織でも、生体ではその重さの約二五％はコラーゲンが占める。周辺土壌の酸性度や温度などによってコラーゲンの保存状態は大きく変化するが、シベリアのマンモス化石やヨーロッパのネアンデルタール化石などでは三万年よりも古い試料からコラーゲンを抽出することに成功している。日本の試料でも白保竿根田原洞穴出土の人骨のコラーゲンが抽出され、その放射性炭素年代が約二万年前と報告されている（中川・米田、二〇一〇）。

コラーゲンの同位体分析に必要な骨組織は〇・五 g以下である。ただし、土壌に含まれる有機物が存在すると、骨にふくまれるコラーゲンの情報を汚染してしまうので、いくつかの化学処理が必要だ。まず、表面を超音波洗浄などで洗った後、アルカリ溶液で表面などに付着した土壌有機物を溶解させる。これを凍結粉砕して、塩酸と反応させて骨の無機成分であるハイドロキシアパタイトを取り除く。残った有機成分の大部分は骨組織に由来するコラーゲンであると考えられるが、酸やアルカリに解けない土壌有機物がまだ残存している可能性がある。そこでコラーゲンは加熱されると水に溶けるようになる性質を利用して、さらに精製をおこなう。本研究では、このようにして得られたゼラチン成分のうち、炭素や窒素の割合から土壌有機物の汚染がなく、保存状態が良好と考えられるコラーゲンを分析対象とした。

炭素と窒素の同位体比の測定は、安定同位体比質量分析計（ＩＲＭＳ）を使用する。一般的に同位体比は「デルタ値」とよばれる値で示され、δ^{13}Cやδ^{15}Nと表記される。同位体比の違いは非常に小さいので、基準となる値からどの程度の割合でずれているかを千分率（パーミル）で表しており、値が大きくなるほど軽い同位体（炭素12、窒素14）に対する重たい同位体（炭素13、窒素15）の割合が増えることを意味する。

２　北海道の中世人　オホーツク文化を中心に

オホーツク文化は、日本の古代から中世前半に相当する五世紀から一三世紀に、オホーツク海南岸一体に展開した文化である。遺跡の大部分は道北から道東にかけての海辺に立地しており、海洋に優れて適応した生業を特徴としている。骨角器に刻まれた動物意匠にクジラなどの海獣や魚が多く残されており、オホーツク文化人が海と密接に関わっていたことを示している。一方で、クマ送りなど後世のアイヌ文化につながる重要な文化要素を含んでいることから、北海道における文化変遷を理解するうえで非常に重要な存在であるが、アイヌ文化期への影響の程度について、また北海道の他の地域に並存した擦文文化との関係についてはまだ議論があるようだ。

オホーツク文化の人々は、どのようにしてオホーツク海沿岸という厳しい環境に適応していたのだろうか？先述のように、海岸に偏在する遺跡の立地、海獣狩猟や漁撈に関わる道具、あるいは海獣が主体をなす動物遺存体などから、彼らの生活はオホーツク海の資源に強く依存していたと推測されている。遺跡から見つかる動物の骨や貝殻は、住居内の骨塚に集積されたヒグマの骨を別とすると、多くが海にすむウニや魚や海獣、貝類などから構成されている。例えば、西本豊弘らの研究によれば、香深井Ａ遺跡には魚骨層とよばれる層序が認められるほど豊富にニシン、ホッケ、マダラなどの魚骨が産出しており、摂取したカロリーに換算すると約八〇％が魚類に由来するという。一方、数としては全体の四分の三を占めるウニは、カロリーに換算すると主要なものではなく、夏季に補助的に用いられたものと解釈されている（西本豊弘、一九八一）。さらに、家畜としてブタが存在する点は、食用の家畜がほとんどいなかった日本列島の文化では特異な存在である。日常的な食生活のなかで、家畜が果たした役割も興味がある問題である。

オホーツク文化の分布は、前期のサハリンから北海道北部にかけての地域から、後期には北海道東部から千島諸島へと範囲を移動している。これは、環境変動にともなう移住と解釈されているが、両地域で営まれた生業の間に相違はなかったのであろうか？　動物骨の分析では、上述した前期の香深井A遺跡と後期のオンネモト遺跡を比較して、動物種の種類はほぼ同一であるが、構成内容が前期には魚類が大部分をしめる食生活だったのにたいして、後期では海生哺乳類と陸獣狩猟の比重が高くなることが示されている（西本豊弘、一九八四）。もしも、遺跡に残された動物遺存体の内容が食生活の変化を直接的に反映しているのならば、人骨の同位体比にも変化が認められるはずである。しかし、オホーツク文化では狩猟の際に一時的に使用した遺跡の存在も知られており、ひとつの遺跡から出土する遺物が通年の生業活動を反映していない可能性も考えられる。そこで本研究では、道北部の礼文島に位置する浜中2遺跡（八個体）と種屯内遺跡（一個体）、道東に位置するモヨロ遺跡（七個体）、ウトロ神社山遺跡（四個体）および色丹島（一個体）から出土したオホーツク文化人の骨試料をもちいて、二つの地域において利用されたタンパク質について検討した。骨に含まれるコラーゲンの同位体比は、一〇年程度の食生活の様子が平均的に記録されるので、遺跡の分析では問題となる季節的な食生活の変化の問題を除外することが可能である。

図3―3―1に、オホーツク文化時代人のコラーゲンで測定された炭素・窒素同位体比の分析結果を示す。比較のために、代表的な食料資源から推定されるコラーゲンの同位体比を示している。一見して明らかなように、オホーツク文化人は窒素同位体比が非常に高い食物を多く摂取していたことがわかる。すなわち、オホーツク海の海洋生態系の頂点に位置する海生哺乳類や大型魚類が、オホーツク文化人の主要なタンパク質源であったと考えられる。この傾向はいずれに地域・遺跡でも共通しており、道東と道北の地域間の違いや、オホーツク文化のなかの時期による違いは認められない。これは、動物遺存体の研究から予想された結果とは異なるものである。むしろ、骨角器などの分析から指摘されてきた海獣狩猟民としてのオホーツク文化の特徴が、時間的空間的に幅広く認められる結果だということができる。

礼文島のオホーツク文化前期の人々の食生活で、魚類（ニシン・ホッケ・マダラなど）が非常に重要であり海生哺乳類の重要性は相対的に低かったことが、動物遺存体に基づく研究から指摘されている（西本豊弘、一九八一）。今回分析した浜中２遺跡と種屯内遺跡の個体は、いずれも非常に高い窒素同位体比を示しており、魚類よりも海生哺乳類を主たるタンパク質の供給源にしていたと推定される。この結果の相違はどうしてもたらされたのであろうか？　いくつかの可能性が考えられる。まず、それぞれの遺跡の利用が通年的な集落であり、動物遺存体が年間を通した生業を反映していたかことを確認する必要があるだろう。もしも、季節的に漁撈を行うための遺跡だったり、魚類やウニを集中的に処理するための加工場だったりすれば、遺跡に残された動物遺存体と人々の口に入った食物の間に偏りが存在する可能性があるからだ。

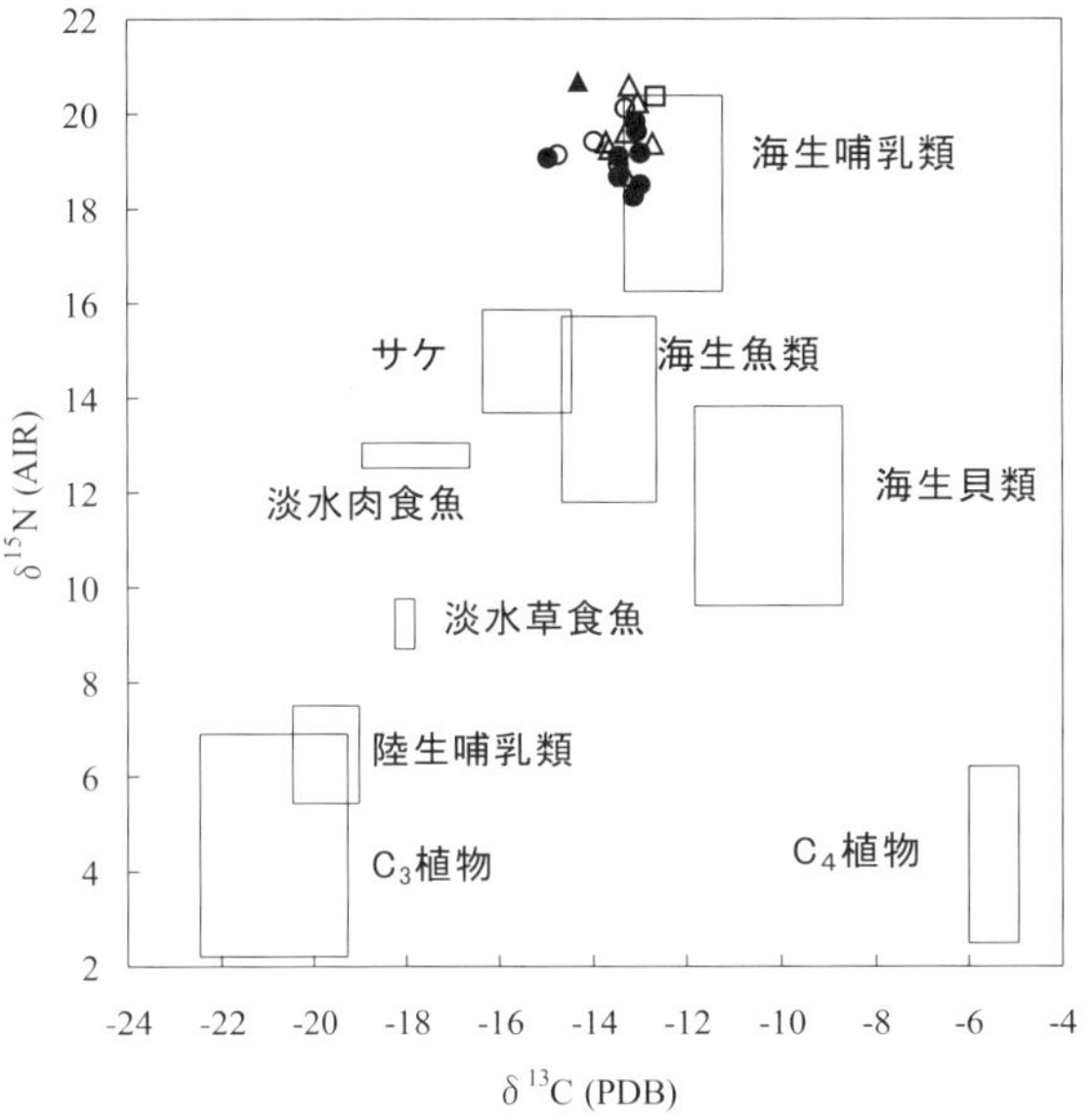

図３－３－１　オホーツク文化人から抽出したコラーゲンの炭素・窒素同位体比。● 浜中２遺跡、▲ 種屯内遺跡、○ ウトロ神社山遺跡、△ モヨロ遺跡、□ 色丹島出土人骨を示す。

一方で、同位体分析の結果についても、さらに検討することが必要だ。今回の研究では、人骨を分析して、現代の動植物や各地の遺跡で出土した動物骨の同位体比と比較することで、オホーツク文化の人々の食生活がオットセイやアシカ、トドなどの海獣を中心としたものだ、と推定した。しかし、当時のオホーツク海の生態系でニシン、マダラ、ホッケなどの魚類の同位体比と、人骨の同位体比とを直接比較することが必要だ。現在、香深井Ａ遺跡から出土した魚骨、動物骨で同位体の分析を進めている。これらのデータが、より確かなオホーツク文化の食生活をあきらかにしてくれることだろう。

3　沖縄グスク時代の食生活

次に、南に目を転じて琉球諸島の人々の生活を見てみたい。グスク時代は、一〇世紀ないし一二世紀から琉球王朝が成立する一六〇九年までの時代を指し、沖縄各地にグスクとよばれる城郭を中心とした地方権力が割拠した時代である。また、それまで東南アジアの影響を受けた独自の文化を有した先島諸島が、沖縄諸島の文化圏にふくまれるようになり、琉球列島に共通する文化がはじめて現れた時期でもある。

沖縄では本格的な農耕が導入された時期について議論があるが、高宮広土が行った植物遺存体の研究によれば、沖縄諸島に農耕が導入されたのはグスク時代開始前後の「グスク前夜」である可能性が高い（高宮広土、二〇〇五）。沖縄本島北部では水田稲作が営まれたが、本島南部や先島諸島ではアワやキビなどの雑穀が畑作されていた。これらの穀物は庶民によって日常的に消費される性質のものであったのか、それとも経済的な価値が重視され、限られた人々しか口にすることができなかったのだろうか？　社会が階層化したといわれるグスク時代では、食生活の個人差もその社会構造に関する重要な情報となると考えられる。

分析した個体は、沖縄本島を含む沖縄諸島からは、沖縄島の首里城と勝連城から出土した個体が各一体と、本島北部に近接する屋我地島の大堂原遺跡から出土した二個体が含まれている。また先島諸島からは、宮古島浦底遺跡の四個体、石垣島蔵元跡遺跡の九個体、そして琉球列島最南端の波照間島の大泊浜遺跡から出土した一個体が含まれている。**図3―3―2**に琉球列島から出土したグスク時代人骨の同位体分析の結果を示す。黒塗りになっている個体は沖縄諸島から出土したもの、白抜きの個体は先島諸島から出土したものを示している。

北海道の分析結果が非常に狭い範囲に分布したのに対し、琉球列島では個体間の多様性が非常に大きいことがまず目に付く。グスク時代には、沖縄諸島の文化的影響が先島諸島に及んだと考えられているが、食生活に関しては両地域間で地域的な違いが大きかったということができる。沖縄諸島の個体は、陸上のC_3植物の生態系とともに海産物を併用したという、日本列島で典型的な食生態と類似する。沖縄本島および屋我地島では、首里城から出土した個体がとくに陸上の資源を多く利用していた傾向がしめされているが、C_3植物と海産物の組み合わせというパターンは共通している。それに対して、先島諸島の石垣島、宮古島、波照間島の人々は、非常に魚類や貝類に強く依存したグループと、C_4植物であるアワやキビの利用が明らかに認められるグループに分かれる。

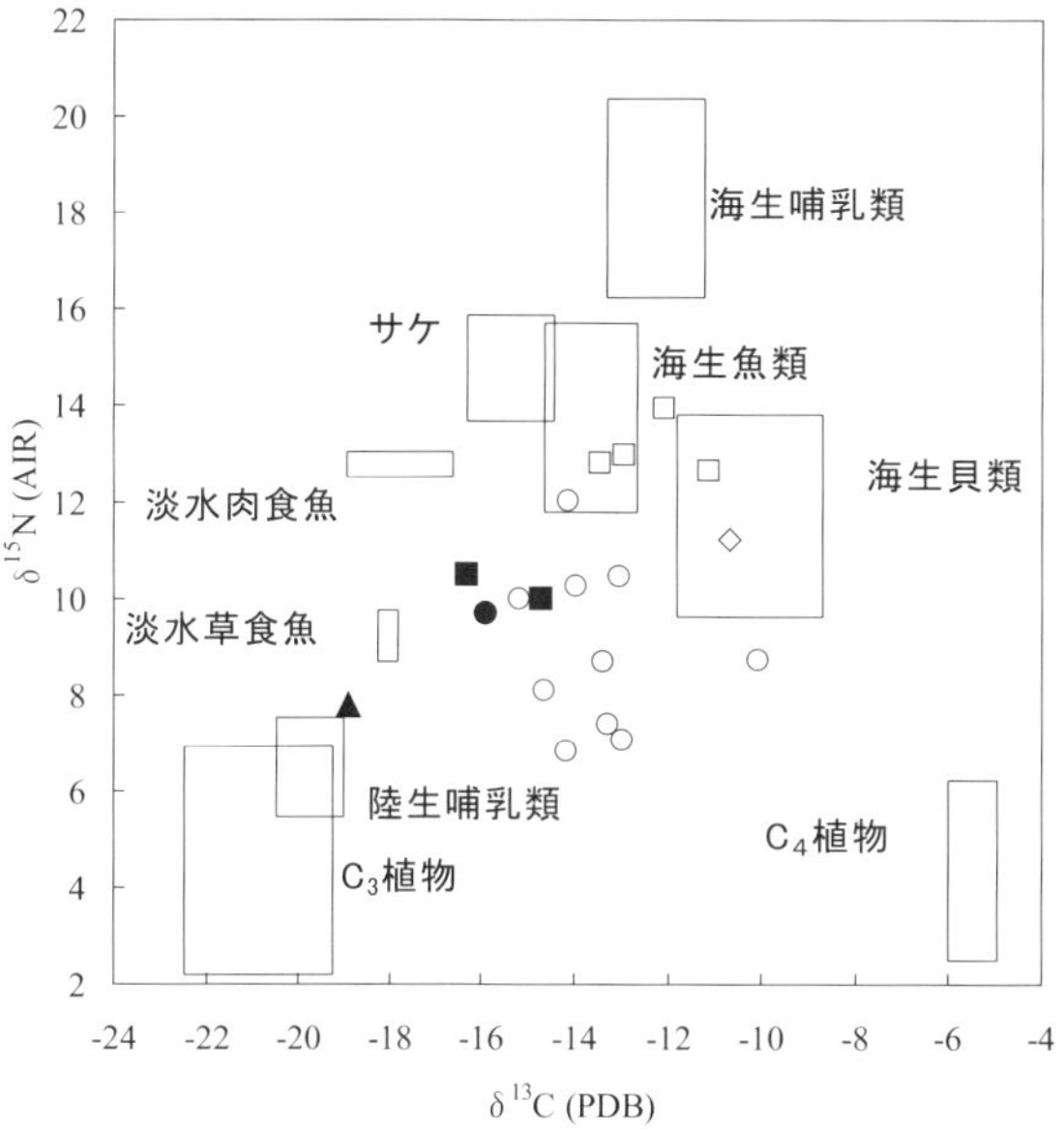

図３－３－２　琉球列島のグスク時代人骨のコラーゲンにおける炭素・窒素同位体比。● 首里城（沖縄島）、▲ 勝連城（沖縄島）、■ 大堂原遺跡（屋我地島）、○ 蔵元跡遺跡（石垣島）、□ 浦底遺跡（宮古島）、◇ 大泊浜遺跡（波照間島）を示す。

先島では食生態がとくに大きな多様性を示したので、少し詳しく見てみよう。まず、石垣島ではC_3植物と海産物に加えてC_4植物である雑穀を利用した人々がいたことが示唆された。一方、宮古島や波照間島では陸上の食料資源よりも海産物に強く依存する集団が認められており、島々あるいは集団による食生活の相違が大きかったと考えられる。波照間島大泊浜遺跡では、多くのイノシシ骨や貝殻が数多く出土しているが、タンパク質寄与の割合については貝類がずっと多かったようだ。さらに、宮古島浦底遺跡の出土人骨は、大泊浜遺跡の人骨よりも窒素同位体比が高い個体が多く、より多くの魚類を摂取していたと考えられる。一五世紀の漂着民の記録「成宋実録」によると宮古島や波照間島でもアワやキビを栽培していたことが記録されており（三島格、一九七一）、今回観察された食生活の相違には島々の政治経済的な状況や、集団による生業活動の分化を反映しているのかもしれない。同位体の記録からは、先島諸島のなかでも、役所跡である石垣島蔵元跡遺跡からは、栽培植物であるC_4植物を多く摂取した人々が出土したのに対し、宮古島の海岸部や波照間島では海産物を積極的に利用した人々がいたことが示唆された。この人々は、グスク時代には食生活がまったく異なる集団が、先島諸島という限られた地域に共存していたことを示している。

4　結語

オホーツク文化の人々は、オホーツク海という環境に適応するため、海獣や大型回遊魚というこの地域に特有の資源に特化した生業活動を有していた可能性がある。動物遺存体の分析結果からは、道北に立地したオホーツク文化前期の遺跡では魚類が最重要であったのに対し、道東のオホーツク文化後期の遺跡では海獣の重要性が相対的に高まったという傾向が指摘されていた。しかし、今回の人骨における同位体比分析からは、前期の道北集団も後期の道東集団も海獣と大型魚類資源を中心とする生業形態を変わらず持っていた可能性が示された。オホーツク文化圏の分布域が時代とともに変化した原因として、気候変動にともなう海獣分布の変化に対応した可能性を考慮することも有効だろう。

骨に残された様々なストレスマーカーに着目すると、彼らの食生活は必ずしも豊かだったわけではないと指摘されている。例えば、モヨロ遺跡や浜中2遺跡の人骨では、それぞれ約五九％と約五二％の個体でエナメル質減形成が認められており、幼児期に栄養ストレスを受けていた可能性がある。一方で、ウトロ神社山遺跡における出現頻度は約一七％であり、道北地域と道東地域では幼少期の栄養状態に違いがあったのかもしれない（福本郁哉、二〇〇六)。同位体比に関するデータは、タンパク質を構成する原材料の割合は教えてくれるが、タンパク質やエネルギーの量が十分だったかどうかは、同位体だけでは不明である。今後、ストレスマーカーが認められた個体と、そうではない個体で同位体比を比較することによって、コラーゲンに記録された栄養状態に関する記録を読み解く方法を検討せねばならない。そのためには、コラーゲン以外の成分で同位体比を測定することは有効であろう。例えば、歯のエナメル質に含まれる炭酸塩では、炭水化物を含めた全炭素の同位体比を反映する。これらの情報を組み込むことで、栄養状態も含めた過去の人々の食生活に関する全体像を明らかにできる可能性がある。

一方、琉球列島から出土した古人骨の分析結果は、中世のグスク時代に非常に多様性に富んだ食生活が琉球列島に展開していたことを明示した。琉球列島というと、亜熱帯の植物とサンゴ礁の島々という似通った環境をイメージしてしまうが、島という資源の限られた厳しい環境で人々が苦労して適応した結果が、我々の予想をうわまわる食の多様性を生み出したのかもしれない。そのような中で、石垣島では雑穀という新しい栽培植物を利用した集団があらわれている。複雑な階級社会を形成したグスク時代の社会において彼らがどのような階層や立場であったのかはさらに追求すべき問題である。

今回、中世の生活誌を語る上であまり注目されることがなかった、北海道と沖縄という日本列島の南北両端に着目し、人骨の同位体という新しい手法から中世における食生活と生業活動を検討してきた。本州では豊富な文献資料に基づき、この時代に今日の伝統的な食生活につづく生業と食生態が確立しつつあったことが示されている。しかし北海道と沖縄では、中世にはその地域に深く根ざした狩猟採集文化の色彩がつよい集団が存在していたことが本研究によって示された。同時に、沖縄では農作物を多く消費したと考えられる集団も認めることができた。その様相は、先史時代から続く狩猟採集漁撈の伝統文化を受け継いだ人々の存在と、穀類などの農作物を中心とする中央集権との結びつきを示唆する人々が隣り合って存在する、日本列島の辺縁地域における複合的な社会構造を示しているのかもしれない。今後、日本列島全域にわたって、さらに分析データを増やすことで、日本列島全体における中世社会の構造とその地域性、多様性を食生活という新しい視点から捉えることが可能になるであろう。また、従来の考古学的な手法では、集団レベルでしか議論できなかった食生態に関して、古人骨の化学分析では個人レベルでの食生態を復元することが可能であり、食生活に反映する個人の社会的背景を検討することができる点は重要だ。例えば、年齢や性別、また埋葬形式など個人の属性と食生活の関係を比較できれば、中世の人々についてより豊かな生活像を提示することができるだろう。

（謝辞）本研究は、東北大学大学院医学研究科の百々幸雄先生、琉球大学大学院医学研究科の石田肇先生、土肥直美先生、北海道大学総合博物館の天野哲也先生、小野裕子先生との共同研究で実施された分析の結果を一部用いている。また、安定同位体比および放射性炭素年代の測定では、独立行政法人国立環境研究所の柴田康行博士、向井人史博士の便宜を賜った。札幌学院大学の高宮広人先生、鹿児島大学の新里貴之先生には貴重なご意見を頂いた。記して謝意を表する。

参考文献

高宮広土『島の先史学』ボーダーインク、二〇〇五年。

中川良平・米田穣「沖縄県石垣島から発見された更新世のヒト化石」『科学』第八〇巻四号、二〇一〇年。

西本豊弘「動物遺存体」『香深井遺跡（下）』東京大学出版会、一九八一年。

西本豊弘「オホーツク文化の生業」、石附喜三郎編『北海道の研究第二巻　考古編Ⅱ』清文堂出版、一九八四年。

福本郁哉『オホーツク文化期の古人骨にみられるストレス・マーカー―エナメル質減形成からみる栄養障害』北海道大学文学部人文科学科卒業論文、二〇〇六年。

三島格「南西諸島における古代稲作資料」『南島考古』第二号、一九七一年。

渡辺実『日本食生活史』吉川弘文館、一九六四年。

第3節　北海道噴火湾沿岸の擦文期オットセイ狩猟

動物考古学による復元

鵜澤　和宏

弥生時代以降、本州以南に成立した稲作を中心とする農耕社会は、近代に至るまで北海道に展開することはなかった。寒冷な気候により水稲栽培は北海道に根付かず、その他の植物栽培も基幹的な生業とはならなかった。かわりに、陸海の豊富な動物性資源、とりわけ産卵に遡上するサケや沿岸に回遊する海獣類の利用が重要であった。仏教の伝来以降、表向きには肉食が禁じられていた本州以南の和人社会とは対照的に、北海道における動物利用は、中世においても重要な位置を占めていたと考えられる。

一方で、北海道における動物利用も、本州の古代から中世に並行する擦文時代に変化が生じることが指摘されている。例えば、西本豊弘は一九八〇年代半ばまでに得られていた資料を集成し、北海道の縄文時代以降、近世アイヌまでの北海道の各時代、各地域における出土動物の特長を論じている。このなかで、擦文時代の特徴として、自給自足的な動物利用にくわえ、交易を目的とした資源開発が顕在化する傾向を指摘する。

西本の論考から約二〇年を経て、北海道を対象とする動物考古学は新たな知見の蓄積を利用できるようになった。とりわけ石狩低地帯を中心とする内陸部におけるサケの本格的な利用や、北海道東部におけるオットセイ狩猟の証拠などは、擦文期以降の道内における動物利用の地域性を具体的に明らかにする成果として注目される。また最近の金子浩昌による奥尻島青苗貝塚の出土動物骨の分析は、アシカとアワビに特化した、本州交易を目的とする動物利用を具体的に証拠づけるものとして重要である。

本稿において筆者が試みようとするのは、このような大局的な傾向を念頭に置きながら、ひとつの地域に視点を定め、本州および道内における交易活動の高まりなど、指摘されている時代的な変化がどのような形でかいま見えるか、遺跡出土動物骨の分析から検討することである。つまり、ある特定の生態環境における動物資源利用が、社会の変化に応じてどのように影響を受けたのか、あるいは受けなかったのかについて考えてみたい。

その調査地として北海道の南部、噴火湾沿岸地域を選び、擦文時代を中心に、その前後の時代を通観して動物利用の特徴を指摘する。結論を先述すれば、当地において連綿と行われてきたオットセイ狩猟が、擦文時代終末期以降、低調になる事象を紹介し、これが北海道内の社会変化や本州との交易とどのように結びついているのかについて考察を試みる。

１　噴火湾沿岸地域の自然・歴史環境

本州との親和性

日本海から津軽海峡を抜けて北上する対馬海流は、太平洋側にぬけて噴火湾に流入する。北海道のなかでも道南部の気温は高く、月別平均気温を補正して算出される「暖かさの指数」は北海道の他の地域よりも、むしろ東北北部のそれに近い。この暖流の影響を受けて、とくに噴火湾沿岸は穏やかな気候に恵まれている。

このような立地条件を反映して、縄文時代前期以降、噴火湾岸を含む道南地域では東北地方と同じ土器文化圏を形成し、本州との連続性が高い物質文化が展開してきた。縄文時代が終焉を迎え、北海道と本州に物質文化上の均質性が崩れていく弥生／続縄文時代にあっても、東北地方と道南・道央地域が、相互に影響を与えあい折衷的な文化領域を形成してきたことはかねてから指摘されているところである。

その後、両地域間の「異文化化」が進行するが、文化的な境界をまたぐ交易はむしろ活発化し、七世紀における擦文文化の成立において、東北地方と北海道は経済的な結びつきを強めていく。時代が下るとともにその傾向が強まるなかで、瀬川拓郎は、九世紀末葉以降において交易の拡大は両地域の関係を変質させる、ひとつの画期をなったと指摘する。すなわち、須恵器、塩、鉄などの手工業生産品、農業生産品が東北北部から北海道へと流入し、北海道からはその対価としてサケ、アワビ、海獣皮など、商品価値の高い特定の動物性資源が東北北部へ送られ、両地域間に相互補完的な分業システムが確立したと位置づける。道南地域は、その地理的な位置からも北海道と東北の交接点となる地域であり、中世的な交易システムのなかにいち早く取り込まれる地域とみなされる。

擦文時代の遺跡減少

噴火湾沿岸は豊富な海産資源に恵まれ、とりわけ湾に回遊するオットセイは、縄文時代から盛んに利用されていた。また近世には、湾に回遊するオットセイの獣皮が松前藩の献上品として開発されていたことも記録にある。生態環境からも、歴史・地理的背景からも、擦文時代以降、中・近世にかけて交易目的の海獣狩猟が発達する条件は整っていたように思われる。

しかしながら、擦文時代になると、噴火湾沿岸部における居住の証拠は減少してしまい、奥尻島や道東部で盛んになる、交易を目的とした海獣狩猟の痕跡も明確にはとらえられない。むしろ後述するように、縄文時代以降のオットセイ狩猟の伝統は、衰退していく傾向さえ読み取れる。近世以降において重要性が指摘される噴火湾のオットセイ狩猟は、従来のイメージと異なり、連綿と、活発に続けられてきたとは考えがたいのである。擦文時代における沿岸部利用の低調化、とりわけオットセイ狩猟の衰退は、何によってもたらされたものであろうか。まず具体的な出土資料から、オットセイ狩猟を中心に、動物利用の変遷をたどってみることにしよう。

2　遺跡資料

伊達市の貝塚群

噴火湾の沿岸は道内では有数の貝塚遺跡の分布地である。特に東岸の伊達市有珠湾周辺の段丘、砂丘上には確認されている限り、一八ヶ所の貝塚遺跡がある。貝塚の形成時期は、縄文時代から近世アイヌ期まで、広汎な時期にわたる。

有珠周辺の遺跡から出土した動物骨資料については、複数の研究者による報告があり、これらの他に未報告資料をふくめ出土動物相の概要が西本、佐藤孝雄らによってまとめられている。こうした先行研究の成果も参照しつつ、一九九〇年以降、筆者自身が実施してきた分析結果を用いながら動物利用の変化を概観する。本稿では、なるべく狭い地域的なまとまりのなかで定点観測的に動物利用の変化をみるため、有珠湾周辺に焦点を絞り、資料を選定した。

資料の年代

縄文時代から、近世までの各時期の堆積物を包含する六ヶ所の貝塚遺跡の出土資料を用いた。縄文時代前期に属する北黄金貝塚、続縄文時代に形成された南有珠6遺跡、擦文時代の南有珠7遺跡、さらに中・近世の有珠オヤコツ遺跡、ポンマ遺跡、向有珠2遺跡である（**図3—4—1**）。分析資料の年代と資料数を**表3—4—1**にまとめた。

まず、資料の年代について確認しておきたい。擦文時代については、その成立時期が七世紀であることについてはほぼ同意が得られているが、終末期については異論がある。道内の各地域における地域差も指摘されており、擦文終末期と中世の境界はあいまいで、何をもってアイヌ文化期に移行したととらえるかは、さらに検討を要する課題である。

本稿で資料とする南有珠７遺跡と、有珠オヤコツ遺跡は、発掘調査報告所見から、擦文期と中・近世に分けたが、^{14}C年代では有珠オヤコツが古い値を示している。それぞれの遺跡の^{14}C年代は、筆者が観察を行った動物骨資料から直接測定されたものである。ここでは、擦文終末期と中世の時代区分については深入りせず、それぞれの資料について得られた^{14}C年代にしたがって経時的な変化を検討することとしたい。

表３－４－１　遺跡出土資料とその年代

遺　跡　名	NISP	年　代※
北黄金貝塚	709	4913±14BP
南有珠６遺跡	573	2228±21BP
南有珠７遺跡	2024	749±19BP
有珠オヤコツ遺跡	304	882±47BP
向有珠２遺跡	127	近世（1663年以前）

※^{14}C年代は Yoneda et al 2001による。

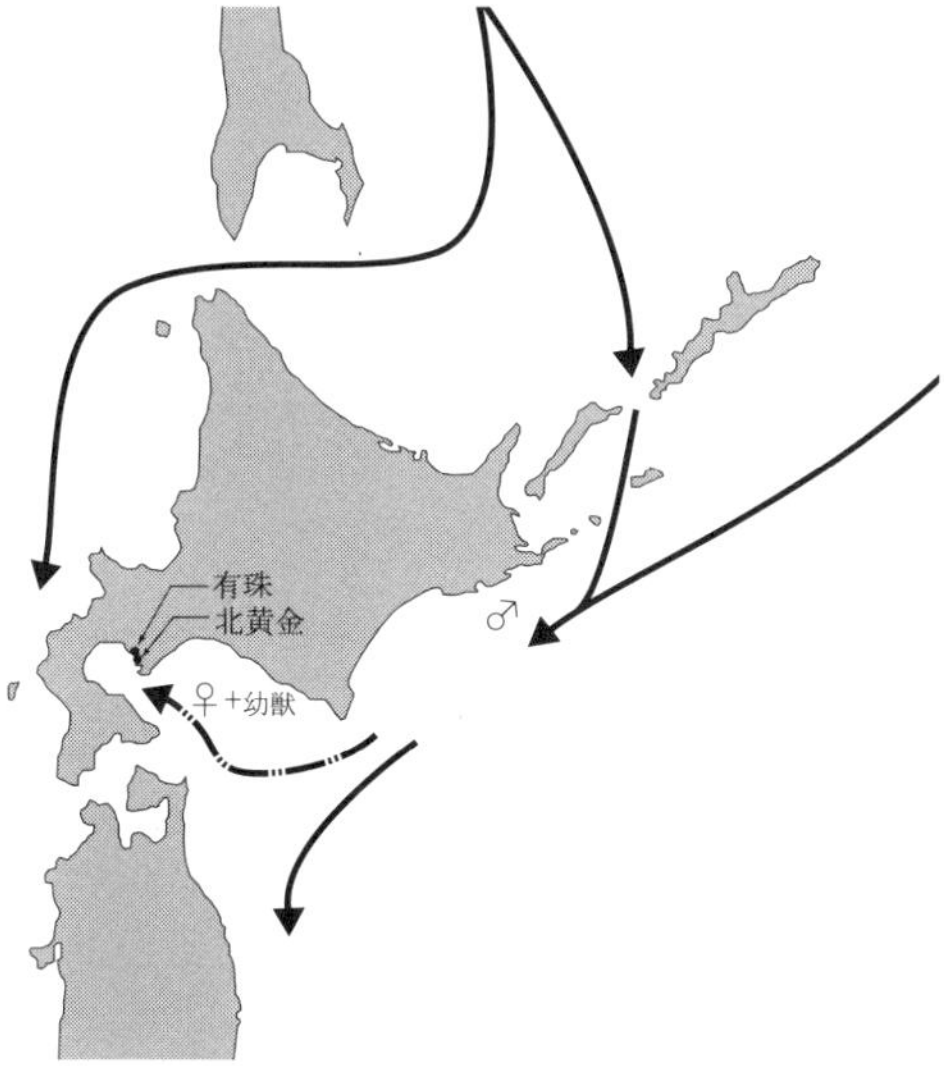

図３－４－１　オットセイの回遊経路
オットセイは北太平洋北部で繁殖し、噴火湾へはメスと幼獣が越冬回遊する。和田・伊藤 1999を改変。

3　種構成比の変化

まず六ヶ所の遺跡から出土した動物骨資料についてみていくことにしよう。

北黄金貝塚

当遺跡は、縄文時代早期から中期にかけて形成された、約三〇万m²におよぶ大規模な貝塚遺跡で、五地点の貝塚と住居祉、水場遺構などからなる。今回の分析には、縄文時代前期の堆積層から得られた出土骨を用いた。分析した総点数七〇九点中、オットセイが六〇九点で八六％を占め最優占種であった。これに次ぐ哺乳類はエゾシカの四〇点で、構成比は六％にとどまる。

南有珠6遺跡

有珠地区には続縄文時代の遺跡が九ヶ所分布し、そのすべてに貝塚がともなう。いずれも恵山式期のものが主体であり、後北式期のものは乏しい。出土骨の保存状態が良好であった南有珠6遺跡の資料を用いた。同定総数五七〇点中、オットセイが四九二点、八六％を占め最優占種であった。エゾシカが五四点、九％の構成比である。イルカ、イヌ／キツネがともに低頻度でこれにつづく。

有珠オヤコツ遺跡

有珠オヤコツ遺跡は、中世の遺跡と位置づけられているが、出土骨の年代は擦文時代の後期に該当する年代を示した。五つの小貝塚の出土資料を分析した結果、各地点の出土動物構成比にはばらつきがみられるものの、いずれの小貝塚においても優占種はオットセイであり、エゾシカがそれに次ぐ。

本遺跡の特色は、アシカ／トド、イルカ類が認められないことである。またイヌ／キツネも、五つの小貝塚中、二つの小貝塚に認められるにとどまった。動物骨の出土量そのものも少ないが、含まれる動物種も単調なものとなっている。

小貝塚資料を合計し、ひとつの資料としてあつかうと、総数三〇四点中、オットセイがその八〇％にあたる二四三点、エゾシカは五四点で一八％の構成比を示す。

南有珠7遺跡

有珠地区に分布する擦文時代の遺跡は、善光寺遺跡と南有珠7遺跡の二遺跡のみで、両遺跡の堆積層も薄い。ここでは比較的多量の動物骨が出土している南有珠7遺跡を資料とした。小規模なパッチ上の貝塚が八九件検出されており、地点ごとに出土動物相が異なっている。まとまった量の動物骨を出土している四地点を選んで検討した結果、構成比にはばらつきはあるものの、いずれの小貝塚においてもオットセイが最優占種であり、エゾシカがそれに次ぐ構成比を一貫して示している。

ほぼ同時期に形成されたこれらの小貝塚の資料を合計し、ひとつの資料としてあつかうと、総数二〇二四点中、オットセイがその六八％にあたる一三八四点、エゾシカは三九七点で二〇％の構成比を示す。

向有珠2遺跡

擦文時代以降の遺跡として、有珠地区には、当遺跡の他に有珠3遺跡、ポンチャシ遺跡など三ヶ所が知られる。本資料は先述した五遺跡の資料とは大きく異なる種構成比を示した。佐藤は当地域の遺跡から一貫して高頻度で出土したオットセイが向有珠2遺跡資料には認められないことを報告しており、本研究でも同様の結果を得た。一二七点の資料の九四％にあたる一一九点がエゾシカによって占められる。アシカ／トドが三点、イルカ類が四

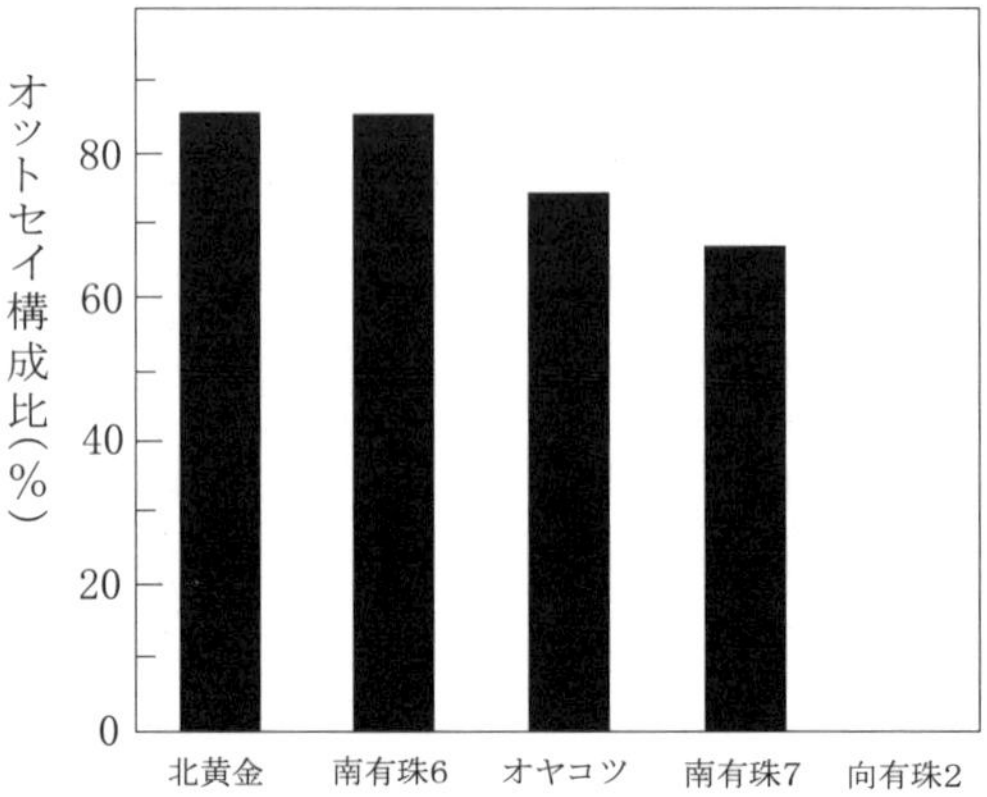

図3－4－2　遺跡出土動物骨に占めるオットセイの構成比

点出土している。

概観すると、オットセイが重要であったことが確認できるが、その構成比は擦文時代の南有珠7遺跡で減少する（**図3―4―2**）。これを補填するように、時代を下るにしたがってエゾシカの占める割合が増加する傾向も読み取れる。

構成比について、独立性の検定を行うと、南有珠6遺跡と南有珠7遺跡のあいだ（X^2=41.192,P=0.000）に有意差が認められたが、南有珠7遺跡と有珠オヤコツ遺跡のあいだ（X^2=3.163, P=0.075）には顕著な差が認められない。

この結果は、続縄文時代以前と比べ、擦文終末期あるいは中世において、オットセイの出現頻度が有意に減少していることを示している。なお、それぞれの遺跡で出土したオットセイは、当歳獣とメスの成獣、亜成獣を主体とする点で一貫した傾向を示した。

4　動物資源利用の変化

オットセイ狩猟の衰退傾向

オットセイ構成比の減少は、これまで考古学や歴史学の諸研究において語られてきた文脈とは、かなり異なった現象である。すなわち、考古学的には北黄金貝塚に代表される縄文時代における活発なオットセイ狩猟がよく知られており、また、文献からは徳川将軍家への献上品として松前藩が調製を命じられた品目として、オットセイがあげられ、噴火湾岸のアイヌがその狩猟に従事していたことが知られている。そして、この間に挟まれる擦文時代には、奥尻島青苗貝塚にみるようなアシカをねらった交易を目的とする専従的な狩猟の存在が他の地域で明らかになっている。当然、噴火湾岸においても、擦文時代に本州との交易を動機とするオットセイ狩猟の痕跡が検出されることが期待される。つまり、高い商品価値を持つはずの、オットセイがその獣皮などを目的に盛んに捕獲され、他の動物種に比して卓越した構成比で出土することが予想された。

擦文時代においても噴火湾のオットセイ狩猟は重要な生業であったという想定は、他の研究者も共有するところであり、最近、有珠善光寺遺跡の出土資料を分析した山崎京美らは、擦文時代の堆積層の優占種がオットセイであることから、この時期に盛んにオットセイ狩猟が行われていたとの解釈を提示している。

しかし、山崎らが報告した有珠善光寺遺跡の擦文時代堆積層から出土したオットセイの総量も、同定破片数にして一〇〇点に満たない。縄文から続縄文にかけて行われていたオットセイ狩猟と比較すると、前時代までと同様の活発な狩猟が継続されたとは言い難いのではなかろうか。堆積物そのものの量、そこに含まれるオットセイの絶対的な出土量という観点からすれば、噴火湾におけるオットセイ狩猟は擦文期以降、衰退傾向にある。このことは、先行研究においてもあまり注意されてこなかったように思われる。

北海道全体を見渡すと、道東部では擦文文化集団が東進し、本格的にオットセイ狩猟に参画するようになる。オットセイ狩猟そのものが低調化するとは言い難いのである。縄文時代以降、連綿と続けられてきた噴火湾のオットセイ狩猟があまり活発に行われなくなることはどのように解釈したらよいであろうか。

擦文時代に生態環境が変化し、噴火湾にオットセイが回遊しなくなったことを示す証拠はない。オットセイの出現頻度の減少は、とりもなおさず、当地に居住する人々、社会の側の変化に理由をもとめることになる。まず、日本の沿岸に回遊するオットセイの生態から、捕獲対照群の違いについて検討してみよう。

オットセイ狩猟衰退の要因

オットセイは、鰭脚類のなかでも海洋生活への適応が進んだグループに属し、生活のほとんどを海上で送り、交尾と出産のためにのみ陸地に上がる（図３―４―１）。この点で、周年、沿岸に留まり、索餌にのみ海に入るアシカと対照的である。

北太平洋に生息し、日本近海に回遊するオットセイ群は、現在、樺太沖のチュレニイ島（ロベン島）、カムチャッカ半島沖のコマンドルスキー諸島、ベーリング海のプリビロフ諸島の三カ所を中心に繁殖している。オットセイの大部分は自分の生まれた島に戻って繁殖するため、繁殖島ごとの系統群が区分される。

ところで、オットセイは哺乳類の中でももっとも性的二型の大きい動物として知られ、成獣の体長と体重は、メス一三〇㎝・四四㎏に対し、オスは二〇〇㎝・二一〇㎏と、体重比では約四・六倍の違いがある。少数のオスが繁殖島においてハーレムを形成し、一頭のオスは平均四〇―五〇頭のメスとテリトリー内において交尾する。それぞれの繁殖島で、餌の多い春から夏にかけて子を産み、秋ごろ海に入り探餌回遊のため南下する。

噴火湾には一〇月ころから翌年の三月ころまで越冬個体群が回遊する。回遊群は、チュレニイ島で繁殖する系統群を主体とし、特に幼獣とメスの成獣が中心の構成である。オスの成獣がほとんど含まれないのは、繁殖期にいち早く上陸してハーレムを築くことが求められるため、より北方の海域に留まるためだと考えられている。

オットセイの生態と噴火湾回遊群

さて、以上のようなオットセイの生態からは、噴火湾における狩猟行動が低調化する要因として、回遊するオットセイ群の特徴が影響している可能性が指摘できる。

佐々木利和は、中国の宋代、一一〇七年に成立した『太平恵氏和剤局方』に、薬としてのオットセイが取り上げられていることを踏まえ、一二世紀の日本人も知識としてオットセイの存在を知っていたと指摘する。薬としてのオットセイとは、陰茎と睾丸を連ねて乾燥させたものを指し、「膃肭臍（オットセイのへそ）」の名で精力剤として珍重されたものである。一頭のオスが四〇―五〇頭におよぶメスとハーレムを形成する生殖形態がその背景となったのだろう。

ところが、幼獣とメスの成獣を主体とする噴火湾に回遊するオットセイ群からは、当然ながら陰茎と睾丸を効率的に採取することはできない。噴火湾で交易を目的にオットセイを捕獲していたとするならば、もっぱら毛皮の獲得に主眼がおかれたと考えるのが妥当だろう。しかしオットセイは雌雄でサイズが大きく異なり、噴火湾産の毛皮は、道東部などで捕獲される成獣オスのものに比べかなり小さなものとならざるをえなかった。その点からも商品価値は高いとはいえない。このように回遊群の性・齢構成が、噴火湾産オットセイの商品価値を低くしてしまった可能性がある。

さらに、オットセイが噴火湾に回遊する時期が一〇月以降初春までの冬季であることも注意しておく必要がある。擦文時代には、全道的な特長としてサケ漁の重要性が高まったことが指摘されている。サケ漁もまた、産卵のために遡上する群をねらって秋に行われるため、オットセイの狩猟期と重なることになる。オットセイとサケの二つの季節回遊する動物資源が利用できる地域では、どちらの資源利用に重きを置くか、選択をせまられることになっただろう。次節ではこの点について考古学的な証拠を参照しておこう。

5　噴火湾沿岸の擦文終末期以降の社会とオットセイ利用

社会の変化

北海道全体を見渡すと、続縄文時代から擦文時代への移行にともなって遺跡の分布に変化が生じる。住居址が一〇〇件をこえるような大遺跡と、数件から数十件までの中小規模の遺跡にはっきりと分かれ、大遺跡の多くは大河川の河口部に立地が限定されるのに対し、中小規模の遺跡は湧水のある沢の近くなど定住的な生活が維持できる場所に設けられる傾向がみられる。この遺跡分布パターンについては、定住可能な領域に中小規模な集落を維持しながら、遡上するサケを捕獲するための季節的な集住地として河口部に大遺跡が形成されたものとする藤本強の説が受け入れられてきた。すなわち、擦文文化はサケの利用を生業の中核に据え、それに応じた居住地選択が行われたとする考え方である。

最近、この定説に対する反対意見が瀬川拓郎によって提示されている。石狩低地など特定の地域を除けば、サケの大量捕獲を中核に据えた居住パターンからだけでは擦文時代の遺跡分布を説明できないとの主張である。代替仮説として、瀬川は、大規模遺跡が交易との関連で設けられたとの見方を示し、大河川の河口部は港としての機能をもつことにより大規模な集住が成立したと述べる。

遺跡分布の変化をサケ漁という生業変化を中心に解釈する従来の説、河川系を交易網ととらえて地域間ネットワークを強調する瀬川の説、いずれをとるにしても、河口部をのぞき海岸から内陸、河川沿いに人の居住が移っていったことは明らかなようである。噴火湾沿岸においても、遺跡の数と規模は減少する。とくに、本稿でとりあげている噴火湾沿岸東部の伊達市の背後には、瀬川が「羊蹄山麓の空白」と呼ぶ、遺跡分布のきわめて希薄な領域が存在し、噴火湾沿岸を含む道南部太平洋側にはめぼしい擦文時代の遺跡がみられなくなる。噴火湾岸を含む道南太平洋側が、擦文時代の社会変動の中で、高い価値を維持しなくなった可能性が考えられる。

しかし、本州との交易では地の利があり、物質文化の点においても本州の影響が強く表れる道南部において、活発な交易の兆候が見られない点は意外ともいえる。噴火湾沿岸の人々は、内陸の開発に向かう大きな傾向から外れ、交易活動とも深い関わりを持たずに、従来の生態環境利用を踏襲しながら小規模な集落を維持したに過ぎなかったのであろうか。骨資料の観察を通じて、もう少し検討を進めてみよう。

解体痕分析

動物利用の推定については、種構成だけでなく骨の破損状態の観察や定量的分析にもとづく、消費プロセスの復元も有効である。そこで、各遺跡におけるオットセイ骨の損傷状態についての定量的、定性的観察を実施したところ、とくにオットセイ解体行動に関して時代差が認められた。

具体的な変化として四点が指摘できる。第一に、縄文時代に見られなかった肩甲骨の破砕が続縄文時代にはじまり、以後その頻度、強度を増していくこと（図3―4―3―C）、第二に縄文時代に頻度が低かったと推定される肘関節の切り離しが続縄文時代以降行われるようになり、擦文時代、アイヌ期にはそれが常態となるらしいこと、第三に胸郭の解体法が時代ごとに変化し、肋骨の取り外しが時代を下るにつれて活発になること、第四に擦文時代以降、長管骨のみならず脊椎椎体にも半裁されたものがあらわれ、骨油脂の採集が活発化することである。一言でいえば、これらの変化は、時代が下るにつれ一個体を、より細かく切り分け徹底的に消費するようになるということになる。

鉄器の導入

解体方法に変化をもたらした最も大きな原因は、鉄器の導入であっただろうと思われる。骨に観察される傷の形態的特徴は、擦文時代／中世の南有珠7遺跡、有珠オヤコツ遺跡において、それ以前の時代のものと比べて大きく変化する。すなわち、鋭利な刃物で、骨幹部を一刀両断に断ち切るような傷があらわれるのである。切断面が平滑であることから、金属製の刃物が使用されたことは間違いない（図3―4―3―B・D）。鉄器の導入が、関節の分断をより容易にし、解体方法の変化を生じさせた可能性が高い。

解体痕の形態的特徴から、鉄器が用いられたと判断できる初例は、続縄文時代の南有珠6遺跡のオットセイ肋骨に見られたチョップマークである。ただし頻度は低く、解体具としての使用は極めて限定的である。鉄は貴重

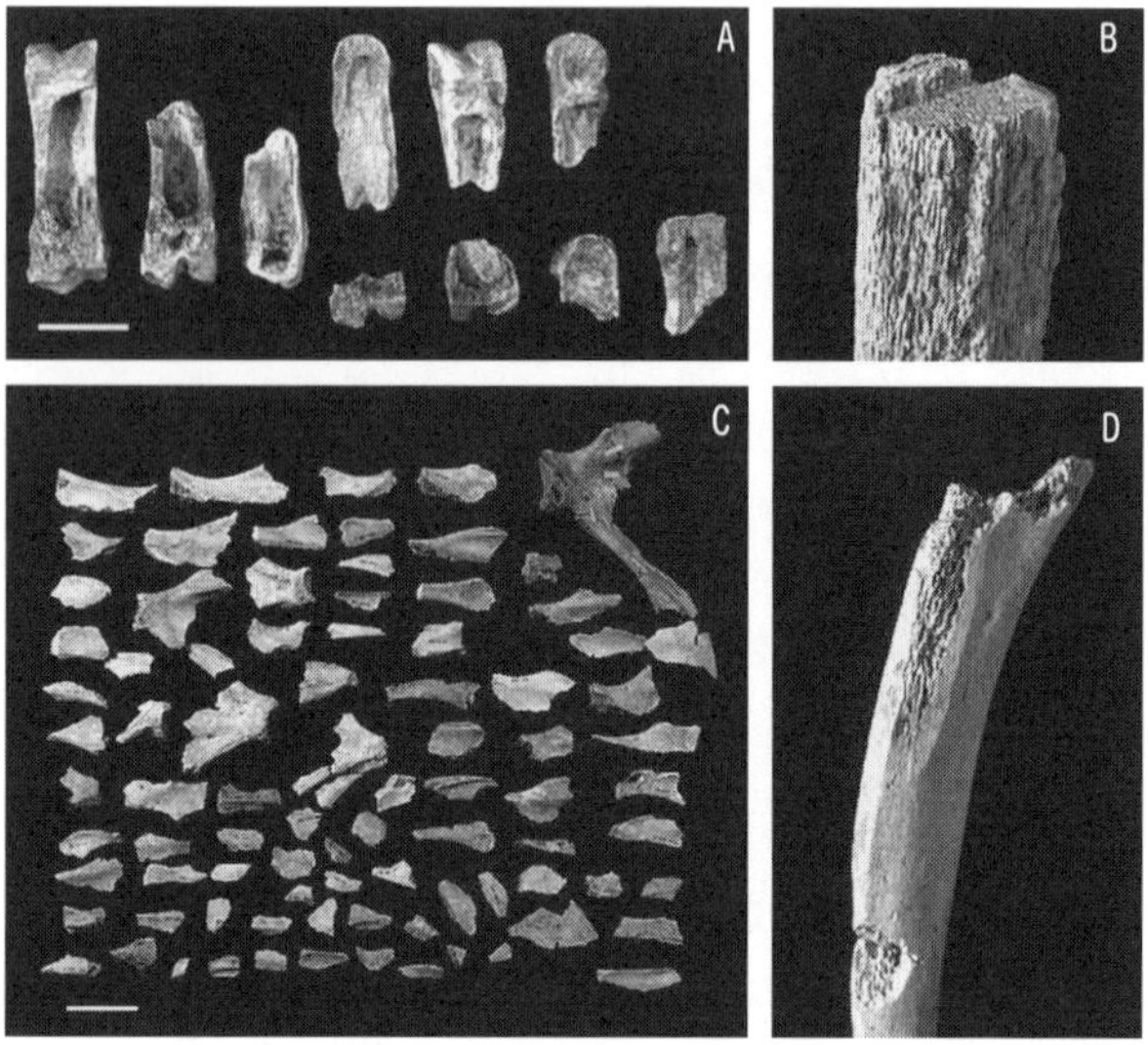

図３−４−３　動物骨の解体痕跡
A 半裁されたシカ指骨、B 平滑な切断面をもつ海獣類骨、C 細かく破砕したオットセイ肩甲骨、D 平滑な切断面をもつオットセイ肋骨

であり、利器としては道具製作のための道具など、限定された用途に用いられた可能性が指摘できるだろう。

これとは対照的に、擦文時代の資料では、ほとんどの切痕が鉄器によるものと判断され、鉄器が本格的に解体作業に用いられるようになったことが示される。中・近世には、緻密質の厚い骨幹部にも鉄器によるチョップマークが頻出し、骨の破砕のみならず切断が行われるようになったことがわかる。刃を破損する危険をともなった破壊的な解体に鉄を用いることは、その背景に鉄の潤沢な供給があったことを想定するべきだろう。

解体法の変化の社会背景

ところで、鉄器導入が解体法に影響を与えたとしても、道具立ての変化だけで解体方法が変わるとは限らない。動物から採取する部位、器官に対する人間の要求に応じて解体方法が選択されたと考えるのが妥当である。

例えば、近世の向有珠２遺跡からは、エゾシカの基節骨（指骨）を骨の長軸方向に半裁した規格のそろった破片が検出されているが（図３—４—３—Ａ）、このような破砕は鉄器を用いてはじめて可能になる裁断であろうと推定される。しかし、基節骨を割って骨髄を取り出す行為は、頻度こそ高くないものの、縄文時代の北黄金貝塚の資料にも観察される。つまり、基節骨の破砕は、鉄器の利用があらたな動物の消費パターンを生み出したのではなく、従来からあった目的にそって、それをより効率的に行うことに貢献したとみるべきである。

こうした視点から、オットセイ骨の解体痕、破砕パターンを比較してみても、個体の細分化は擦文時代／中世の資料で唐突に始まるように見える。解体具としての鉄器利用と、捕獲個体を徹底的に利用する行動は何を示しているのであろうか。

具体的な証拠に支えられた考察ではないが、ひとつの仮説を提示するならば、擦文時代の環境利用パターンの変化にともない、沿岸の居住地が放棄され、縮小していくなかで、小規模な狩猟活動を維持する集団が、捕獲した個体を自己消費と交易の両者に振り向けていく過程を想定できる。次節においてオットセイの狩猟方法に変化があった可能性を指摘して、この仮説を補強したい。

6　むすび　沿岸居住の縮小と非専従的な交易行動

北黄金貝塚やコタン温泉遺跡など、噴火湾沿岸の縄文時代以来のオットセイ狩猟は、その証拠が拠点集落において大量に見つかる。このことから、筆者は集団の構成員の多くが参加して行う集団狩猟として行われていたと考える。筆者は、三陸沖に回遊するオットセイの生態調査に参加したことがあるが、海上でのオットセイ捕獲は高い技術を要するものだった。海上に浮かぶ個体群に風下から接近し、散弾銃によって捕獲を試みる手法が採られたが、高い速力をもつボートを用いてもしばしば失敗し、母船とボート数隻で追い込みをかけても取り逃がすことが多かった。陸に寄らないオットセイを捕獲するには、専門的な知識と経験、装備を要求する、高度に専門化した狩猟技術を必要とする。先史時代の噴火湾において、手漕ぎの小舟と銛、弓矢という装備で、しかも穏やかな海域とはいえ冬の海上で行う狩猟はさらに困難なものであっただろう。

オットセイ狩猟は、社会集団の基幹的な生業として共同で実施するか、専門的な技術と装備を有する専従集団を必要としたのではないだろうか。そうだとすれば、集団を扶養するか、専従集団の存在を許すだけの経済的な見返りが必要となり、自己消費を目的にするにせよ、交易用商品の獲得を目的とするにせよ、狩猟対象には集団を維持するに見合った経済価値が求められる。幼獣とメスを主体とする噴火湾の回遊群は、狩猟と採集に基盤をおく集団の自己消費には好適であっても、彼らを専業的な商業狩猟者集団に変化させるだけの動機にはならなかったと考える。

もちろん、豊富な鉄器の供給があったことからみて、本州との交易がかなりの程度で行われていたと考えて良いだろう。ただし、交易目的の資源開発についても、奥尻島青苗貝塚にみるような特定の種を集中的に狩猟、採取するものではなく、複数の交易物品を少量ずつ供給するといったものだったのではなかったか。一八世紀の『蝦夷商売聞書』によれば、本稿であつかった有珠地域からもたらされる物品として、数子、昆布、干鱈、オットセイ、ナマコ、イタラ貝、サケなど、多様な海産資源があげられ、オットセイもそのひとつとしてあげられているに過ぎない。

大規模なオットセイ狩猟が維持できなくなった一方で、沿岸の生態環境を幅広く利用して定住的な生活を営みつつ、入手した一部を交易にまわすような、おだやかな変化が生じた可能性を考えたい。これは、南有珠7遺跡や有珠オヤコツ遺跡の貝塚堆積物から、海産資源だけでなくエゾシカが一定の比率で出土することから、縄文時代以来の陸と海の両方の資源を利用する複合的な生態系に適応した姿を見て取れるからである。

オットセイ狩猟の低調化は、規模と捕獲量について、骨資料として残された証拠から推定されるものであり、実際には遺跡遺物として残されない形で狩猟が行われていた可能性も否定は出来ない。擦文時代には、公共的な性格を帯びた大規模遺跡と、定住を目的とした中小規模遺跡の違いが明確化してくることを考えると、交易目的の狩猟活動の痕跡が、非定住的な領域で検出される可能性も考えられる。佐藤が指摘したように、狭い領域内であっても、発掘地点がかわると出土遺物の内容が劇的に変化することが中・近世の遺跡の特徴でもある。

本稿では詳しく取り上げられなかった、オットセイ骨資料そのものから得られる情報、すなわち性・齢構成やサイズ構成の比較検討等を通じ、自己消費と交易を識別するための研究が求められる。

参考文献

金子浩昌「青苗貝塚の動物遺体の特徴と擦文人の経済活動について」『青苗貝塚における骨角器と動物遺体』奥尻町教育委員会、二〇〇三年。

佐々木利和「噴火湾 Ainu のおっとせい狩猟について─江戸時代における Ainu の海獣猟」『民族学研究』第四四巻四号、一九八〇年。

佐藤孝雄「向有珠2遺跡の脊椎動物遺体」『動物考古学』第一号、二〇〇三年。

瀬川拓郎『アイヌ・エコシステムの考古学』北海道出版企画センター、二〇〇五年。

西本豊弘「北海道の狩猟・漁撈活動の変遷」『国立歴史民俗博物館研究報告』第六集、一九八五年。

西本豊弘・佐藤孝雄「有珠オヤコツ遺跡出土の動物遺体」『伊達市有珠オヤコツ遺跡・ポンマ遺跡─有珠地区公共下水道事業に係る埋蔵文化財発掘報告書』北海道伊達市教育委員会、一九九三年。

藤本強『擦文文化』教育社、一九八二年。

山崎京美・江田真毅「有珠善光寺2遺跡出土の動物遺存体について」『有珠善光寺2遺跡発掘調査報告書』北海道伊達市教育委員会、二〇〇五年。

和田一雄・伊藤徹魯『鰭脚類─アシカ・アザラシの自然史─』東京大学出版会、一九九九年。

Yoneda et al., "Marine radiocarbon reservoir effect in the western north pacific observed in archaeological fauna," *Radiocarbon* 43-2 A, 2001, pp.465–471.

第４章

年代推定 II　文化財を科学する

第１節　歴史時代資料の^{14}C年代測定

古文書・古筆切の測定を中心に

小田　寛貴

^{14}C年代測定法というと、縄文時代・弥生時代などの資料が対象という印象が強い。しかし、^{14}C年代を暦年代に換算するための較正曲線が整備され、数ミリグラムの炭素試料で年代測定が可能な加速器質量分析法が登場したことで、その適用範囲が大きく広がった。歴史時代という新しい時代のものであり、かつ破壊分析に提供できる量に限度のあるような古文書や古経典などの和紙資料についても^{14}C年代測定を行うことが原理的に可能となるに至ったのである。

古文書に限らず、歴史学の資料や考古資料について^{14}C年代測定を行う本来の目的は、その資料が何らかの役割を持った道具として歴史の中に登場した年代を探究するところにある。しかしながら、^{14}C年代とは、その資料の^{14}C含有率に他ならず、較正曲線を用いて換算された「暦年代」も、その資料の原料となった動植物が死んだ年代であり、歴史学的に意義のある年代そのものではない。

本稿は、古文書・古筆切を中心に、歴史時代の資料について行った^{14}C年代測定を論ずるものである。まずは、書風や奥書・記述内容などから書写年代が判明している古文書・古経典・版本などについての^{14}C年代測定について述べる。ここで、古文書の作成年代や古筆切の書写年代等を判定する上で、^{14}C年代測定法のもつ有効性と限界とを提示したい。その上で、書写年代の明らかにされていない資料（特に古筆切とよばれる和紙資料）に対して行った^{14}C年代測定について、個々の資料を取り上げるかたちで、説明を加えたいと思う。

1　較正曲線

^{14}C年代測定法では、縄文時代や弥生時代といった比較的古い時代の資料を対象とすることが多い。しかし、それよりも新しい時代、特に奈良時代から江戸時代に至る資料について用いることはできないだろうか。加速器質量分析法（AMS：Accelerator Mass Spectrometry）による^{14}C年代測定では、数ミリグラムの炭素試料について測定が可能であることに加えて、近年では測定誤差も二〇～四〇年程度にまで抑えられるようになった。また、その一方で、^{14}C年代という自然科学的な年代を暦年代に換算するための較正曲線も整備され、これを利用できる段階にある。

^{14}C年代には、［BP］という単位が用いられる。これは、before present（あるいはbefore physics）の略であり、いわば「今から何年前」といった意味である。^{14}C年代は、西暦一九五〇年を〇［BP］として、そこからさかのぼった年数を表すものとされている。すなわち、「西暦年代＝一九五〇—^{14}C年代」という関係が成り立ち、これにしたがえば、九〇〇±五〇［BP］という^{14}C年代は西暦一〇五〇±五〇年に相当することになる。ただし、「西暦年代＝一九五〇—^{14}C年代」という関係が成り立つためには、大気中^{14}C濃度の一定性が厳密に保たれている必要がある。しかしながら、暦年代が既知である樹木年輪について^{14}C年代測定を行った研究からは、実際には大気中の^{14}C濃度は経時的な変動を示すことが明らかにされている。それゆえ、単に一九五〇年から^{14}C年代を引き算して得られる年代は、実際の暦年代とは一致しないのである。大気中^{14}C濃度に経時的な変動がないと仮定した場合の^{14}C年代と暦年代の関係「西暦年代＝一九五〇—^{14}C年代」が、**図4—1—1**に破線として示されている。これに対し、実際の暦年代と^{14}C年代の間には、図中の実線のような関係がある。鎌倉時代以前の資料に対しては、実際の暦年代よりも古い^{14}C年代が、また、その後の試料については逆に新しい^{14}C年代が与えられるといった大きな傾向があることがわかる。

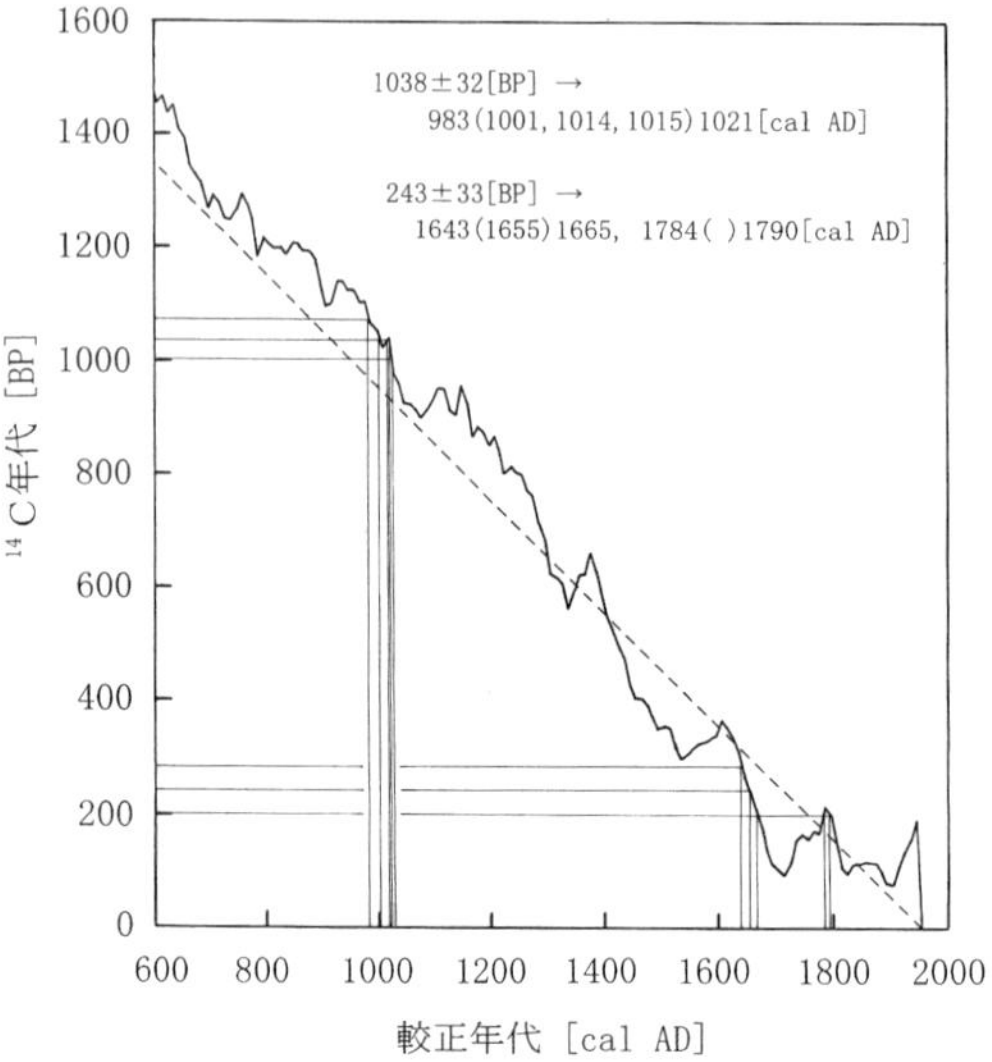

図4－1－1　暦年代較正の例

しかし、逆に、暦年代と^{14}C年代との関係を示すこの折れ線（較正曲線）によって、現在では測定によって得られた^{14}C年代を暦年代に換算（較正）することが可能となるに至った。**図4―1―1**には、一〇三八±三二［BP］、二四三±三三［BP］という二つの^{14}C年代を暦年代に較正した例を挙げた。なお、較正曲線にもとづき得られた年代は、単に暦年代と表記されていることもあるが、^{14}C年代を較正して得られた「暦年代」は、やはり一つの自然科学的年代ととらえるべきである。そこで本稿においては、以下この「暦年代」を、一般の暦年代と区別して「較正年代」と表記し、その単位には、較正（calibration）の意を含む［cal AD］ないし［cal BC］を用いる。

図4―1―1に示されるように、一〇三八［BP］は、一〇〇一、一〇一四、一〇一五［cal AD］という三つの較正年代に対応しており、誤差範囲の上限は九八三［cal AD］、下限は一〇二一［cal AD］に換算される。すなわち、一〇三八±三二［BP］という^{14}C年代は、九八三―一〇二一［cal AD］に対応し、一〇〇一、一〇一四、一〇一五［cal AD］が最も確率の高い年代となる。^{14}C年代を較正した際には、この例のように複数の暦年代が候補として挙がる場合がある。本稿では、^{14}C年代の中央値を較正した結果を（ ）の内側に、^{14}C年代の誤差の両限を較正した値を（ ）の外側に示した。すなわち、^{14}C年代一〇三八±三二［BP］を較正して得られた年代は九八三（一〇〇一、一〇一四、一〇一五）一〇二一［cal AD］と表記するものとした。一方、二四三±三三［BP］は、誤差の上限が一六四三［cal AD］、

中央値が一六五五［ｃａｌ ＡＤ］というように、各々一つの較正年代に換算されるが、誤差の下限が一六六五、一七八四、一七九〇［ｃａｌ ＡＤ］の三ヶ所に対応している。それゆえ、二四三±二三［ＢＰ］という範囲の^{14}C年代は一六四三―一六五五［ｃａｌ ＡＤ］または一七八四―一七九〇［ｃａｌ ＡＤ］に相当することになる。先の表記法にしたがえば、一六四三（一六五五）一六六五、一七八四（　）一七九〇［ｃａｌ ＡＤ］となる。

２　年代既知の和紙資料についての^{14}C年代測定

考古資料や歴史資料について^{14}C年代測定を行う目的は、資料が何らかの役割をもった道具として歴史のなかに登場した年代を探求するところにある。それゆえ、歴史学的年代を求めるための情報として^{14}C年代を利用するには、両年代の間にどのような関係があるかが明らかにされていなければならない。

そこで、歴史時代資料の年代判定に^{14}C年代測定法は有効な情報を提示しうるのかを明確にすべく、奥書・書風・記述内容などから書跡史学的に年代の判明している古文書・古経典・版本といった和紙資料に焦点をあて、その^{14}C年代測定を行った。

^{14}C年代測定では、和紙などの資料がそのまま測定器にかけられるわけではない。例えば、遺跡から出土した資料であれば、土壌中の不純物による化学的な汚染を受けている。測定を行う以前に、まずはこうした不純物を除かねばならないのである。さらに、試料に含まれている炭素を原料として、測定器に適した化合物を合成する必要がある。加速器質量分析計を用いる場合、通常はグラファイト（黒鉛）を合成する。歴史学的な年代を探求すべき古文書や炭化物などの「資料」から、不純物を除いた上で、測定に供するグラファイトという「試料」を合成する化学の作業を「試料調製」という。

試料調製法は、どの試料についても同じ手順や条件で行われるものではなく、試料の種類・量・形状・保存状態などに応じて、処理条件などを変化させねばならない。しかし、必ず施さねばならない処理や大まかな流れは決まっている。以下では、古文書や古経典など和紙資料について行う試料調製法について述べる。

試料調製には、和紙資料から分取した数十ミリグラムの紙片を供する。まずは、試料の表面に付着した不純物を除去するため、蒸留水中での超音波洗浄を行う。その後、六〇—七〇℃に加温し、塩酸（一・二規定HCl）・水酸化ナトリウム水溶液（一・二規定NaOH）による処理を行う。次いで、亜塩素酸ナトリウム水溶液（〇・〇七モル／ℓNaClO$_2$、七〇—八〇℃、一・二規定HCl酸性下）を用いた漂白によってリグニンなどの除去を行う。六〇—七〇℃の塩酸（一・二規定Hcl）と蒸留水とによって洗浄した後、一七・五％水酸化ナトリウム水溶液によりヘミセルロース、β－セルロース・γ－セルロースを除去する。これを濾別し、一七・五％水酸化ナトリウム水溶液、一・二規定塩酸、蒸留水による洗浄を順次行い、真空デシケーター中で乾燥させてα－セルロースを得る。すなわち、文書料紙の原料となった植物の細胞を構成していた成分のうち、化学的に最も安定な成分を試料から単離するのである。得られたα－セルロースを、七〇〇—九〇〇mgの酸化銅（II）（CuO）とともにガラス管内に真空封入し、約二時間加熱（八五〇℃）することで、二酸化炭素（CO$_2$）に変換する。次にこの二酸化炭素の精製を行う。すなわち、ガラス管内の気体を真空ラインに導入し、エタノール、n－ペンタン、液体窒素などの冷媒を用いて試料起源の二酸化炭素を、他の気体成分から分離するのである。次いで、鉄触媒を用いた水素還元（六五〇℃、六時間以上加熱）によって二酸化炭素からグラファイトを合成する。このグラファイトを加速器質量分析計での^{14}C年代測定に供する。歴史時代の資料を測定する際には、その測定誤差を抑えるために、また値の正確さを上げ、再現性を確認するために、ひとつの資料について複数回繰りかえして測定を行う。

図4—1—2は、較正曲線の上に和紙資料の測定結果を示したものである。書風・奥書・記述内容などから求められた書跡史学的年代を横軸に、加速器質量分析計により測定された^{14}C年代を縦軸にとり、測定結果を黒丸で示した。

図4―1―2をみると、^{14}C年代測定によって得られた結果は、書跡史学的な見地から求められた年代を含むか、それから大きく外れていないことがわかる。

一般に、樹木片や炭化物などの木製資料について得られる較正年代は、その資料の歴史学的年代よりも古い値を示す。old wood effectとよばれる現象である。その理由は以下のとおりである。木製資料の材料に用いられる木材は、その資料が作製される以前に数十から数百年をかけて生育したものであり、心材部の年輪に向かうにつれてその形成年代は古くなる。また、伐採後に乾燥させて利用される場合や、古材が再利用される場合もある。^{14}C年代測定によって得られる較正年代は、測定に供された部分の年輪が形成された年代である。それゆえ、木製資料の較正年代は、その作製年代よりも、樹齢や乾燥期間に応じた分だけ古い値を示すことになるわけである。測定に供した年輪資料が最外部のものであるか、または最外年輪から何年分内側であるということがわかっているならば、樹齢による年代のずれを無視、もしくは補正することは可能である。しかし、採取部位が明らかではない樹木片・木炭などの場合、一般に、大型の木製品になるほど、較正年代と歴史学的年代との間に生じるずれは顕著となる。

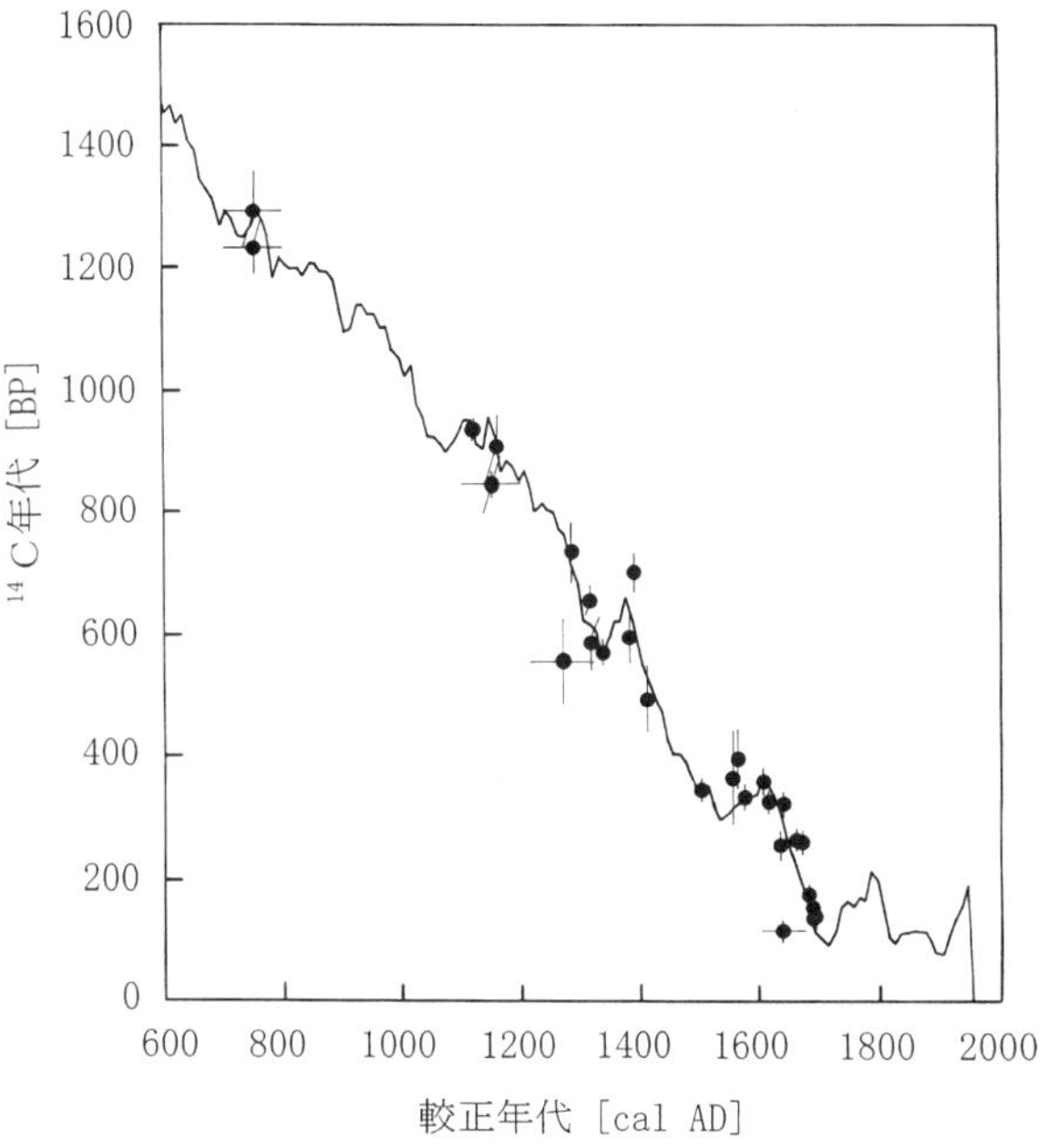

図4－1－2　書跡史学的年代既知の和紙資料についての測定結果

古文書や古経典についても、その較正年代は料紙の原料となった植物の細胞壁が形成された年代を示すものであり、樹齢および、伐採されてから文書や経典として使用されるまでの期間の分だけ、歴史学的年代との間にずれを生じるはずである。しかしながら、図4―1―2に示された結果をみるに、古文書・古経典などの和紙資料については、old wood effectに起因するずれは、^{14}C年代の誤差に比べると無視できる程度のものであることがわかる。和紙は、楮・雁皮・三椏といった低灌木から生産される一種の木製資料である。しかし、その材料に利用されるのはこうした低灌木の枝であり、その樹齢は数年程度である。しかも古枝では黒皮の剥ぎ取りに始まる製紙作業が困難なものとなる上に、製品の質も低下することから、和紙の原料には当年生もしくは比較的若い枝が選択的に用いられる。それゆえ、一般の木製資料で問題となる樹齢に起因するずれは、和紙については一年もしくは数年程度のものとなる。また特に楮紙の場合、長期間の保存にともない墨の載りが悪くなる。この経年劣化を「紙が風邪をひく」という。経年劣化が生じ、そのため、和紙として生産されてから文字が書かれ文書として歴史のなかに登場するまでの時間差は短いと考えられる。古文書・古経典などの較正年代と歴史学的年代とのずれが小さいのは、和紙がこのような特殊な木製資料であることに由来するものである。

本研究では、和紙資料について、測定によって得られる自然科学的年代と道具としての歴史学的年代との関係を明らかにすることを目的とし、書跡史学の見地から年代の明らかにされている古文書・古経典などについて^{14}C年代測定を行った。むろん、何例目をもってこれで充分といえるようなものではなく、特に平安時代前半の測定例が欠落しているため、さらに書跡史学的年代の既知である和紙資料について実績を積んでゆかねばならない。だが、現在までに得られている結果から、和紙資料は較正年代と歴史学的年代とのずれが小さい、^{14}C年代測定に適した特殊な木製資料であること、また、加速器質量分析法により測定される^{14}C年代が、和紙資料の歴史学的年代を判定する上で有益な情報の一つとなることが示されたとしてよいであろう。

3　古筆切の^{14}C年代測定

版本による出版が始まる以前、源氏物語や古今和歌集などの文学作品は、書き写されて写本として伝えられるのが一般的であった。しかし、不注意による誤写や意図的な改竄によって、書写が繰り返されるほど、本文の内容は次第に原本から離れてゆく。これは、文学作品のみならず他の古記録や古文書についてもいえることである。それゆえ、古典文学をはじめ、書跡史学・古文書学・歴史学などの研究においては、原本、もしくはできる限り原本に近い古い時代の写しが必要となる。

しかしながら、平安・鎌倉時代に書写された物語や家集の写本で、完本の形で現存しているものは極めて稀である。これは、その古く美しい稀少な筆跡ゆえに、室町時代以降、古写本が一丁ごと、もしくは数行ごとに裁断されて、茶会の折に鑑賞する掛軸などに利用されてきたためである。これら古写本の断簡が古筆切とよばれるものである。また、掛軸だけではなく、これら古筆切を集めてアルバムとした古筆手鑑も登場するに至った。さらに時代を経るにつれて、手鑑に張り込む古筆切の順序に一つの形式が生まれるようになった。すなわち、手鑑の表には、聖武天皇にはじまる天皇の古筆切、続いて皇族・摂政・関白の古筆切といった具合である。さらに、古筆手鑑が武家・公家の嫁入り道具の一つとされるようになったことで、古筆切の需要は次第に大きくなるに至った。

古筆切は、稀少な平安・鎌倉写本の内容や筆跡を一部分ながらも伝えるものであり、大変高い史料的価値を有するものである。しかし、古筆切の中には、その美しい筆跡を手本とした後世の臨書や、掛軸・古筆手鑑の需要に応えるべく作製された偽物なども多く含まれている。それゆえ、古筆切の高い史料的価値も書写年代・筆者が不明のままでは潜在的なものにすぎないことになる。

古筆切は写本などの一部分であるために、古文書や古経典・古記録と比べると、その書写年代を判定することが困難である。すなわち、ほとんどの場合、書写年代を記した奥書がなく、さらに裁断されたものである故に、大きさや綴じ方などの形態からの情報を得ることができない。また、書かれている内容も数行の和歌や物語であり、この点からも年代を判定することが難しいのである。古筆切には、その筆者の名を記した極札という鑑定書が付されているものがある。極札に記された人物の手になるものであることが確実ならば、その生没年などから古筆切が書写された年代を求めることができる。しかしながら、時代の古いものや歴史上有名な人物の筆とされるものほどその根拠は薄く、書風・字形・筆勢・墨色などからは、極札の記載とは異なる人物の書写であると考えられる古筆切も多く存在している。

そこで、年代既知の和紙資料に^{14}C年代測定を適用した研究成果の上に立ち、古筆切のなかで、年代が明らかでないもの、また、後世の写しや臨書の可能性があるもの、偽物である疑いのあるものについて、その書写年代を明らかにすることを目的とし、^{14}C年代測定を行ってきた。本稿では、池田和臣氏（中央大学教授）とともに進めている古筆切の^{14}C年代測定の結果を紹介する。

伝藤原行成筆佚名本朝佳句切

藤原行成（九七一―一〇二七年）は平安時代の能筆であり、小野道風・藤原佐理とともに三蹟の一人として知られている。この古筆切は、寛仁二（一〇一八）年の藤原行成真跡「白氏詩巻」（東京国立博物館蔵）と書風・書体・筆致などが共通することから、藤原行成の手になるものとされている断簡である。

また、この古筆切は飛雲紙とよばれる料紙に書かれており、この点からも平安時代のものと判定することができる。飛雲紙とは、藍と紫によって染色された繊維が料紙の中に部分的に配されており、茜雲が空に浮かんでいるようにみえる装飾料紙である。現存する飛雲紙としては、「深窓秘抄」や「堤中納言集（名家家集切）」などが最古の例として知られており、いずれも十一世紀半ばに成立したものである。これら初期の飛雲紙は、後世のも

表４－１－１　古筆切の^{14}C 年代測定結果

名　称	^{14}C 年代［BP］	較正年代［cal AD］
伝藤原行成筆佚名本朝佳句切	1104±20	897（903、916）922、943（964、972、975）982
伝宗尊親王筆藤原実方家集切	202±20	1661（1667）1673、1777（1782、1795）1800、1942（　）1946
伝藤原定家筆古今集抜書切	240±23	1647（1656）1663
伝藤原定家筆小記録切	685±14	1289（1295）1298
伝二条為氏筆散佚物語切	766±23	1258（1275）1280
伝冷泉為相筆散佚物語切	671±14	1294（1297）1300、1372（　）1378
伝平業兼筆春日切	808±20	1217（1224、1229、1240）1262
伝俊寛僧都筆三輪切	615±14	1303（1319）1328、1345（1352）1368、1383（1389）1394
伝藤原行能筆斎宮女御集断簡	649±18	1297（1301）1304、1366（1372、1379）1386

のに比べると大きな飛雲が漉き込まれているのが特徴である。すなわち、「元暦校本万葉集（難波切）」など十一世紀末のものになると飛雲は小型化し、十二世紀初頭の「烏丸切後撰和歌集」などではさらに小型の形骸的なものとなっている。飛雲紙は、このように十一世紀半ばから十二世紀初頭にかけて特異的に使用されたものであり、後世にその使用例を見出すことができない料紙である。現存する飛雲紙から判断すると十一世紀半ばから十二世紀初頭のもの、行成筆という書跡からすると十世紀後半から十一世紀初頭のものとなる。すなわち、ここに約半世紀の差があることになる。

^{14}C年代測定によって得られた結果は、一一〇四±二〇［BP］であった（**表4—1—1**）。これは較正年代に換算すると、十世紀に相当する結果である。較正曲線が横ばいになっている時期であるため誤差範囲が大きいが、^{14}C年代測定の結果からは、十一世紀半ば以降のものではなく、十世紀末から十一世紀初頭のもの、即ち、行成の筆とする書跡史学的な見解と一致する年代の古筆切であるといってよいであろう。

書跡史学的知見と^{14}C年代測定とから判断すると、この飛雲紙に書かれた古筆の年代は十世紀末ないし十一世紀初頭に求められる。また、この「佚名本朝佳句切」に漉かれている飛雲は、「深窓秘抄」や「堤中納言集（名家家集切）」など十一世紀半ばの初期の飛雲紙よりもさらに大きなものである。飛雲紙は十一世紀半ばから十二紀初頭までの極めて短い期間に使用されていた装飾料紙と考えられてきたが、この結果から、それ以前の十世紀後半から十一世紀初頭にこのような大型の飛雲をもった原初的な飛雲紙が存在していたと考えることができる。

伝宗尊親王筆藤原実方家集切・伝藤原定家筆古今集抜書切・伝藤原定家筆小記録切

これらは、宗尊親王（一二四二―一二七四年）、藤原定家（一一六二―一二四一年）と極められた古筆切であるが、書跡史学の面から、後世の写しである可能性も示唆されていたものである。

宗尊親王と極められる古筆切のほとんどは、鎌倉時代ではなく平安時代の書風を呈する麗筆である。測定を行った「伝宗尊親王筆藤原実方家集切」についても、その書風から見ると高野切第二種系統に通うものがあり、正しい資料であるならば、十一世紀後半に書写されたものであると考えられる。また、実方歌集の写本の断簡としても、その古さゆえに非常に高い本文価値をもつことになる。しかしながら、少々生硬さのある筆線から、後世の写しである可能性を有する資料であった。この資料の^{14}C年代は、二〇二±二〇［BP］という、較正年代にして十七世紀半ば以降に相当する値であった。十一世紀にはさかのぼることのない、近世以降に書写された資料であることが^{14}C年代測定でも示されたのである。

「伝藤原定家筆古今集抜書切」は、古今和歌集の恋歌だけを抜き書いた古筆切である。真正なものであるならば、定家の若い頃の筆跡に近く、一二〇〇年頃の書であることになる。しかし、この資料についても、「れ（連）」や「け（遣）」などの文字のくずし方が、定家真蹟のそれと異なるという疑問点があった。^{14}C年代測定の結果も、二四〇±二三［BP］、較正すると十七世紀半ばとなり、これもやはり近世になってからの書写であることが示された。

「伝藤原定家筆小記録切」は、九葉の小記録切が一巻の巻子にされたものである。「禁秘抄」などから漢文が抜き書きされたものであり、その余白にひらがなで「新古今和歌集」に見える歌の一部分や、「伊勢物語」の本文の一部と簡単な注が書かれている。定家自筆の「伊勢物語」の本文や注となれば大変重要な資料の発見となるのだが、^{14}C年代測定によって、六八五±一四［BP］、較正年代にして一三世後半の資料であることが示された。

伝二条為氏筆散佚物語切・伝冷泉為相筆散佚物語切

これらは、物語の一部分が書写されている古筆切である。しかし、その中身は、現在知られているいずれの物語とも一致しないものである。室町時代以降の古写本の解体にともなって、現在に伝わることなく散逸してしまった多くの物語が存在していたことがわかっており、その中のひとつを書写した古筆切であると考えられる。だが、散逸してしまったものであるゆえに、内容の面からは年代や作者に関する情報を得ることが難しく、^{14}C年代測定を行った。

「伝二条為氏筆散佚物語切」については、七六六±二三［BP］という^{14}C年代が得られた。較正年代にして十三世紀中頃に相当する結果であり、鎌倉時代中期の散逸物語の断簡であることが示された。なお、この年代は、極札に記されている二条為氏（一二二二―一二八六年）が歌人として活躍した時代に符合する結果でもある。一方の「伝冷泉為相筆散佚物語切」についても六七一±一四［BP］という^{14}C年代が得られ、較正年代にすると、歌人としての冷泉為相（一二六三―一三二八年）が活躍した時期を含む、十三世紀末もしくは十四世紀後半という結果となった。

平安・鎌倉時代の古写本は極めて稀な存在である。例えば、竹取物語の場合、現存する最古の写本は室町時代末から近世初頭にかけてのものであり、数枚しか残っておらず貴重視されている古筆切も南北朝期頃のものと考えられている。鎌倉時代中期にまでさかのぼるこの古筆切は、それだけで高い本文価値を有するものである。元は同一の写本を構成していた複数の古筆切をツレとよぶが、この物語切のツレが一枚でも多く収集されることで、失われてしまった物語の一部なりともが復元されることが期待される。

伝平業兼筆春日切

春日切と総称される古筆切は、雲母引き料紙に特徴ある筆跡で一面に七行書き、和歌一首が三行書きにされた古写本の断簡である。その写本の一つが「公忠集」であるが、これは古筆切として解体されずに一冊完全な形で残っている。古筆切になっているものは、残欠本である「九条殿師輔集」、現在に伝わっていない散逸私家集の「花山院御集」、「小野宮実頼集」などである。本研究において^{14}C年代測定を行った春日切は、「小野宮実頼集」末部散逸部分と思われるものである。

春日切の極札は、平業兼（?—一一八五—一二〇九—?年）の筆であることを伝えている。すなわち、平安末期から鎌倉初期の書ということになる。また、書跡の面からも、鎌倉期のものと判断することができる。ただし、春日切は鎌倉初期ないしは平安末期の書ではあるが、業兼の手になるものではないと考えられている。完本として伝来している「公忠集」の奥書には、本文とは異なる筆跡で「校合畢／従三位行治部卿平朝臣業兼」とある。すなわち、平業兼は校合をおこなった人物であることを示しており、本文の書写者は業兼の身近にいた別人ということになるのである。

この奥書から判断すると、平業兼が校合をおこなったのは、業兼が従三位治部卿の地位にあった元久二年（一二〇五年）から承元三年（一二〇九年）までの間ということがわかる。すなわち、本文が書写された時期はそれとほぼ同じ頃、あるいはそれより少し前となるはずである。

測定に供した「小野宮実頼集」の断簡と思われる春日切は、鎌倉初期から中期にあたる十三世紀の較正年代を示した。奥書・書風からの見解とあわせて考えると、この春日切は鎌倉初期の古筆切であると結論付けることができる。

伝俊寛僧都筆三輪切

三輪切と総称される古筆切は、歌一首を一行で書くという形式にしたがって書写された「古今和歌集」写本の断簡である。三輪切とされている古筆切にも数種類があるが、14C年代測定を行った本資料は、東京国立博物館蔵三輪切と同一筆跡の古筆切である。

三輪切の極札には、俊寛僧都とある。俊寛（一一四二?―一一七九?年）は、平氏政権打倒を図り、京都東山鹿ケ谷の山荘にて行われたいわゆる「鹿ケ谷の謀議」に関与した罪で、一一七七年に薩摩国鬼界島に配流された人物である。それゆえ、俊寛の筆であるならば、三輪切は平安末期の書ということになる。

しかし一方で、その書跡にもとづく判断から、現在では、三輪切は俊寛よりも後世の鎌倉時代に書写された写本の断簡であると考えられている。

表4―1―1に示したように、この三輪切について行なった14C年代測定は、較正年代にして十四世紀頃、鎌倉後期もしくは南北朝期の書写本であることを示した。すなわち、平安末期の僧侶俊寛の手になるものではなく、後の鎌倉時代になって書写されたとする書跡史学的な知見を支持する結果である。

伝藤原行能筆斎宮女御集切

三十六歌仙のひとり斎宮女御徽子の家集は、歌数および歌の配列順序の相違によって、四系統にわけられている。しかし、新たにこの四系統のいずれとも異なる「斎宮女御集」の断簡が出現した。

この古筆切の極札には藤原行能とある。藤原行能（一一七九―一二五〇?年）は、藤原行成・藤原行尹とともに、

「世尊寺流の三筆」として知られる鎌倉時代の能書家である。この斎宮女御集切が、極札にある藤原行能の筆であるとすると、鎌倉前期の書であることになる。

しかし、^{14}C年代測定の結果（表4―1―1）は、鎌倉後期もしくは南北朝期に相当する較正年代を示した。較正曲線は一二〇〇～一三〇〇［cal AD］付近で大きな負の傾きをとるため、鎌倉時代の資料に対して、^{14}C年代測定法が高い分解能をもつことになる。すなわち、当該の古筆切のもとになった写本が書写されたのは、行能が能書家として活躍した鎌倉前期よりも下る時期であることを^{14}C年代は示している。

4　歴史時代の木製資料についての^{14}C年代測定

以上は、^{14}C年代測定に適した特殊な木製資料である和紙についての研究例であったが、他の一般の木製資料ではどのような結果が得られるであろうか。木製資料の^{14}C年代測定を行うと、歴史学的な年代よりも古い較正年代が得られるという old wood effect について先に触れた。その原因は、木材の樹齢や乾燥期間に求められるのであるが、以下に実際の研究例を二点挙げる。

福岡県三奈木大佛山遺跡出土経筒の^{14}C年代測定

まずは、福岡県三奈木に位置する大佛山遺跡の経塚より出土した経筒の測定結果について紹介する。

経筒とは、経典を地中に埋納する際に用いられた容器である。こうした経典類の埋納は、末法思想が広まったことにともない、後世に経典を伝えることを目的として平安中期頃から始まったと考えられている。年代の明らかな最古の遺物としては、寛弘四（一〇〇七）年に藤原道長が大和国金峯山経塚に埋納した経筒が知られている。

^{14}C年代測定を行った大佛山遺跡出土の経筒は、銅鋳製の円筒形のものである（総高四〇・四㎝、最大径一五・四㎝）。

大佛山遺跡の経塚では、浅く円形に掘り込んだところに、隅丸長方形の底石とそのまわりの板石九枚によって石室がつくられており、その内部に木炭が充填され、中央に経筒が埋納されていた。経筒の中に納められていた紙本経は炭化しており、経筒には銘文が刻まれているものの年代に関する記載はなかった。

そこで、経筒内の炭化紙片四点（資料Ｎｏ．一―五）、同じく経筒内に残存していた繊維状の炭化物一点（Ｎｏ．六）、経塚石室内に経筒を囲むように充填されていた木炭六点（Ｎｏ．七―一二）について^{14}C年代測定を行った。経筒内炭化紙片のうちの一片は化学処理の過程で二つの試料に分割し、各々について^{14}C年代測定を行った（Ｎｏ．一、一二）。測定結果を図４―１―３に示した。

紙片（Ｎｏ．一―五）の較正年代およびその平均値（ａｖ．）は、いずれも一〇二〇―一〇四〇［ｃａｌ　ＡＤ］頃もしくは一一四〇―一一五〇［ｃａｌ　ＡＤ］頃を示しており、確率的には前者のほうが高いという結果である。前述のとおり、和紙資料の較正年代は書写年代との間のずれが小さいと考えられるため、この測定結果から、埋納された経典は一一世紀前半ないし一二世紀半ばに書写されたものであり、古写経を納めたのでなければ、経塚が形成されたのもこの時期であると結論づけることができる。なお、経筒内の繊維状炭化物（Ｎｏ．六）が元はどういった資料であったかについては明らかになっていないが、紙片ではなく竹などが炭化したもののように見受けられる。経筒の内部から発見されたものであることから、後世になって混入したものではなく、例えば経軸などのように経典の書写ないしは埋納という行為と密接な関係にある資料と考えて問題ないであろう。この資料の較正年代も一〇二〇―一〇四〇、一一四〇―一一五〇［ｃａｌ　ＡＤ］頃を示しており、炭化紙片の^{14}C年代測定から求められた年代値を補強する結果であるといえる。

次に、経筒の周囲に充填されていた木炭の結果について考えてみる。木炭という比較的小型の木製資料である。図４―１―３の結果をみると、計六点の木炭資料のうち四点（Ｎｏ．八―一一）は、おおむね誤差範囲内で炭化和紙の較正年代と一致していることになる。しかしながら、これらの結果は、確かに誤差範囲内で一致していなが

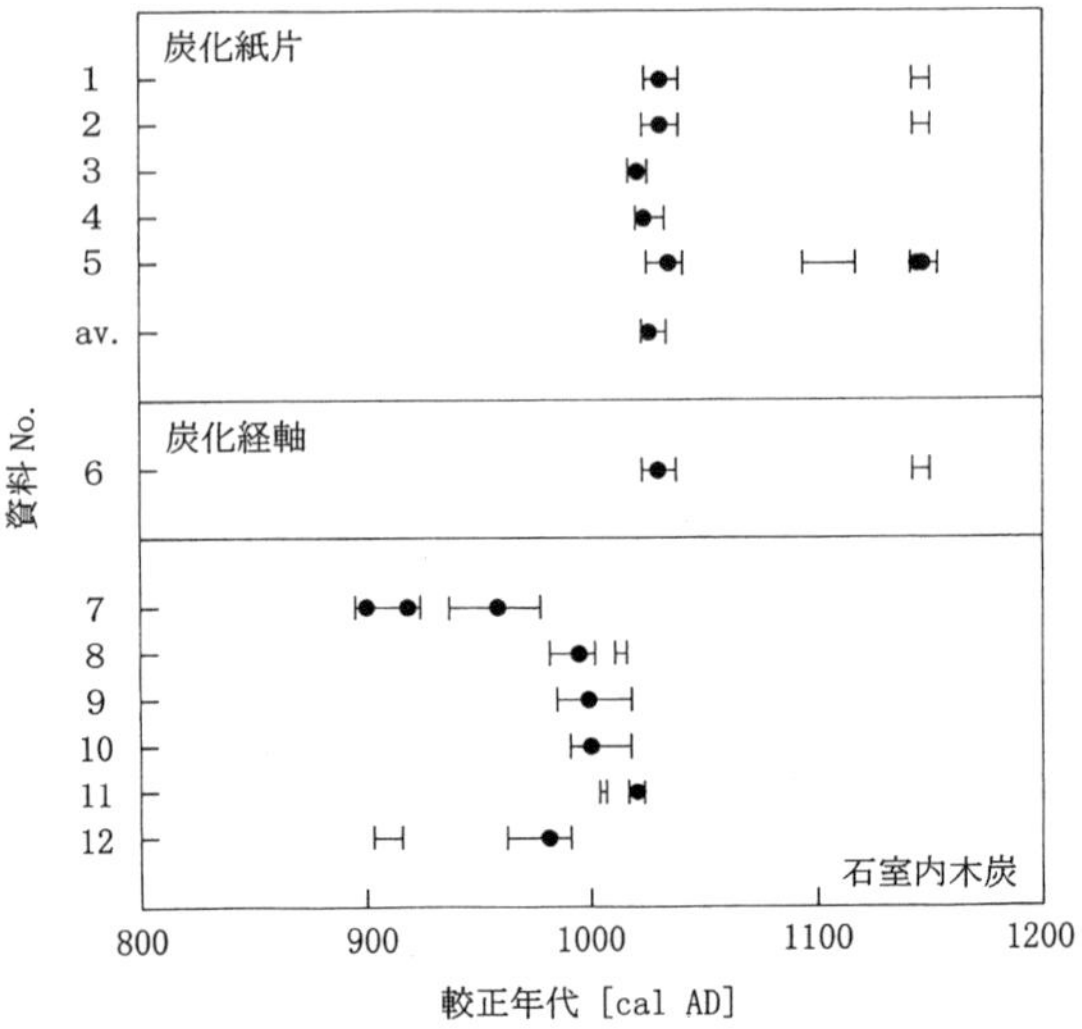

図４－１－３　大佛山遺跡出土経筒の^{14}C年代測定結果

らも系統的に炭化和紙よりも古い値を示していることがわかる。また、他の二資料（No．七、一二）のように明らかに古い結果を示すものもある。六点の木炭資料全てが統計的なふらつきによって偶然古い値を示しているとは考えられない。木炭という木製資料の較正年代は、数十年古い年代を示し、しかも、和紙資料のように安定した結果ではなく、個々の資料ごとにばらついた結果が得られるのである。これがold wood effectという現象である。

このように、木製資料について得られる較正年代は、歴史学的に意味のある年代よりも古い値を示すのだが、この点のみから、木製資料の^{14}C年代測定には全く意義がないと言い切ることもできない。この経筒の測定を例にして少し考察を加えてみる。こうした木炭は経筒・経典を保存するための乾燥・除菌を目的として充填されたものであると考えられるが、樹齢に起因する年代差に加え、木材の切り出しから乾燥・焼き上げといった製炭作業に要する期間、できあがった木炭の備蓄、さらに古材再利用の可能性といった要因によって、埋納の行われた年代よりも古い較正年代が^{14}C年代測定では得られることになる。だが、その年代差を定量的に考えてみると、樹齢数百年にも及ぶ巨木が製炭に用いられたとするよりも、おそらく数十から百年程度の木材が利用されたと考えるほうが自然であろうし、伐採から乾燥・焼き上げ・備蓄を経て埋納に使用されるまでの年代差も数～十数年程度であろう。ならば、木炭の^{14}C年代測定によって得られる較正年代は、old wood effect によって埋納年代よりも古くなるとしても、数十から百年程度であろうという見積もりができる。もちろん、建造物に使われていたような古材が製炭に再利用されたのであれば、数百年のずれが生じうるし、そうした特異な例も全くないわけではないであろう。しかし、乾燥・除菌のための木炭のような小型の木製資料であれば、数十から百年程度の old wood effect を示す資料がその大半であると考えられる。この経筒に納められていた炭化和紙四点の較正年代は十一世紀前半ないし十二世紀半ばを示しているが、その最頻値（**図4―1―3**の黒丸）は前者に集中しており、埋納年代・書写年代は十二世紀半ばよりも十一世紀前半に求められる可能性が高いといえる。しかも、この経筒の周りに充填されていた木炭の較正年代は、十世紀末から十一世紀初頭に集中している。すなわち、木炭の old wood effect による年代のずれを数十から百年程度と考えると、この測定結果から、経典の書写年代を十一世紀前半に求めることができるのである。

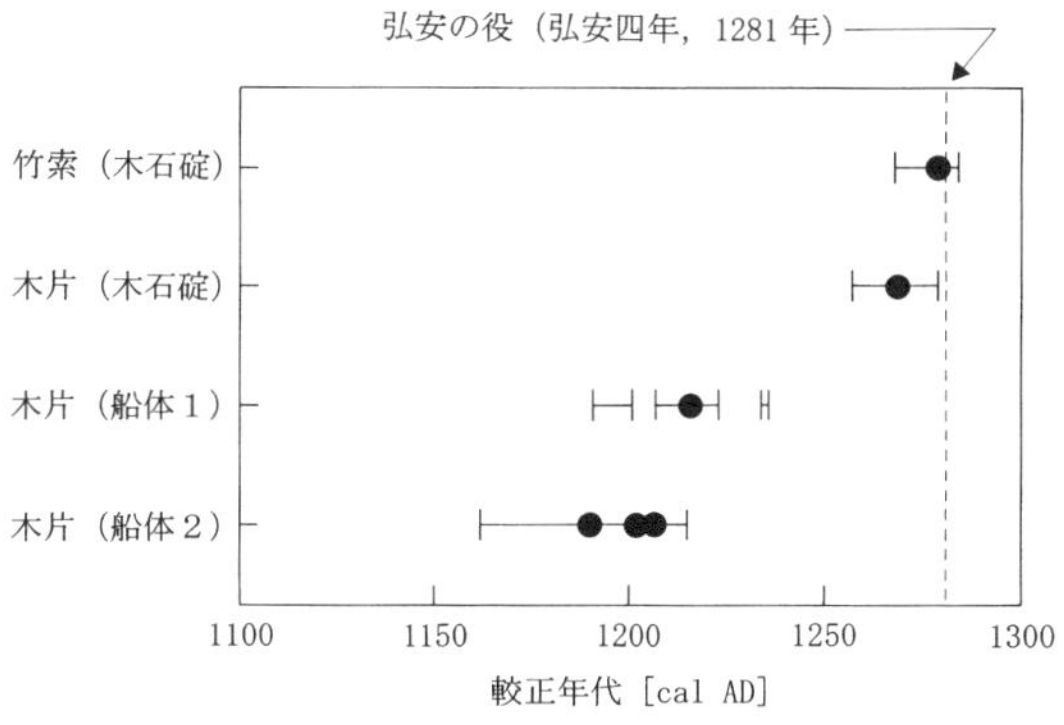

図４－１－４　鷹島海底遺跡出土元寇船遺物の^{14}C 年代測定結果

長崎県鷹島海底遺跡出土元寇船木石碇・船体の^{14}C年代測定

もう一点、木製資料の測定例を挙げる。長崎県鷹島海底遺跡から出土した元寇船木石碇と船体についてである。長崎県の鷹島は、弘安の役（弘安四年、一二八一年）に際し、九州本土上陸をうかがう元寇船が暴風雨によって沈没した島として知られている。^{14}C年代測定に供した資料は、一九九四年にこの鷹島沖の海底から発見された木石碇に使われていた竹索・木片、および、二〇〇一年出土の元軍船船体とされる加工痕を有する二枚の木材である。**図4―1―4**にその測定結果を示した。

測定資料はいずれも木製資料であるが、木石碇の竹索の較正年代は弘安四（一二八一）年を含む結果を示しており、old wood effect によるずれはほとんどない。その理由は、この竹がロープ（索）として使われていたものであるという、道具としての性質に求めることができる。すなわち、碇を固定するためのロープには、生えてからそれほど年月を経ていない、しなやかな竹が用いられたことは容易に想像できる。ロープのための竹のであったからこそ、碇の使用された歴史学的年代からずれの少ない較正年代が得られたのである。また**図４―１―４**をみると、木石碇の一部に使われていた木片も、誤差範囲内で弘安四（一二八一）年に近い結果を示しているが、竹索に比べると若干古い較正年代が得られていることがわかる。さらに、船体のような木製品になると、鎌倉中期ではなく、平安末から鎌倉初期にまでさかのぼる結果が示されている。old wood effect によるずれが顕著に確認できる大型木製品の例である。

5　おわりに

本稿では、歴史学資料の^{14}C年代測定は、道具としての歴史学的年代を求めるところに目的があると強調してきた。特に、木製資料における old wood effect の問題を示し、^{14}C年代や較正年代が必ずしも歴史学的年代と一致するものではないことを述べ、歴史学的年代を求める上で^{14}C年代測定の結果を一つの情報として利用するには、この三つの年代の関係を明らかにしておかなければならないとした。

本研究では、歴史時代の研究に不可欠な資料の一つである古文書に焦点をあて、書跡史学的な年代の明らかにされている文書・経典の^{14}C年代測定を行った。そして、和紙という特殊な木製資料についての歴史学的な年代と^{14}C年代・較正年代との関係を示し、その上で、古筆切の年代を判定するための情報として^{14}C年代を利用してきた。

しかし、広く歴史時代の資料についての^{14}C年代測定を眺めたとき、歴史学的年代の既知である資料の^{14}C年代測定を蓄積した同様の研究例はまだほとんどないのではないだろうか。木製資料では、old wood effect が問題となったが、例えば、水生の動植物や、雑食性の動物では数百年のずれをもたらす reservoir effect とよばれる現象がある。近年、縄文・弥生時代の土器付着炭化物の^{14}C年代測定の分野では、炭化物の由来と reservoir effect についての問題が議論されるようになったと考えるが、歴史時代資料の^{14}C年代測定では、こうした問題意識が低いように思われる。reservoir effect の問題をもつ人骨や海獣、old wood effect のある木製品の^{14}C年代が測定され報告されているものの、系統的な研究がなく、数十年が議論の対象になる歴史時代の資料であるために、歴史学的に意味のある年代を求めるまで至っていない段階であるように思う。これは、「文理融合型研究」といわれる歴史資料の年代測定に、実体がともなっていないことの表われでもあると考える。即ち、目的の設定と結果に対する考察は文系研究者、試料調製と測定・解析は理系研究者が行うという「文理分担型・文理分離型研究」であったり、^{14}C年代と考古編年を対立する概念としてあつかう「文理分裂型研究」であったりすることが、その背景としてあるのであろう。歴史・考古資料の^{14}C年代測定に携わる研究者は、①研究の目的は歴史学的年代を探求するところにあり^{14}C年代を測定することではないこと、②歴史学的年代を明らかにする上で用いる^{14}C年代測定法は一つの手段であり、^{14}C年代は考古学的年代や書跡史学的年代と同様の一つの情報であることを認識し、その上で、③文系分野から理系分野にわたる広い視点から対象を捉える「文理融合型研究」を行う者でありたいと考えている。

第2節　中尊寺金色堂の遺体の同定

中條利一郎

中世考古学――それは遺跡、遺物だけでなく、文献も存在する時代を対象とするという意味で、縄文時代や弥生時代の考古学とは異なる。しかし、それほど豊富には文献がないという意味で、近世や近代考古学とも異なる歴史学の一分野である。遺跡、遺物と文献の両方を史料として用いることになるが、その場合、遺跡、遺物からの情報を一〇〇％信用する立場から、文献に万幅の信頼をおく立場まで、幅広い立場があり得る。ここでは、それらの内、文献の記述に曖昧さがある場合、それを遺跡、遺物から得られる理化学的情報で曖昧さを除くという立場に立つ。

1　中尊寺金色堂の遺体に関する文献に残る曖昧さ

中尊寺（岩手県平泉町）にある金色堂には奥州藤原三代の遺体があることで知られている。これらの遺体はいずれもミイラ化しており、ミイラと書いた方が現況に忠実である。しかし、これらは信仰の対象であり、お寺ではご遺体と呼んでいる。ここではこれらを遺体と呼ぶことにする。これらは藤原清衡（一一二八年没）、基衡（一一五七年頃没）、秀衡（一一八七年没）のものであり、どれが誰のものかという帰属については、鎌倉時代後期（一四世紀初頭）のものと鑑される『中尊寺経蔵文書』によれば、「金色堂は三間四面、中壇は阿弥陀の三尊、清衡の建立なり、左の壇は基衡の建立なり、右の壇は本尊同じ、秀衡の建立なり」と書かれており、建立者と遺体が対応していると考えられている。この文献の記述を信用するというのが一般的な考えであり、筆者もその立場に立つ。しかし、曖昧さが一つ残る。左右と言うのは、基壇の側から見た左右なのか、参拝者から見た左右なのかが曖昧である。金色堂には長年月にわたる遺体錯誤問題というのがあり、左右の定義の曖昧さが原因である。ここでは、これを二つの異なる方法で解決する。

この問題はその研究をまとめた時点（二〇〇九年）ではとりわけ重要である。平泉の世界遺産への登録が予定されているからである。その中に金色堂が含まれていることは言うまでもない。マルコ・ポーロの『東方見聞録』には伝聞ではあるが、ジパングは「いたる所に黄金がみつかるものだから、国人は誰でも莫大な黄金を所有している」国として紹介されている。伝聞とはいえ、何かの事実に基づいて書かれたと考えるのが自然であろう。可能な候補として考えられるのは、中尊寺金色堂、鹿苑寺金閣（いわゆる金閣寺）、それに秀吉の黄金の茶室であろう。とは言うものの、『東方見聞録』が書かれた一二九八年に既に存在していたのは、金色堂だけである。言うまでもなく、『東方見聞録』は大航海時代の引き金となった書物であり、その意味で、金色堂は世界遺産に登録されるのにふさわしい世界史的建造物であると言える。余談ながら、これら三つの建造物すべてを（復元物を含む）、われわれは見る事が出来る。ただし、秀吉の茶室は現地ではなく、ＭＯＡ美術館（熱海市）にある。次節以下で詳しく検証するとおり、現在お寺で採用している定義は誤っている。残念ながら世界遺産登録までにお寺の態度は改められなかった。

2　遺体とともに使われている絹の固体^{13}CNMRによる同定

量子力学は当初、電子を対象に構築されたものであるが、このエネルギーの離散性は、その後、原子核を構成する陽子や中性子でも成り立っていることがわかった。筆者がこの研究で用いるＮＭＲ（Nuclear Magnetic Resonance）は原子核に見られる離散準位間の遷移を観測する方法である。ここでは、炭素の原子核の内、安定なものの一つ^{13}Cを対象に選ぶ。試料は中尊寺金色堂の壇下に保存されている三体の遺体が納められている棺の中にある絹製品（棺の内ばり、寿衣、枕など）である。この節で用いる試料はすべて（後述のスカーフ、ワイシャツを除く）文化庁に保管されていたものを東京国立文化財研究所（現、東京文化財研究所）の川野邊渉、佐野千絵両博士から提供されたものである。これらは有機物のため、炭素の原子核を対象に選ぶのが最も賢明である。また、炭素の内、最も豊富に存在する^{12}Cにはエネルギー準位が一つしかなく、遷移が起こらないのでNMRの対象にならない。^{13}Cは天然存在比は一・一〇八％と少ないが、遷移が一種類しか生じないので、最も扱い易い。ついでながら、次々節で対象とする^{14}Cは放射性の同位体で、安定には存在しない。

外部から磁場がかけられていない状態では、これら二つの準位はエネルギー的に区別がつかない。これに磁場をかけると、磁場の強度に比例して、二つの準位が拡がって行く。これを核ゼーマン効果という。この場合の比例係数を核磁気モーメントと言い、原子核物理学で重要な量の一つである。NMRは、そもそもは、原子核物理学で核磁気モーメントを測定するためのものであった。これには裸の（つまり、まわりに電子の衣を着ていない）原子核が用いられる。一方、ここで用いようとしている絹などの試料では、原子核はたくさんの電子で掩われている。このため、外から磁場をかけても、原子核の場所にはそれより小さい磁場しか届かなかったり（反磁性遮蔽）、余分に届いたりする（常磁性遮蔽）。それらの大きさは分子の属性によって決まるので、これを化学シフトという。絹はフィブロインというタンパク質で、複数種、複数個のアミノ酸が縮合したものである。各アミノ酸ごとに異なる環境の^{13}Cがあり、またそれぞれのアミノ酸は複数個の異なる^{13}Cを持つ。このため、NMRスペクトルには複数個のピークが観測される。各ピークの強度は、比較的簡単な条件設定で、試料中に含まれる原子核の数（モル数）に比例するように出来る。従って、ピーク強度から、構成アミノ酸のモル数を決定出来る。

このような目的のためのNMRスペクトルの測定はかつては溶液状態で行うのが一般的であった。今では、種々のテクニックを適用して、固体試料でも測定出来る。絹が最終製品として使用される際には、精練という過程が必要で、これにより試料が不溶化する。従って、固体状態での測定が必須である。清衡、基衡、秀衡、それぞれの棺の中で用いられていた平絹のスペクトルを図４―２―１に示す。測定には、帝京科学大学設置の日本電子製アルファ５００ＮＭＲ装置を用いた。実際には、一回の測定では、これだけの分解能のスペクトルを得ることは不可能で、積算条件その他を明示すべきであるが、ここではその記載をすべて省略する。いずれも、筆者なりにベストの条件で測定したものと思って欲しい。

これを後述の溶液状態でのスペクトルと比較すると、各ピーク間の分離が悪い。これはスペクトルを尖鋭化するには充分な速さの分子運動、またはそれに対応する措置（スペクトルの拡がりの主原因である双極子相互作用の除去）が必要であり、図４―２―１ではそれが実現していないことを示している。充分に分離していてこそ、各ピークの強度の測定が可能になるので、ピーク強度の測定が困難になることを示している。しかし、波形分離のソフトウェアを使うことにより、ある程度まで実行できる。このようにして、フィブロインを構成する二つの主要なアミノ酸（正確にはアミノ酸残基）の内、グリシン（Gly）とアラニン（Ala）だけに着目して、これら二種類のアミノ酸残基のモル数を分母に、Glyのモル数を分子にして求めたモル分率が図４―２―２である。

他のアミノ酸残基を無視したのは、それらのモル数が少なく、波形分離をしても、正確な情報が得られないからである。モル数の決定には、両アミノ酸残基のＣ＝Ｏグループからのピークの強度を用いた。なお、フィブロインを構成するアミノ酸残基の内、Gly以外の化学シフトはAlaのそれに近い。つまり、これら二つのアミノ酸残基以外のピークはAlaのそれに重なっていると考えられる。そこで、以後、AlaをAla等とよぶことにする。

式で書けば、図４―２―２の縦軸は

モル分率＝［Gly］/（［Gly］＋［Ala等］）　――――　（１）

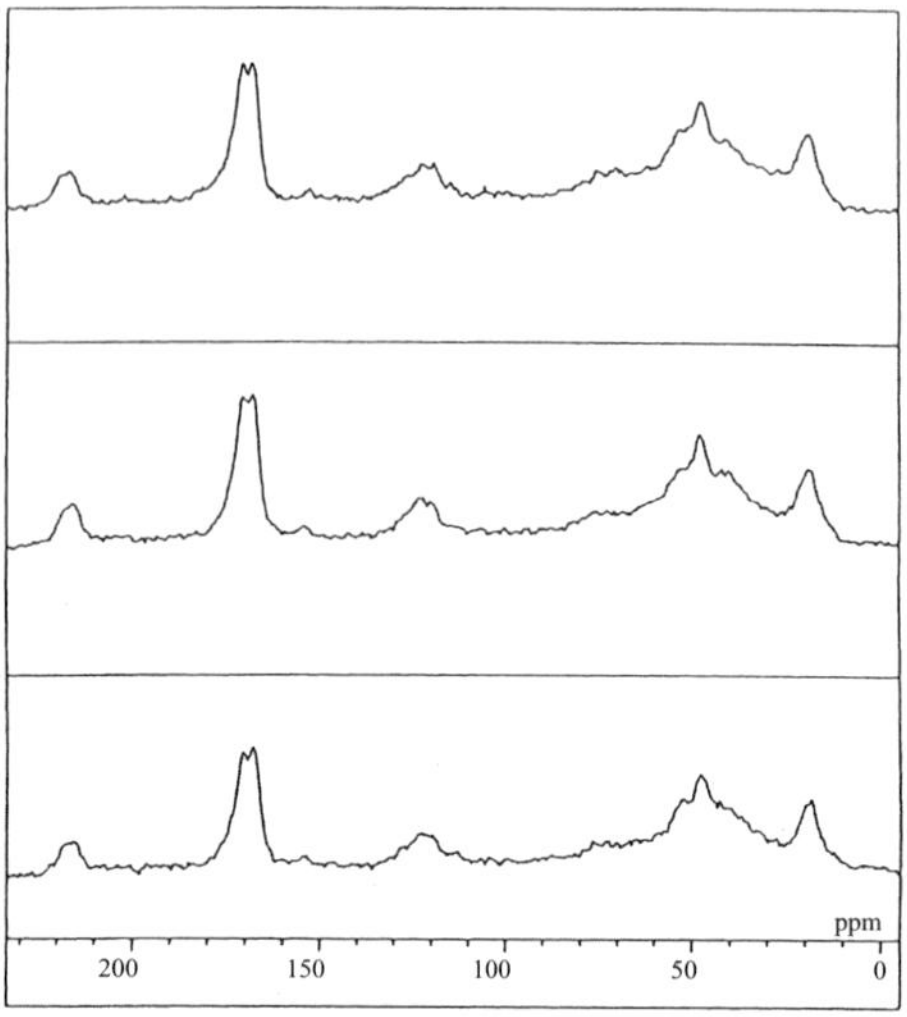

図 4－2－1　清衡（上）、基衡（中）、秀衡（下）それぞれの棺の中で用いられていた絹の ^{13}C 固体高分解能 NMR スペクトル。

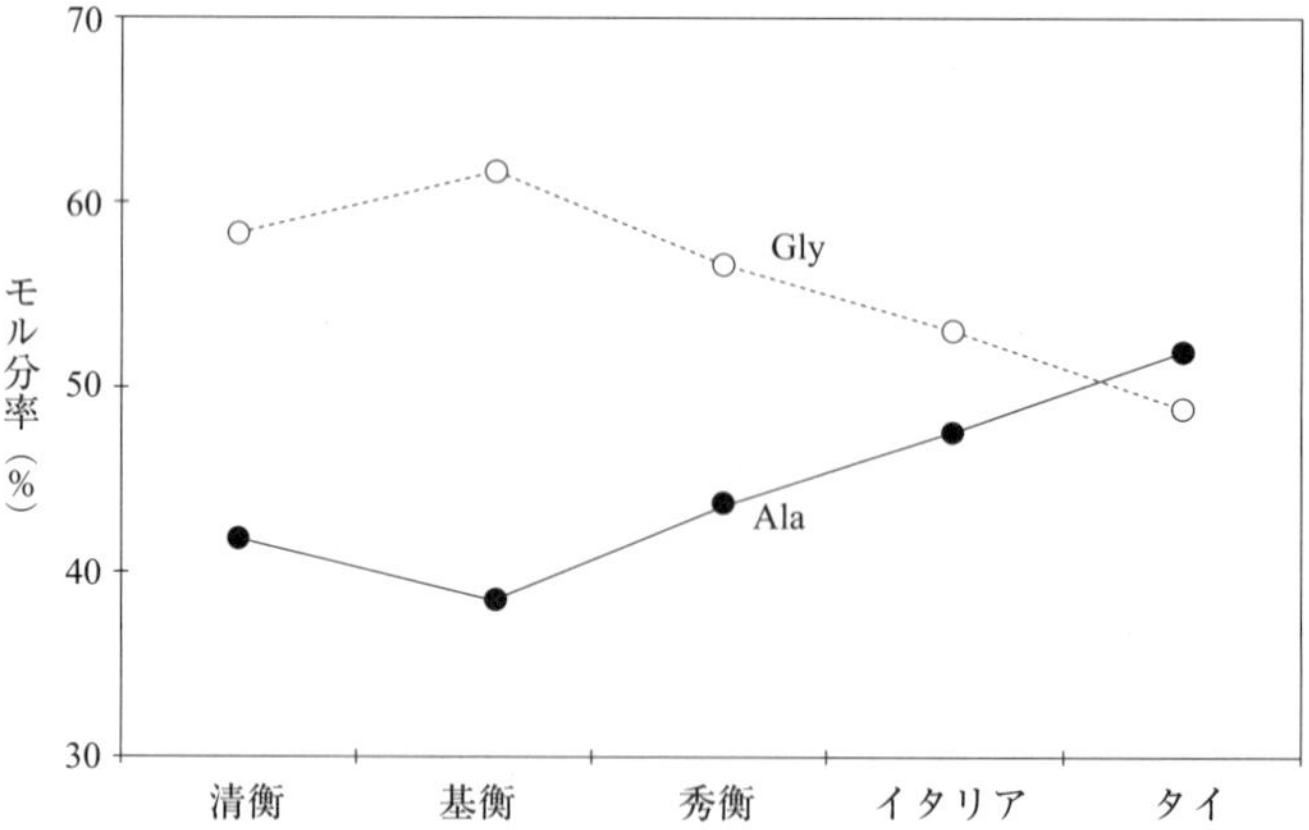

図 4－2－2　グリシン（Gly）、アラニン（Ala）のモル分率　横軸のイタリア、タイは参考のため用いた現代のイタリア製スカーフ、タイ製ワイシャツに対する値。

である。いずれも、複数の試料（棺内の異なる試料）に対して求めたものの平均値である。比較のために、現在のイタリア産のスカーフ、タイ産のワイシャツに対して求めたものもプロットしてある。ただし、これら二点は単一試料の値で、平均は採っていない。

フィブロインはタンパク質であり、それを構成するアミノ酸残基はＤＮＡのコードにより決まっている筈であり、**図４―２―２**のように、比が試料ごとに異なるのは不思議である。事実、フィブロインが絹になる際、結晶部分とアモルファス部分とから成り、その内、前者のシーケンスは決まっている。*Bombyx mori* では-Gly-Ala-Gly-Ala-Gly-Ser-である。一方、カイコは高効率のマシンで、生涯に摂取したアミノ酸の六〇―七〇％はフィブロインの生産に使われている。従って、摂取したアミノ酸に過不足があると、アモルファス部分のシーケンスがＤＮＡのコードによるものからずれて来ると考えられる。ＮＭＲでは結晶とアモルファスに分けることなく測定をしており、これらの理由により、試料ごとにアミノ酸残基のモル分率が変わるものと考えられる。

自然界の中で、アミノ酸残基のモル分率を変えるトリガーとなるものとして、気温が考えられる。ここでは、それを作業仮説として採用するという表現にとどめておき、その検証は次節で行う。幸い、わが国には光谷拓実による膨大な年輪考古学のデータがあり、それと気温指数との変換公式も得られている。光谷から、中尊寺に遺体が保存されている十二世紀のスギの年輪に対する未発表データを借用し、この変換公式を用いて、気温指数に変換する。この公式には十年前までの気温との相関が考慮されている。それを、逆に、当年だけ、前年まで考慮する…という風に順に適用して行くと、四年前まで考慮に入れたものと、五年前まで考慮に入れたもので、殆ど同じ結果になったので、五年前までの考慮で打ち切ったものを用いる。

左京と右京、左大臣と右大臣、左近の桜と右近の橘の例を引くまでもなく、わが国では、古来、上位の者から見ての左右で定義されるのが普通である。中尊寺の場合も一九五〇年（昭和二五年）の中尊寺と朝日新聞社による調査までは、その定義によっていた。それが、この調査の結果、逆転した。

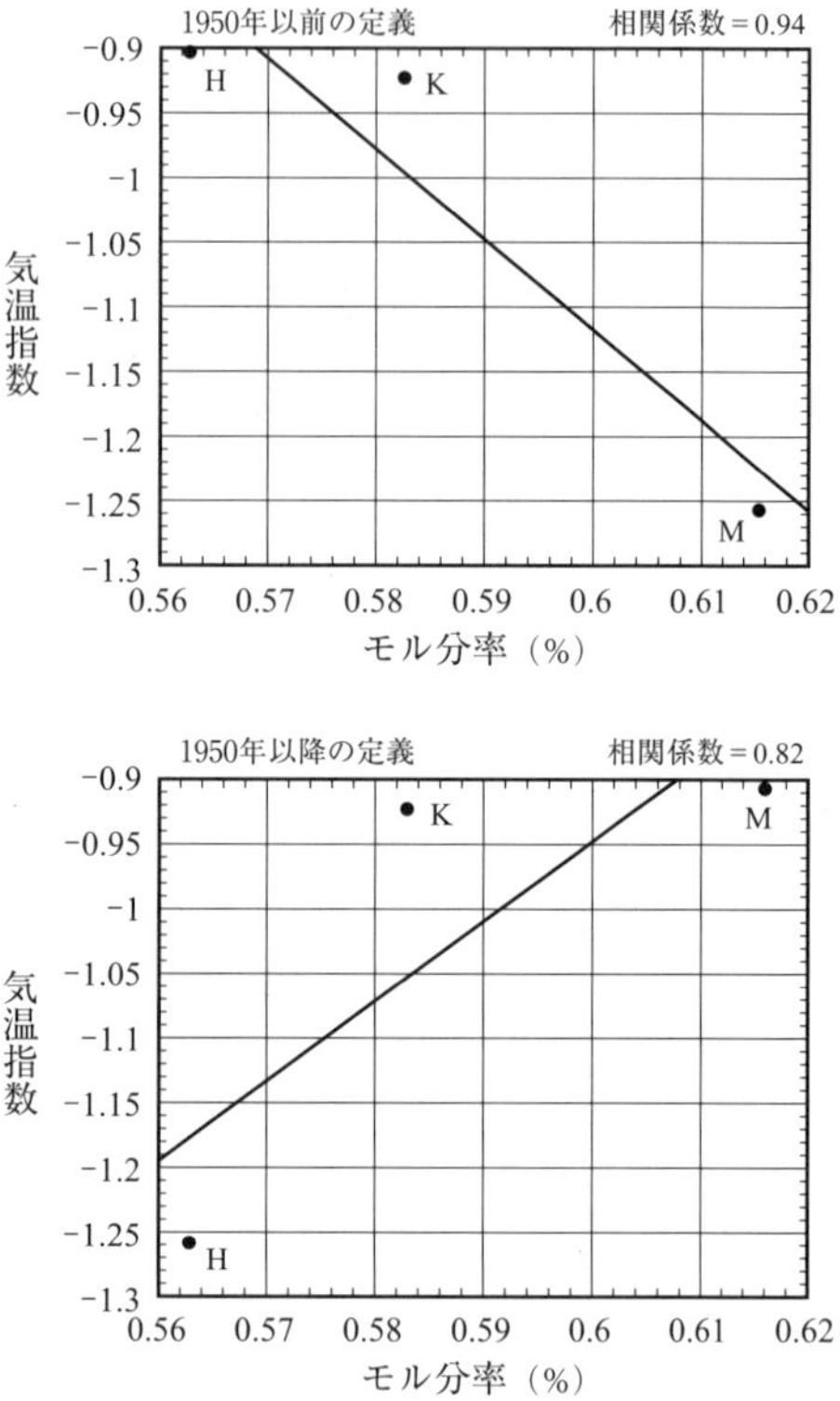

図４−２−３　1950年以前（上）、以降（下）それぞれの定義に従った気温指数とモル分率との相関能NMRスペクトル。

どちらの定義が正しいのかを見るためにそれぞれの棺で用いられている絹は三人の死亡直後に作られたものであるとの作業仮説をおき、年輪考古学から得られた気温指数とモル分率との相関を求め、左右についてのどちらの定義が妥当かを調べることが出来る。**図４—２—３**は二つの図から成っている。図の上は一九五〇年以前の旧定義を用いたもの、また、下は一九五〇年以降の新定義を用いたものである。通常の実験と異なり、遺体が三体しかない以上、実験点を四点以上に増やせないのが難点である。それでも、相関係数が左では〇・九四、右では〇・八二と、明らかに左が優位である。つまり、一九五〇年以前の定義が正しく、それに戻すべしというのが結論である。

一九五〇年と言っても、既に半世紀以上経過している。調査に参加した錚々たるメンバーも、一人を除いては物故されており、当時の状況は報告（「中尊寺御遺体調査報告」）に頼るしかない。それによると、基衡と秀衡の帰属を入れ替えるべきであるとした根拠は六つある。それらの内、

（1）旧秀衡壇の高欄その他が清衡壇のそれらに近い古格さを備えている

臨川書店の

新刊図書

2011/7 ～ 8

庶民信仰として今も伝わる「身代わり」のご利益…その原点にあるものは？

神仏霊験譚の息吹き

身代わり説話を中心に

中前正志 著 ■四六判上製・356頁 二、七三〇円

＊詳細は中面をご覧下さい

中條利一郎・酒井英男・石田 肇編

考古学を科学する

■A5判上製・288頁 二、一〇〇円

清水 勲 編著

ビゴーの150年

—異色フランス人画家と日本—

■A5判上製・400頁 四、九三五円

尾崎雄二郎筆録・高田時雄編

小川環樹 中國語學講義

■菊判上製・376頁 予価三、一五〇円

吉田金彦著

古辞書と国語

■A5判上製・400頁 予価八、四〇〇円

曽布川寛・吉田 豊編

ソグド人の美術と言語

重版出来

■A5判上製・336頁 三、七八〇円

乾隆得勝圖 第4回配本

平定苗疆戰圖

全16枚

■原寸645×504ミリ・二ツ折・函帙入・付別冊解説 一六八、〇〇〇円

臨川書店近代文芸・文化雑誌複製叢書〈第4次〉

改造（マイクロフィルム版）

最終回配本

■マイクロフィルム全94リール 各配本毎定価三六七、五〇〇円

検索用CD-ROM一枚 五二、五〇〇円

日本ヘルマン・ヘッセ友の会・研究会 編・訳

ヘルマン・ヘッセ エッセイ全集

—随想Ⅱ（一九〇五～一九二四）—

第七回配本 第5巻

■四六判上製・370頁 三、六七五円

臨川書店

表示価格は税込

本社／〒606-8204 京都市左京区田中下柳町 8 番地 ☎(075)721-7111 FAX(075)781-616

東京／〒101-0062 千代田区神田駿河台 2-11-16 さいかち坂ビル ☎(03)3293-5021 FAX(03)3293-502

E-mail（本社）kyoto@rinsen.com（東京）tokyo@rinsen.com http://www.rinsen.com

神仏霊験譚の息吹き
―身代わり説話を中心に―

中前正志著（京都女子大学教授）

涙を流す不動尊、女の髪を手に巻きつけた地蔵、矢を持った地蔵……一般的な像とは異なるこうした神仏の姿にはどのような由来があるのか。「身代わり」をキーワードに、古代から近世、仏教から金光教まで幅広く神仏がその不思議な力によって信者を助ける霊験譚を集め、丁寧に資料を読み解き考察を加える。ひとつひとつの霊験譚が時代を超え息づき蠢く、その息吹きを感じ取ることの出来る一冊！

■四六判上製・356頁　定価二、七三〇円

ISBN978-4-653-04078-1

ビゴーの150年
―異色フランス人画家と日本―

生誕150年記念出版

清水勲編著（漫画・諷刺画研究家）

＊9月上旬刊行

フランス人画家ジョルジュ・フェルディナン・ビゴー（一八六〇―一九二七）は、明治一五年から一七年余り日本に滞在し、膨大な量の作品を残した。欧化政策を推し進める日本政府、日清戦争、自然災害、そして近代化の渦中を生き抜く人々の姿……激動の時代にあった明治二〇年代の日本社会を、彼の眼はいかに捉え描写したのか？　歴史教科書の諷刺画で有名なビゴーと日本との関わりを、一五〇年にわたる年表と豊富な図版を交えて明らかにするビゴー資料の決定版！

■A5判上製・400頁　定価四、九三五円

ISBN978-4-653-04028-6

小川環樹　中國語學講義

尾崎雄二郎筆録・高田時雄編（京都大学人文科学研究所教授）

かつて中国文学の大学者、小川環樹の講義を碩学となった弟子、尾崎雄二郎が筆録していた。講義の口吻もそのまま忠実に記した、臨場感あふれるそのノートを、二人の弟子、高田時雄が編集、公刊する。今も変わらぬ基本的な知識は極めて要領よく解説され、また講義から七〇年余りを経て進歩した現在の学界においてなお、新たな研究アイデアやヒントが散りばめられた本講義録は、現在の中国語学を学ぶ学生のみならず、研究者にとっても有益な一冊となるはずである。

ISBN978-4-653-04034-7

平定苗疆戰圖

全16枚

乾隆得勝図全7種80枚

服を自視するために制作し王侯や功臣に下賜した銅版画の稀少な戦図群（西域・両金川、安南、台湾、苗疆、狆苗、廓爾喀）を、ロシア科学アカデミー東洋写本研究所等の蔵品により**原寸大**で複製刊行する。「平定西域戰圖」「平定臺灣戰圖」「平定安南戰圖」・「平定狆苗戰圖」に続く第四回配本は、「平定苗疆戰圖」（一七九五・現在の湖南・貴州）。

【呈内容見本】

■原寸645×504㎜・二ツ折・函帙入・付別冊解説　定価一六八、〇〇〇円

ISBN978-4-653-04074-3

臨川書店 近代文芸・文化雑誌複製叢書〈第4次〉

マイクロフィルム版

改造

自創刊号（大正8年4月）
至戦前終刊号（昭和19年6月）迄

＊最終回配本・10月発売／全六回配本

雑誌『改造』の創刊号から戦前終刊号までを**マイクロフィルム**で複製するシリーズ。**最終回配本**では、22巻1号（昭和15年1月）から軍部の圧力で終刊に追い込まれる26巻6号（昭和19年6月）まで、77冊を15リールに収録。近代の歴史、社会思想史、メディア史、文学研究に必備の重要資料。全頁のタイトル・執筆者・広告主名等を収録した検索用CD-ROMも同時発売！マイクロフィルムの検索がより簡便に。

【呈内容見本】

■マイクロフィルム全94リール　各配本毎定価三六七、五〇〇円
検索用CD-ROM1枚　定価五二、五〇〇円
＊但し、CD単体でのご購入は定価一〇五、〇〇〇円となります

ISBN978-4-653-04106-1（最終回配本）
ISBN978-4-653-04100-9（セット）

日本ヘルマン・ヘッセ友の会・研究会 編・訳

ヘルマン・ヘッセ エッセイ全集 第5巻

第七回配本

―随想Ⅱ（一九〇五～一九二四）―

第5巻は、一九〇五年から一九二四年の間のさまざまな心境を綴った「随想Ⅱ」を収録する。この時期は、ヘッセ二十八歳から四十七歳にあたり、作家として油が乗り、『車輪の下』『ゲルトルート』『ロスハルデ』『クヌルプ』『シッダールタ』詩集『青春は美し』等の代表作を続々と発表した時期にあたる。充実した作家生活の裏側をうかがわせる味わい深い一冊であり、この時期のヘッセの生活や心境もうかがえる興味深い一冊である。

【呈内容見本】

■四六判上製・370頁　定価三、六七五円

ISBN978-4-653-04055-2

考古学を科学する

中條利一郎・酒井英男・石田肇 編

文献資料だけでは見えてこない〈歴史〉に迫る方法とは？ 主に中世の遺物に対して有効な、**地磁気・ボーリング調査・DNA分析などの科学的手法**を紹介し、その調査実例として鎌倉でのフィールドワークなどを紹介する意欲的な共著本。考古学を専門とする学生・研究者はもちろん、**中世史・考古学愛好者**ならば必読の一冊！

■Ａ５判上製・288頁　定価二、一〇〇円

ISBN978-4-653-04048-4

ソグド人の美術と言語

曽布川寛（京都大学人文科学研究所名誉教授）
吉田豊（京都大学文学部教授）編

重版出来

漢唐時代、シルクロードの東西文化交流の担い手となっていた**ソグド人**とはいったい何者だったのか。中央アジアのソグディアナを根拠地として交易の民として栄えた、今なお謎多きソグド人の実態を、中国で近年発見されたソグド人墓の屏風画、サマルカンドの**宮殿壁画**、唐代の人々があこがれた**ソグド金銀器**、貴重な**ソグド語文献**から明らかにする。

読売新聞'11年5月1日朝刊に書評掲載（前田耕作氏評）

■Ａ５判上製・336頁　定価三、七八〇円

ISBN978-4-653-04049-1

古辞書と国語

吉田金彦 著（姫路獨協大学名誉教授）

＊9月刊行予定

国語学の大家として知られる著者が、長年にわたって研究を積み重ねてきた『類聚名義抄』、『韻字集』ほか古辞書についての研究論文を精選。名著とされる「図書寮本類聚名義抄出典攷」など、現在では参照困難となっている論考を、改訂のうえ収録した。関連分野の研究者にとって必携の書である。

■Ａ５判上製・400頁　予価八、四〇〇円

ISBN978-4-653-04059-0

（２）旧秀衡壇の天井様式などが清衡壇のそれらに近い

の二つについては、年輪考古学の気温指数から考えて、清衡、秀衡の時代には豪華なものが作れたが、基衡の時代はそうでなかったと考えられるふしがあり、説得力のある根拠ではない。

（３）旧基衡棺内の稗殻などが「南留別志談」の秀衡棺の記述と一致

（４）旧基衡棺から袈裟や水晶製の念珠が出たことは秀衡が出家していた事実と一致

の二つについては、ＮＭＲは何も語れない。つまり、否定も肯定も出来ない。

（５）当初、首級が旧基衡棺中にあった

（６）首級は泰衡のもので、実父秀衡の棺に納められるのが、親子の情愛として自然

の二つについても、ＮＭＲは何も語れない。しかし、歴史の教えるところによれば、秀衡は死に臨んで、泰衡に源義経を守るべく遺言したのに、僅か二年で源頼朝の攻撃を怖れて、義経を死に追いやったばかりか、奥州藤原氏の滅亡まで招いてしまった。つまり、泰衡は親の遺言を守れなかった親不孝者ということになる。そうだとすれば、情愛についても疑義が生じる。

従って、一九五〇年の調査で挙げられた理由のすべてに反論できるわけではないが、明らかな矛盾もない。この研究で得られた結論により、速やかに一九五〇年以前の帰属に戻すべきである。一九五〇年の調査団の主要メンバーの一人であった古畑種基博士（当時、東京大学医学部）のご令息の古畑和孝博士（東京大学文学部名誉教授）にお話を伺う機会があった。それによると、当時も帰属の変更には必ずしも全員の同意があった訳ではなく、たまたま声の大きいＭ博士の発言で決まった由である。今すぐにでも、もとのものに変更すべきである。この点について、次々節でもう一度述べる。

３　絹糸腺のアミノ酸組成の生育温度依存性

前説で用いた作業仮説の一つにフィブロインのアミノ酸組成は試料ごとに異なり、それは気温（生育温度）によるというのがあった。これは、カイコを種々の温度で飼育し、それから取り出した絹糸腺のアミノ酸組成を調べることにより、検証できる。また、ＮＭＲの側にも、この測定が都合のいい理由がある。解剖により取り出した絹糸腺はＤＭＳＯ（ジメチルスルホキシド）に溶解する。このため、ピーク間の分離にすぐれる（これを分解能にすぐれるという）スペクトルが得られ、より精度の高いモル分率の値が得られる。もう一つ、利点がある。前説の**図４―１―２**では、横軸の試料として三点しか用いられなかったが、今度は飼育温度の異なるカイコが試料だから、試料数を増やせる。とは言っても、飼育器が六点しかないこと、カイコが二〇―三〇℃の間でしか生育しないことなどのため、六点しか採れなかった。それでも、三点より大進歩である。

カイコの飼育は神奈川県農業総合研究所の鈴木誠、奥村一の両氏にお願いした。飼育のプロに飼育をお願いし、得られた結果の信頼性を上げるためである。用いたカイコの種類を**表４―２―１**に示す。

２節で用いた帝京科学大学設置の日本電子製アルファ５００ＮＭＲ装置はプローブを交換するだけで、固体ＮＭＲ、溶液ＮＭＲどちらのスペクトルも測定できる。同じ装置を用いて測定した溶液ＮＭＲスペクトルの一例を**図４―２―４**に示す。春嶺１号×鐘月１号のメスを二八℃で飼育したものから剔出した絹糸腺のＤＭＳＯ溶液のスペクトルである。なお、交配種の表し方では×の記号の前がオス、後がメスという約束事がある。このスペクトルを**図４―２―２**の固体スペクトルと比較すると、分解能の向上は顕著であり、より正確な情報が得られることを期待させてくれる。更に、五〇ｐｐｍ前後に観測される飽和炭化水素からのピークはGlyやAlaだけでなく、セリン（Ser）、チロシン（Tyr）、バリン（Var）に由来するピークも観測され、より豊富な情報を提供してくれそうである。しかし、（１）式と比較可能な量は

表4－2－1　アミノ酸組成の生育温度依存性の実験に用いたカイコの種

試料名	特徴
春嶺1号（日本種）×鐘月1号（中国種）	現在、わが国で飼育されている標準種
はばたきⅠ	広食性（桑以外のものも食べる）、桑の多い餌で飼育
はばたきⅡ	同、桑の少ない餌（リンゴの皮）で飼育
小石丸	古い時代のカイコに最も似ている種

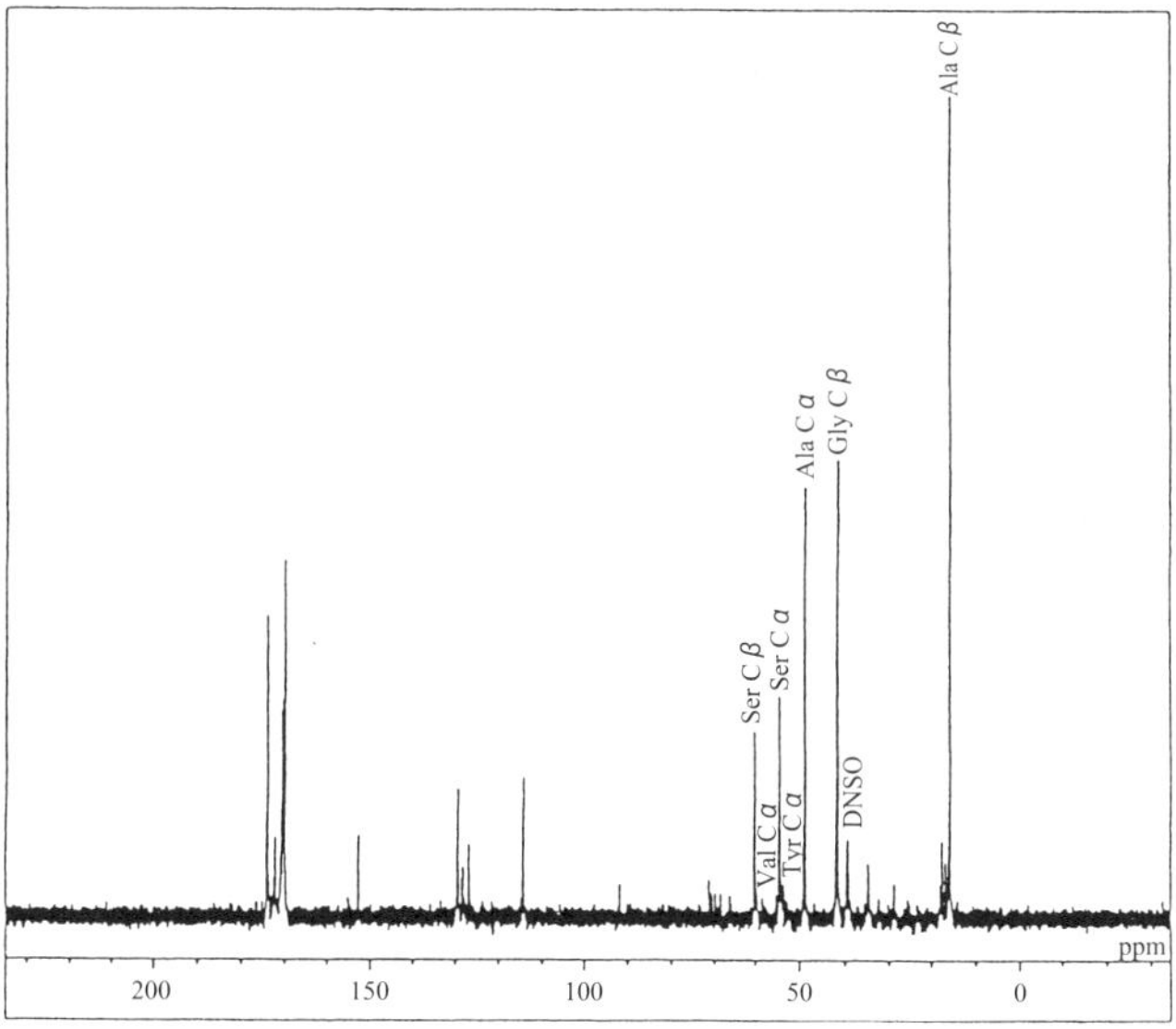

図4－2－4　春嶺1号×鐘月1号を28℃で飼育したメスの絹糸腺の ^{13}C 溶液高分解能NMRスペクトル

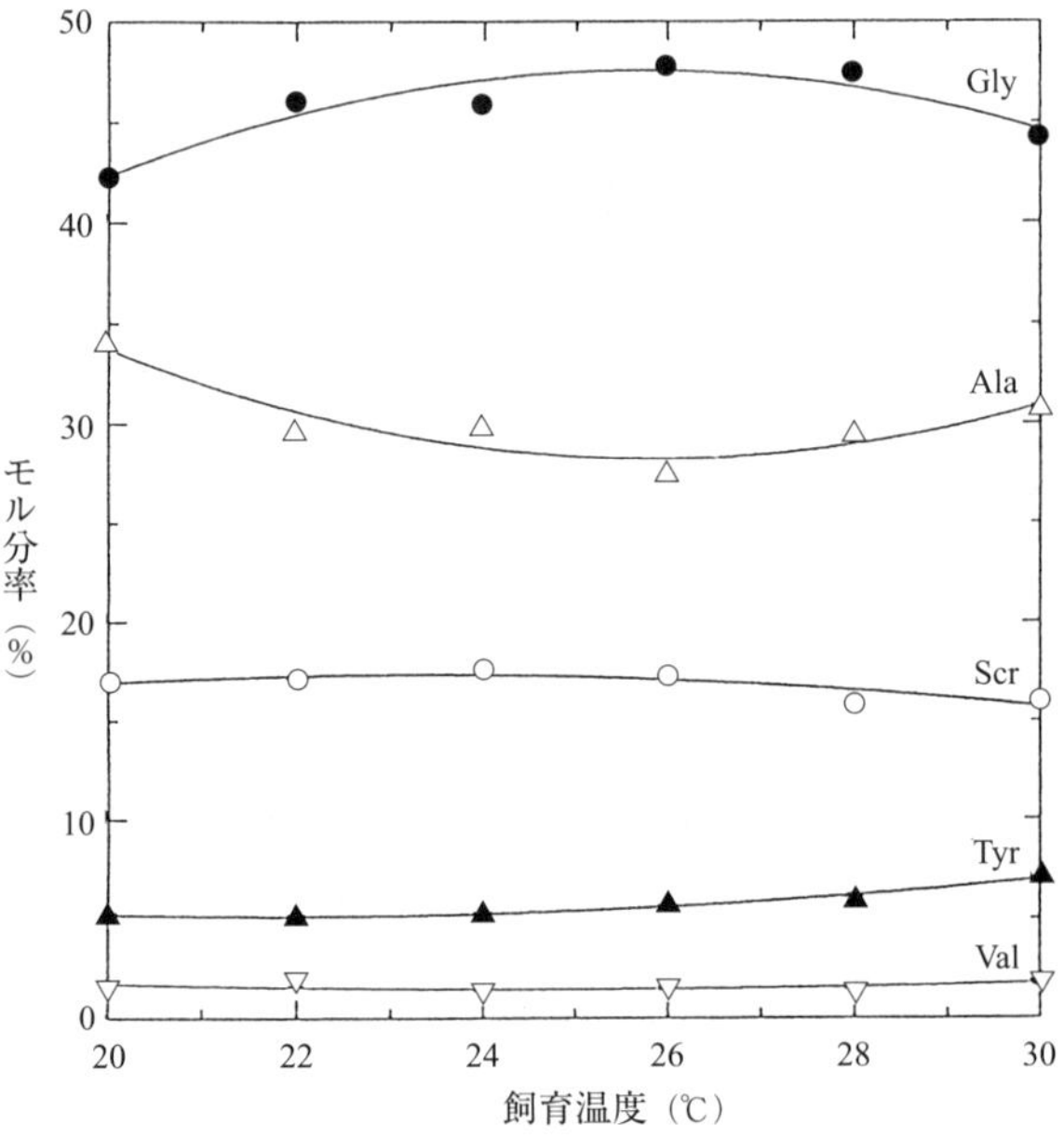

図4－2－5　春嶺1号×鐘月1号のオスの絹糸腺のモル分率の飼育温度依存性。●：グリシン、△：アラニン、○：セリン、▲：チロシン、▽：バリン。

モル分率　＝　［Gly］/｛［Gly］＋［Ala］＋［Ser］＋［Tyr］＋［Val］｝　(2)

である。他のアミノ酸残基についても、同様のモル分率を求めることができる。実際に使用したのは、α炭素からのピークである。**表4―2―1**のすべての試料（オスとメス別々にプロットしたので、**表4―2―1**の二倍）について、(2)式のモル分率を飼育温度に対してプロットする。一例として、春嶺1号×鐘月1号のオスのプロットを**図4―2―5**に示す。これらの実験点に直線による最小二乗法を適用するのは無理がある。代わりに、二次関数による最小二乗法で得られた実験曲線も図の中に示してある。カイコに限らず、多くの昆虫の幼虫の最適成育温度、または最適飼育温度は二五℃であると言われている。図中の各曲線とも、二五℃の近傍に極大または極小をもっている。Glyに関して言えば、Gly残基が最も多く含まれるのが最適ということのようである。全体で一〇〇%になるよう規格化してあるので、他のアミノ酸残基で極小を示すものがあるのは当然である。

図4―2―5を**図4―2―2**と比較すると、中尊寺の絹が二五℃以下で飼育したものと考えれば、気温ととも

にグリシン残基のモル分率が増加するため、図４—２—２の結果が得られたと考えられる。

　前節で述べたとおり、カイコは生涯に食べた桑に含まれるタンパク質の六〇—七〇％がフィブロインに取り込まれる高効率のマシンである。だとすれば、カイコの体内で産生される他のタンパク質にも、同様の傾向が見られることが期待される。一例として、カイコの体液（脊椎動物の血液に相当）の飼育温度依存性をみることにする。試料は図４—２—６と同じ、春嶺１号×鐘月１号のオスである。今度はSer, Val, Tyrは観測されず、替わりにロイシン（Leu）とプロリン（Pro）が観測される。図４—２—５と図４—２—６の対応する曲線の曲率の符号が反対になっていることが注目される。二つの関連する自然現象の間に相関があるとき、その相関は保存型と平衡型に大別される。前者では、一方が増えればその分他方が減少し、後者では、一方が増えればそれに対応して他方も増加する。今の場合は前者のようである。これは、既に述べたとおり、カイコは生涯に食べたタンパク質の六〇—七〇％がフィブロインに取り込まれるほどの効率のいい変換装置であることと関係していると思われる。

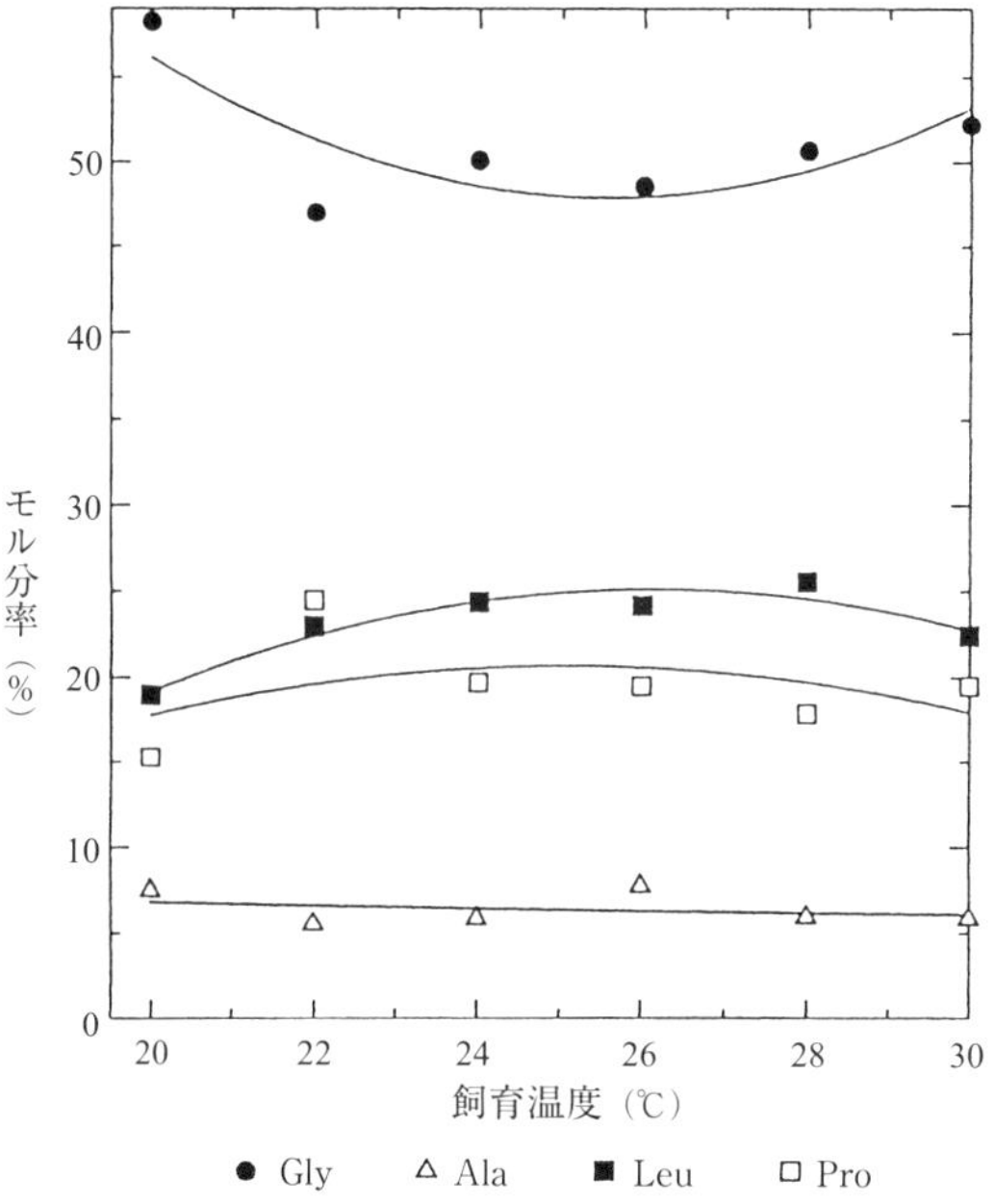

図４−２−６　春嶺１号×鐘月１号のオスの体液のモル分率の飼育温度依存性。●：グリシン、△：アラニン、■：ロイシン、□：プロリン。

　気温が桑のアミノ酸組成に影響し、食物連鎖でその先にいるフィブロインのアミノ酸組成に影響していると考え、それを実験的に確かめようとすると、桑を温

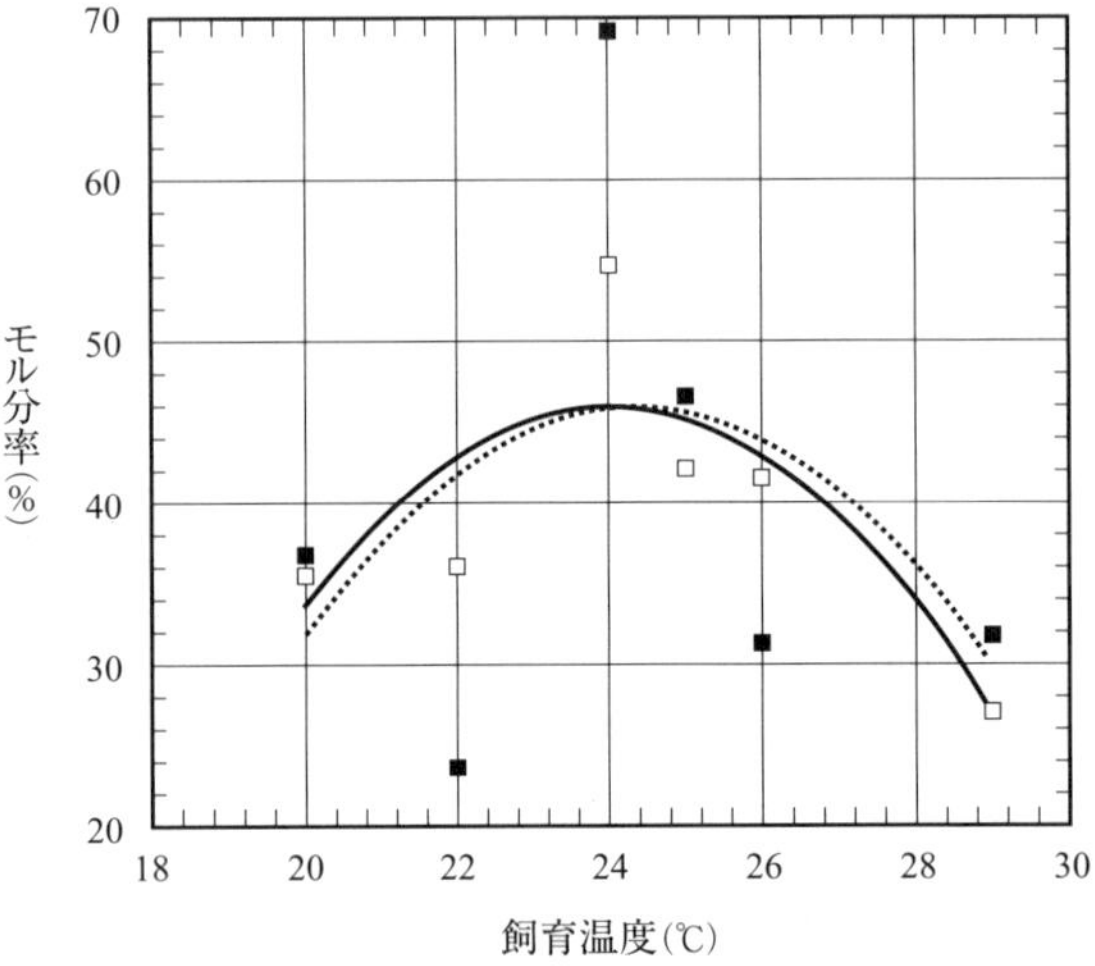

図４－２－７　絹糸腺のアミノ酸残基のモル分率の飼育温度依存性（グリシンのみ表示）。実線と■：はばたきⅠ、破線と□：はばたきⅡ。

室で成育させ、その温度を制御すればよいことになる。しかし、これは経費的にも、空間的にも現実離れしている。その代わりに、カイコに与える餌を変えてみる。はばたきという種のカイコは広食性で、桑以外のものも食べる。そこで、この桑を日本農産工業製の人工飼料、シルクメートで飼育する。これには二種類あり、シルクメートⅠは桑を多量含み、シルクメートⅡは少量しか含んでいなくて、あとはリンゴの皮などである（これ以上の詳細は不明）。それぞれが、**表４―２―１**の、はばたきⅠ、はばたきⅡである。両者について、**図４―２―５**と同じ測定を行う。全部を載せると図が複雑になるので、Glyのモル分率だけを**図４―２―７**に示す。個々の点の比較では、両者が一致しているとは言いがたいが、全体としてみると、両者にそれほどのちがいはない。つまり、フィブロインのアミノ酸組成への影響の内、カイコが食べた桑のアミノ酸組成はそれほど顕著でない。餌ではない、何か別の原因がフィブロインのアミノ酸組成の気温依存性を決めていると考えられる。

最適温度である二五℃近傍で飼育したカイコから作った絹が良品とされているが、それは［Gly］の値が大きいことによることが明らかになった。Glyに富む部分はβらせんのコンホメーションであるのに対し、Alaに富む部分はβシート構造である。後者は分子の骨格結合を構成する連続した三原子で定義される結合角を変えなければ（熱エネルギーより大きいエネルギーが必要）分子が伸びることが出来ないのに対し、前者では回転角を変える

（熱エネルギー程度で充分）だけで伸びることが出来る。良品というのは剛い（rigid）か柔らかい（pliable）で判断すれば剛いもので、硬い（hard）か軟らかい（soft）で判断すれば軟らかいものということになっているが、その内、分子物性である剛柔については、分子のアミノ酸組成で説明できることがわかった。硬軟については、分子集合体の物性であるので、ここでは述べない。

ここで、中尊寺金色堂の遺体とともに用いられている絹のアミノ酸組成の話に戻る。以上の実験から明らかなとおり、アミノ酸組成は成育温度によって決まるもので、当該絹のアミノ酸組成はそれが作られた時の気温を反映したものである。従って、納棺直前に作られた絹が使われているという作業仮説を用いる限り、藤原三代の遺体の帰属は、一九五〇年以前のもので充分であり、現在中尊寺で採用されている一九五〇年以降の帰属を破棄し、もとに戻すべきである。

4　遺体とともに使われている絹のＡＭＳによる年代推定

前節までに述べて来たことからわかるとおり、遺体の帰属はほぼ明らかになったと言えよう。しかし、次節で述べるとおり、中尊寺はこれを訂正しようとしない。そこで、年代決定にとっては、より直接的なＡＭＳ法により、年代を決定し、前節までの結論を更に決定的なものにするのがこの節の目的である。

炭素の放射性同位体である^{14}Cの崩壊からの考古学的試料の年代の推定は、文献のない時代の木材試料には広く用いられている。この手法は文献がある時代（ここでは中世）の木材以外の試料でも、有機物でさえあれば（ここでは絹）、適用できる。最初に開発されたβ線係数測定法もそれに代わって主流となったＡＭＳ（Accelerating Mass Spectrometry）法も、考古学と自然科学との接点としては最もポピュラーな方法であるので、ここでそれらについて紹介することはやめにして、この節で用いる装置や試料とその調製法についてだけ述べる。

表４−２−２　AMSによる年代決定に用いた試料

試料番号	遺体名	試料の特徴
166	基衡	平　絹
RN4403	基衡	平　絹
RN46092	秀衡	平　絹

用いた装置は名古屋大学年代測定総合研究センター設置のタンデロン加速器質量分析装置である。試料は**表４—２—２**に示す三種類である。遺体名は一九五〇年以前の定義に従った。また、他の試料の測定に出来るだけ支障がないよう、三点だけ測定した。清衡については文献の記述に曖昧さがないため、測定をやめ、代わりに信頼度をチェックする目的で、基衡のものを二点測定した。

測定に際しては、更に信頼度をあげるため、各試料を二分し、独立に測定した。試料二五—五〇mgを温水に浸して洗浄し、〇・六規定の塩化水素酸、〇・三規定の水酸化ナトリウム、〇・六規定の塩化水素酸の順序で、それぞれをほぼ一日間、六〇—八〇℃で加熱処理をし、繊維表面に付着の可能性のある二次的な不純物を除去した。水洗、乾燥の後、真空中で燃焼して二酸化炭素を回収し、それをグラファイトに変えたものを測定に供した。

炭素同位体比（$^{14}C/^{12}C$）のシュウ酸標準体（NIST oxalic acid SRM-4990 C）の比に対する比を算出し、放射性炭素年代（conventional ^{14}C age）を算出した。

二つに分けて測定した結果はone sigmaの範囲内で一致している。そこで、世界標準較正曲線（INTCAL 04）較正データと較正プログラムCALIB 5.0.1を用いて較正を行うと、

RN 44166　cal AD 1044-1156

RN 4403　cal AD 1159-1220

RN 46092　cal AD 1212-1258

の結果が得られる。これらの結果は基衡や秀衡の死亡時期と完全に一致するところまでは行っていなくて、より現代に近い側にずれているが、順序は一九五〇年以前の定義と一致している。ここでも、定義を一九五〇年以前のものに戻すべきことが示唆される。

5　劣化が進んだ絹の力学的性質の推定

ブティックやデパートで絹製品を買う場面を想像してみよう。いくつかの要因が購入の可否を決める。色や柄、これはアミノ酸組成と結びつきそうにないので、考慮の外に置く。価格も同様である。肌触り、専門用語で風合いと呼ばれるものは関係がありそうである。風合いと関係がありそうだからと言うのもはじめた理由の一つである。しかし、モル分率は直ちに風合いとは結びつかない。より直接的には、引張り試験などの試験法が風合いを知るのに用いられる。試料を両側からチャックで挟んで引っ張り、その応答をみればよい。ところが、考古学的試料では劣化が進んでおり、劣化している部分への応力集中が生じ、新鮮であった頃の力学的性質についての情報は得られない。引張りというのは、系への巨視的な摂動の一つである。巨視的な摂動を加えなければいいことになる。これは高分子科学の研究で、考古学の範囲を逸脱しそうである。そうではない。古い時代の試料の力学的性質を推定するのも考古学であると、筆者は考えている。

図４−２−８　オーストリアの首都ウィーンの中央墓地にあるボルツマンの墓

オーストリアの首都、ウィーンでは都市改造の際、市内各地に分散していた墓地を町の南東に中央墓地を設けて、そちらに移設した。その際、音楽家は音楽家で一つの区画に、科学者も一つの区画に纏められた。音楽家の区画は今や観光スポットである。そこから奥まったところに図４—２—８のお墓がある。墓碑に

$$S = k. \log W \qquad (3)$$

と書いてあるから、その前にある胸像から誰のものか

判断できない人でも、これがボルツマンのお墓であることがわかる。この式でＳはエントロピー、Ｗは巨視的には区別がつかないが微視的には異なる状態の数である。logは自然対数をとる演算子である。今日ではlnと書かれることが多いが、ここではお墓の記述に従う。つまり、これは巨視的な量であるエントロピーが微視的な量である状態の数と関係づけられることを示したボルツマンの原理の式である。ｋはボルツマン定数と呼ばれる巨視的世界と微視的世界を結びつける定数で、今日ではドットをつけないのが普通であるが、ここでは墓碑に忠実に書いておく。

この式を変形すると、

$$W = \exp(S/k) \quad (4)$$

となる。ただ変形しただけだから、両式は数学的には等価である。しかし、アインシュタインによれば、Ｗという微視的な量はＳという巨視的な量で記述できることになる。

あるいは、微視的な量（揺動）と巨視的な量（散逸）と同等である。これを揺動散逸定理といい。その萌芽は奇跡の年（アインシュタインが六つの著名な論文を刊行した年のことをこう言う。一九〇五年のこと）の五月の論文に見られる。そして、揺動の測定法として、ＮＭＲによるスピン格子緩和時間が考えられる。ＮＭＲの測定には磁場をかけてやることが必要である。これは摂動である。しかし、これはスピン系への摂動であって、分子運動へのそれではないことを注意しておく。

現在のＮＭＲでは、定常的な磁場の他にパルス磁場をかけ、それに対する応答を測定するのが普通である。２項、３項ではｘ軸方向（静磁場の方向をｚ軸とした時の右手系で）に、磁化がｘ軸のまわりに九〇度回転するまで、パルス的に磁場をかけた後のｙ成分の時間依存性（これを自由減衰曲線という）を求め、それをフーリエ変換したものをスペクトルとして用いていた。この節では、180°－τ－90°パルスを用いる。一八〇度パルスで磁化の向きがマイナスｚ軸方向に逆転する。それがｚ軸方向に回復して行く様子を見れば、磁場以外の自由度（これを格子系という）との相互作用による緩和に関する情報が得られる。この回復の時定数（これをスピン—格子緩和時間という。通常、T_1という記号が使われるので、以下ではT_1と言うことにする）を求めれば、それが散逸量と関係づけられる。揺動散逸定理の表現のＮＭＲ版である。ところが、ＮＭＲの装置はｚ成分を測定できるようには作られていない。それで、一八〇度パルスの後、τだけ時間が経過した時点で、九〇度パルスをかけ、ｙ成分として測定する必要がある。つまり、事柄の本質は一八〇度パルスだけで、後はＮＭＲ測定のためのお家の事情である。それを敢えて書いたのは、測定に手数がかかることを強調するためで、それ以上に他意はない。

絹のような高分子材料の変形には最低限、粘性変形、弾性変形、両者を組み合わせた粘弾性変形の三つを考える必要がある。それぞれの代表として、初期コンプライアンス（Ａ）、初期弾性率（Ｂ）、両者の比（Ａ／Ｂ）を選ぶ。新鮮な絹試料四点について、これらを測定し、T_1の逆数との相関を求めたのが**図４—２—９**である（29）。縦軸の諸量の測定には農林水産省蚕糸・昆虫研究所（当時）設置のテンシロン／Ｕｔｍ—Ⅱを、T_1の測定には帝京科学大学設置の日本電子製アルファ５００ＮＭＲスペクトロメーターを用いた。図中にＫ、Ｍ、Ｈと記した三点についいては後述するとして、残る四点に最小自乗法を適用し、得られた相関係数は、図の上から順に、それぞれ、〇・九一九、〇・七四七、〇・九五六である。予想されたとおり、粘弾性パラメーターとT_1の逆数との相関が最もよい。絹の分子運動は、極めて粘弾性的だからである。

図４—２—９に限らず、縦軸と横軸からなる図に実験点をプロットしようとすると、両軸に対応する値が必要である。これに反して、この節のはじめで述べた考古学的試料のおかれている状況は縦軸に対応する値が得られないことを示している。そこで、これらの考古学的試料に対して横軸に対応する値、即ち、T_1だけを測定し、**図４—２—９**中の最小自乗法による直線の上に落ちるようにプロットする。これが三つの図それぞれにＫ、Ｍ、Ｈで示した点である。Ｋ、Ｍ、Ｈは、それぞれ、清衡、基衡、秀衡の棺の中にあった絹を示す。このようにして、

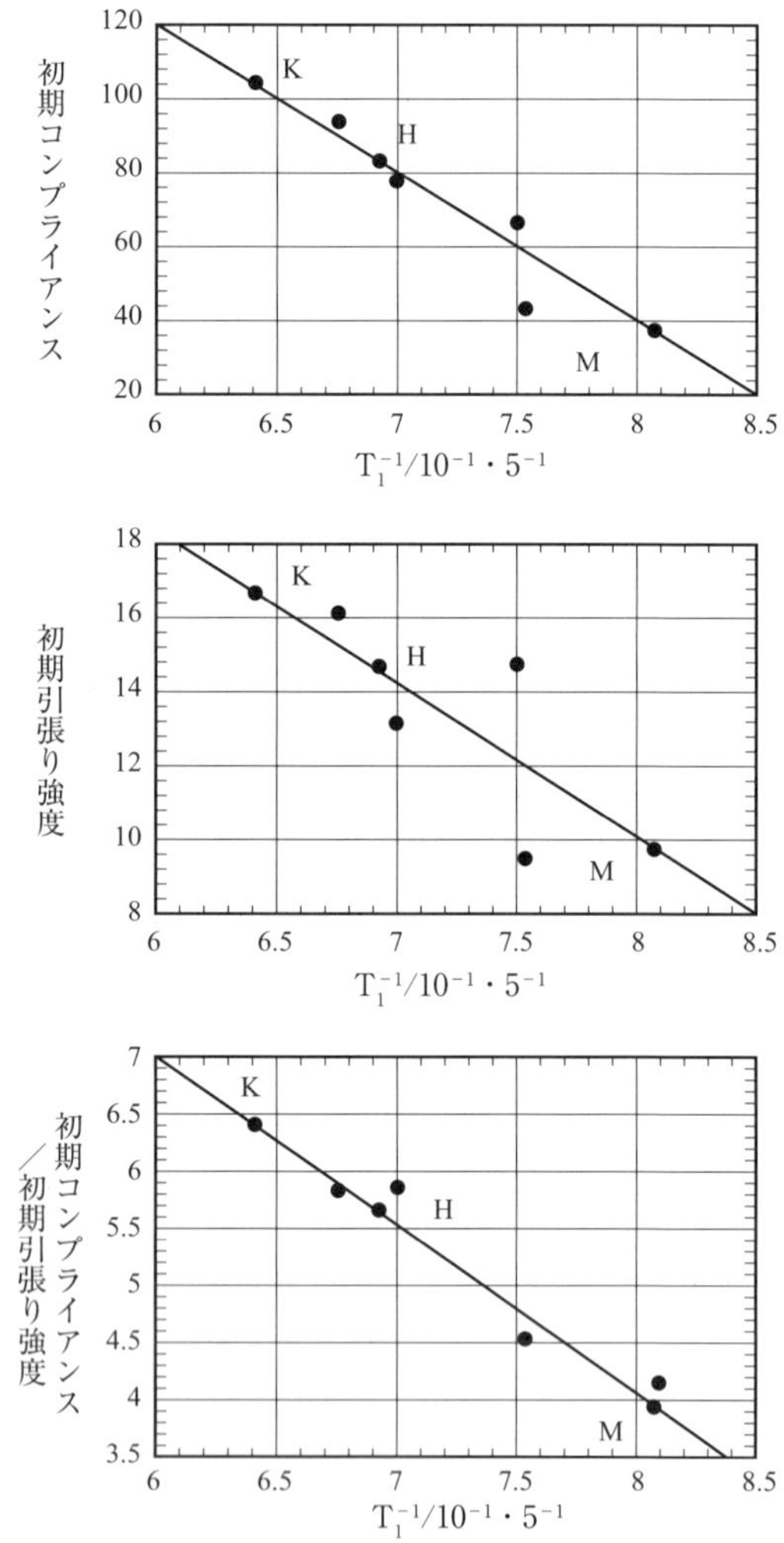

図 4－2－9　新鮮な絹の初期コンプライアンス（上、A）、初期引張り強度（中、B）、両者の比（下、A/B）とT_1の逆数との相関。

考古学的試料の力学的性質を推定することが出来る。それらの数値を記すことはやめる。図中のK、M、Hと記した以外の点を更に増やし、数値にもっと信頼性が得られるようになってから示すことにしたい。

ここで示した方法が意味を持つためには、T_1が表す内容が、古い時代のものであっても、それが新鮮であった当時のものに近いことが必須である。つまり、応力集中により、試料がボロボロになっているようでも、応力集中を受けていない部分は殆ど劣化を受けていないのでなければ、意味がない。

そこで、新鮮な絹試料を用意し、それそのものと、それに電子線ビームを照射して劣化させたものとを比較する。自由減衰曲線は時間に対して指数関数的に減衰することがわかっているので、自由減衰と時間との半対数プロットをとったのが、**図4―2―10**である。一方、T_1はこの直線の傾きの逆数である。点のバラツキが大きく、決して良好な直線が得られているとは言えないが、恣意を排して機械的に最小自乗法を施した直線が、劣化の前（細線）後（太線）で平行であることは、T_1の値が劣化によって変わらないことを示している。両直線の切片が一致しないのは、寄与する^{13}C核の数のちがいによる。

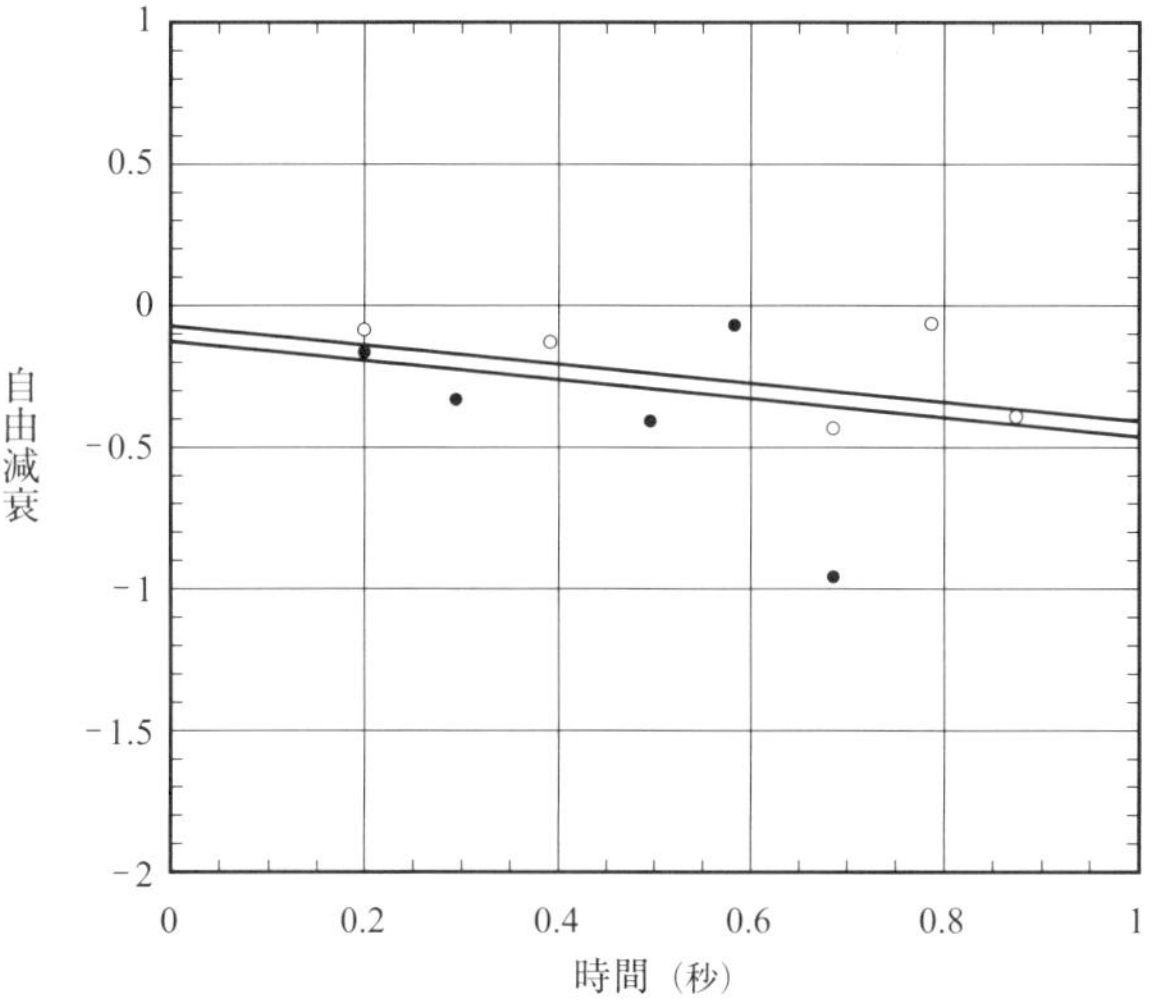

図4−2−10　新鮮な絹（細線と○）とそれに電子線を照射して劣化させた絹（太線と●）の自由減衰と時間との半対数プロット。

もう一つ注意しなければならないことがある。T_1は分子運動だけでなく、常磁性イオンが存在すると、それによっても値が変わる。血液中のヘモグロビンは常磁性であるし、染色の際添加される媒染剤の中にも常磁性物質がある。そこで、新鮮な絹試料を用意し、それに染料だけで染色したもの、媒染剤だけで同様の処理をしたもの、両者を併用して染色したものについて、**図4―2―9**下図の縦軸に対応する量をT_1の逆数に対してプロットしたのが**図4―2―11**である。絹はすべて同じもの（新鮮）で、媒染剤としてはAlやCuのような反磁性イオンを含むもの、Feのような常磁性イオンを含むもの両方を纏めて示してある。染料も複数種類用いて比較してある。一点だけ離れているものがあり、その理由は不明だが、概ね一定の範囲に集中しており、媒染剤に含まれる常磁性イオンはT_1の値を変えるほどのものではないことがわかる。

以上がこの節で述べたいことである。つまり、劣化が進んだ絹試料でも、T_1の測定結果に揺動散逸定理を適用すると、力学的性質が推定できる。

ここで得られたデータからも、遺体錯誤の問題に重要な情報が得られる。それに触れて、この節を終わりにしたい。**図４—２—12**は藤原三代の絹に対して、**図４—２—３**と同じ気温指数を**図４—２—９**下図の縦軸と同じ量に対してプロットしたものである。二つの図の上段は一九五〇年以前の旧定義に従ったもの、下段は新定義に従ったものである。それぞれの相関係数は〇・九四と〇・二六であり、４項や５項に加えて更に強力に旧定義の優位性を示す結論が得られた。

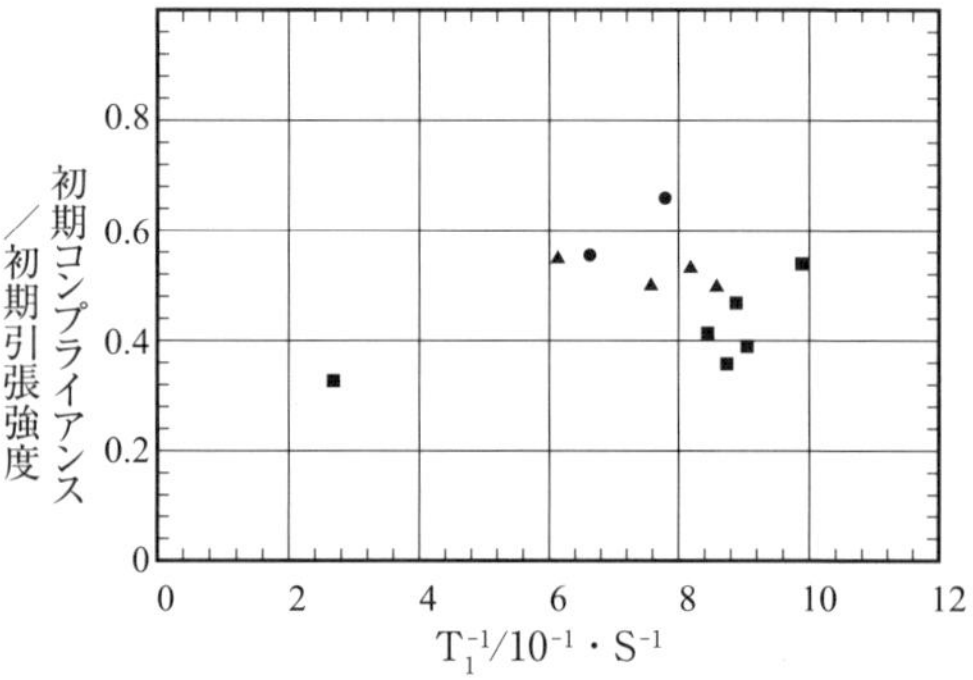

図４—２—11　新鮮な絹の初期コンプライアンス／初期引張り強度とＴ１の逆数との関係。●：染料、媒染剤による処理前、■：媒染剤だけで処理、▲：染料と媒染剤で処理。

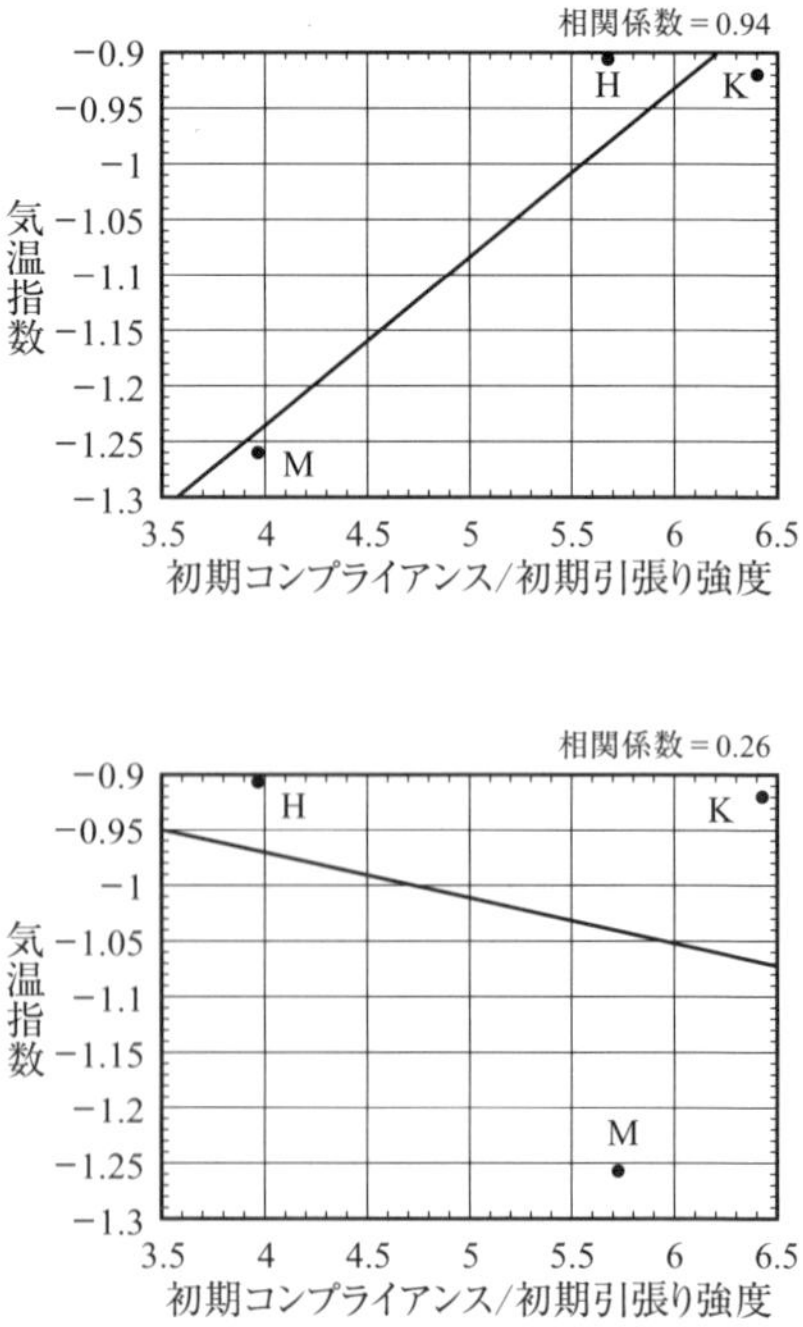

図４－２－12　1950年以前（上）、以降（下）

6　おわりに

国立大学の法人化に合わせて、大学の組織の変更が活発である。その前までは、全国一律に数学科は理学部乃至はそれに対応する複合学部に設置されていた。そのため、数学は自然科学の一分科と誤解している人がいる。考古学者にもいるが、理科系の学者の中にもいるから、非難するつもりはない。その状況は今でも続いている。数学は論理学であり、ある定義がされれば、その後はその定義の範囲内で、常に真実である。上記の誤解をする人々にとっては、自然科学も同様であるという誤解（というよりは信仰に近い）を生む。つまり、自然科学的方法を使えば、快刀乱麻を断つが如き、明快な解が得られる筈であるという誤解乃至は信仰である。しかし、自然科学で定義に対応するのは事象（自然科学的対象であれ、人文社会科学的事象であれ）である。その事象の把握の仕方が不充分であったり、誤解に基づいていたりすると、よって立つ事象のモデル化を改めるところから、また再出発をしなければならない。ここで取り扱った中尊寺金色堂の絹についても例外ではない。絹一つとっても、さまざまなアプローチをしないと、真実は見えて来ない。聊かくどいと思われるかも知れない記述を進めて来たのはそのためである。

第5章

中世鎌倉の素顔　考古生物資料を用いた分析

第1節　鎌倉市由比ヶ浜地域の中世遺跡出土人骨

平田和明・長岡朋人・星野敬吾・澤田純明

1　由比ヶ浜地域遺跡の概要

鎌倉市に所在する遺跡からは、これまでに大量の中世人骨が発掘されている。特に、由比ヶ浜海岸に面し、旧市街のほぼ中央を南北に流れる滑川から西の稲瀬川付近までの由比ヶ浜地域は、中世には前浜といわれ、古くから人骨が出土することで知られ、ガイコツガ原とも呼ばれていた。図５―１―１に示すように大量の中世人骨が出土した遺跡が四ヵ所存在する。海岸部の由比ヶ浜南遺跡と静養館遺跡は隣接し、中世集団墓地遺跡（No.372）は材木座遺跡と同様に滑川の西岸にあり、材木座遺跡から北に約一〇〇ｍの位置にある。四遺跡の埋葬墓の年代であるが、滑川西岸の中世集団墓地遺跡の頭骨集積墓（単体埋葬墓と全身集積墓は一三世紀）と材木座遺跡はともに一四世紀前半とされ、これら遺跡より西方に位置する静養館遺跡と由比ヶ浜南遺跡はほぼ一四世紀後半とされる。

これらの遺跡の人骨の埋葬形態は、単体埋葬墓・集積埋葬墓（頭骨・全身）および人骨獣骨混合埋葬の三つに大別できる。鈴木尚らによる発掘調査報告書（一九五六年）によると、材木座遺跡の出土人骨五五六個体は大部分が二四カ所の大小の墓壙に部分的に合葬された集積埋葬であり、全身骨格は約三〇体程でしかない。近年この地域で次の三つの遺跡が発掘調査され、著者らにより報告書が発刊されている。中世集団墓地遺跡は単体埋葬墓が二七カ所、全身集積墓が一八カ所、および三八〇個の頭蓋が認められた頭蓋集積墓が一カ所で、やはり集積墓出土人骨が大部分を占める。由比ヶ浜南遺跡は単体埋葬墓から六六七個体が出土している（平田ほか、二〇〇一）。

同遺跡の八四カ所もの集積墓からは最少でも三一〇八体の人骨が出土し、大部分が頭蓋集積墓および四肢骨を含む集合墓からの出土である。また、人骨に動物骨を伴う集積墓が二五カ所あり、二〇〇一年の西本らの報告によると、これらの人骨は下肢の比率が高く、骨の両端にイヌによる咬痕が存在していることなどから、おそらく鎌倉市街地で死後しばらく放置され、その間イヌなどに食い荒らされて一部を消失した断片的な散乱人骨が集められ埋納されたものであろうと考えられている。由比ヶ浜南遺跡の北側に隣接する静養館遺跡（森本ほか、一九八四）は、頭蓋集積墓から五五個体が出土しており、その他に全身集積墓および単体埋葬墓が認められた。

これらの四遺跡からの出土人骨状況の比較をした。年齢構成は、**表5―1―1**に示されているように由比ヶ浜南遺跡からは小児骨が一二八個体出土し成人骨の約半数を占めているが、他の三遺跡出土の成人骨と小児骨の比率は六対一～九対一である。これは、由比ヶ浜南遺跡出土人骨は単体埋葬墓だけのデータであるのに対して、他遺跡は集積埋葬墓出土人骨が多くの比率を占めることに関連していると考えられる。

また、**表5―1―2**に示す成人骨の男女比であるが、年代が一四世紀後半で隣接して存在する静養館遺跡と由比ヶ浜南遺跡はともに男女ほぼ同数が出土している。それに対して、やや古い一四世紀前半でやはりほぼ隣接する中世集団墓地遺跡と材木座遺跡はともに男女比は約二対一である。年代がほぼ同じで、かつ互いに隣接する遺跡は同様の成人男女比で出土している。これらの遺跡間の出土人骨年齢比および男女比の差も埋葬遺跡の性質の違いを反映するものと推測され、興味深い。

2　由比ヶ浜地域から出土した中世人骨の形態的特徴

鈴木尚らの報告書（一九五六）によって、頭蓋が長頭であり、顔の高さが低く、歯槽性突顎の傾向が強いなど、材木座遺跡出土の中世人骨の形態的特徴が明らかにされた。その特徴は他の時代には見られないものである。こ

表5-1-1　鎌倉市由比ヶ浜地域遺跡出土中世人骨の成人と小児の比率

	N	成人	小児	年齢不詳	比率
静養館	90	81	9	1	約9：1
由比ガ浜南	416	288	128	0	約2：1
中世集団墓地	522 （上顎骨）	380	59	83	約6：1
材木座	280	249 （頭蓋のみ）	31	0	約8：1

表5-1-2　鎌倉市由比ヶ浜地域遺跡出土中世人骨の成人男女比

	N	男性	女性	性別不明	比率
静養館	81	42	39	0	約1：1
由比ガ浜南	288	131	131	26	1：1
中世集団墓地	149 （骨盤部）	101	48	0	約2：1
材木座	249 （頭蓋のみ）	173	76	0	約2：1

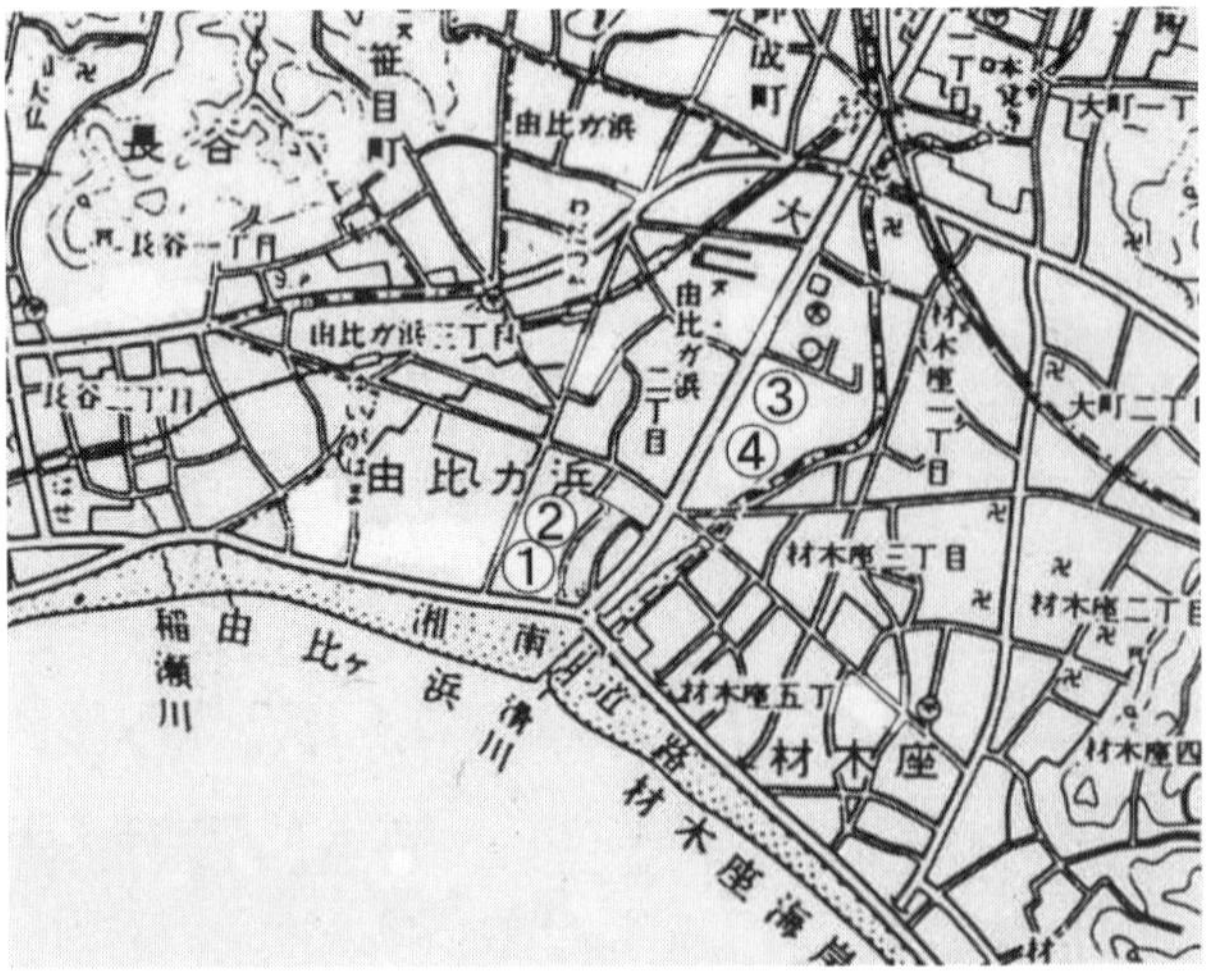

図5-1-1　鎌倉市由比ヶ浜地域位置図　①由比ヶ浜南遺跡　②静養館建設予定地遺跡　③中世集団墓地遺跡（No.372）　④材木座遺跡

こで鈴木らは、材木座遺跡人骨の形態的特徴がアイヌなど他の人類集団との置換・混血を原因とせず、食生活などの環境要因で説明できると考えた。そして、日本人の頭や顔の形が時代とともに変化していることを明らかにした。すなわち、材木座遺跡から出土した中世人頭蓋は、古墳時代から中世、そして江戸時代への遺伝的な連続性のもとで、他の時代に見られない特異性を示したということである。

鈴木らの研究の後、各地の中世遺跡から人骨の出土が続き、中世人の特異性は追加資料によって確認された。近年では、鎌倉市から数千体に及ぶ中世人骨が出土している。例えば由比ヶ浜南遺跡は、一九九五年から一九九七年にかけて鎌倉市由比ヶ浜南遺跡発掘調査団により調査が行われ、六六七体が単体埋葬墓から、三一〇八体が集積埋葬墓から出土した。中世集団墓地遺跡は、二〇〇〇年から二〇〇一年にかけて由比ヶ浜中世集団墓地遺跡発掘調査団によって調査が行われ、集積埋葬墓から五九二体の人骨が出土した（平田ほか、印刷中）。鈴木らの調査から半世紀が過ぎた現在、中世人骨の研究は重要性が増している。今回、由比ヶ浜南遺跡・中世集団墓地遺跡から出土した人骨の形態学的研究を紹介する。

頭蓋

人類学では、全身の骨の長さや角度などの計測を行い、その特徴を比較検討する。中世人骨の頭蓋形態について、**図3―1―1**（二一七頁参照）、**表5―1―3**は脳頭蓋最大長と脳頭蓋最大幅の時代的変遷を示したものである。頭蓋を上から見たときの輪郭は、脳頭蓋最大幅／脳頭蓋最大長×一〇〇とする頭蓋長幅示数によって表されるが、この値が七五未満を長頭型、七五から八〇までを中頭型、八〇以上を短頭型と呼んでいる。由比ヶ浜南遺跡や中世集団墓地遺跡の人骨は長頭に分類されるが、材木座遺跡の人骨ほどではない。頭の形は中世人が最も長頭であり、特に材木座遺跡の中世人ではその特徴が著しい。材木座遺跡を調査した鈴木尚によると、古墳時代から中世にかけて長頭化が進み、中世をピークにして逆に短頭化がはじまるという（図5―1―3）。

表5－1－3　頭蓋計測値の集団間比較（男性）

集団	脳頭蓋最大長(mm)	脳頭蓋最大幅(mm)	頭蓋長幅示数	頬骨弓幅(mm)	上顔高(mm)	コルマン上顔示数	歯槽側面角(°)
縄文	181.9	144.1	79.2	144.6	66.0	45.6	67.0
弥生	183.4	142.3	77.6	139.8	71.8	51.4	70.5
古墳	182.4	140.1	76.8	139.0	66.8	48.1	64.4
由比ヶ浜南*	186.7	139.8	74.9	135.4	68.2	50.4	62.2
中世集団墓地*	184.8	138.5	74.9	135.7	67.9	50.0	61.8
材木座*	184.2	136.5	74.1	134.8	64.7	48.0	60.3
江戸	181.9	139.8	76.9	135.4	69.3	51.2	63.0
現代	178.9	140.3	78.4	132.9	70.7	53.2	68.4

*　は中世人を示す。

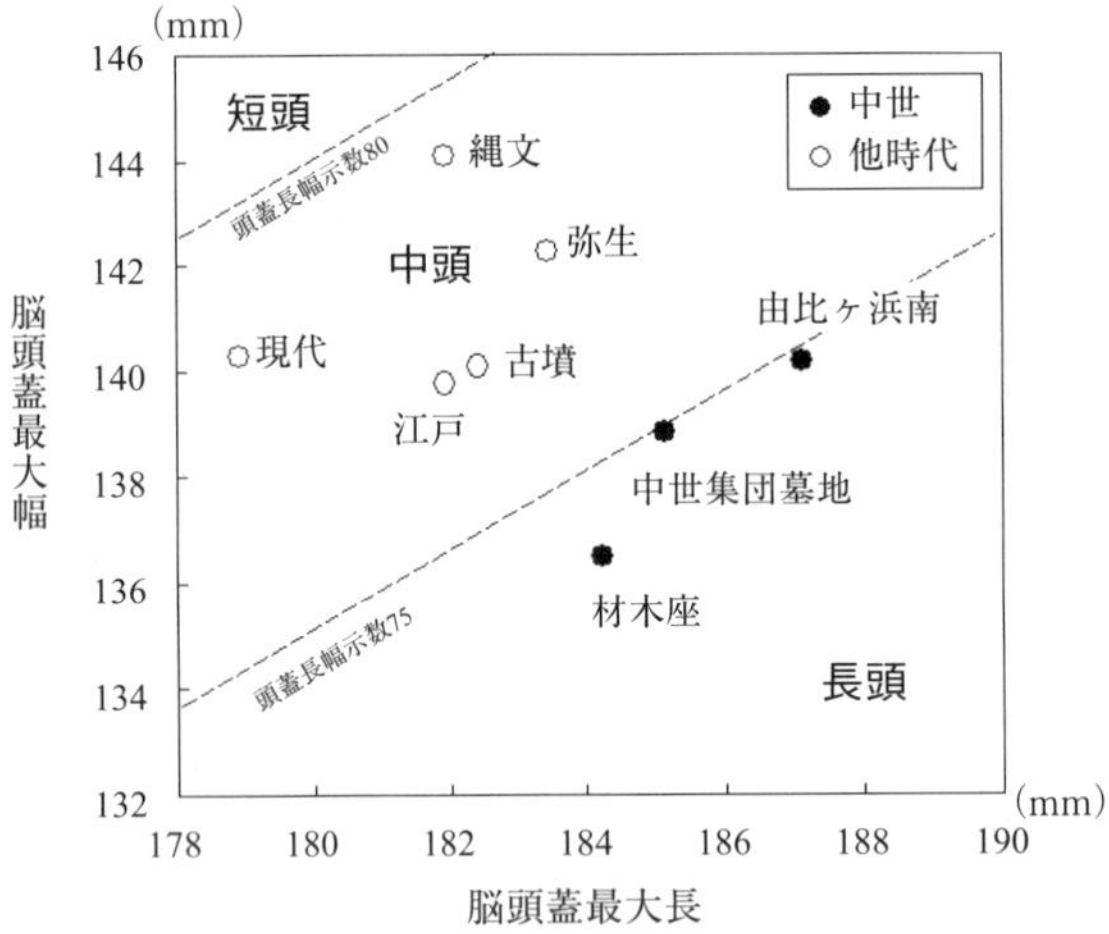

図5－1－3　脳頭蓋最大長と脳頭蓋最大幅。長岡ら（2006）による。

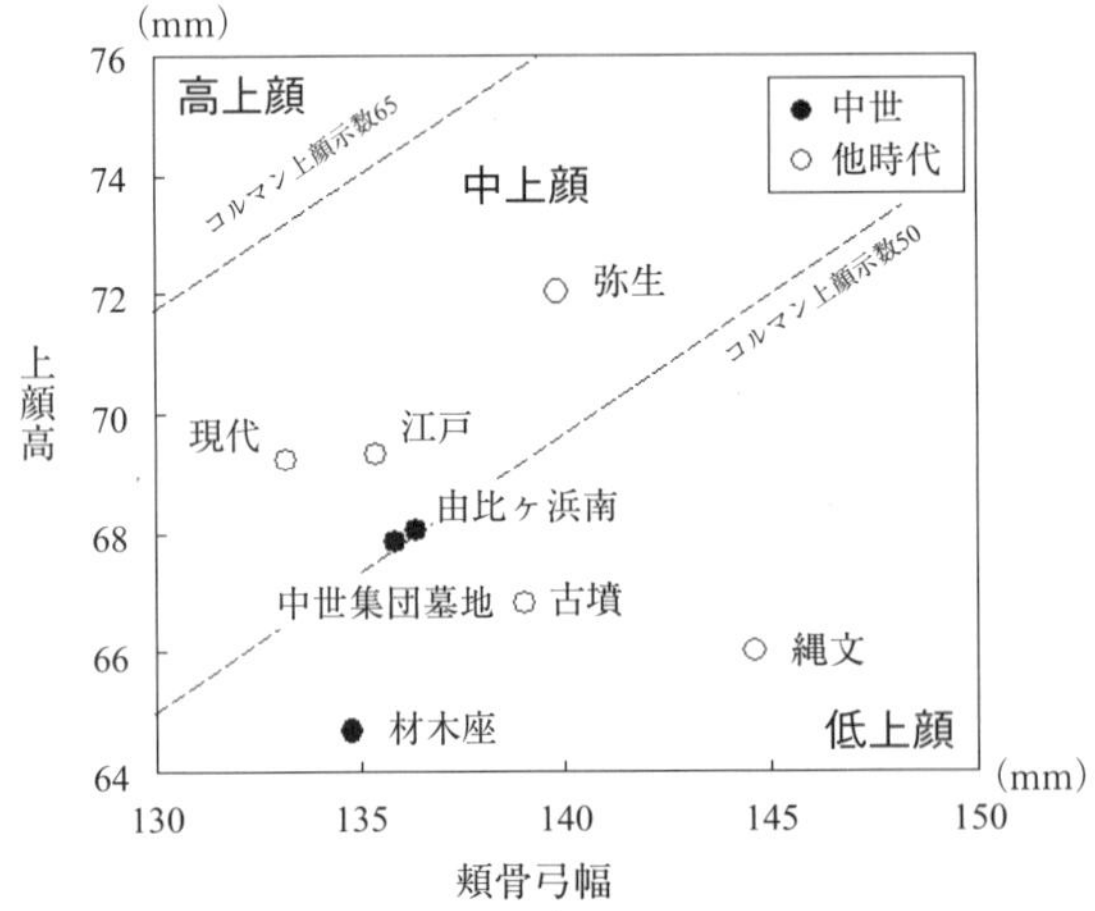

図5－1－4　頬骨弓幅と上顔高。長岡ら（2006）による。

図５―１―４、表５―１―３は、頬骨弓幅と上顔高の時代的変遷を示したものである。顔面頭蓋では、上顔高／頬骨弓幅×一〇〇とするコルマン上顔示数が、顔が高いか低いかをあらわす。由比ヶ浜南遺跡や中世集団墓地遺跡の中世人は、頬骨弓幅が材木座遺跡の中世人とほぼ同程度であるが、上顔高は材木座遺跡よりも高い。材木座遺跡の中世人は低顔傾向が強い。しかし、いずれの中世人も、頬骨弓幅が縄文時代人、弥生時代人、古墳時代人より小さく、上顔高も弥生時代人、江戸時代人、現代人よりも小さい。つまり、縄文時代から中世まで時代とともに顔の幅が狭くなる一方、中世以降には顔の高さが高くなる傾向がある。一般的に、頬骨弓の左右の張り出しの程度は、下顎骨を動かす咀嚼筋の発達の仕方によって変わってくる。山口敏（一九九九）は、中世人の顔幅の縮小が咀嚼筋の脆弱化によると考察をしている。

歯槽性突顎は、歯が前突する反っ歯のことである。歯槽側面角は突顎の程度を表し、この値が小さいほど突顎である。由比ヶ浜南遺跡や中世集団墓地遺跡の人骨は歯槽側面角が小さく、材木座遺跡の人骨よりも突顎の程度は弱いものの、強度な突顎であることが分かる（表５―１―３）。いずれの中世人をみても歯槽側面角は縄文時代から中世の間に小さくなる傾向がある。すなわち、縄文時代から中世の間に反っ歯が著しくなる。歯槽性突顎が歯槽骨後退の結果であると考えるならば、中世人に見られる強度な歯槽性突顎と狭い頬骨弓幅は、ともに咀嚼力の脆弱化によって中世にあらわれたと解釈が可能である。

以上、鎌倉市由比ヶ浜地域の中世人頭蓋はいずれも長頭・低顔・歯槽性突顎の傾向を示した。この結果は先行研究の結論を支持する。

歯

歯は、頭蓋と並び人類学の主要な研究材料であり、人類集団の成り立ちを知る手がかりとして重要である。ヒトの永久歯は三二本で、上顎と下顎に一六本ずつある。それぞれ左右対称に切歯（二本）、犬歯（一本）、小臼歯

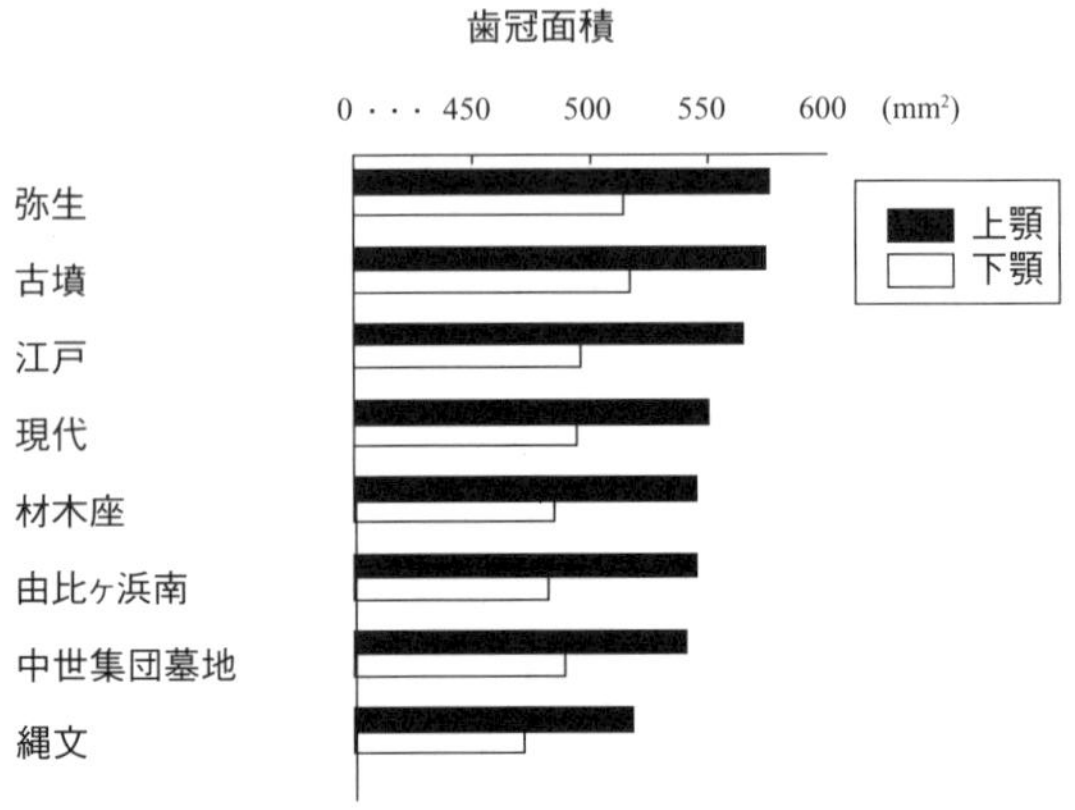

図5－1－5　歯冠面積。長岡ら（2006）による。

（二本）、大臼歯（三本）が植立している。一番奥の第三大臼歯は親知らずと呼ばれ、現代人では萌出しないことが多い。人類学では、中切歯から第二大臼歯までの近遠心径と頬舌径の計測を行う。そのようにして得られた、それぞれの歯の近遠心径と頬舌径の積を、中切歯から第二大臼歯まで総和することで歯冠面積が得られる。その結果、中世人は弥生時代以降の本土日本人の中では歯冠サイズが小さい傾向がある（図5―1―5）。この傾向は、由比ヶ浜南遺跡、中世集団墓地遺跡、材木座遺跡のいずれの資料でも共通である。それでは、中世人の歯冠サイズから何が読みとれるだろうか。

ローリング・ブレイス（一九八二）らは、縄文時代から現代までの日本人の歯冠サイズを比較し、縄文時代人の歯は小さいが、弥生時代以降の本土日本人の歯は大きいという結果を示した。歯の大きさは集団によって異なるため、人類集団の由来を知る有力な手がかりとなる。しかし、歯の大きさは必ずしも系統の違いだけを反映するものではない。栄養状態、例えば歯胚の成長期におけるタンパク質や脂質の摂取によって歯のサイズが変化するという先行研究（グース、一九六七。キルベスカリら、一九七八）もある。中世人の歯のサイズが栄養状態に関連すると仮定すれば、中世人の小さな歯は歯胚の成長期におけるタンパク質や脂質の摂取が少なかったことが考えられる。今回の研究成果は、中世人の歯から当時の人々のライフヒストリーがうかがえる興味深い結果である。由比ヶ浜地域の中世人を取り巻いた生活環境については、後述する古病理学や古人口学からも新しい知見が得られている。

身長

身長はヒトの体の大きさを知る指標として有用である。身長の時代変化の興味深い一例として、戦後の日本人身長の伸びが挙げられる。食生活の欧米化に伴い、動物性タンパク質などの摂取量が増えたことが関係している。古人骨から身長を推定することは、当時の人々の姿かたちや生き様を知る上で意義深い。

四肢骨の長さと身長はきわめて強い相関がある。四肢骨の近位端から遠位端までの長さが分かれば、この長さを身長推定式に代入して身長を推定することができる。古人骨から、生前の身長などを推定するのは難しいことではない。平本嘉助（一九七二）は、大腿骨最大長を藤井の身長推定式に代入することで、縄文時代から明治時代までの各時代人の推定身長を算出した。その結果、縄文時代（男性一五九cm、女性一四八cm）から古墳時代（男性一六三cm、女性一五二cm）の間に日本人の身長は増大し、その後明治時代（男性一五五cm、女性一四五cm）まで時代とともに身長が低下してきたことが明らかになった。その後、日本人の平均身長は大幅に伸び、一九九一年には男性一七一cm、女性一六二cmとなった。鎌倉時代人の平均身長は、男性が一五九cm、女性が一四五cmである。現代の水準から考えると、男女とも一〇cm以上低身長であり、当時の男性の平均身長は現在の女性より低いことになる。しかし、先行研究が資料とした鎌倉時代人は資料数が少ないため、再検討を行う必要がある。

今回、由比ヶ浜南遺跡から出土した人骨（男性三一六体、女性三〇一体）を資料とし、この資料の大腿骨最大長から藤井の式を用いて、あらためて中世人の身長推定を行った。その結果、男性一五八cm、女性一四七cmという値が得られ、従来の身長推定値と同程度の値になった。**図５―１―６**は、縄文時代から平成までの日本人身長の時代推移をあらわした。日本人の平均身長は古墳時代から明治時代まで低下する傾向があり、由比ヶ浜南遺跡から出土した人骨の身長は古墳時代人と江戸時代人の中間である。この傾向は男女ともに共通で、あらためて平本の考察を裏付ける結果であった。戦後、短期間に身長が大幅に伸びたことを考えれば、古墳時代から明治時代の

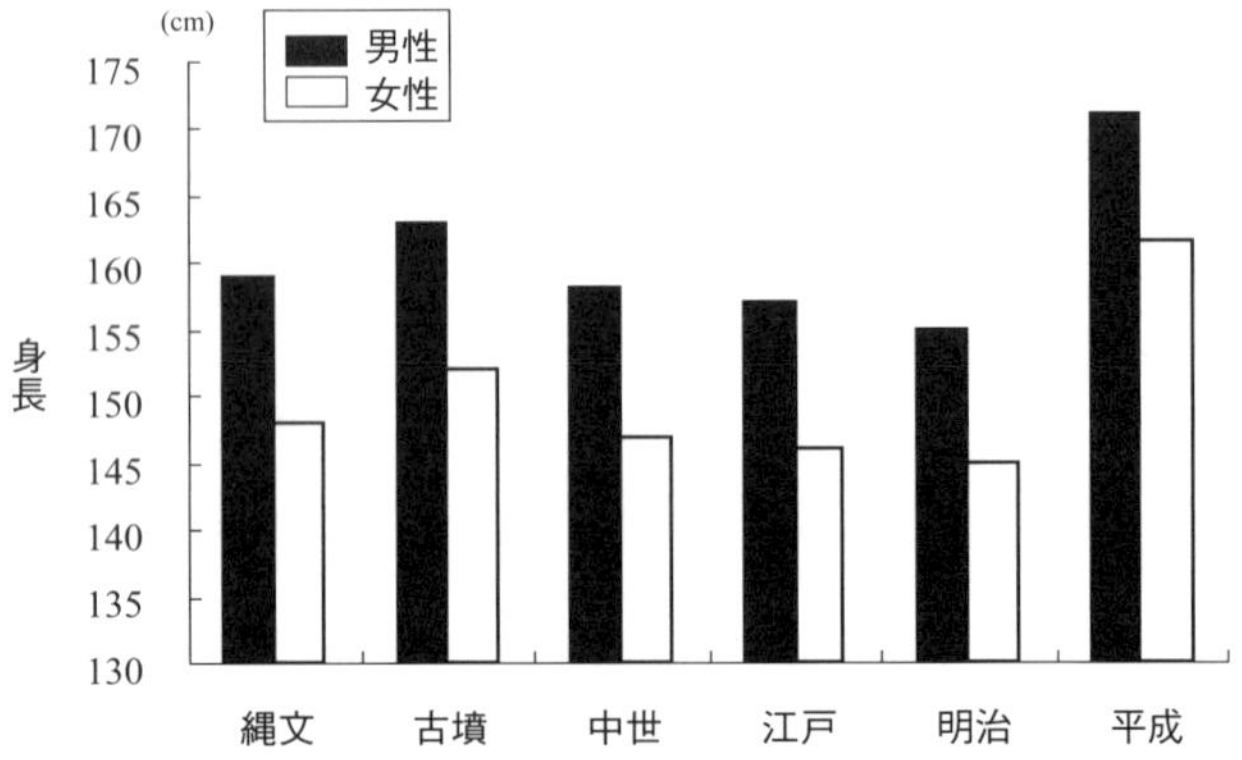

図5－1－6　身長の時代変化。中世以外のデータは平本嘉助（1972）と河内まき子（1994）による。

身長の変化と、食生活をむすびつけて考えるのは可能である。中世人の推定身長は、日本人の身体が時代とともに急激に変化していく一過程を示すものである。

以上、頭蓋、歯冠、四肢骨の計測的特徴から、中世人の人類学的な位置づけを試みてきた。中世人骨の形態的特徴として、次の三点が挙げられる。

①長頭・低顔・歯槽性突顎の傾向が強い。
②歯のサイズは小さい傾向がある。
③低身長である。

中世人骨の形態学的研究は、日本人の身体的な特徴の時代的な移り変わりや、日本列島に住んだわれわれの祖先に関して重要な情報を与えてくれる。

3　由比ヶ浜地域出土人骨における古病理学

古病理学とは古人骨に認められた骨病変を研究し、当時の人々の健康状態や生活状況・社会状況を推定する研究分野である。由比ヶ浜南遺跡の出土人骨には、変形性脊椎症・楔状椎・変形性関節症・非特異的骨膜炎・ハンセン病・骨結核・骨腫・骨折・クリブラオルビタリア（小児期の貧血による骨変化）・エナメル質減形成など多くの骨病変および刀創が認められた。ここでは特に、刀創例の分析結果、典型的なハンセン病症例と結核症例およびエナメル質減形成の出現率について報告する。

由比ヶ浜地域遺跡出土人骨の刀創の比較検討

由比ヶ浜地域出土人骨に共通して認められる特徴は刀創の存在である。刀創例を鈴木尚（一九五六）による分類に準拠し、比較検討した（平田ほか、二〇〇五）。頭蓋は表面から外板・板間層・内板の三層構造を形成していることから、刀創の深さにより、斬創＝板間層（四肢骨の海綿質）に達する深い創、切創＝外板（四肢骨の緻密質）に止まる創、掻創＝外板（四肢骨の緻密質）表面の浅い創、に分類した。中世集団墓地遺跡と材木座遺跡を比較すると、刀創受傷率はそれぞれ五九二例中八例、一・四％と二八三例中一八六例、六五・九％（頭蓋のみ）で大きな差が存在し、材木座は全出土人骨数五五六個体からの受傷比率でも三三・五％の高率である。刀創例の分類では斬創は中世集団墓地六例、材木座五例で実数の上では差はない。しかし、材木座人骨の刀創例で特徴的なのは、引掻いたような傷の掻創が認められる頭蓋が一八六例中一五三例（八二・三％）も認められている。この掻創例は中世集団墓地遺跡で二例（図5―1―7）あったが、由比ヶ浜南遺跡および静養館遺跡では見られなかった。材木座頭蓋の掻創の出現率は成人男性と成人女性および幼若年ともにそれぞれ五三・八％、五六・六％、五四・八％であり、いずれもほぼ同率に認められたことも興味深い。鈴木尚は、掻創および切創は頭部の軟部組織を剥ぎ取った際に形成されたものであり、その施術目的は合戦後の恩賞などに関連する意味合いとみるよりも、ある迷信たとえば悪病の治療のため死者から無差別に軟部を剥ぎ取ったものではないかと述べている。また、材木座遺跡の出土人骨群については元弘三年（一三三三）の新田義貞鎌倉攻めの合戦の死者を埋めたものであると一般的に解釈されているが、考古学的な裏付けが少ないという最近の指摘（佐藤、二〇〇二）もある。

一方、由比ヶ浜海岸に近く、隣接する静養館遺跡と由比ヶ浜南遺跡との比較（平田、二〇〇二）では、それぞれ受傷率は九一例中六例、六・六％と六六七例中九例、一・三％である。静養館遺跡の刀創例はすべて頭蓋集積墓から出土した五五個の頭蓋に見られた刀創であり、因みにこの頭蓋集積墓だけでの受傷率は一〇・九％である。

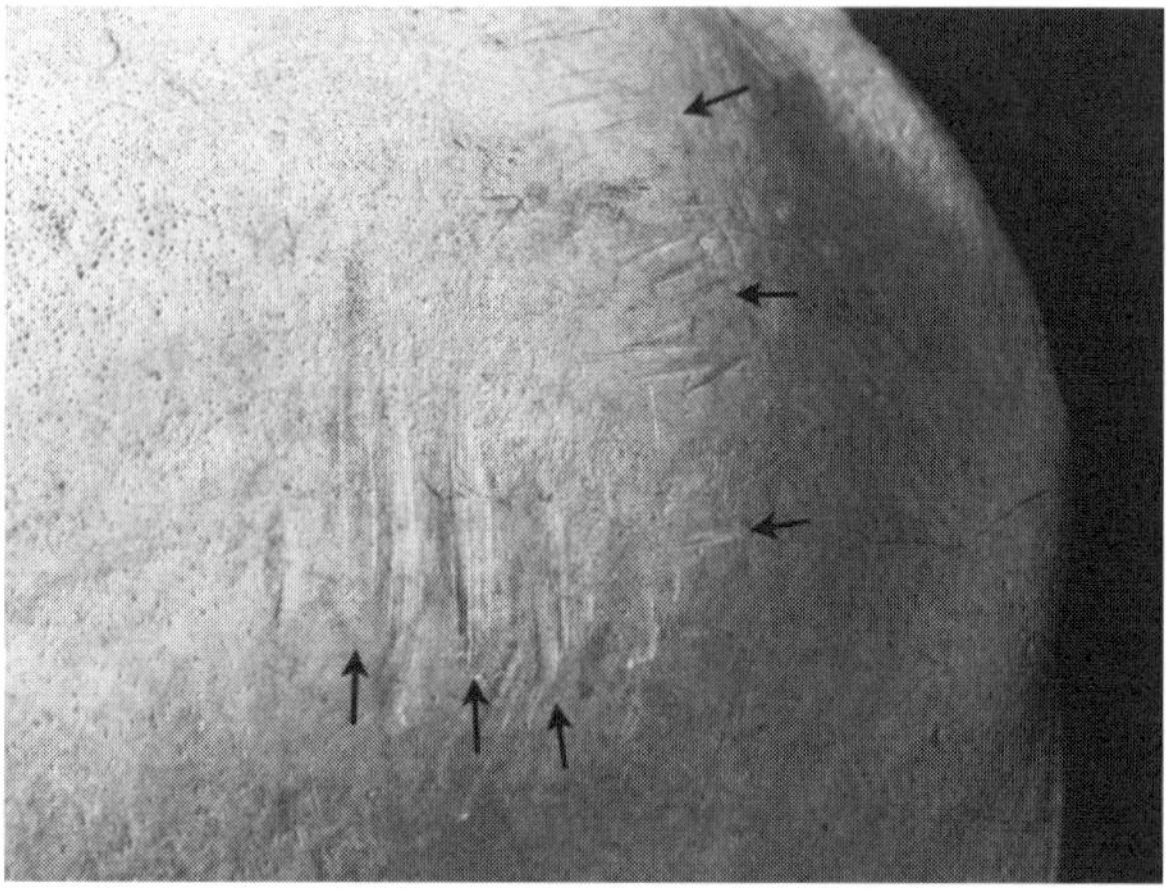

図5－1－7　中世集団墓地遺跡（No. 372）出土の成人男性頭蓋。前頭骨の掻創（矢印）。

刀創例の分類から見ると、図5―1―8、図5―1―9に示すように静養館遺跡の六例の刀創例すべてが頭蓋腔内に入るような非常に深い斬創であった。しかし、由比ヶ浜南の斬創六例は、図5―1―10に示す例が最も深い斬創例であり、静養館の斬創と比較し創が浅いことが明らかで、両遺跡の刀創の性状に差異がある。これは、由比ヶ浜南遺跡は単体埋葬墓出土人骨例であるのに対して静養館は頭蓋集積墓出土人骨例であり、この違いが刀創の受傷率および性状の違いの一つの要因であると推測される。

二〇〇一年の松下（二〇〇二）の報告によると、由比ヶ浜南遺跡集積埋葬墓からの出土人骨総数三一〇八個体中六八個体に刀創が認められ受傷率は二・二％であるという。また、集積埋葬墓の一つである一五八号墓の出土人骨一七八個体の刀創受傷率は少なくとも一〇・七％であり、受傷率としては上記の静養館頭蓋集積墓の値（一〇・九％）とほぼ同じである。しかし、一五八号墓は由比ヶ浜南遺跡の頭蓋だけの集積墓と違い、全身が関節した状態で出土した人骨が多く、死後に死体が腐乱しないうちに埋葬されたものと考えられ、静養館の頭蓋集積墓とは埋葬形態が異なる。また、一五八号墓は成人一〇八個体中女性の割合が三九・八％であり、幼児も一七八個体の出土人骨中三九・三％を占めており、非戦闘員である女性や幼児の死亡率が極めて高い。このことは一五八号墓出土人骨の刀創受傷率が一〇・七％と高い値を示しているが、単純に戦闘のみによる死者であると断定することは難しいであろう。

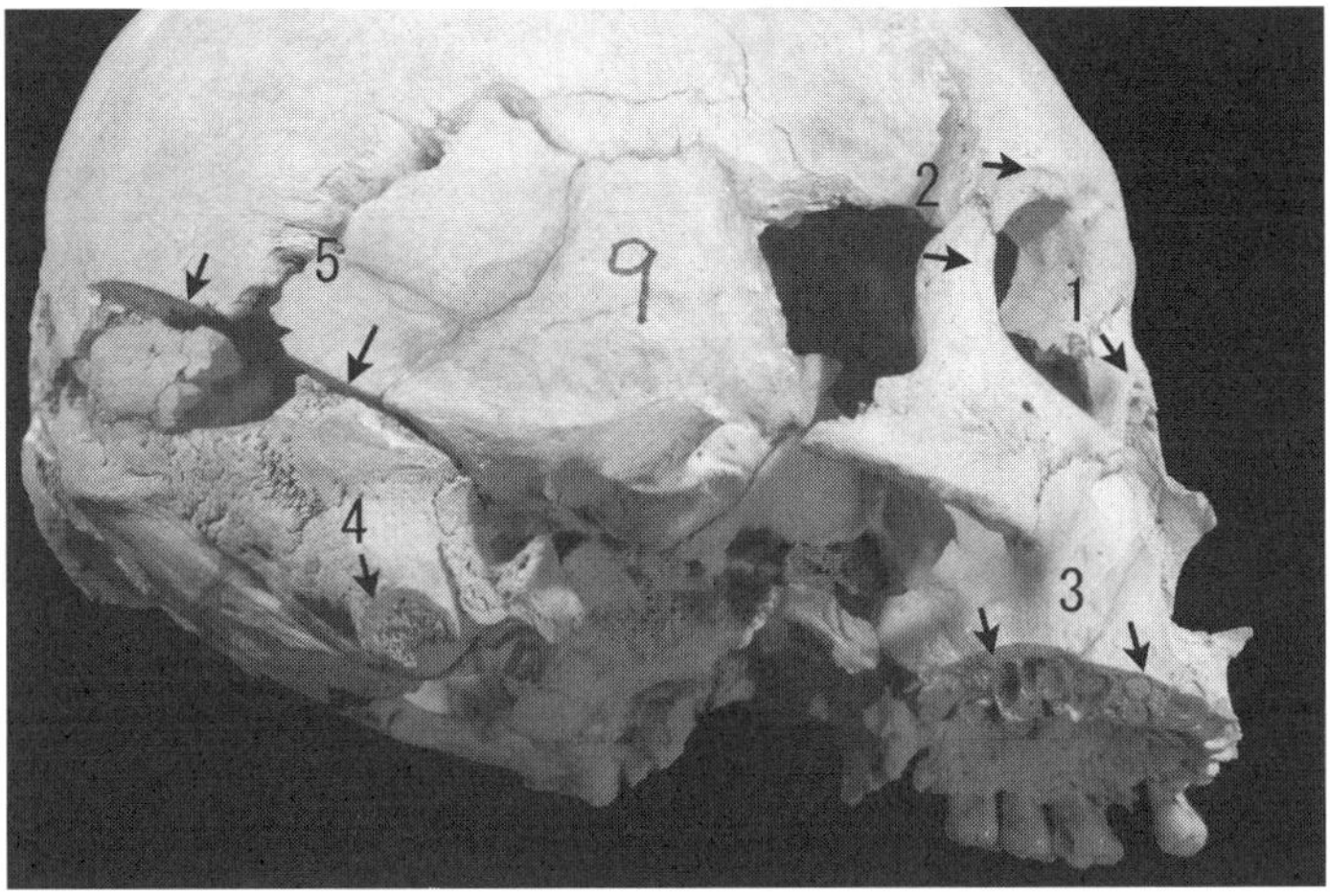

図５-１-８　静養館遺跡出土男性頭蓋。頭蓋に斬創五カ所と切創二カ所の計七カ所の刀創が認められるという凄惨さである。右の上顎骨の歯槽突起と右側頭骨の乳様突起の切断面が示されている。１—左右の鼻骨および上顎骨前頭突起の部位　２—前頭骨右頬骨突起から右頬骨前頭突起にかけての部位　３—右上顎骨歯槽突起部　４—右側頭骨乳様突起先端部　５—右頭頂骨から右側頭骨にかけての部位

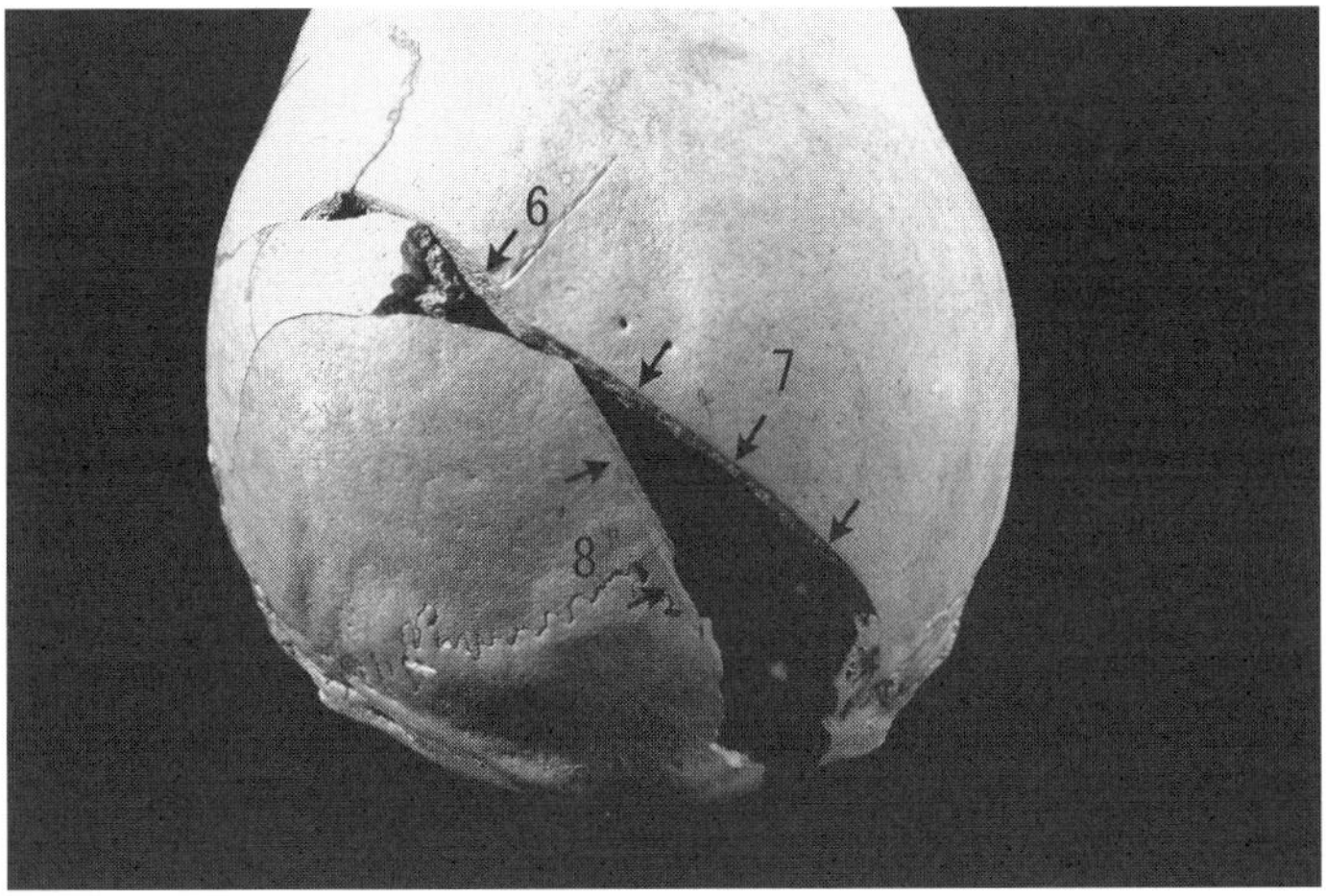

図５-１-９　同。頭蓋腔内に深く入る後頭部の三カ所の斬創（矢印）が認められる。６—左頭頂骨部　７—左頭頂骨から矢状縫合をこえて右頭頂骨にかけての部位　８—左頭頂骨から矢状縫合をこえて右頭頂骨、さらにラムダ縫合をこえて後頭骨にかけての部位

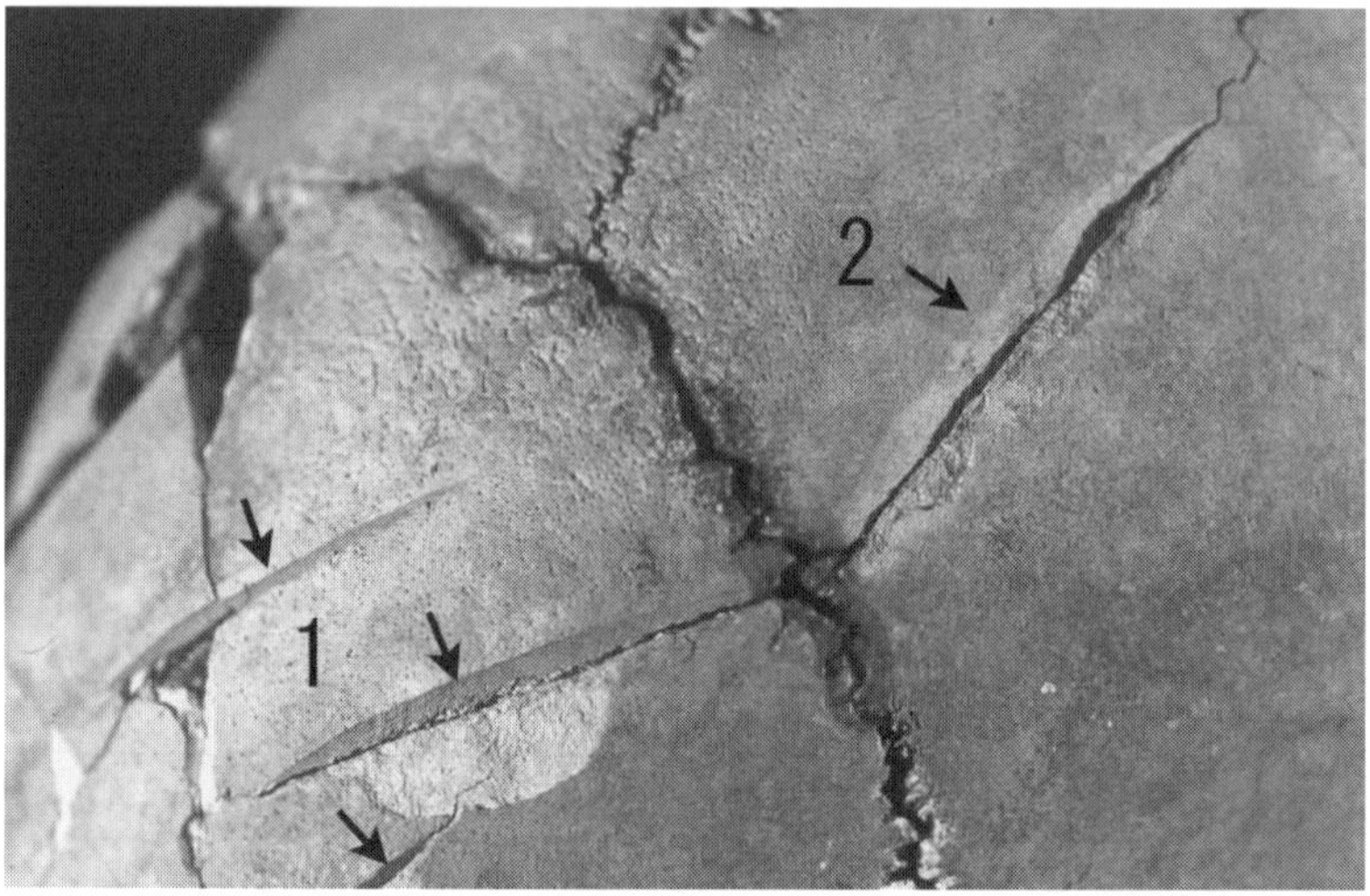

図５－１－10　由比ヶ浜南遺跡出土の成人男性頭蓋の斬創（矢印）。
１―前頭骨部　２―左頭頂骨部

古代から由比ヶ浜地域は墓域として使用されていたが、中世において鎌倉の街が拡大していくなかで、墓域が埋め立てられて都市化していった。そして中世鎌倉を舞台とした度重なる戦乱により鎌倉の地が荒廃していくなかで、自然死した人々とともに、戦乱のみならず災害や疫病の流行などにより一時期集団的にでた死者の埋葬が再び由比ヶ浜地域で行われていったのであろうと推測される。今後更に、広範な文献研究と各遺跡の様々な墓抗ごとの詳細な出土人骨の分析が待たれる。

由比ヶ浜南女性人骨のハンセン病症例

ハンセン病に特徴的な骨変形を示す熟年期女性人骨の症例である。人骨保存状態は比較的良好ではあるが、部分的な骨欠損がある。ハンセン病による骨病変と推定される部位は中手骨、第一中足骨および足指骨、脛骨および腓骨であり、病変は右側に強い。最も顕著な骨変形は右中手骨であり、**図５―１―11**に示す。上段は正常の中手骨である。特に第二と第五中手骨体は激しい骨吸収によって鉛筆の芯状に萎縮し先細り、遠位端は尖っている。これらの中手骨頭はおそらく骨吸収により消失したものと思われる。他の

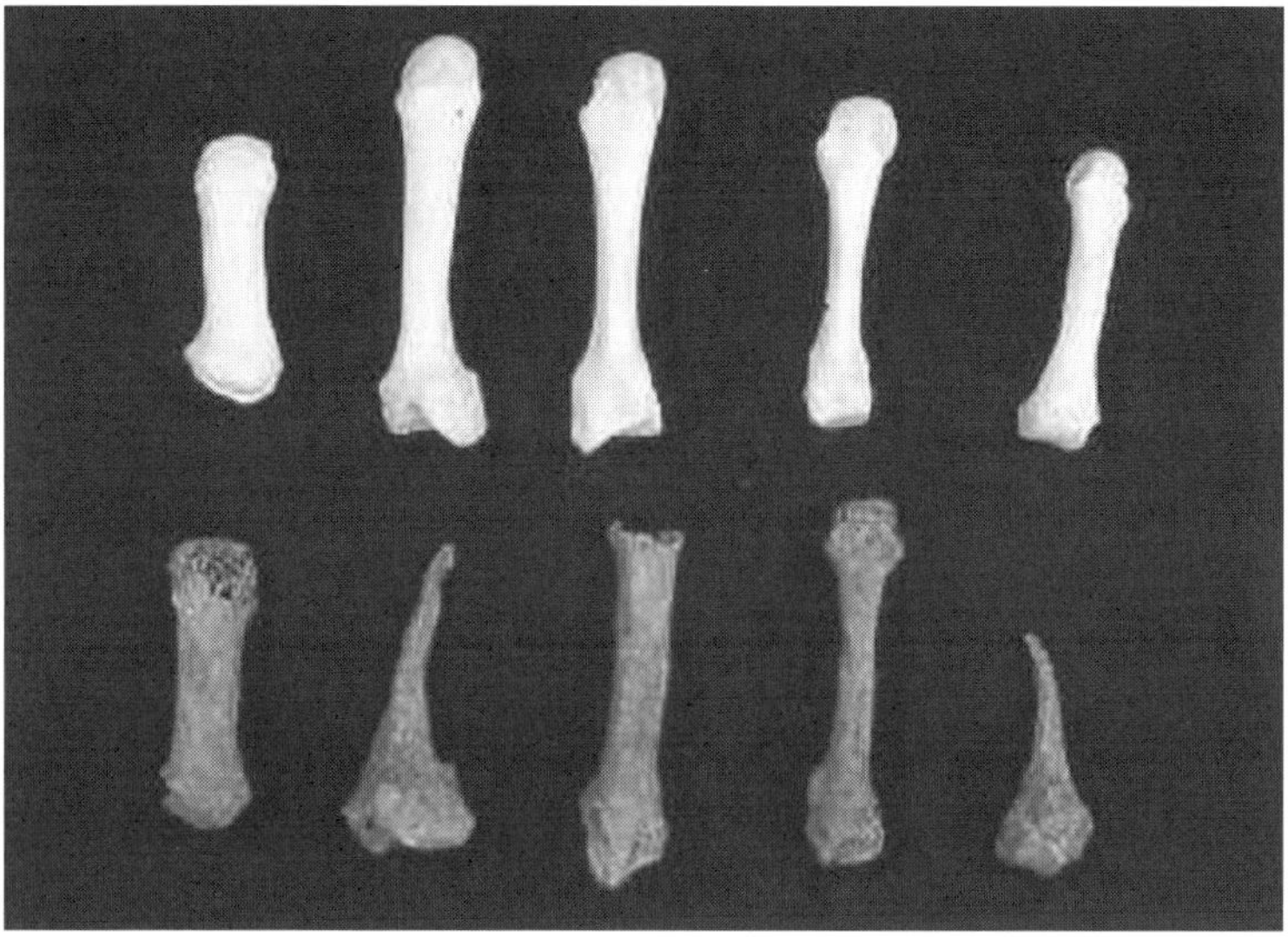

図5-1-11　由比ヶ浜南遺跡出土のハンセン病症例の右中手骨（上段は正常中手骨）。

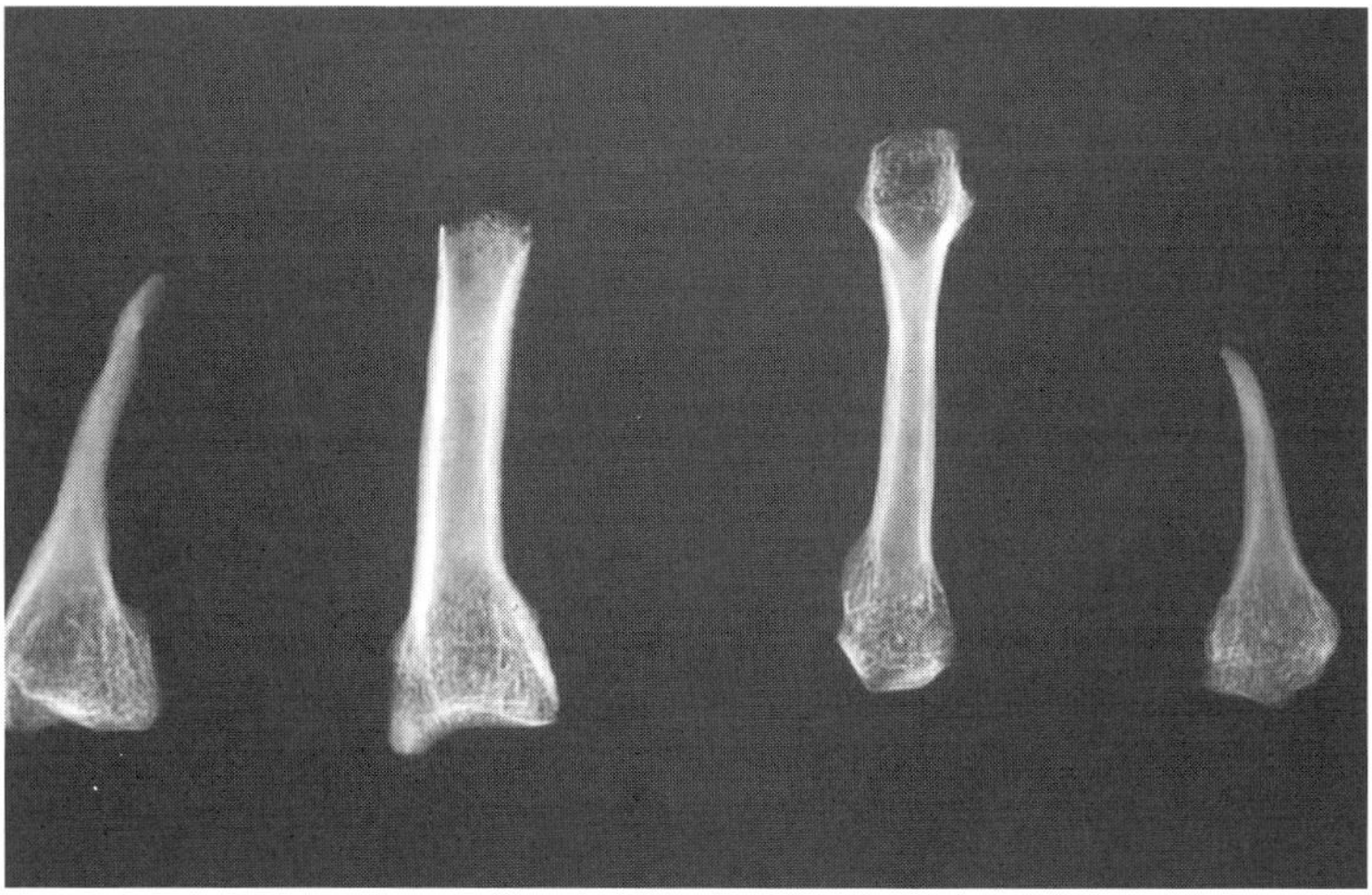

図5-1-12　同。レントゲン写真。

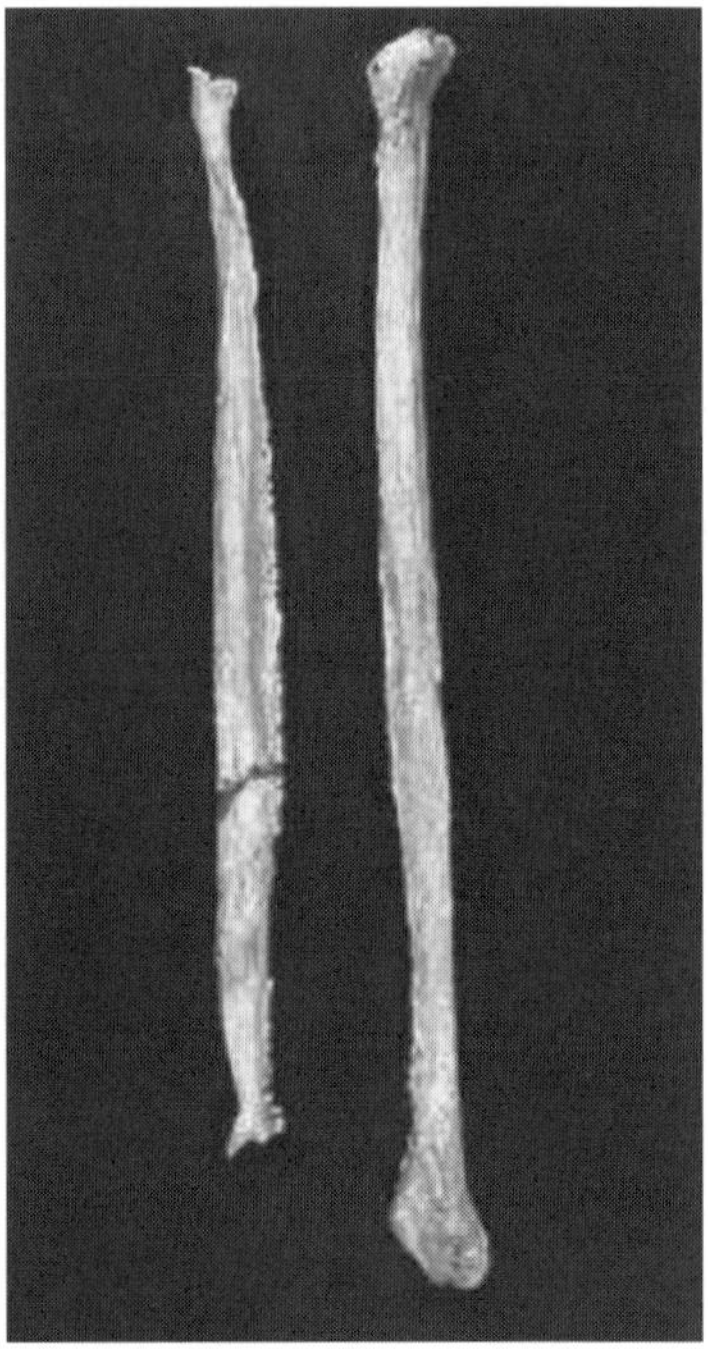

図5－1－13　由比ヶ浜南遺跡出土のハンセン病症例の右腓骨（写真左）。

右第一・三・四中手骨も萎縮し骨炎所見が見られる。図5―1―12は第二～第五中手骨のレントゲン写真であるが、第二および第五中手骨の皮質骨の部分がはっきり認められる。足骨は右第一中足骨に骨萎縮が認められ、左は第一中足骨頭付近と第一指基節骨に骨増殖がある。外に部位不明の萎縮変形した指骨がある。下腿は右の腓骨の変形が著明で、骨体の中央部は骨増殖があるが、近位と遠位は骨吸収により先細り、特に腓骨の下端の外果（外くるぶし）付近の変形が著しい（図5―1―13）。右脛骨体も骨炎による骨増殖、血管溝を示し、左の脛骨・腓骨の内果・外果付近にも骨炎所見を認める。このように本例は四肢骨の末端部の骨病変が顕著である。しかし、この人骨の頭蓋は欠損部を多く認めるが、鼻腔、口蓋および歯槽部には明かな骨病変はない。本例の骨病変は四肢骨遠位部に非常に強く出現し、顔面部には認められないことから、らい腫型ではなく類結核型のハンセン病と考えられる。なお、本例は古人骨における典型的なハンセン病症例としては本邦で最初の報告例（平田、二〇〇二）である。

鎌倉市由比ヶ浜南遺跡の中世人骨における結核

結核感染は脊椎カリエスという特徴的な形態変化を示すことから、古病理学的診断は容易とされてきた。脊椎カリエスは、パーシヴァル・ポット（一七一四―一七八八）が一七七九年に最初に報告しており、別名ポット病とも呼ばれている。肺外結核の一種であり、結核菌が血行感染によって椎骨に達しそこで病巣を作ることで起こる。

通常、結核菌の感染は保菌者からの飛沫感染によりはじまり、呼吸器、特に肺に病巣をつくった後、血行性あるいはリンパ行性により肺外に病巣を形成することがある。このような肺外結核は全結核の約一〇％を占めるといわれる。古病理学的な所見ではもちろん軟組織の病巣は観察できず、骨組織への病態の進行がないと診断できない。肺外結核の中で骨関節結核は頻度が高く、三〇―五〇％に達するといわれている。その骨関節結核の好発部位として最も高頻度なのが椎骨で四三％、それに次いで股関節で二〇％というデータが認められる。

近年、分子生物学的な、特にＤＮＡ分析に関する技術的な進歩はめざましく、それらの古病理学的な応用例も多い。その代表的な例として、結核菌群のＤＮＡを検出する目的でＰＣＲ法の利用がある。また、結核菌のタイプ分類に基づいての疫学的な考察も可能となった。しかし、未だ日本古人骨を用いての結核菌ＤＮＡ抽出の例はない。今回、鎌倉市由比ヶ浜南遺跡の中世人骨を資料として、形態学的所見から結核と疑われる個体を二体について報告する。さらに同遺跡の古人骨一〇個体から結核菌ＤＮＡの抽出を試みた。

(1) 形態学的所見

［結核症例Ⅰ］壮年期女性（二〇八号人骨）

三〇歳代と推定される個体で、脊柱は頚椎一個（第三頚椎）を欠いているが、胸椎・腰椎ともに全数が保存状態中程度～良好な状態で残存する。

顕著な結核病変は第一〇―一二胸椎において認められた（図5―1―14）。第一〇胸椎の椎体上面が残存するが、病変椎体の大半は骨破壊により消失している。第一一胸椎椎体は完全に消失し、第一二胸椎椎体は下面から一部が残存するが、やはりその椎体の半分程度が消失している。以上の三椎は椎体部で融合し一つになり、塊椎を形成していた。椎弓部においては上記塊椎を形成する三椎ですべての椎間関節が融合していた。椎弓根は三椎それぞれに独立して認められ、塊椎として左右に二個ずつの椎間孔が確認できた。椎間孔の狭小化もなかった。さら

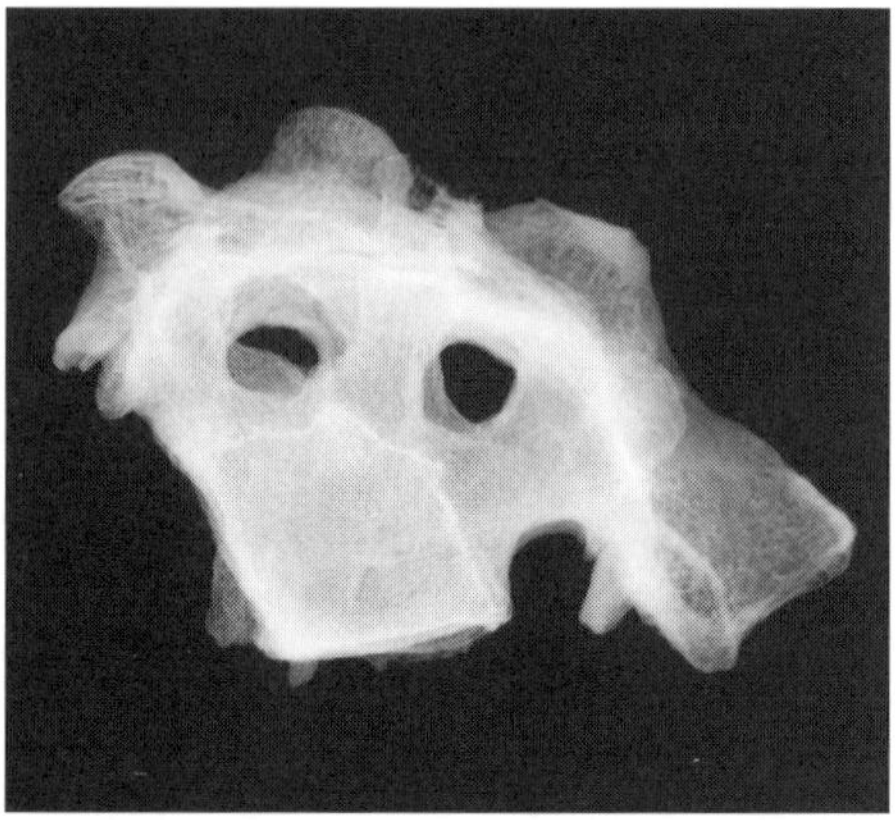

図5－1－14　由比ヶ浜南遺跡二〇八号人骨　椎骨X線像（第一〇～一二胸椎）。

に三椎それぞれの左右に肋骨窩が認められた。塊椎の椎体上面および椎体下面がなす角度は九〇度に達し、亀背を形成していたことが推測される。X線写真像において、椎体の消失および融合が明瞭に確認できた（図5―1―14）。罹患椎を側方から撮影したX線像において、脊柱管に接する椎体後面の緻密質が保存されており三椎それぞれの緻密質が三本の直線として観察できた。椎体の前部が主に破壊されており、椎体後面は保存されていることがわかった。さらに、椎体前端では一部硬質化した様子が認められ、結核性の反応と推定される。

頸椎および上位～中位胸椎に所見はなく、第二腰椎以下にも所見はなかった。罹患椎の上下に隣接する椎骨、すなわち第九胸椎と第一腰椎には、わずかに炎症所見を認めた。

主に椎間関節面に関節炎所見が認められた。

［結核症例Ⅱ］熟年期男性（七五号人骨）

四〇―五〇歳代と推定される熟年期男性で、右股関節に顕著な破壊性病変が認められた（図5―1―15、16）。左股関節、左右膝関節などに病理学的な変化は認められない。通常、結核性骨破壊は骨新生を起こさないことが多いが、本症例では右寛骨臼の周縁部において骨新生が認められる。

（2）分子生物学的所見

［資料と方法］　鎌倉市由比ヶ浜南遺跡出土の中世古人骨一〇体を資料として用いた。肉眼所見で結核を疑わせる四体（二〇八号および七五号人骨を含む）と、病理所見の認められない六体、併せて一〇体である。各個体から肋骨片を採取した。肋骨頭・肋骨結節および胸骨端などを含まない肋骨片を選び、七〇%エタノール布で塗布した

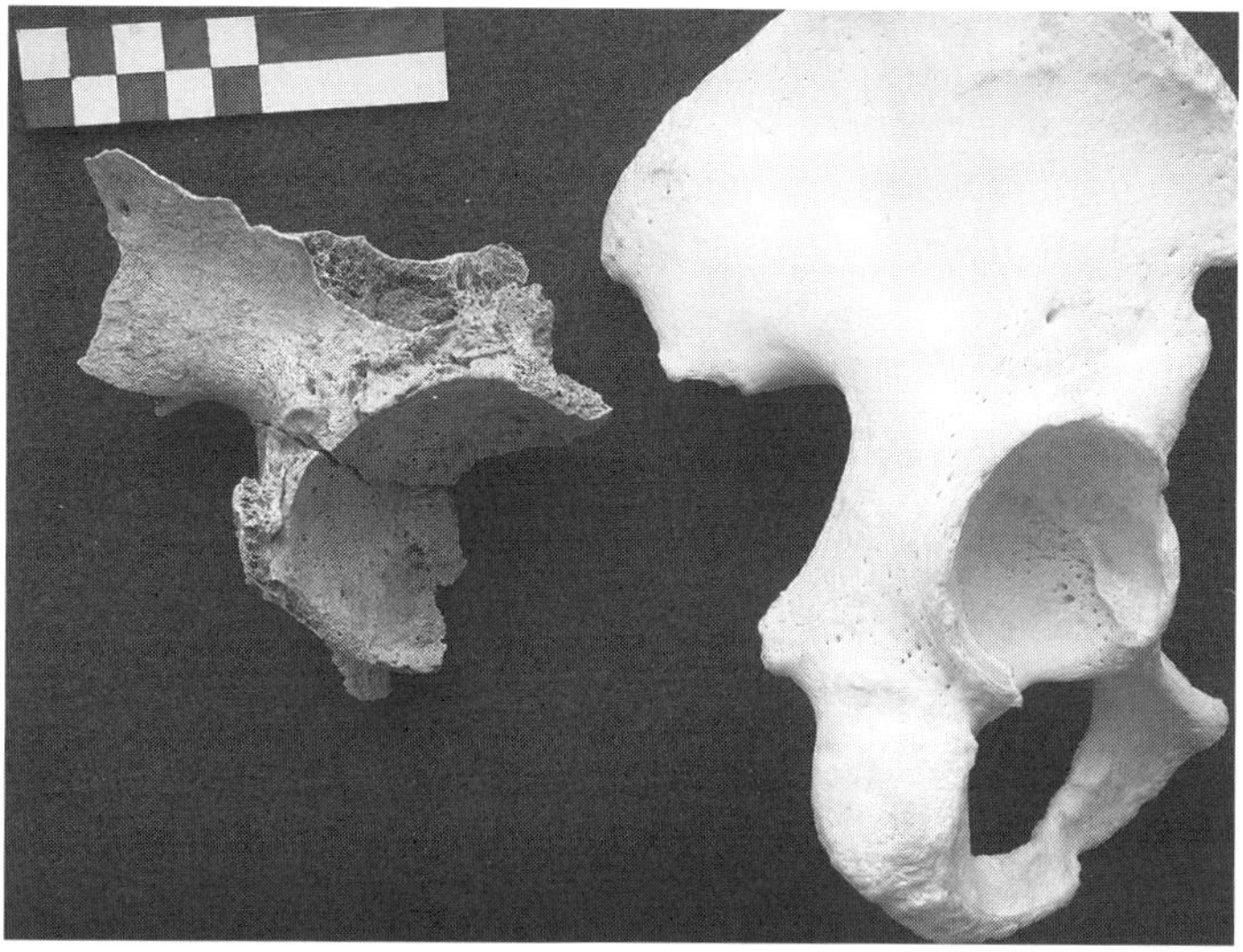

図５－１－15　由比ヶ浜南遺跡七五号人骨　右寛骨臼骨病変（右は正常寛骨）。

図５－１－16　由比ヶ浜南遺跡七五号人骨　右大腿骨頭骨病変（左は正常大腿骨）。

リューターで同じく滅菌した海綿骨および緻密質内側面から骨粉〇・五gを削り取った。採取の際には滅菌手袋を使用し、汚染の可能性を排除した。

採取した骨粉〇・五gから、NIPPON GENE CO.,LTD。社の土壌DNA抽出キットISOILを使用して、標準プロトコルに沿ってDNAを抽出した。抽出したDNA溶液の吸光度を計測してDNA収量を推定し、最終的に各サンプルのDNA量を一定（二〇ナノグラム）にした。抽出したDNAサンプルから二種類の遺伝子配列（挿入配列IS 6110とMPB 70遺伝子）に対してそれぞれのプライマーを用意しPCR法を試みた。

［結果］　中世人骨標本から結核菌DNAの抽出を試みた結果、一〇個体中の一体（一〇・〇％）、上述の右股関節に結核病変を示す熟年男性（七五号人骨）からDNAが検出された。これまで、一九九三年にスピゲルマンとレンマが中世イギリスの古人骨などから結核菌DNAを抽出したのを嚆矢に、ヨーロッパ、米国、南米、中国などで多数の古人骨からの結核菌抽出が行われてきた。本症例は日本国内の古人骨に適用された結核菌DNA検出に成功した最初の症例である。

結核菌DNAを検出するという手法は肉眼所見による結核診断に、確定診断につながる補強材料を提示することが出来る。それだけでなく、病的な肉眼所見のない人骨に対しての結核菌DNAの検出を行えば、骨に疾患が及ばなかった症例をカウントすることが出来、集団の罹患率等の推定により確かな情報を得ることが出来る。

国内での脊椎カリエス報告例として、最古のものとしては弥生時代人骨の報告がある。鳥取県青谷上寺地遺跡から二点の脊椎カリエス例が発見されている。他に、古墳時代人骨では三例が報告されている。千葉県小見川町城山三号墳の壮年男性、東京都大田区鵜の木第一号墳の熟年女性、宮崎県西諸県郡高原町旭台地下式横穴の熟年男性の三例である。縄文時代人骨に関して、これまで脊椎カリエスの発見報告例はない。

今回の由比ヶ浜南遺跡出土の二〇八号壮年期女性人骨は、保存状態がよい脊椎カリエスの例として貴重な標本であり、また七五号熟年期男性人骨は日本古人骨から結核菌DNAを検出した最初の一例であり、貴重な症例である。

前述のように、現在まで大量に存在する縄文人骨から骨結核症例は発見されず、弥生・古墳人骨において発見されていることから、日本国内への結核菌の流入が弥生時代の渡来人の本格的移入にともなって行われたことを示唆する。また、結核菌の国内流入がそれ以前であったとしても、弥生時代の社会構造の変化、特に人口密度の増加が感染症としての結核の流行を始めて可能にしたという可能性が考えられる。

今後、日本古人骨における結核菌ＤＮＡ検出率を比較検討していくことを目標に、データの充実に努める予定である。

由比ヶ浜南中世人のエナメル質減形成

エナメル質減形成とは、歯冠の形成期（乳歯では胎児期〜乳児期、永久歯では幼児期〜小児期）に何らかの身体障害因子が作用することで発生したエナメル質の量的欠損である。エナメル質減形成は歯冠の表面において、線状あるいは幅の広い溝状、一つないし多数の小窩、もしくは不規則な欠損として認めることができる。減形成の原因として、全身的障害（栄養障害、内分泌障害、種々の疾患など）、顔面部の局所的な外傷または炎症、遺伝的因子などが知られているが、多くの場合その原因は全身的なストレスである。いったん生じた減形成は自然に修復されないことから、エナメル質減形成はストレス・マーカーとして歯冠形成期の成長障害を調査する上で有用である。

日本における古人骨のエナメル質減形成については、縄文時代から近代までの減形成出現状況について幾つかの研究報告があるが、中世人骨の調査例はわずかである。今回、鎌倉市由比ヶ浜南遺跡の単体埋葬墓出土中世人骨を資料として、減形成の出現状況を調査した。調査数は成人一七二体（男性七九体、女性九〇体、性別不明三体）と一五歳以下の子供七八体の計二五〇体である。調査対象は植立する全ての永久歯と乳歯としたが、咬耗の強いブロカの三度を超える歯と歯石の付着が著しい歯は除外した。

表５－１－４　由比ヶ浜南人骨にみられたエナメル質減形成の歯種別出現頻度

上顎永久歯	出現頻度（%）	下顎永久歯	出現頻度（%）
中切歯	46（34.1）	中切歯	33（31.4）
側切歯	44（36.1）	側切歯	41（32.5）
犬歯	73（53.7）	犬歯	94（63.9）
第一小臼歯	40（29.6）	第一小臼歯	40（26.3）
第二小臼歯	34（26.2）	第二小臼歯	30（19.2）
第一大臼歯	14（11.2）	第一大臼歯	10（ 6.6）
第二大臼歯	43（33.6）	第二大臼歯	29（20.1）
第三大臼歯	10（13.5）	第三大臼歯	3（ 3.4）

（1）エナメル質減形成の出現状況

全身的なストレスによる減形成は両側の同歯種に左右対称的に出現する。局所的な障害による減形成は障害を受けた箇所の一本ないし数本の該当歯に生じ、また遺伝的因子による減形成は全ての歯の歯冠全体に高度な変化を生じることから、原因が全身的因子か、あるいは局所的、遺伝的なものなのかは、減形成の出現状況から推定することが可能である。観察された減形成に局所的および遺伝的要因と明瞭に判断されるものがないことから、ほとんどが全身的なストレスに起因するものと思われた。出現率は歯種によって異なり、永久歯では犬歯・切歯で高く、臼歯では低い傾向が認められた（**表５―１―４**）。減形成の出現率が最も高い歯種は下顎犬歯で、六三・九％（九四例）の高頻値であった。減形成出現率の性差をカイ二乗検定で歯種別に検討したところ、下顎第二大臼歯における出現率が女性で有意に高かったが（$p=0.042$）、他の歯種では有意な差が認められず、全体として明瞭な性差はないといえる。

（2）エナメル質減形成の発生時期

減形成の発生時期は、歯冠における減形成の位置から推定することが可能である。減形成発生時期の調査には永久歯の上顎中切歯と下顎犬歯が適しているとされる。レイドとディーン（二〇〇〇）が二〇〇〇年に発表した方法に準じ、この二種の歯を対象として、減形成の観察された上顎中切歯四六例と下顎犬歯九四例を材料として、減形成からセメント質エナメル質境界までの距離を計測し、その発生時期を推定した。その結果、図５―１―17に示すように上顎中切歯（観察歯数四六本）と下顎犬歯（同九四本）では減形成の発生時期のピークが異なっており、上顎中切歯では二歳前半で発生数のピーク（減形成数二〇）を示したのに対して下顎犬歯では同時期の発生数（同七）は低く、また下顎犬歯では四歳前半でピーク（同四〇）を示したが上顎中切歯における発生数は低かった（同四）。減形成の発生時期のピークについては、乳・幼児期においてストレスを受けやすい時期（離乳期における食生活の変化や離乳後の不安定な栄養状態等）を反映したものといわれている。ただ、減形成の出現位置の一般的な傾向として、歯種に関わらず歯冠の切縁側ないし咬頭側では出現頻度が低く中央部付近で出現頻度が高いとされる。また、上顎中切歯では二歳前半に歯冠のほぼ中央部が、下顎犬歯では四歳で歯冠の中央部からやや歯頸側にかけての部分が形成されるという。本調査の由比ヶ浜南人骨でも、減形成発生時期のピークは、歯冠中央部の形成時期とほぼ一致していた。

（３）時代差

上顎中切歯と下顎犬歯を対象として、由比ヶ浜南中世人と縄文時代人、古墳時代人、江戸時代人（一橋高校遺跡出土）、近代日本人の減形成出現率を比較した（図５―１―18）。山本（一九八八）は日本の古人骨集団のなかでは一橋江戸時代人の減形成出現率が最も高く（上顎中切歯で三三・三％、下顎犬歯で六五・一％）、次いで縄文時代人の出現率が高い（上顎中切歯で四四・四％、下顎犬歯で四八・一％）と報告し、その理由として、一橋江戸時代人が仏教の肉食忌避思想に基づく食生活がもたらした栄養状態の低下や人口過密による非衛生的な都市生活環境のもとにあり、また縄文時代人は自然条件に左右される不安定な食生活と悪い衛生環境下におかれていたと解釈している。今回調査した由比ヶ浜南中世人の減形成出現率は、一橋江戸時代人とほぼ同等であった（上顎中切歯で三四・一％、下顎犬歯で六三・九％）。このことは、由比ヶ浜南集団の生活環境が小児発育期にストレスを強く受ける環境にあったことを示唆している。ただ、由比ヶ浜南集団が中世鎌倉の社会においてどのような位置づけにあったのかはまだはっきりわかっていない。鎌倉の海浜地域が遺棄された死体の葬送地であったともいわれており、由比ヶ浜

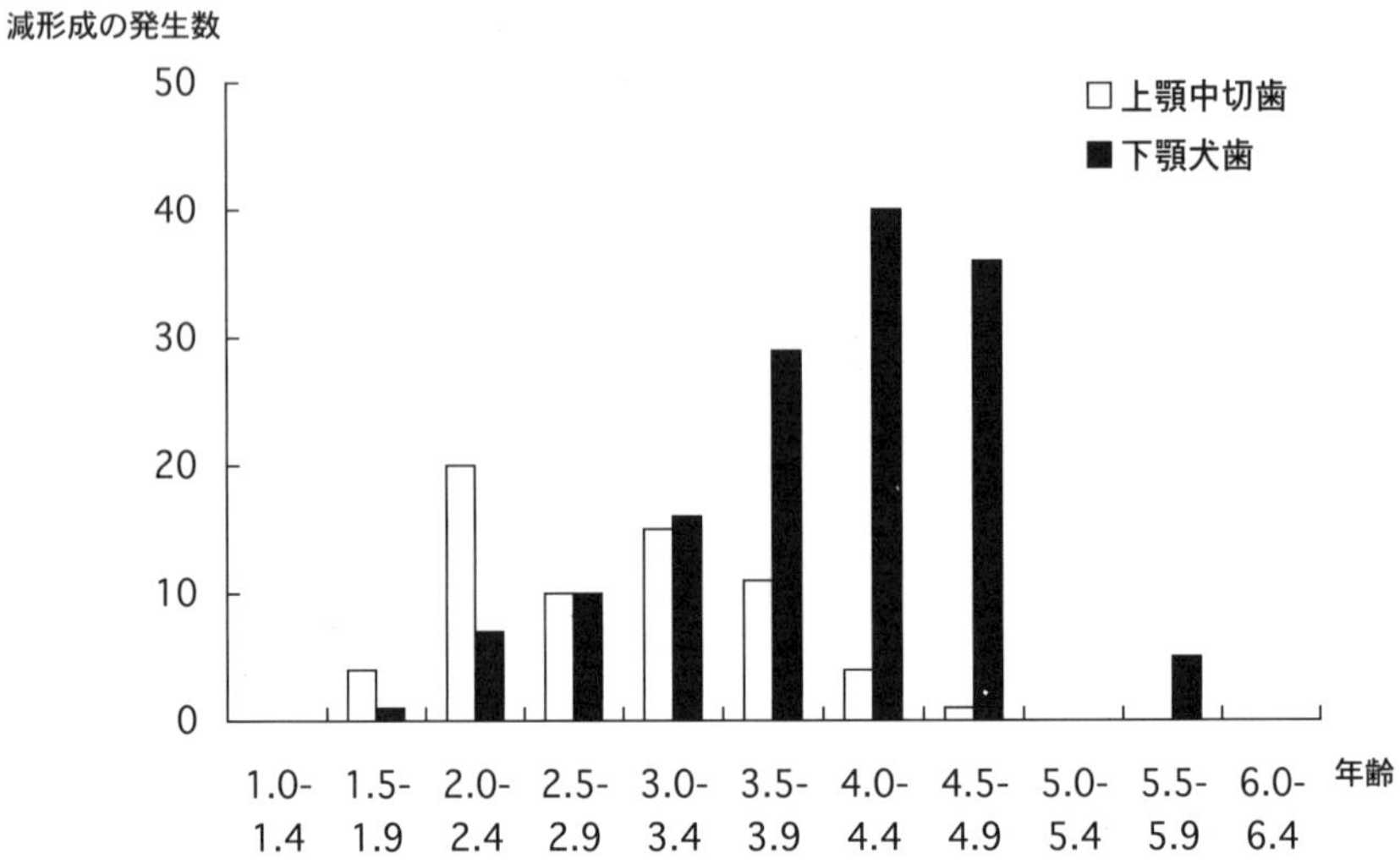

図5－1－17　由比ヶ浜南人骨の上顎中切歯と下顎犬歯におけるエナメル質減形成の発生時期。

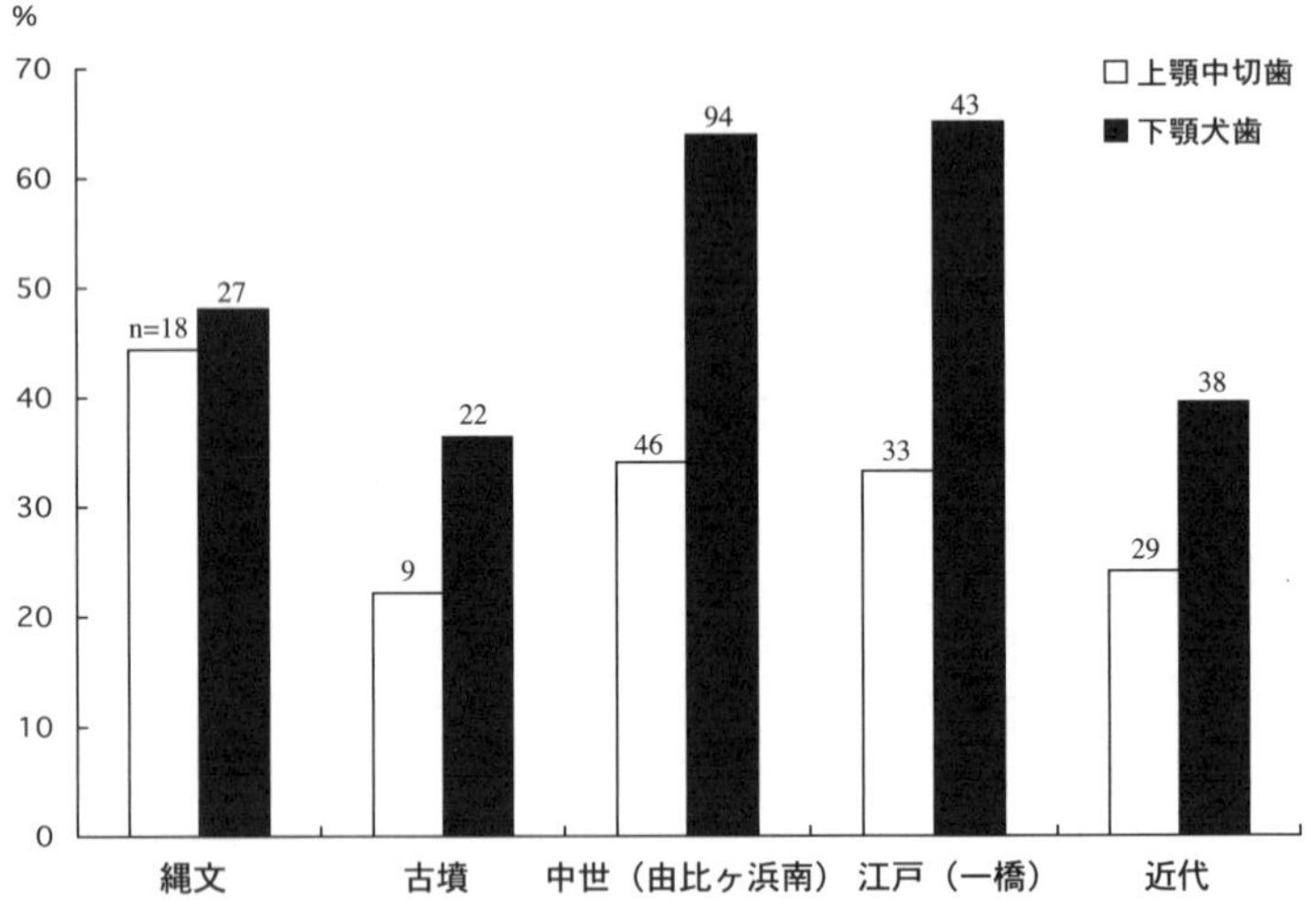

図5―1―18　時代別にみたエナメル質減形成の出現率　※由比ヶ浜南以外のデータは山本美代子による。

南集団の構成は比較的低い階層の都市住民に代表されるのかもしれない。あるいは、山本（前述）が一橋江戸時代人について想定したような食生活の変化による栄養状態の低下や非衛生的な都市生活環境が、すでに中世の都市鎌倉に現出していたのだろうか。考古学・歴史学も含めた広範囲な分野からの更なる検討が必要であろう。

4　古人口学研究

古人口学という分野は、古人骨から過去の人口現象を復元することを目的とする。古人骨がまとまって出土したときには、個体ごとの性別や年齢を集計することによって、集団全体の性別や年齢の構成が分かる。そして、生命表を作成することで、平均余命を算出することができる。しかし、古人口学のデータを使って過去の人口現象にアプローチするときには、いくつかの前提が必要である。まず、古人骨標本がその地域に当時居住していた人々の人口構成を反映しているということ。また、もう一点は、死亡年齢や性別の推定方法が信頼に足るものであるかということである。実際に、古人骨から人口分析をする場合には、これらが十分に満たされているものと仮定する。この仮定のもとで、由比ヶ浜南遺跡から出土した人骨二六〇体を資料として古人口学の研究を行った。その結果、〇才時平均余命（平均寿命）は二〇歳代前半であると推定された。しかし、古人口学の分析から得られた結果は、当然ながら前述のような仮定が成り立っていなければ意味をなさない。それでもなお、古人口学は当時の人々の人口現象をとらえる唯一の手段であり、その意義は大きいと思われる。近年ではベイズ法や最尤推定法などの数学的なアプローチから、死亡年齢分布の推定に改良が加えられている。最近の古人口学の発展はめざましく、特に数学的なアプローチから従来の結果が見直しされているため、今後の古人口学的研究の進展が期待される。

参考文献

河内まき子・横山一也・山下樹里・横井孝志・小木元・吉岡松太郎・渥美浩章・堀田明裕「設計のための人体寸法データ集」『生命工学工業技術研究所研究報告』第二巻一号、一九九四年。

佐藤仁彦「中世鎌倉における遺骸の扱われ方」五味文彦・齋木秀雄編『中世都市鎌倉と死の世界』高志書院、二〇〇二年。

鈴木尚・渡辺仁・岩本光雄・増田昭三・稲本直樹・三上次男・林都志夫・田邊義一・佐倉朔・香原志勢（日本人類学会編）『鎌倉材木座発見の中世遺跡とその人骨』岩波書店、一九五六年。

長岡朋人・静島昭夫・澤田純明・平田和明「中世日本人の頭蓋形態の変異」*Anthropological science. Japanese series* 114, 2006.

平田和明・奥千奈美・星野敬吾・塘総一郎・高橋慎一「由比ヶ浜南遺跡の単体埋葬遺構出土人骨について」『由比ヶ浜南遺跡　1』由比ヶ浜南遺跡発掘調査団、二〇〇一年。

平田和明「鎌倉出土人骨の骨病変―由比ヶ浜南遺跡を中心に」五味・齋木編上掲書、二〇〇二年。

平田和明・長岡朋人・星野敬吾「鎌倉市由比ヶ浜地域出土中世人骨の刀創」*Anthropological science. Japanese series* 112, 2004.

平田和明・長岡朋人（n.d.）「由比ヶ浜中世集団墓地遺跡（No.372）から出土した人骨（概報）」印刷中。

松下孝幸「鎌倉市由比ヶ浜南遺跡集骨墓出土人骨の埋葬と個体数および受傷人骨」『由比ヶ浜南遺跡　3』由比ヶ浜南遺跡発掘調査団、二〇〇二年。

森本岩太郎・高橋譲・平田和明「人骨の所見」『由比ガ浜中世集団墓地遺跡（特殊養護老人ホーム鎌倉静養館建設予定地）発掘調査報告書』鎌倉市教育委員会、一九八四年。

山口敏『日本人の生い立ち』みすず書房、一九九九年。

山本美代子「日本古人骨永久歯のエナメル質減形成」『人類学雑誌』第九六号、一九八八年。

Goose D. H., “Preliminary study of tooth size in families,” *Journal of Dental Research* 46,1967.

Kirveskari P., Hansson H., Hedegard B., and Karlsson U. “Crown size and hypodontia in the permanent dentition of modern Skolt Lapps,” *American Journal of Physical Anthropology* 48, 1978.

Nagaoka T. and Hirata K., “Tooth size of the medieval period people of Japan,” *Anthropological Science* 114, 2006.

Reid D.J. and Dean M.C., “The timing of linear hypoplasias on human anterior teeth,” *American Journal of Physical Anthropology* 113, 2000.

第２節　鎌倉中世人骨・獣骨の^{14}C年代測定

南　雅代・中村俊夫

１　鎌倉由比ヶ浜地域の遺跡

神奈川県鎌倉市の由比ヶ浜は鎌倉の町の前面に広がる浜で、ここに所在する遺跡からは、これまでに大量の中世人骨が出土している。最初に発掘されたのは、昭和二八年に東京大学理学部人類学教室を中心としたグループが由比ヶ浜の鎌倉簡易裁判所の敷地辺りで調査した材木座遺構群である。この調査では九一〇体以上の人骨が発見されたと報告されている。鎌倉旧市街以外でも、極楽寺の切り通しを越えた外に位置する稲村ヶ崎で集積埋葬遺構（極楽寺遺跡）が見つかり、人骨が約千体発見されている。材木座遺跡や極楽寺遺跡の人骨を調査した結果、これらの骨は刀の切り傷や鏃が刺さった頭蓋骨があること、成年男子の骨が多いこと、女子や子どもも切り傷を受けていること、人骨は死後ただちに埋葬されたものではなく、数週間あるいは一ヶ月も野山に放置された形跡があること等から、鈴木ほか（一九五六）は合戦の規模がきわめて大規模であったと考え、これらの人骨が死者六千余人と考えられている新田義貞の鎌倉攻めの合戦によって死没した人々のものであると推察している。元弘三年（一三三三）五月に行なわれたこの合戦の後、鎌倉は一時的に荒廃し、数千人におよぶ死者達は片付けられることなくしばらく放置され白骨化した後、由比ヶ浜に集めて埋葬したと考えられる。

近年、この地域で静養館建設予定地であった遺跡（一九九二年に発掘調査）、海岸部の由比ヶ浜南遺跡（一九九五年から一九九七年にかけて発掘調査）、中世集団墓地遺跡（二〇〇〇年から二〇〇一年にかけて発掘調査）の発掘調査が行われ、大量の人骨が出土している（遺跡の所在場所は、本書前節の「鎌倉市由比ヶ浜地域の中世遺跡出土人骨」の図5―2―1―を参照）。人骨の埋葬形態は単体埋葬墓、集積埋葬墓（頭骨・全身）、人骨獣骨混合埋葬墓の三つに大別され、遺跡によってその比率が異なっていることから、身分の差による埋葬形態の違い、疫病や災害による大量死と自然死の違いなどが指摘されている。この埋葬形態の違いを明らかにするためには、骨の形態研究、分子生物学的研究に加えて骨の正確な年代や化学的特徴を明らかにすることが必要である。骨の形態研究については本書前節の平田和明・長岡朋人・星野敬吾・澤田純明による論文「鎌倉市由比ヶ浜地域の中世遺跡出土人骨」に、DNA解析を用いた分子生物学的研究については本書後節の篠田謙一による論文「DNAから見た中世鎌倉の人々」に詳しく記載されているので参照されたい。今回は聖マリアンナ医科大学解剖学教室が所蔵している由比ヶ浜南遺跡、中世集団墓地遺跡それぞれから出土した単体埋葬人骨と全身集積埋葬人骨（いずれも肋骨片）、および由比ヶ浜南遺跡の人骨獣骨混合埋葬墓から出土した下肢骨を用い、骨の正確な年代を求めることを目的とした。遺跡によって埋葬されている人骨の年代が異なるのか、同じ遺跡でも埋葬形態の違いによって人骨の年代が異なるのか、由比ヶ浜地域の遺跡から出土する人骨が新田義貞の鎌倉攻めの合戦によって死没した人々のものなのかを明らかにしたい。

2　由比ヶ浜地域の遺跡から出土する中世人骨・獣骨

今回、分析に使用した化石骨試料は由比ヶ浜南遺跡の単体埋葬墓と人骨獣骨集積墓から出土した人骨と獣骨、中世集団墓地遺跡の全身集積埋葬墓から出土した人骨である。由比ヶ浜南遺跡は、滑川河口部西岸、鎌倉市由比ヶ浜四―一一〇一―二に位置する。鎌倉市海浜公園の地下に駐車場を建設する際に発掘された遺跡であり、由比ヶ浜海岸に隣接している。一九九五年から一九九七年にかけて鎌倉市由比ヶ浜南遺跡発掘調査団により調査が行

表５－２－１　由比ヶ浜南遺跡の単体埋葬墓から出土した人骨の詳細

遺構番号	性別	年齢	葬位	
100	女性	成人	伏臥屈葬	他に小児１体
150	女性	壮年期	伏臥	——
205	男性	壮年期	仰臥	他に小児骨
249B	女性	壮年期	伏臥に近い側臥屈葬	刀創あり
255	女性	老年期	側臥屈葬	他に性別不詳の成人骨と小児骨
272	女性	老年期	折り曲げ	他に小児骨
1030A	女性	熟年期	側臥屈葬	他に１個体の骨
1070	女性	成人	伏臥屈葬	——
1093	男性	熟年期	側臥屈葬	——
5654	女性	老年期	側臥屈葬	——

われ、六六七体が単体埋葬墓から、三一〇八体が集積埋葬墓から出土している。分析に使用した試料は単体埋葬墓から出土した人骨（三一五号人骨）の肋骨、および人骨獣骨混合埋葬墓から出土した人骨（下肢部分）と獣骨である。

単体埋葬墓人骨は亡くなった後すぐ、もしくは散乱しないうちに埋葬されたと考えられている。男女比は一対一、成人と未成年の比率は二対一、高齢者の骨も存在し、当時の人口構成をある程度反映していると考えられる（本書前節の表５—１—１、表５—１—２を参照されたい）。今回分析した単体埋葬墓から出土した人骨の詳細を**表５—２—１**に示す。

由比ヶ浜南遺跡の人骨獣骨混合埋葬遺構は、ヒトの他、ウマ、ウシ、イヌ、イルカ、クジラなどの骨が多く出土している。出土人骨は体幹部の骨が少なく四肢骨の比率が高い。男女比は約二対一であり、幼児の占める割合が大きいのが特徴である。人骨獣骨集積埋葬人骨は単体埋葬人骨と見かけが異なり、単体埋葬人骨がやせ細って褐色であるの対し、集積埋葬人骨はがっしりとした感じで黄白色である。鈴木ほか（一九五六）は、褐色に着色している埋葬骨の直上、直下の砂は骨と同様に着色しているのに対し、淡色の埋葬骨の周囲の砂の色には異常はないこと、および褐色に着色している埋葬骨および周囲の砂の窒素含有量が淡色の埋葬骨より高いことから、埋葬時における遺体の保存状態の違いを指摘している。人骨獣骨集積埋葬墓からの出土人骨は両端にイヌによる咬痕が存在していること等から、おそらく死後しばらく放置され、その間にイヌなどに食い荒らされ、一部を消失した断片的な散乱人骨が集められ埋葬されたと考えられている。

中世集団墓地遺跡は河口の北西部、鎌倉市由比ヶ浜一〇一五―二三に位置し、共同住宅建設に伴って発掘された遺跡である。この遺跡の南一〇〇ｍには材木座遺跡が位置している。中世集団墓地遺跡は二〇〇〇年から二〇〇一年にかけて由比ヶ浜中世集団墓地遺跡発掘調査団によって調査が行われ、五九二体の人骨が出土している。分析に使用した試料は全身集積墓から出土した人骨（一、三、四、六、七号集積人骨）である。全身集積墓は墓構に複数の人骨が折り重なっており、亡くなった後に骨になるまで放置された可能性がある。男女比は二対一、成人と未成年の比率は五対一であり、成人男子の占める割合が大きく、高齢者の骨はほとんど含まれない（本書前節の**表5―1―1**、**表5―1―2**を参照されたい）。由比ヶ浜南遺跡と中世集団墓地遺跡が異なる出土人骨の年齢比および男女比の差を示し、一方、互いに隣接している静養館遺跡と由比ヶ浜南遺跡、また、中世集団墓地遺跡と材木座遺跡がそれぞれ同じような出土人骨の年齢比および男女比の差を示すことは、埋葬遺跡の性質の差を示すものとして、遺跡の年代にも違いがある可能性を示唆している。

3　実験方法

化石骨の正確な放射性炭素（^{14}C）年代測定、炭素・窒素同位体比測定のためには、骨本来がもつ同位体比が保存されており、かつ、骨が埋没していた周囲の土壌等からの汚染炭素物質が除去されていることが必要である。

骨を構成する無機成分は、酸性土壌中では容易に分解されたり外部との交換が起きたりするため、化石骨の^{14}C年代測定、同位体比測定に際しては、続成作用に対して比較的安定であるとされる硬タンパク質コラーゲンが用いられる。以下に、今回行なった骨試料調製の方法を述べる。

骨試料の表面の汚れをデンタルドリルで除去した後、超純水中で繰り返し超音波洗浄する。さらに〇・二M水酸化ナトリウム（NaOH）水溶液中で超音波洗浄した後、超純水で洗浄し、凍結乾燥する。その後、ステンレス乳鉢を用いて骨試料を粉砕し、骨粉試料をプラスチックチューブに入れ、〇・六M塩酸（HCl）によって脱灰した。内容物を遠心分離し、酸に不溶な脱灰成分は〇・一M NaOH水溶液による処理を行った後、酸性に戻してから凍結乾燥した。このNaOH水溶液による処理は、脱灰成分中に残存している土壌由来の炭素を除去するために用いる。その後、弱酸性の温水（八〇℃）で一晩ゼラチン抽出して遠心分離し、上澄み液を分離して凍結乾燥してゼラチン成分を得た。骨試料から抽出したゼラチン成分はガラス管に真空封管して加熱（八五〇℃、四時間）し、二酸化炭素CO_2、窒素N_2を真空ラインにて精製し、CO_2の一部は鉄を触媒として水素還元法によりグラファイト化（六五〇℃、六時間）した。生成されたグラファイトは、アルミ製のホルダーにプレスしてターゲットとし、名古屋大学年代測定総合研究センターの加速器質量分析計（HVEE Tandetron AMS）によって^{14}C年代測定を行った。CO_2の一部とN_2は安定同位体比質量分析計（Finnigan MAT-252）により炭素・窒素安定同位体比（δ^{13}C値、δ^{15}N値）を測定した。δ^{13}Cは試料の炭素13（^{13}C）と炭素12（^{12}C）の同位体比と、標準物質（Peedee層のベレムナイト化石）の^{13}C／^{12}Cとの差を千分率偏差（‰）で示したものであり、δ^{15}Nは試料の窒素15（^{15}N）と窒素14（^{14}N）の同位体比と、標準物質（大気）の^{15}N／^{14}Nとの差を千分率偏差（‰）で示したものである。C／N比は、骨から抽出したゼラチン成分をスズカップに封入し、元素分析計（Thermo Quest NA 2500）で測定を行なった。^{14}C年代測定においては、試料炭素に含まれる^{14}C／^{12}C同位体比を、シュウ酸標準物質（NIST SRM 4990C）の^{14}C／^{12}C比で規格化して、さらに、試料のδ^{13}C値を用いて炭素同位体分別の補正を行なった。^{14}C年代（BP: Before Present）は、半減期五五六八年用い、西暦一九五〇年を基準にして一九五〇年から遡った年数で示される。

4　実験結果・考察

表5―2―2に由比ヶ浜南遺跡の単体埋葬墓および人骨獣骨混合埋葬墓から出土した人骨のδ^{13}C値、δ^{15}N値、C／N比、^{14}C年代の結果を示す。^{14}C年代の誤差は1σで示した。また、δ^{13}C値、δ^{15}N値の誤差は±〇・一‰である。放射性炭素年代については、較正プログラムOxCal 4.1を使用して、IntCal 09データセットで較正を行なった。また、**表5―2―3**に中世集団墓地遺跡の集積埋葬墓から出土した人骨のδ^{13}C値、δ^{15}N値、^{14}C年代、**表5―2―4**に由比ヶ浜南遺跡の人骨獣骨混合埋葬墓から出土した獣骨のδ^{13}C値、δ^{15}N値、^{14}C年代の結果を示す。人骨、イヌ骨に関しては、δ^{13}C値、δ^{15}N値から食資源の混合割合を推定するモンテ・カルロ法を用い、海産物の摂取割合をMarine%として示した。

δ^{13}C値、δ^{15}N値

骨のコラーゲンの炭素・窒素同位体比を測定して、人類あるいは動物が生前に摂取していた食資源を推定することが可能である。自然界の生物資源の炭素・窒素同位体組成はかなり広い分布範囲を持つことが知られている。この変動をもたらす大きな原因は、炭素については、植物（C3植物、C4植物、CAM植物）によって光合成回路が異なることによる同位体分別の違い、窒素については植物が利用する窒素の種類の違い、食物連鎖による同位体濃縮である。**図5―2―1**に動物の食資源となるような生物の代表的なδ^{13}C値・δ^{15}N値分布範囲を丸で囲んで示すとともに、由比ヶ浜南遺跡と中世集団墓地遺跡の人骨・獣骨から抽出したゼラチンのδ^{13}C値、δ^{15}N値をプロットした。食資源の値は、コラーゲンの値に換算（δ^{13}Cで＋四・五‰、δ^{15}Nで＋三・五‰）して示した。人骨なら

表5－2－2　由比ヶ浜南遺跡の単体埋葬墓および人骨獣骨混合埋葬墓から出土した人骨の $\delta^{13}C$ 値、$\delta^{15}N$ 値、^{14}C 年代

試料番号	$\delta^{13}C$ (‰)	$\delta^{15}N$ (‰)	C/N 比	^{14}C年代 (BP)	測定番号 (NUTA2－)	較正年代 (calAD)	Marine% (%)
単体埋葬墓から出土した人骨							
100	－18.2	11.3	3.2	767±30	10189	1218－1282	38
150	－19.8	10.1	3.2	676±31	10190	1271－1391	26
205	－17.7	9.9	3.2	695±30	10191	1264－1388	30
249B	－19.6	10.0	3.2	684±30	10192	1268－1389	26
255	－18.9	10.5	3.2	714±30	10193	1251－1385	31
255－2	---	---	---	724±31	10222	1225－1380	---
272	－18.9	---	3.2	780±31	10194	1210－1283	---
1030A	－18.7	10.4	3.2	829±31	10207	1160－1265	31
1070	－18.5	10.4	3.2	680±31	10198	1270－1390	32
1093	－18.4	10.5	3.2	706±31	10199	1257－1388	33
5654	－18.4	10.0	3.3	739±30	10200	1224－1291	30
5654－2	---	---	---	722±31	10213	1226－1382	---
人骨獣骨混合埋葬墓から出土した人骨							
43B－207	－19.3	9.1	3.3	787±32	10497	1187－1281	23
44D－104	－19.2	8.7	3.2	792±32	10498	1185－1279	21
44D－121	－18.7	7.6	3.3	804±32	10499	1174－1275	16
44D－147	－17.8	8.3	3.3	767±32	10503	1215－1285	20
270－51	－19.2	9.1	3.3	726±32	10504	1224－1380	23
270－55	－19.2	8.9	3.3	788±32	10505	1186－1280	22

表5－2－3　中世集団墓地遺跡から出土した人骨の $\delta^{13}C$ 値、$\delta^{15}N$ 値、^{14}C 年代

試料番号	$\delta^{13}C$ (‰)	$\delta^{15}N$ (‰)	C/N 比	^{14}C年代 (BP)	測定番号 (NUTA2－)	較正年代 (calAD)	Marine% (%)
1号集積・83	－19.4	9.5	3.2	859±30	10201	1049－1258	24
3号集積・117	－19.6	10.9	3.2	884±31	10202	1040－1220	31
4号集積・160	－19.1	10.7	3.3	864±30	10205	1047－1255	31
6号集積・210	－16.6	8.8	3.2	889±31	10206	1040－1218	23
7号集積・23	－19.1	9.1	3.2	864±31	10197	1046－1257	24

表5－2－4　由比ヶ浜南遺跡の人骨獣骨混合埋葬墓から出土した人骨の $\delta^{13}C$ 値、$\delta^{15}N$ 値、^{14}C 年代

試料番号	$\delta^{13}C$ (‰)	$\delta^{15}N$ (‰)	C/N 比	^{14}C年代 (BP)	測定番号 (NUTA2－)	較正年代 (calAD)	Marine% (%)
た－105 ウシ上腕骨(右)	－16.3	5.6	3.2	749±33	10486	1219－1290	---
43B－143 ウマ寛骨 (右)	－16.8	3.9	3.2	793±32	10487	1185－1279	---
44D－14 ウシ寛骨(左)	－16.8	6.4	3.2	702±32	10488	1260－1388	---
1018 イヌ胸椎＋腰椎	－15.9	11.2	3.3	928±33	10489	1024－1179	41
5385－44 ウシ寛骨(右)	－16.8	7.0	3.3	682±33	10495	1266－1391	---

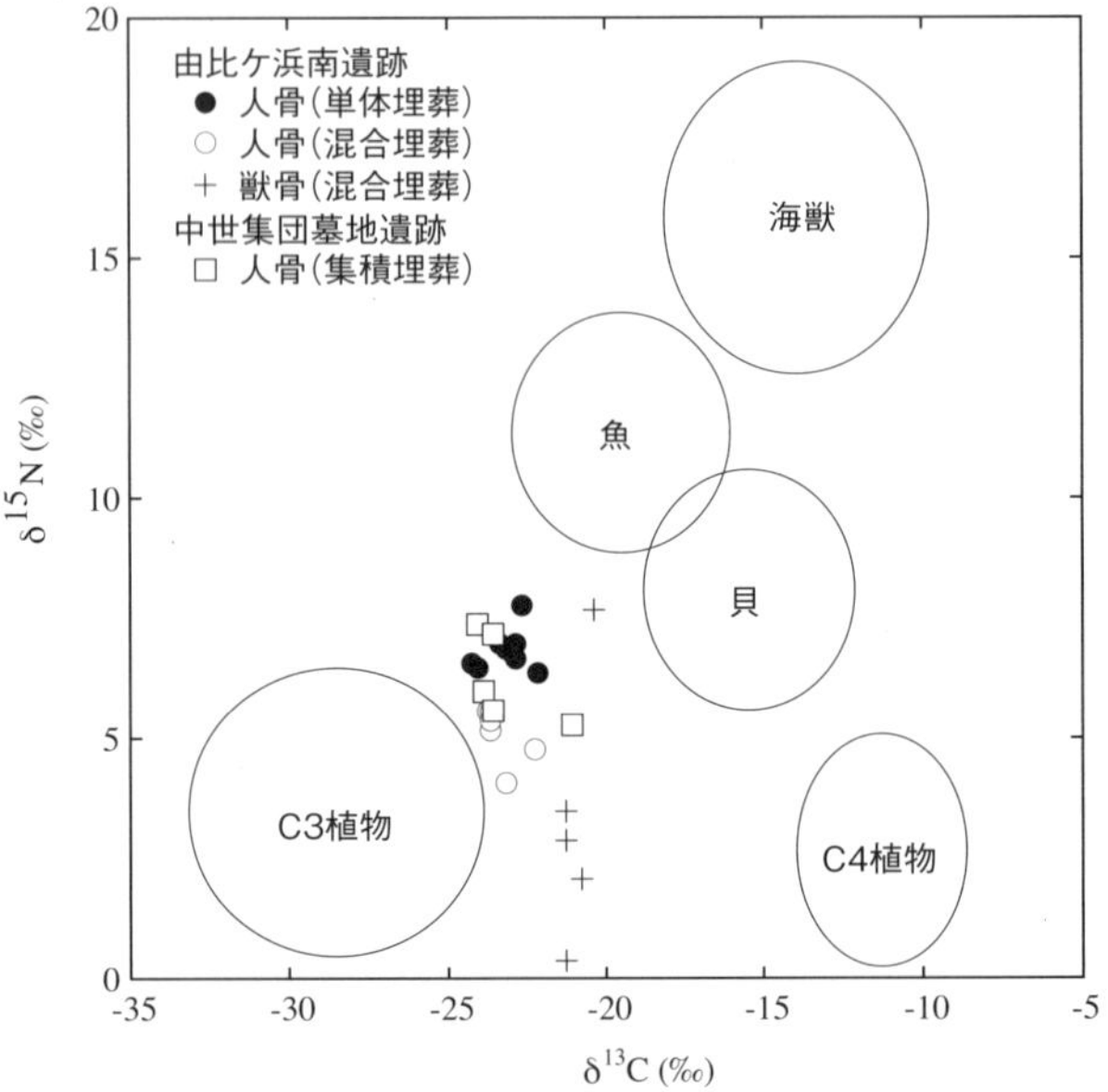

図５－２－１　由比ヶ浜南遺跡、中世集団墓地遺跡から出土した人骨・獣骨の $\delta^{13}C$ 値、$\delta^{15}N$ 値

びにイヌ骨試料は、魚類とＣ３植物の間にプロットされ、由比ヶ浜地域に埋葬されている人達は植物だけでなく、海産物も食していたこと、イヌも同じように海産物を食していたことが強く示唆される。

由比ヶ浜南遺跡、中世集団墓地遺跡いずれの人骨の $\delta^{13}C$ 値・$\delta^{15}N$ 値もほぼ同範囲に分布しているが、由比ヶ浜南遺跡においては、単体埋葬人骨のほうが混合埋葬人骨よりも $\delta^{15}N$ 値が高い傾向が見られた。この結果は、単体埋葬された人のほうが、混合埋葬された人よりも海産物を多く摂取したことを示しており、同じ遺跡でも、埋葬形態が異なれば、埋葬されている人の食性が異なる可能性を示している。しかしここで考慮すべきは、単体埋葬人骨の炭素・窒素含有量（それぞれ平均値 24 wt%、9 wt%）が、混合埋葬人骨の値（それぞれ平均値 30 wt%、11 wt%）よりも低く、前者の方が後者より強い続成作用の影響を受けている可能性があることである。前者がやせ細って褐色であるの対し、後者はがっしりとして黄白色であることも、前者の骨のほうが続成作用の影響を強く受けていることを示唆している。続成作用によりアミノ酸の分解が進むにつて、軽い窒素が抜け、残ったアミノ酸のδ^{15}N値は重くなっていくことが知られており、単体埋葬人骨が混合埋葬人骨よりも高いδ^{15}N値を示すのは、受けた続成作用の強さの違いによる可能性も無視できない。この点に関しては、アミノ酸組成分析など、さらに研究を進める必要がある。

^{14}C年代

図5―2―2に、較正プログラムOxCal 4.1を使用して、IntCal 09データセットで較正を行なった結果を示す。人骨、イヌ骨に関しては**表5―2―2**、**表5―2―3**、**表5―2―4**のMarine%値を用い、IntCal 09とMarine 09の混合曲線で較正を行なった結果についても重ねて示す（鎌倉周辺の海域のローカルリザーバー効果を四〇年と仮定した）。以上の海洋リザーバー効果の補正を行なうことにより、概して五〇年から一〇〇年程年代が若返る結果となった。イヌ骨は明らかに海産物を食したδ^{13}C値、δ^{15}N値を示しており、リザーバー効果の補正を行なうことにより、草食であるウシ骨、ウマ骨と同じ年代となった。

中世集団墓地遺跡の集積埋葬墓から出土した人骨は鎌倉中期、由比ヶ浜南遺跡の人骨獣骨混合埋葬墓から出土した人骨は鎌倉後期、由比ヶ浜南遺跡の単体埋葬墓から出土した人骨は鎌倉終焉あるいは室町初期の年代を示した。したがって、中世集団墓地遺跡ならびに由比ヶ浜南遺跡の人骨獣骨混合埋葬墓の人骨は、新田義貞の鎌倉攻めの合戦（一三三三年）によって死没した人々のものではない可能性が示された。ところで、墓毎にある範囲の年代を示す傾向が見られるのは興味深い。特に中世集団墓地遺跡の集積埋葬墓から出土した人骨は五試料と試料数が少ないものの同じ年代を示し、ほぼ同時埋葬であると考えられる。由比ヶ浜南遺跡の人骨も同じ年代を示すものが多いが、中世集団墓地遺跡の人骨に比べて、示す年代幅が比較的広い。この結果は、中世集団墓地遺跡はある集中した時期に埋葬地として使われたのに対し、由比ヶ浜南遺跡は、長期間埋葬地として使われたことを示

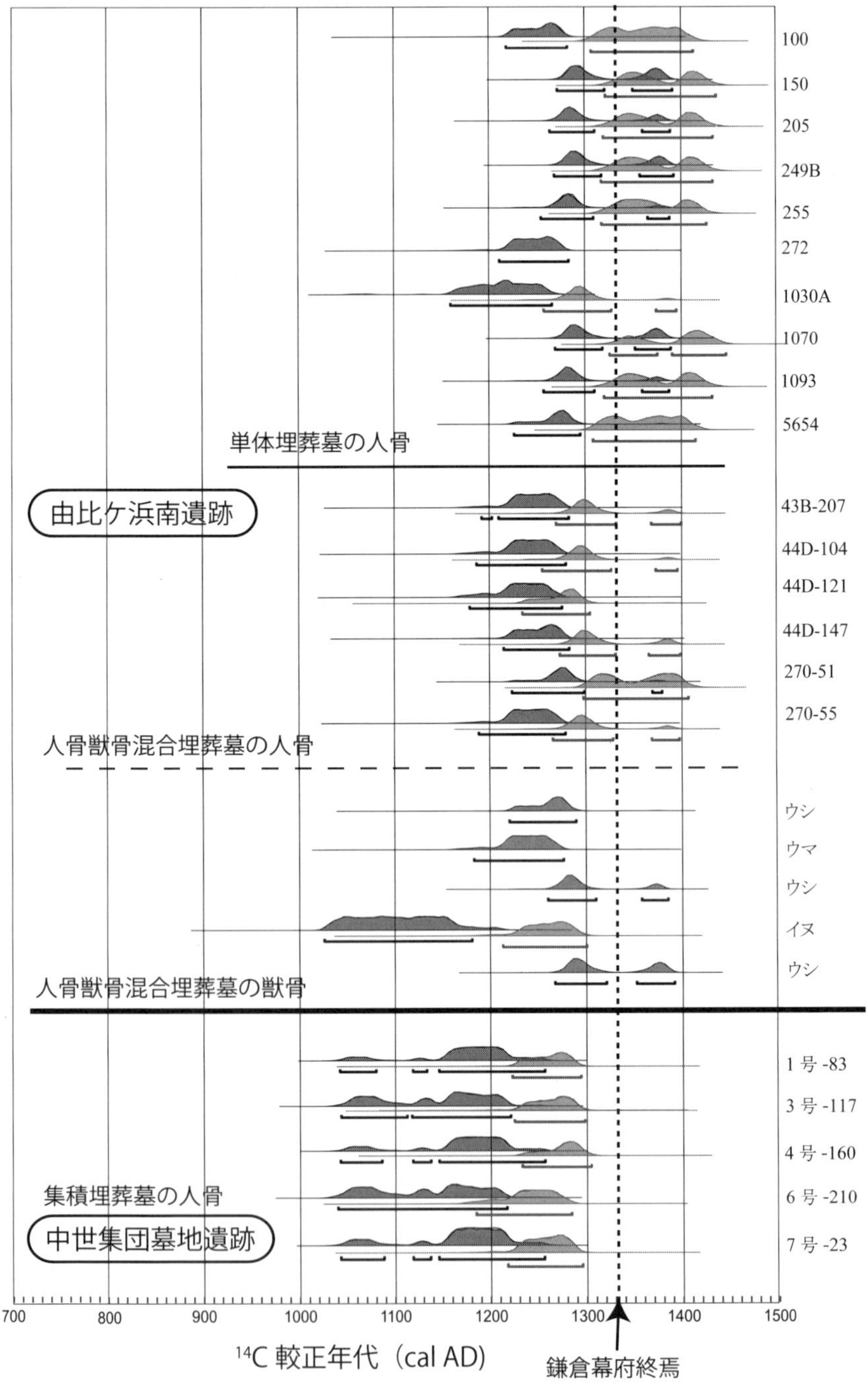

図5－2－2　由比ヶ浜南遺跡、中世集団墓地遺跡から出土した人骨獣骨の14C 較正年代

唆している。「新編相模国風土記稿」によれば、由比の浦は、中世以前から生活空間としての性格と同時に別の性格、例えば死者を捨てる空間のような性格も併せ持っていたと考えられる。長時間にわたり同じ墓が使用されていたとすると、同じ埋葬遺構の中に年代の異なる骨が混在しても不思議ではない。

鎌倉の市内において戦われた大規模の戦には、一三三三年の新田義貞の鎌倉攻撃以外にも、一二一三年の和田合戦、一二四七年の三浦泰村の乱、一三五二年の足利尊氏の鎌倉攻撃などが存在する。また、鎌倉時代は天災が多く発生し、それに起因する飢饉（例えば一二三一年の寛喜の飢饉、一二五八年の正嘉の飢饉）も多く発生している。一二九三年の鎌倉大地震の際には死者二万余とも三万余ともいう記録が残っており、これらの天災や飢饉による大量の死者が「死者を捨てる空間」である由比ヶ浜にまとまって埋葬されている可能性が高い。中世集団墓地遺跡の集積埋葬墓人骨は^{14}C年代結果から、鎌倉中期の三浦泰村の乱あるいは飢饉による死者の可能性があるが、埋葬されている個体に成人男子の占める割合が大きいことから、飢饉よりは戦乱による死者の可能性が高いと思われる。また、由比ヶ浜南遺跡の人骨獣骨混合埋葬墓人骨は、^{14}C年代結果から、鎌倉大地震の死者による可能性が考えられる。鎌倉大地震時には津波が発生したという記録が残っており、イルカやクジラの骨が出土することからも、地震ならびに津波によって亡くなった大量の遺体をまとめて埋葬したことが示唆される。以上のように、遺跡によって、さらには埋葬形態によっても出土人骨の示す年代幅がわずかに異なることから、戦乱、天災、飢饉等によって亡くなった大量の人をまとめて埋葬していったことが伺える。

5　まとめ

由比ヶ浜南遺跡から出土した単体埋葬人骨と人骨獣骨混合埋葬人骨、ならびに中世集団墓地遺跡から出土した全身集積埋葬人骨の^{14}C年代は、δ^{13}C値・δ^{15}N値により海洋リザーバー効果の補正を行なった結果、それぞれ、鎌倉終焉から室町初期、鎌倉後期、ならびに鎌倉中期を示し、遺跡によって、さらに同じ遺跡でも埋葬形態の違いによって、埋葬されている人骨の年代が異なることが明らかになった。混合埋葬人骨、集積埋葬人骨の示す年代幅は単体埋葬人骨に比べて狭いため、戦乱、天災、飢饉等によって亡くなった大量の人をまとめて埋葬したことが伺える。また、由比ヶ浜南遺跡の人骨獣骨集積埋葬墓からの出土人骨は、骨の形態研究から、死後しばらく放置され、その間にイヌなどに食い荒らされたと考えられているが、鎌倉大地震の起こった年代を示したことから、地震・津波によって大量に亡くなった人が、埋葬が追いつかないためにそのまま放置され、白骨化した後に集められ埋葬された可能性が示された。由比ヶ浜南遺跡において、単体埋葬された人のほうが混合埋葬された人よりも海産物を多く食していたと考えられる点については、これが身分の差によるものか、時代の違いによるものかは、今後の研究で明らかにしていく必要がある。

参考文献

鈴木尚・渡辺仁・岩本光雄・増田昭三・稲本直樹・三上次男・林都志夫・田邊義一・佐倉朔・香原志勢（日本人類学会編）『鎌倉材木座発見の中世遺跡とその人骨』岩波書店、一九五六年。

鈴木尚『骨』学生社、一九九六年

鈴木尚『骨が語る日本史』学生社、一九九八年

由比ヶ浜南遺跡発掘調査団編（団長斎木秀雄）編『神奈川県・鎌倉市　由比ヶ浜南遺跡』由比ヶ浜南遺跡発掘調査団、二〇〇一年。

Minagawa, M., "Reconstruction of human diet from δ^{13}C and δ^{15}N in contemporary Japanese hair : a stochastic method for estimating multi—source contribution by double isotopic tracers," *Applied Geochemistry* 7(2),1992. pp.145-158.

Reimer, P.J., Baillie, M.G.L., Bard, E., Bayliss, A., Beck, J.W., Blackwell, P.G., Bronk Ramsey, C., Buck, C.E., Burr, G.S., Edwards, R.L., Friedrich, M., Grootes, P.M., Guilderson, T.P., Hajdas, I., Heaton, T.J., Hogg, A.G., Hughen, K.A., Kaiser, K.F., Kromer, B., McCormac, F.G., Manning, S.W., Reimer, R.W., Richards, D.A., Southon, J.R., Talamo, S., Turney, C.S.M., van der Plicht, J., Weyhenmeyer, C.E., "IntCal 09 and Marine 09 radiocarbon agecalibration curves,0-50,000 yeats cal BP," *Radiocarbon* 51,1992, pp.1111-1150.

第3節　ＤＮＡからみた中世鎌倉の人々

篠田　謙一

人類集団の歴史に関する知識は、直接には人の記憶や記録に残っているもので、本来文献資料や伝承をもとに調べるものである。ところが、このような記録は往々にして不完全であるし、そもそも文字資料の残っていない過去を再現するためには、これまで発掘された考古遺物や人骨の形態をもとに検証を進めるしかなかった。しかし最近では、この分野に様々な分析科学的な手法が応用されるようになっており、その中にヒトの由来や血縁に関する情報を得ることのできる分子生物学の手法がある。

我々自身が持っている遺伝子には過去の歴史が刻まれている。そのこと自体は、遺伝子の正体がＤＮＡの配列であるということが判明した半世紀ほど前からわかっていたが、最近までそれを解析する方法はなかった。しかし前世紀の後半から始まる分子生物学の発展は、ＤＮＡ情報を読み解くことを可能にしている。そして、ここ十年ほどの研究手法の進歩によって、古人骨にわずかに残されたＤＮＡすら解析できるようになっている。我々は過去に生きた人々のＤＮＡを直接解析することによって、古代集団の遺伝的な特徴をピンポイントで知ることができるようになったのである。近年、この技術を応用した研究が進められ、人類史のセオリーを変えるような注目すべき研究も行われるようになっている。ただし、この分野の研究は始まったばかりであり、現状ではまだまだ解析個体も少なく、日本を例にとっても過去の集団の全体像を再現するには至っていないのが現状である。しかし、古代ＤＮＡ分析は、そう遠くない将来、更に精緻な日本人の歴史を再現することになることは間違いない。

本稿では、中世鎌倉の人骨に残されたＤＮＡを解析した結果をもとに、現時点でそこからどのような情報が抽出できているのかを報告する。この分野の研究が何を目的に、どのように行われているのかを紹介するが、まず最初に鎌倉人のＤＮＡ分析の結果を理解するために、その原理とＤＮＡ解析で明らかになった人類の拡散と日本人の起源の問題について概観しておくことにする。

１　人類集団の系統と日本人の起源

ヒトは二万から三万個の遺伝子を持つと言われているが、その遺伝子の中には、多型と呼ばれる様々なタイプを持つものが存在する。これは遺伝子が子孫に受け継がれていく際に、ＤＮＡ配列に突然変異が起こることによって、集団の中にたくさんの種類を生み出して現在に至っているためである。従って、現存する様々な多型が、どのように変化をしてきたかをＤＮＡ配列から推定してその分岐の様子を再構築し、それを世界における多型の分布と併せて考察すれば、遺伝子の拡散の様子を推定することができる。それは人類の移動と拡散のシナリオとなるのである。

ＤＮＡの分析が比較的容易になったことで、遺伝子を用いた人類拡散の再現の研究は、近年数多く行われるようになってきている。特に母から子どもに伝わるミトコンドリアのＤＮＡと、男性に継承されるＹ染色体を構成するＤＮＡはそれぞれ母系と父系の系統を追求することができるので、現在ヒトのルーツを探る目的で最も精力的に研究されている。ミトコンドリアＤＮＡは女性の拡散の様子を、Ｙ染色体ＤＮＡは男性の拡散の様子を描き出すことになる。

ただし本稿で取り上げる古人骨から抽出したＤＮＡの分析に関しては、現時点の技術水準で解析できるのは、一部の例外を除いてミトコンドリアＤＮＡだけである。ミトコンドリアＤＮＡは細胞質内にある比較的小さな環状のＤＮＡで、Ｙ染色体ＤＮＡのような核のＤＮＡと違って、ひとつの細胞の中に数百から数千のコピーを持っている。従って、経年的な変成によって古人骨に残されたＤＮＡが分解していっても、壊れないで残る可能性が大きいため、解析が可能なのである。このことは必然的に、古人骨ＤＮＡを用いたヒトの拡散が、もっぱら女性の移動を通して探ることになるということを示している。次にミトコンドリアＤＮＡが描く人類の拡散の様子を見てみよう。

世界中の現代人集団を対象としたミトコンドリアＤＮＡ分析の結果、現代人の共通祖先は十三万〜十七万年前のアフリカの女性に行き着くことが明らかとなっている。彼ら（新人）は六万〜七万年前にアフリカを出て世界中に拡散したと考えられている。アジアには新人の拡散を示す化石はほとんど無く、その移住のルートを復元することはできないが、ミトコンドリアＤＮＡのデータは人類がアフリカを出発してほどなくしてアジアの各地に進出したことを示している。ミトコンドリアＤＮＡは拡散の過程で突然変異を繰り返すことによって様々なグループ（ハプログループと称する）に分かれていった。私たちはこの変化を逆にたどることによって、各地の現代人集団が歩んできた道のりを復元することができる。

アジアにおけるハプログループの分布には地理的な偏りがあり、東南アジア〜東アジアの集団に見られるミトコンドリアＤＮＡハプログループは、揚子江より南の地域に分布の中心があるものと、北東アジアに中心を持つものに二分される。現代日本人は、おおむね十六種類程度のミトコンドリアＤＮＡハプログループから構成されている（篠田、二〇〇七）。その大部分は北東アジアに分布の中心を持っているが、総体としてはそれぞれの源郷はアジア大陸の各地に散在することが知られており、日本人の起源は相当に複雑であることをうかがわせている。

日本人の起源は最終的にはアフリカに行き着くことになるので、その全貌を明らかにするということは、アフリカを出発した集団が、どのようにアジアに展開し、それがいつの時期、どのルートを通って日本に入ってきたか、ということを考えることになる。特に、我々が持つミトコンドリアＤＮＡハプログループの直接の起源地である東アジアにおけるヒトの拡散は、日本人の起源について直接的な情報を提供する。現在、世界の各地でミトコンドリアＤＮＡの全塩基配列を用いた研究が進んでおり、人類の世界への拡散の様子は、かなり詳しく解明されつつある。日本人の起源も、アジアにおける新人の拡散シナリオの中に位置づけられ、研究が進んでいる。

２　古代ＤＮＡの研究と日本人の起源

日本人が持つハプログループの流入時期の解明に関しては、現代人のＤＮＡ解析だけでは不可能で、直接古代人の持つＤＮＡを分析することが必要となる。日本における古人骨由来のＤＮＡ分析も、最初の報告（Horai, 1989）からすでに二十年近い解析の歴史を持っており、その間に解析された人骨は数百体を超えており、特に縄文・弥生時代に関してはある程度まとまったデータが存在している。そこで縄文人・弥生人から抽出したミトコンドリアＤＮＡデータと日本およびその周辺の現代人のデータを比較した結果から説明することにする。なお、これまで解析された縄文人骨は、関東と北海道から出土しているので、地理的な隔たりを考えて双方を分けて結果を示すことにする。

図５―３―１に縄文人と弥生人、そして現代日本の三集団（本土日本・沖縄・アイヌ）と日本の周辺の集団のハプログループ頻度をグラフ化して示した。ハプログループ頻度から見ると、本土日本人は、朝鮮半島の人々や中国東北部の集団との近縁性を示しており、この三者は基本的には共通の母集団から派生していったと考えられる。また沖縄の人々は、地理的に隣接する台湾の先住民とは大きく異なっており、本土日本人と近縁性を持っている。これは沖縄の集団の形成に関与したのが南方からのヒトの流入ではなく、主として本土の日本から移住した人々だったことを示しているのだろう。ある程度地理的に隔離された状況の中で、現在の沖縄集団は本土とは異なるハプログループ頻度を持つに至ったと考えられる。

同様の傾向は北海道アイヌ集団にも見られる。この集団は他の日本人集団には見られないハプログループＹを持っている。これは北海道や関東の縄文集団にも見いだすことができないので、続縄文時代以降の北海道の歴史

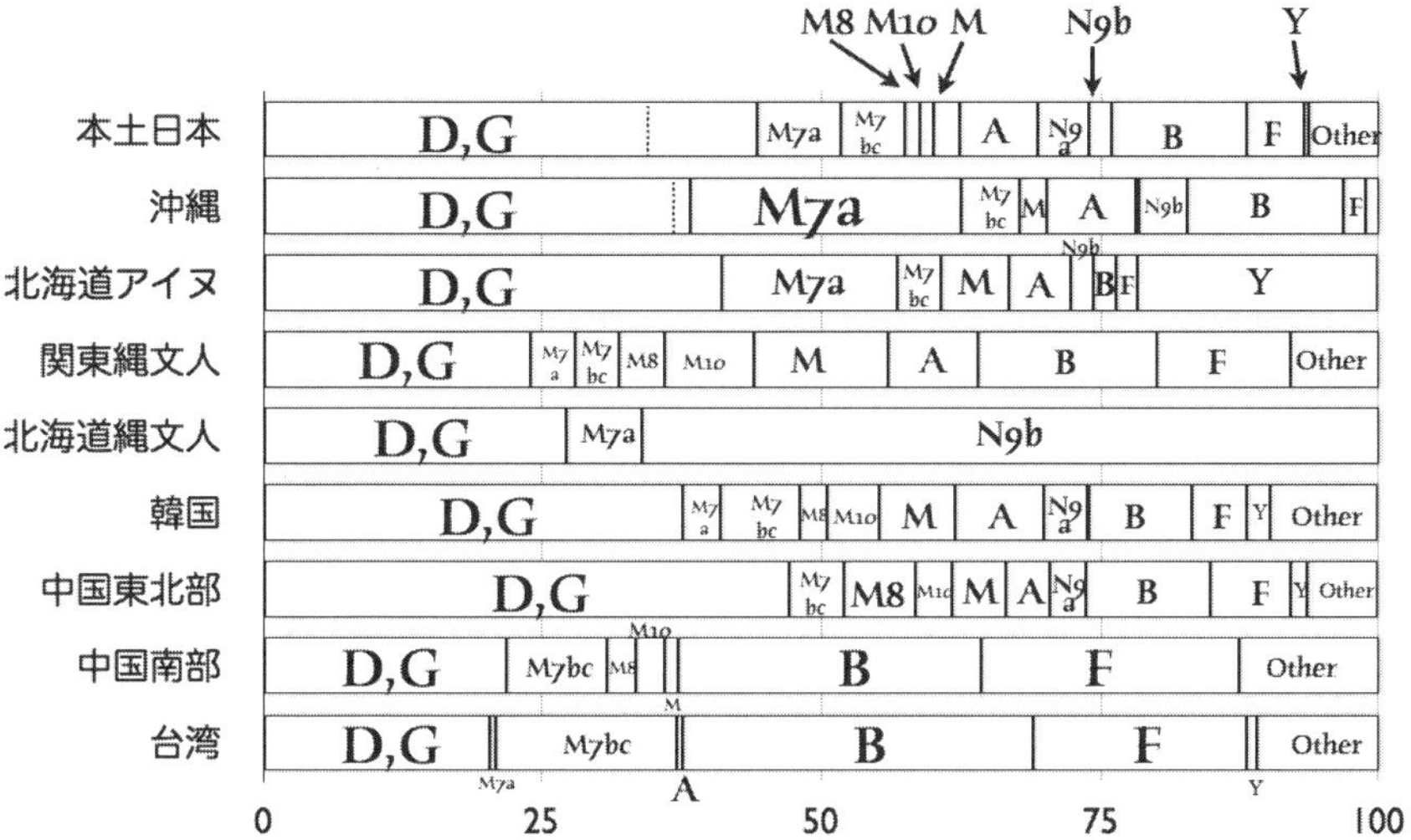

図5－3－1　ハプログループ比較グラフ
現代日本の三集団と近隣の集団（中国東北部、南部、朝鮮半島、台湾）および縄文・弥生人のミトコンドリアDNAのハプログループ頻度の比較。グラフ中の記号は、それぞれのハプログループに付けられた名称。

の中で、近隣の集団から受け継がれたものだと予想される。アイヌ集団も単純に縄文人の子孫というわけではなく、独自の成立の歴史を持っていることをＤＮＡ分析は示唆している。

北海道の縄文人は極端に偏ったハプログループ構成をしている。これは彼らが地理的に隔離されて、本州などと母系で遺伝するミトコンドリアＤＮＡの交流がなかったことを示しているのかもしれない。一方、関東の縄文人は比較的多くのハプログループを持っている。こちらは縄文時代を通じて多くの人口を抱えたこの地域の特徴を反映しているのだろう。関東の縄文人と共通のハプログループを大陸に捜すと、やはり朝鮮半島や中国東北部の集団の中に数多く見られることが分かっている。このことは縄文人の主体もまた、これら北方の集団であることを示している。

渡来系弥生人は大半がハプログループＤかＧを持っており、このハプログループが少ない縄文人と極端な対比を見せている。このことから現代日本人に見られるハプログループＤの大半は渡来系弥生人によって持ち込まれたものだと予想される。それ以外にもＣやＮ９ａなど、縄文人からは検出されないハプログループは、渡来人が持ち込んだものである可能性があるが、結論を出すためには、更に多くの古人骨を解析する必要があるだろう。また、北部九州地方から出土した渡来系弥生人のハプログループは、縄文人とは大きく異なっており、このデータを見る限り、両者が系統を異にする集団であることを示している。

現代日本人を含めたクラスター分析によって近縁関係を調べると、本土の日本人は関東縄文人と渡来系弥生人の中間に位置していることがわかる。これに対し、沖縄や北海道のアイヌ集団は、本土の日本人とは異なり、より縄文人に近いところに位置している。ここからもこれらの集団が本土日本人とは違った成立の歴史を持っていることが想像される（図５―３―２）。

日本人の成立に関しては、形質人類学の立場から、旧石器時代人につながる東南アジア系の縄文人が居住していた日本列島に、東北アジア系の弥生人が流入して徐々に混血して現在に至っているという二重構造論が唱えられている。ミトコンドリアＤＮＡを用いた分析結果では、現代日本人集団は中国北部や朝鮮半島など北東アジアの集団との近縁性が示された。また基層集団である縄文人のハプログループは特に南方的な要素の強いものではなく、その源郷が南方系であると考える証拠を提示していない。ただし、縄文・弥生集団と現代の本土日本人の関係に関して言えば、縄文社会に渡来系弥生人が流入して、混血によって現代の日本人が成立したという二重構造論の枠組みを支持している。

それでは、弥生時代以降の歴史の中で、混血によって本土日本人の持つ遺伝的な組成が、今の私たちが持つものと同じになったのはいつ頃のことだったのだろうか。その問に答えるためには、各歴史時代の集団のＤＮＡ分析が必要となる。しかし、弥生時代に続く古墳時代では、全国からある程度の数の人骨が発見されているものの、いずれも古墳という支配者層の墳墓の中から発見されたものなので、当時の日本人を代表するサンプルとは言い

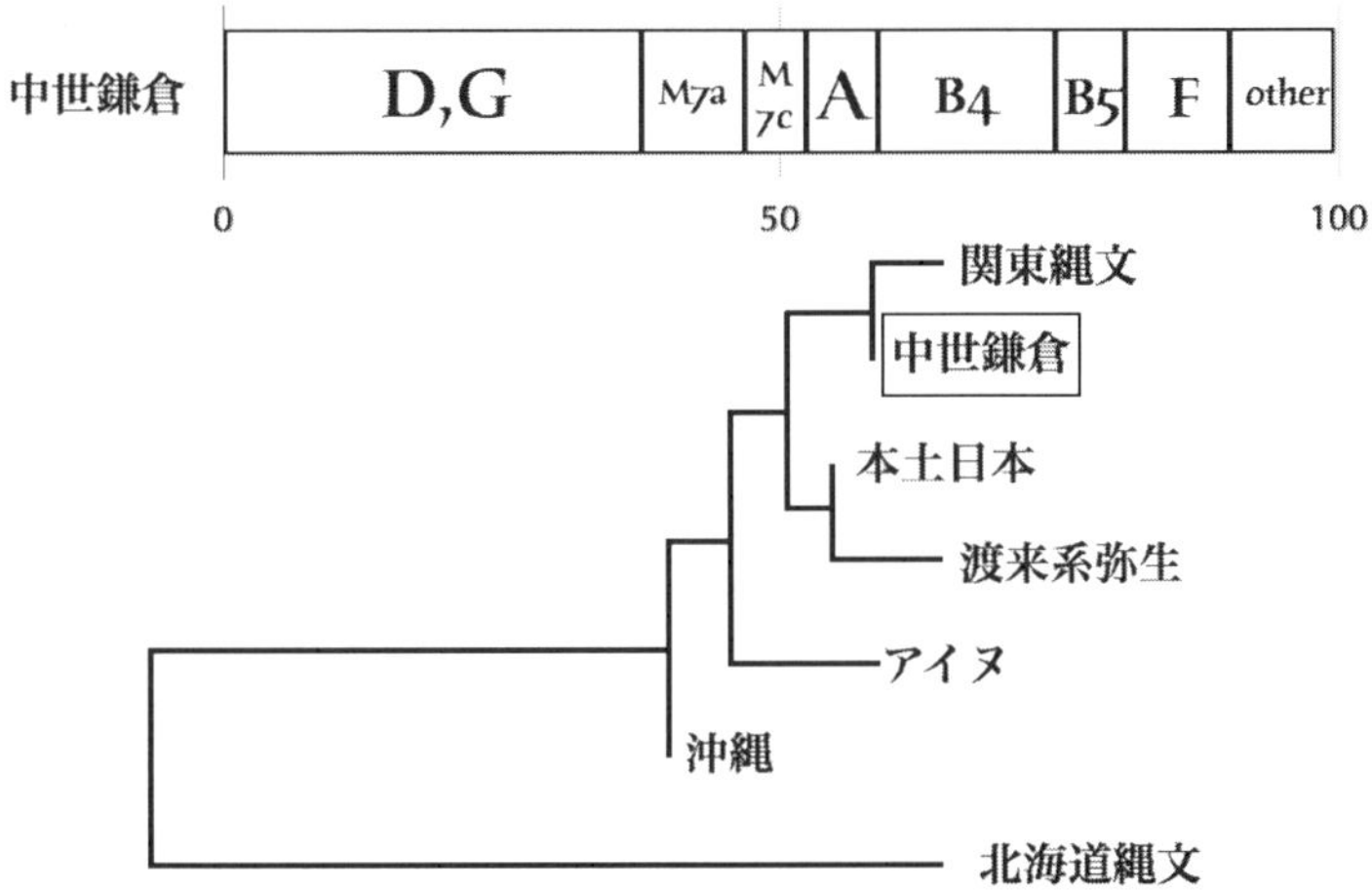

図5－3－2　鎌倉人骨のハプログループ頻度とクラスター分析の結果
集団間のハプログループ頻度をもとに、系統関係を図式化したもの。

難い。続く奈良・平安時代には仏教の広がりと共に遺体は火葬されることが多くなり、解析に足る数の人骨は存在しない。そんな中で、中世鎌倉からは多量の人骨が出土しており、弥生時代以降の歴史の中では、まとまったデータが集積できる貴重な時代のひとつである。

鎌倉はこの時代最大の都市であり、多くの人々が周辺の地域から流入して暮らしていたと考えられる。従って、そこに埋葬されたのは、この時代を代表するあらゆる階層の人々であったと想像され、そのＤＮＡ分析は日本人の成り立ちを考える上で、非常に重要な情報を提供する可能性を持っている。ここでは中世鎌倉人骨から抽出したＤＮＡデータをもとに、各時代・地域集団との比較を通して、日本人の成立に関する検討と中世の都市の遺伝的な特徴の解明を行い、更に遺跡内部での解析によって墓地の性格についての考察を行った結果を報告する。

3　分析対象と方法

今回研究に用いたのは、鎌倉市にある由比ヶ浜南遺跡と由比ヶ浜中世集団墓地遺跡から出土した人骨である。いずれも聖マリアンナ医科大学解剖学教室が所蔵している。付近には有名な材木座遺跡や静養館建設予定地遺跡など、多数の中世人骨を出土した遺跡があり、この地域一帯が鎌倉時代に大規模な墓地として利用されていたことが分かっている。これらの遺跡の説明については、本書前節の平田和明、星野敬吾、長岡朋人、澤田純明による論文「鎌倉市由比ヶ浜地域の中世遺跡出土人骨」に詳しい記載がある。

二〇〇四年と二〇〇五年の二年間にわたって研究を行い、それぞれの遺跡で各二四体の人骨を分析した。中世集団墓地遺跡は最少でも五九二体もの人骨が集積した形で埋葬されていたもので、性比が男性に偏っていること、受傷痕のある人骨を多く含むことなどの特徴があることが、平田・長岡の研究によって明らかとなっている。集積墓ゆえに個体識別が難しいので、この遺跡では重複した個体の解析を避けるために上顎の臼歯のみをサンプリングした。

由比ヶ浜南遺跡からも二四体の人骨を分析した。こちらは集積墓と単体で埋葬されている個体を含む複合的な遺跡で、最少個体数が六六七体という非常に大規模な墓地である。この遺跡の解析では単体で埋葬されているものを選んでサンプリングを行った。

各サンプルからＤＮＡを抽出し、得られたＤＮＡ溶液を用いてＰＣＲ反応を行い、目的とするＤＮＡ配列を決定した。なお、ＰＣＲ法を用いて増幅、塩基配列の決定を行ったのはミトコンドリアＤＮＡのＤ―ループ領域の二カ所である。この領域には、同一種であっても多数の変異が蓄積されていることが知られている。その中でも今回分析したこの領域の二カ所（ＨＶ1およびＨＶ2領域）は、ヒトにおいて多数の変異が報告されており、埋葬人骨間の血縁関係を調査するのに適している。更に得られた塩基配列から、各個体のミトコンドリアＤＮＡのハプログループを推定した。

４　分析結果からみた墓地の性格

中世集団墓地遺跡では解析した二四個体のうち一四個体で、由比ヶ浜南遺跡では、一九個体からＤＮＡ配列データを得ることができた（**表５―３―１、２**）。なお、それぞれの個体の持つＤＮＡ配列を専門用語でハプロタイプと称するが、ミトコンドリアのＤＮＡは母系に遺伝するので、同一のハプロタイプを持つ個体同士は、母系の血縁関係を持っている可能性があることになる。ただし、今回配列を決定した部位は、変異に富んではいるが、それほど長いものではない（３２２塩基）ので、更に長い領域の塩基配列を決定していけば、同一の配列を示すもの同士も異なってくる可能性もある。

それぞれの遺跡で同一のハプロタイプを持っていたのは、それぞれ三組ずつ、双方の遺跡で共通したのは一組だけだった。このことは、これらの遺跡が特定の血縁者の墓地ではなかったことを示している。これだけの人骨が集積した墓地なので当然のことであろう。双方の遺跡は特定の家族集団を埋葬する墓地ではなく、共同墓地であったと結論される。ただし、由比ヶ浜南遺跡では、単体で限られた地域に埋葬されている個体同士には、血縁関係を持つものがある可能性がある。今回は、埋葬された位置に関係なく、ランダムにサンプリングした個体のＤＮＡ分析を行ったので、その検証はできなかった。埋葬個体間の血縁関係については、ＤＮＡ分析で予想される関係と、墓地の位置関係を併せて考察することが重要で、そのためには考古学的なコンテクストの判明している個体のＤＮＡ分析が必要である。今後の課題としたい。

５　中世鎌倉人の遺伝的な性格

今回ＤＮＡ分析が可能であった三三体のハプログループ頻度と、それを元にした日本の各集団（アイヌ、本土日

表５－３－１　由比ヶ浜中世集団墓地遺跡

Type	HVS Ⅰ motif	HVS Ⅱ motif	Haplogroup	n
1	223, 362	CRS	D	2
2	223, 362	150	D	2
3	232A, 304, 311, 344	146, 152, 249d	F 1 b 1	2
4	223, 290, 319	146, 152, 195, 235	A 1	1
5	223, 290, 319, 362	151, 152, 235	A 2	1
6	217	152	B 4	1
7	217, 284	CRS	B 4 b 1 a	1
8	223, 311, 362	CRS	D,G	1
9	223, 245	150	D 4 d	1
10	223, 248	150	?	1
11	223	150	？（M）	1

表５－３－２　由比ヶ浜南遺跡

Type	HVS Ⅰ motif	HVS Ⅱ motif	Haplogroup	n
1	223, 362	CRS	D 4	1
2	223, 362	152	D 4	1
3	223, 325, 362	150	G	2
4	223, 295, 319	199	M 7 c 1	1
5	223, 255, 362	CRS	D 4	1
6	217, 311	237	B 4	1
7	209, 223, 324	CRS	M 7 a	1
8	209, 223, 233, 362	CRS	M 7 a	1
9	CRS	CRS	B 5	2
10	214, 217	207	B 4	2
11	362	194	M	1
12	209, 223, 362	CRS	M 7 a	1
13	223, 288, 295, 319	146, 199	M 7 c	1
14	254	152, 249d	F	1
15	223, 311, 362	185	G 2	1
16	232A, 249, 304, 311, 344	152, 249d	F	1

本人、沖縄、縄文、渡来系弥生）との関係を集団の遺伝的な距離をもとに図式化した（図5―3―2）。その結果、中世鎌倉集団は、関東の縄文人と本土日本人の中間に位置していることが示された。また、本土日本と関東縄文人に間には五％の有意水準で差が認められるが、中世鎌倉集団と本土日本、関東縄文人の間には差は認められなかった。

今回の研究で、解析個体数は少ないものの、中世鎌倉人骨のハプログループ構成は、ほぼ現代の本土日本人と同じであることが明らかとなった。つまり日本の基層集団である縄文人と渡来系弥生人による混血も、この時期の鎌倉では、すでにその後の日本人につながる遺伝的組成として完成していたことになる。同じく関東の中世の村落に埋葬された人骨を分析した坂平らの研究結果（二〇〇七）でも、ほぼ同様の結論が得られており、中世の関東地方では、都市と農村の双方で、現代人と同じミトコンドリアＤＮＡハプログループの組成が完成していたと考えて良さそうである。二重構造論によれば、渡来系弥生人の影響は歴史時代を通じて東進し、現在でも関東以北の地域では縄文系の集団と渡来系集団の混血が続いていると捉えているが、今回の結果を見る限り、細部では地域差が認められるだろうが、より早い段階で大方の混血の過程は終了したと考えられる。

遺伝的な特徴を比較的よく反映すると考えられている頭骨の形態小変異の出現頻度を用いた研究では、中世鎌倉人骨は弥生時代以降の本土日本人の範疇に納まっている。基本的には、今回のＤＮＡを用いた分析も同様の結果を追認していることにはなるが、ＤＮＡ研究では時代的な変化がどのように進行したかという一歩踏み込んだ結論を出すことが可能である。日本人の成立を考える際に、歴史時代の人骨に対するＤＮＡ分析の重要性が示された結果となった。

本土日本では、歴史時代を通じて頭骨の形態が変化していることが知られている。縄文時代から中世に向かって長頭化が進み、中世人は歴史上最も長頭な集団となる。その後、近世から現代にかけて短頭化の傾向が続く。この中世をターニングポイントとして長頭化と短頭化の傾向が逆転することについて、これまで様々な解釈がなされてきたが、未だに解決を見ていない。今回のＤＮＡ分析によって、中世が混血の過程が完了した時期に一致する可能性が示された。あるいは長頭化への道が、混血が進んでいく過程に対応し、その後の短頭化は主として環境要因による変化に対応しているのかも知れない。これまで形態の変化に対して、遺伝と環境のいずれを主たる要因と考えるかは判断が難しかった。古代ＤＮＡ分析によって中世という時代の遺伝的な特徴が明らかになったことで、この頭指数の変化の問題にも新たな展開が期待される。

６　おわりに

戦後の日本の人類学をリードした鈴木尚は、それまで縄文・弥生時代の人骨だけを使って行われてきた日本人起源論の研究を、その後の歴史時代の人骨をも網羅する体系としてまとめ上げた（一九八三）。とりわけ中世鎌倉人骨に関しては、彼が最初に人類学の研究テーマとして取り上げたもので、それによって初めて「歴史時代における日本人の変化」というテーマが提示された。その後、江戸時代人骨などの研究も進み、形態学の分野では日本人の変化、いわゆる小進化の過程の解明が、重要な研究テーマとなっている。

古代ＤＮＡ研究の分野では、研究の歴史が新しいこともあって、問題意識は日本人の成立に直結する縄文・弥生移行期に集中し、いまだにこの問題について正面から取り扱ったものはない。しかしながら小進化の問題を考えるとき、二重構造論の枠組みの中で、そもそも日本人の遺伝的な組成がどのように変化したのかを明確にすることは重要である。特に人骨も数多く発掘され、形態学的な研究の蓄積のある中世鎌倉人骨のＤＮＡ分析は、大きな意義を持っている。今後中世人骨に残るＤＮＡ分析が更に進んでいけば、近い将来、日本人の形成の問題に関して、新たな展開を見ることができるだろう。

参考文献

坂平文博「古代ＤＮＡ分析による中世専業集落の形成過程の検討」『人類学雑誌』第一一五巻二号、二〇〇七年。八五―九六頁。

篠田謙一『日本人になった祖先たち』日本放送出版協会、二〇〇七年。

鈴木尚『骨から見た日本人のルーツ』岩波新書、一九八三年。

Horai S., "DNA amplification from ancient human skeletal remains and their sequence analysis," *Proceedings of the Japan Academy* 65, ser.B, 1989, pp.229-233.

第4節　アメリカからみた鎌倉　ブレースのアイヌ―サムライ説その後

瀬口　典子

一九八九年に、ミシガン大学のローリング・ブレース教授らは「Reflections on the Face of Japan（日本の顔に反映されている歴史）」という論文をAmerican Journal of Physical Anthropologyに発表した。その論文で、ブレースらは、歯のサイズと頭蓋骨計測データを用いて、縄文人の直接の子孫であるアイヌが鎌倉武士に遺伝的な影響を与えたという説を唱え注目を集めた。鎌倉武士がアイヌと近縁であるという記事はニューヨークタイムズにも掲載され、有名人のコメントが載せられた。ブレースの指導教官でもあり、世界中の頭蓋骨計測データを集めたハーバード大教授・ハウエルズは、「証明されたわけではないが、アイヌとサムライの遺伝的つながりがあるというのはなかなか良い説である」と述べている。同じくハーバード大教授で、日本大使でもあった日本史の権威、ライシャワーも、「早期サムライの出身地、東国は、アイヌが住んでいた地域であり、人々の遺伝的混合は何百年と続いていたはずである、そして、日本人に見られるいろいろなタイプの顔はアイヌと他の人々との遺伝子の交流によってできたものだろう」と述べている。

1　アイヌ―サムライ説論文の主要点

このブレースらの論文は鎌倉武士だけでなく、縄文人とミクロネシア人、ポリネシア人との関係にまで言及している。論文の要旨を整理してみよう。（一）現代和人は、東アジア大陸集団に類似し、（二）和人のアジア大陸集団に類似する形質は、紀元前三世紀の渡来系弥生人に由来すると考えられる。そして、（三）現代和人は、日本列島の先住民である縄文人の形質を直接受け継いではいない。狩猟採集民であった縄文人はかつては日本列島に広く居住していたが、縄文人の直接の子孫であるアイヌは渡来系弥生人の増加に伴って、後に北海道とその近辺にだけ住むようになった。(四) アジアで最も古く、たぶん世界でも最古の起源をもつ縄文土器を長い間調理に使用していた縄文人の歯のサイズの縮小はそのままアイヌに受けつがれており、縄文人からのちのアイヌまで、一定の縮小率で歯が小さくなっている。また、弥生時代人から現代和人まで、一定の縮小率で歯が小さくなっている。このことから世界で一番小さな歯をもっているアイヌが縄文人の直接の子孫であるといえる。そして弥生人は現代和人の直接の祖先である。(五) 縄文人とポリネシア人、ミクロネシア人は同じ起源、同じ祖先を持っていた可能性が高い。これを縄文―太平洋・クラスターと呼ぶ。(六) 縄文―アイヌ集団が中世東国の武士団の形成に強い遺伝的影響を与えている。そして最後に、(七) 日本列島には、アジア大陸の遺伝的影響を受けた人々と、もともとの先住民の遺伝的影響を受けた「縄文―太平洋・クラスター」が混在している。アイヌとオセアニアの島々の人々の話す「オーストロネシア系言語」が日本語の言語の基層言語であるか否かの研究は、今後の重要な課題である、とブレースらは示唆している。日本列島に二つの異なった集団が共存しており、その集団が日本列島の北に行くにつれて混合しているというのは、埴原和郎の二重構造モデルと基本的に同じである。ただし、縄文人の起源に関しては、埴原が縄文人の東南アジア起源を唱え、ブレースは縄文人と北東アジアとの関係を唱えている点で異なっている。

ブレース論文には、鎌倉の材木座遺跡から出土した一三三三年の新田義貞による鎌倉攻めの犠牲者人骨のデータが使われている。ブレースらがこの鎌倉時代人の頭蓋骨と歯からとった計測データを分析したところ、鎌倉時代の人骨はアイヌ集団にも現代和人にも似ているという結論に達したのである。

この要因をブレースは次のように説明している。鎌倉時代人がアイヌと現代和人の中間の形態を示すのは、鎌倉時代末期まで関東では二つの集団がその辺境地域で長い間衝突を繰り返し接触しており、集団間に遺伝子の流入があったためである。そして、源頼朝は、鎌倉に幕府を開いた時に、東国のアイヌ（蝦夷・エミシ）を起源とする土着の人々を武士として軍隊に補充したのではないか、と示唆している。

しかしながら、中世鎌倉時代人とアイヌ・縄文時代人との類似性は日本人人類学研究者たちによって否定されている。

2　ブレースの分析と理論・方法と結果

ブレース等は歯冠近遠心径値と歯冠頬舌径値から算出した歯の総面積と頭蓋骨の計測値を分析し、集団同士の血縁・系統関係を検討した。まず、ブレース等が頭蓋骨を使った理由は、頭蓋骨計測形質は適応的な意義がない、つまり、選択圧とは関係のない中立的な形質であるからである。それゆえに、家族がお互いによく似ているように、「家族の類似を広い地域に延長させた」血縁関係が、頭蓋骨計測値から推測できるからである。

それでは、歯のサイズは何を意味するのか。十五万年前くらいまで、ヒトの祖先はまだ調理技術を持っていなかったため、固い食物を噛み砕くために大きな歯が必要であった。しかし、調理技術の発達とともに、人類の歯のサイズは小さくなっていった。ブレースは、独自に、歯のサイズの縮小のメカニズムを「the probable mutation effect 突然変異の確率的効果」と呼んでいる。調理技術は、ヒトの一生に起こりうると思われる歯の咬耗の総量を減少させ、洪積世時代のような大きな歯を持つ必要性を減らしたのだ。調理技術により、大きな歯のサイズを維持していた選択圧が緩和し、選択圧によって強く制御・維持されることがなくなった歯の成長・発達に影響を及ぼす酵素などの遺伝子に突然変異は有害性もなく起こる。そして突然変異はその遺伝子上に蓄積する。歯の成長発達を促す酵素が突然変異の蓄積により、うまく機能しなくなり、小さなサイズの歯が形成されるようになるという仮説（the probable mutation effect）をブレースは提唱した。

猿人から原人にかけて、主な食料が硬い木の実や繊維の多い植物性の食物から、柔らかい肉に変わったため、歯の総面積はかなり減少している。原人の時代は変化が小さいのであるが、寒いヨーロッパに定住した旧人・ネアンデルタール人は、最初に凍った食物を溶かすことから調理を始めたと考えられ、ネアンデルタール人の歯のサイズは原人より小さくなっている。ネアンデルタール人が、土を掘って穴に食物を入れ、土を覆いかぶせてその上から火を焚いて蒸し焼きにするアースオーブン調理法を始めてから二〇〇〇年に一％の割合で歯は縮小しているのだ。その後、一万四〇〇〇年くらい前に、ひき臼、土器などが発明されてからは一〇〇〇年に一％の割合で減少している。調理技術が最後に伝わったオーストラリアでは、一万五〇〇〇年くらいまでネアンデルタール並みの大きな歯を維持しており、オーストラリア先住民は今でも世界で最も大きな歯を持っている。早くから調理技術を知っていた集団の子孫であるヨーロッパ人は歯が小さい。そして、世界で最古の縄文土器を調理に使っていた縄文人の直接の子孫・アイヌが世界でも最も小さな歯を持っているのだ。

ブレース等によると、鎌倉人の歯は弥生時代人よりも、古墳時代人よりも、現代和人よりも小さく、アイヌよりも大きかった。また、ブレースの頭蓋骨計測値からも、鎌倉時代人は「縄文・アイヌ集団」と同クラスターに属するか、または、変数を変えた場合でも「縄文・アイヌ集団」と「渡来系弥生人・古墳時代人・現代和人集団」の中間に位置していたことから、ブレースは、現代和人は弥生時代人の直接の子孫であり、鎌倉時代人は、弥生・古墳人的な和人と、そのころまだアイヌの遺伝的影響を受けていた東国の土着の人たちとの遺伝子流入を反映した顔をしていたのではないか、と結論したのである。アイヌ・サムライ説とは、後に日本の封建時代を支配したサムライの起源である東国の武士はアイヌの遺伝的影響が強い人たちであったという説なのである。

３　資料と方法

先に述べたように、日本の研究者たちによってブレースのアイヌ・サムライ説は否定されているが、今回、筆者はブレースが一九八九年に用いた歯冠計測値と頭蓋骨計測値（ミシガン大学人類学博物館データ・UMMA database）を用いて、当時のブレース等の分析とは違う新しい手法を試みた。現在では一九八七年のブレース等が用いた統計分析法よりももっと新しい分析方法が可能となっているからである。生物人類学では、多くの遺伝子が形成に関わっている量的な形質データを使って集団間の比較分析する方法が古くから使われてきたが、その方法は伝統的な一変量の統計であったり、または、分散分析や判別分析などの多変量解析統計法だった。しかし、ここ十五年くらい、多くの遺伝子が形成に関わっている量的な形質データから集団の人口構造、集団の歴史を分析しようとする試みが始まっている。一九八九年のブレース論文は、ユークリッド距離、マハラノビス距離から遺伝的類似性を検討していが、今回筆者は、Ｒマトリックス法、レレスフォード・ブランジェロ法を使い、集団の人口構造・歴史分析も試みた。縄文時代人は日本列島各地から出土した資料であるが、弥生時代人は山口、北九州からの資料である。古墳時代人は西日本と東日本からの資料ではあるが、いわゆる渡来系古墳時代人である。鎌倉時代人は、材木座からの資料である。現代和人は、九州、京都、関東（東京、千葉）、東北地域の現代人資料である。

４　集団の人口構造・集団の歴史分析方法

集団の人口構造・歴史分析が可能となるＲマトリックス法はハーペンディングとジェンキンスによって対立遺伝子頻度とハプロタイプの頻度データを使用するために作られ、その後、レレスフォードとブランジェロによって人類学でよく用いる量的形質データに応用出来るように開発された。ここではＲマトリックスの基本理論となる詳しい集団遺伝学的方法論は割愛する。Ｒマトリックス法を使うと、量的形質である多因子遺伝形質の平均遺伝率を考慮し、集団の構造・歴史を比較検討するために有用な *F*st（遺伝子流入、遺伝的浮動、突然変異によって起こる集団間多様性・集団内多様性の大きさを表す尺度）を計算できる。*F*st からは集団間、集団内の変異（多様性）の程度が考察できるが、地理的な多様性のパターンや、多様性のパターンの歴史までは考察できない。そこで、各集団間の遺伝的距離が集団の関係・パターンを解釈するために必要となる。Ｒマトリックスからはその地域集団の量的形質の頻度とそれら全形質の平均遺伝率を基にして集団内と集団間の遺伝的類似性・遺伝的距離が算出できる。

ある集団が他の集団よりも多様性が大きければ、その集団に遺伝的な違いが生じた要因、歴史を考察しなければならない。レレスフォード・ブランジェロ法では、表現型（phenotype）下にある遺伝子型（genotype）の多様性――例えば、集団内でホモ接合体（二倍体生物のある遺伝子座が AA、aa のように同じ対立遺伝子からなる状態のこと）の過剰やヘテロ接合体（二倍体生物のある遺伝子座が Aa、Bb のように異なった対立遺伝子からなる状態のこと）の過少などが存在する場合があるが――それを数量化し、集団の遺伝的構造を見積もることができる。一般的には、集団内でヘテロ接合体が占める割合は、突然変異や遺伝子流入によって増えたり、遺伝的浮動によって減ったりする。レレスフォード・ブランジェロ法は、Ｒマトリックスを使うことにより、期待されるヘテロ接合体が占める割合の値と、観察されるヘテロ接合体が占める割合の値を算出し、それらを比較することによって、遺伝子流入、反対に遺伝的浮動がその集団に起こったかどうかが検討できる。もし、観察された分散値（観察されたヘテロ接合体の割合の数値）が期待された分散値（期待されたヘテロ接合体の割合の数値）より多い場合は、遺伝子流入が原因でその集団のヘテロ接合体の数値が増えている可能性が考えられる。反対に、観察された分散値が期待された分散値より少ない場合は、その集団には外からの遺伝子流入が限られており、遺伝的浮動がおこった可能性が考えられるのである。

５　なぜ歯冠計測値を分析に使うのか

歯は人間の身体の中で一番保存されやすく、永久歯の大きさは形成された時から決まっているので、若年から成人すべての歯冠計測値が分析に使える。近年、頭蓋骨計測値だけではなく、歯冠計測値を使っての系統・血縁関係分析が多く試みられており、その試みは成功しているといえよう。ストジャノウスキーはレレスフォード・ブランジェロ法を使って歯冠計測値から集団の人口構造・集団の歴史を検討している。

また、最近では、歯冠計測値と遺伝データの両方を用いての研究も盛んになっており、歯冠計測値の類似性は遺伝的類似性を表していることがより明らかになっている。例えば、安達らは有珠モシリの縄文時代埋葬墓の調査で、歯冠計測値データに加えて、ミトコンドリアＤＮＡデータを使って血縁関係を分析している。その分析で、有珠モシリの埋葬墓の縄文人二体からのミトコンドリアＤＮＡの塩基配列からの母系の関係は見つからなかったこと、そして、歯冠計測値の統計分析結果から縄文人二体には血縁関係がない可能性を報告している。このように、歯冠計測値は遺伝子レベルによる血縁・近縁関係分析の結果を確証するだけではなく補足することのできる、格好の資料である。

６　歯冠計測値分析法

ブレース等は歯の大きさ・歯冠近遠心径値と歯冠頬舌径値から算出した歯の総面積を比較して集団の近縁関係と地理的勾配を考察しているが、今回の分析では、歯冠近遠心径値と歯冠頬舌径値から近縁関係を見るために、Ｒマトリックス法による主座標プロットを作成した。レレスフォードに従い、歯冠計測値の平均遺伝率は〇・五五と設定した。遺伝率を考慮することにより、環境によって影響され変化する歯サイズの可塑性が取り除かれるのだ。また、Ｒマトリックス法で算出した集団間の遺伝的距離を基にして、近隣結合法を用いて近縁関係系統樹を作成した。歯に関しては、縄文初期から縄文中期、縄文後期にかけて、サイズの縮小が見られることをブレースが強調しているので、時代別に分けた。また、レレスフォード・ブランジェロ法で各集団内の多様性も調べた。しかし、ブレースが用いた縄文早期人と江戸時代人は欠測値が多く、欠損値の多い個体を取り除いた結果、集団内の多様性を調べるためにはサンプル数が少なすぎるので、今回の分析からは外した。

７　頭蓋骨計測値分析法

ブレース等は頭蓋骨計測値データから、Ｃスコアを算出し、ユークリーッド距離を使ってクラスター分析をしている。ユークリッド距離はデータの分散（ばらつき）を考慮しない。そこで、ブレース等はＣ―スコアを基にしたユークリッド距離によるクラスター分析に加えた上に、分散を考慮するマハラノビス距離を計算して近縁関係距離を表に示している。ブレース等は十八変数を使ってクラスター分析をしているが、今回は最大二一変数の頭蓋骨計測値データを使った。頭蓋骨計測値分析でも歯冠計測値分析と同様にＲマトリックス法・レレスフォード・ブランジェロ法を使い、主座標プロット、およびＲマトリックス距離を基にして近隣結合法を用いて近縁関係図を作成してみた。歯冠計測値分析と同様に、頭蓋骨計測値の平均遺伝率もレレスフォードに従って、〇・五五に設定した。このように遺伝率を考慮することにより、環境に影響され変化する頭蓋骨の可塑性が取り除かれる。

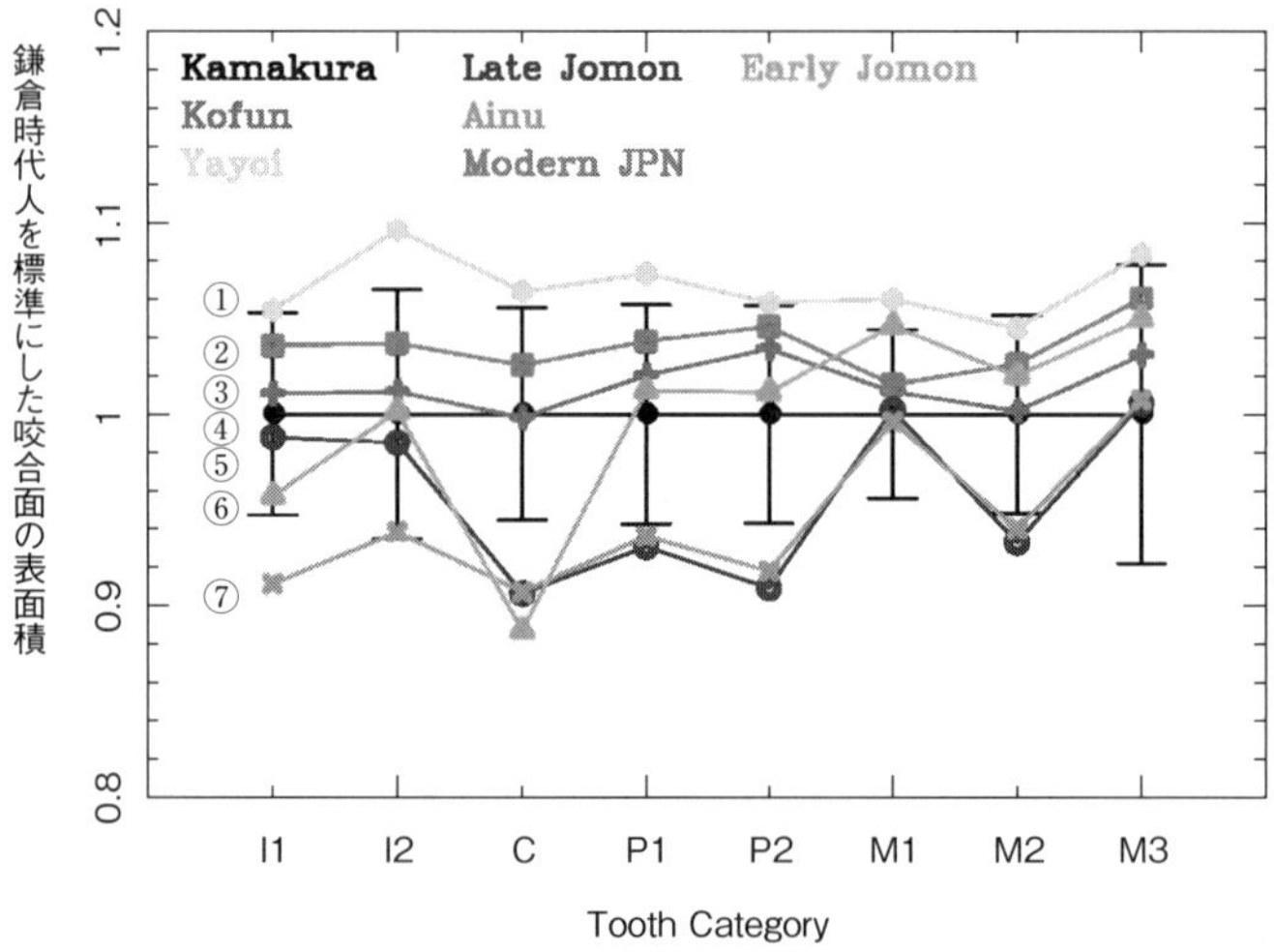

図4－4－1　上顎、下顎の各歯の咬合面表面積のエラーバー（信頼区間）付きプロフィール。鎌倉の歯の大きさが標準（④）。縄文前期（⑥）、縄文後期（⑤）、弥生（①）、古墳（③）、鎌倉（④）、アイヌ（⑦）、現代和人（②）。I1：第一切歯、I2：第二切歯、C：犬歯、P1：第一小臼歯、P2：第二小臼歯、M1：第一大臼歯、M2：第二大臼歯、M3：第三代臼歯

8　分析結果

歯冠計測値分析による結果

まず始めに、第一切歯から第三大臼歯の咬合面の表面積に焦点を当ててみた。咬合面の面積は欠測値をすべて除いて、上顎、下顎の各歯の咬合面の合計表面積を計算した。個々の歯の大きさのパターンを見るために、鎌倉時代人を基準として表した（**図4―4―1**）。鎌倉時代人の標準線と差が小さいほど鎌倉時代人との類似を示すと思ってもらえればよい。縄文時代人、アイヌの歯は鎌倉時代人より小さい。他の時代の和人集団の歯は鎌倉時代人より大きい。縄文後期時代人と縄文中期時代人はサイズもパターンも似ているので図を単純化するために縄文中期時代人を外し、参考のために縄文早期時代人を加えてみた。縄文早期時代人の歯は全体的には鎌倉時代人より大きいのであるが、縄文後期時代人の歯は鎌倉時代人の歯より小さい。アイヌの歯の表面積はどの集団よりも小さい。全集団の中で、縄文時代人・アイヌの犬歯のサイズがとても小さいのは特徴的である。このパターンは縄文・アイヌが直接の先祖・子孫関係にあることを表しているのかもしれない。そして、縄文時代人、アイヌ、弥生時代人、鎌倉時代人は、第一小臼歯、第二小臼

歯のパターンが似ているが、古墳時代人と現代和人のパターンは違う。弥生時代人は全ての集団の中で最も大きな歯を持っている。鎌倉時代人と一番類似したパターンを示しているのは古墳時代人である。しかし、第一小臼歯と第二小臼歯の大きさのパターンは鎌倉時代人と少し異なっており、鎌倉時代人の歯のサイズは和人グループと縄文・アイヌの中間に位置している。鎌倉時代人は和人集団の中でも最も歯のサイズが小さいが、後期縄文時代人、アイヌほど小さくはなく、和人集団と縄文・アイヌの中間である。

次に、各集団の歯冠計測値を使ってRマトリックス法で主座標分析を行った。**図4―4―2**は、上顎と下顎の第一切歯から第三大臼歯の歯冠近遠心径と歯冠頬舌径から主座標プロットしたものである。この図に表された点（プロット）と点（プロット）の間の距離が遺伝的距離を表している。点と点の間の距離が短ければ遺伝的距離は短く、点と点の間が長ければ、遺伝的距離は遠いのである。つまり、距離が短いほうが遺伝的に近縁関係にあるといえる。また、遺伝的に関係の近い集団がひとつのクラスターを成していると理解してもらえればよい。全体の分散の七五・一％を表している固有ベクトル１と２のプロットでは、縄文中期時代人と縄文後期時代人の遺伝的距離はとても短く、ひとつのクラスターを成しており、現代和人、古墳時代人、弥生時代人と鎌倉時代人は同じクラスターに属している。しかし、アイヌはどちらのクラスターからも離れている。弥生時代人は他の時代の和人集団の中では、縄文中期時代人・縄文後期時代人に近い。古墳時代人と現代和人は遺伝的距離が最も短い。アイヌは縄文時代人からも、鎌倉時代人からも、弥生時代人からも遺伝的距離が離れている。鎌倉時代人は、縄文中期時代人と縄文後期時代人からは最も遠く、弥生時代人からも少し離れている。鎌倉時代人は弥生時代人よりもむしろ古墳時代人と現代和人に近い。アイヌと鎌倉時代人との距離は、アイヌと縄文人との間の遺伝的距離、アイヌと弥生時代人との間の遺伝的距離と同じくらい離れている。同じく**図4―4―2**の固有ベクトル２と３のプロットは全体の分散の二五・八％しか表していないが、鎌倉時代人は弥生時代人、古墳時代人、縄文後期時代人に近くプロットされている。縄文後期時代人、鎌倉時代人、古墳時代人、弥生時代人、縄文中期時代人、現代

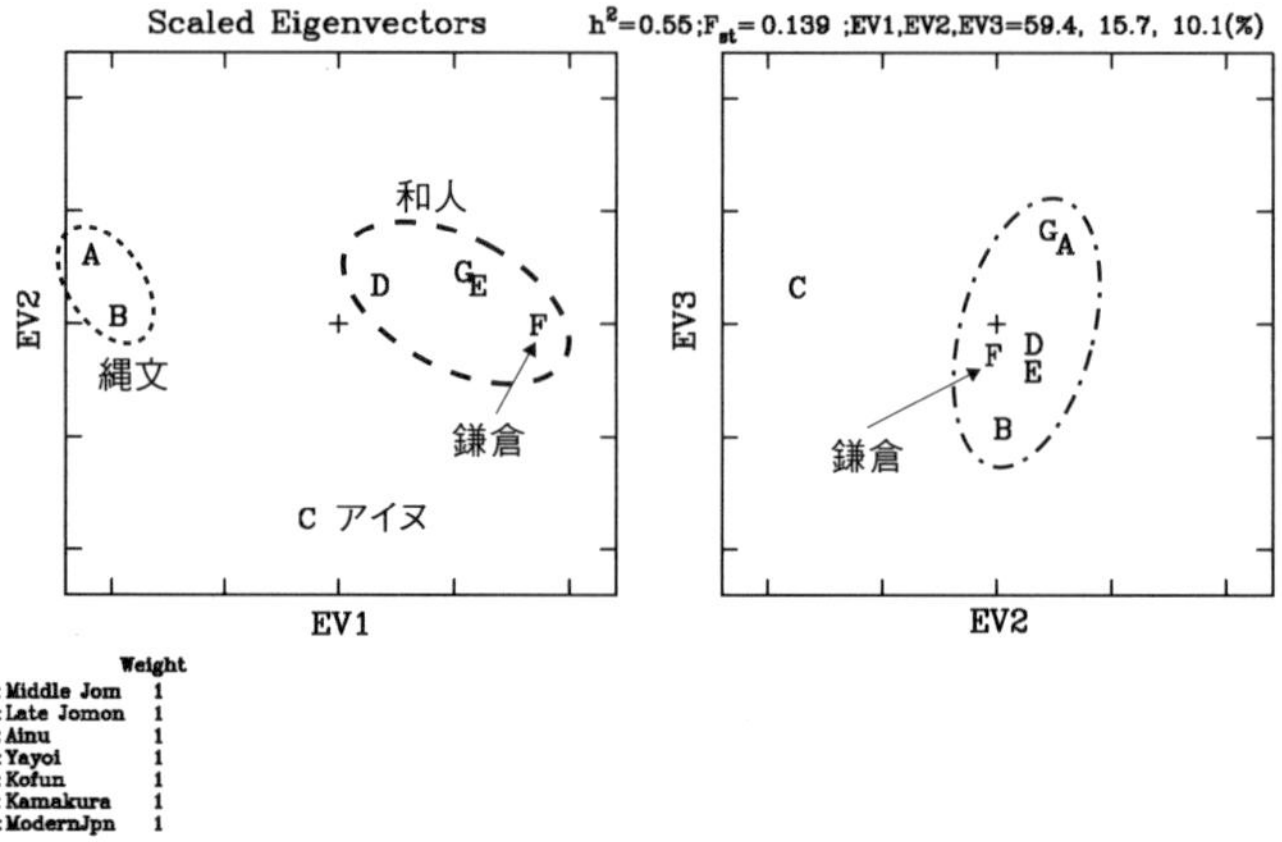

図4－4－2　上顎と下顎の第一切歯から第三大臼歯の歯冠近遠心径計測値と歯冠頬舌径計測値を基にした主座標プロット。EV 1は固有ベクトル1、EV 2は固有ベクトル2、EV 3は固有ベクトル3を示す。Aは縄文中期、Bは縄文後期、Cはアイヌ、Dは弥生、Eは古墳、Fは鎌倉、Gは現代和人を表す。h 2は遺伝率で0.55を用いた。

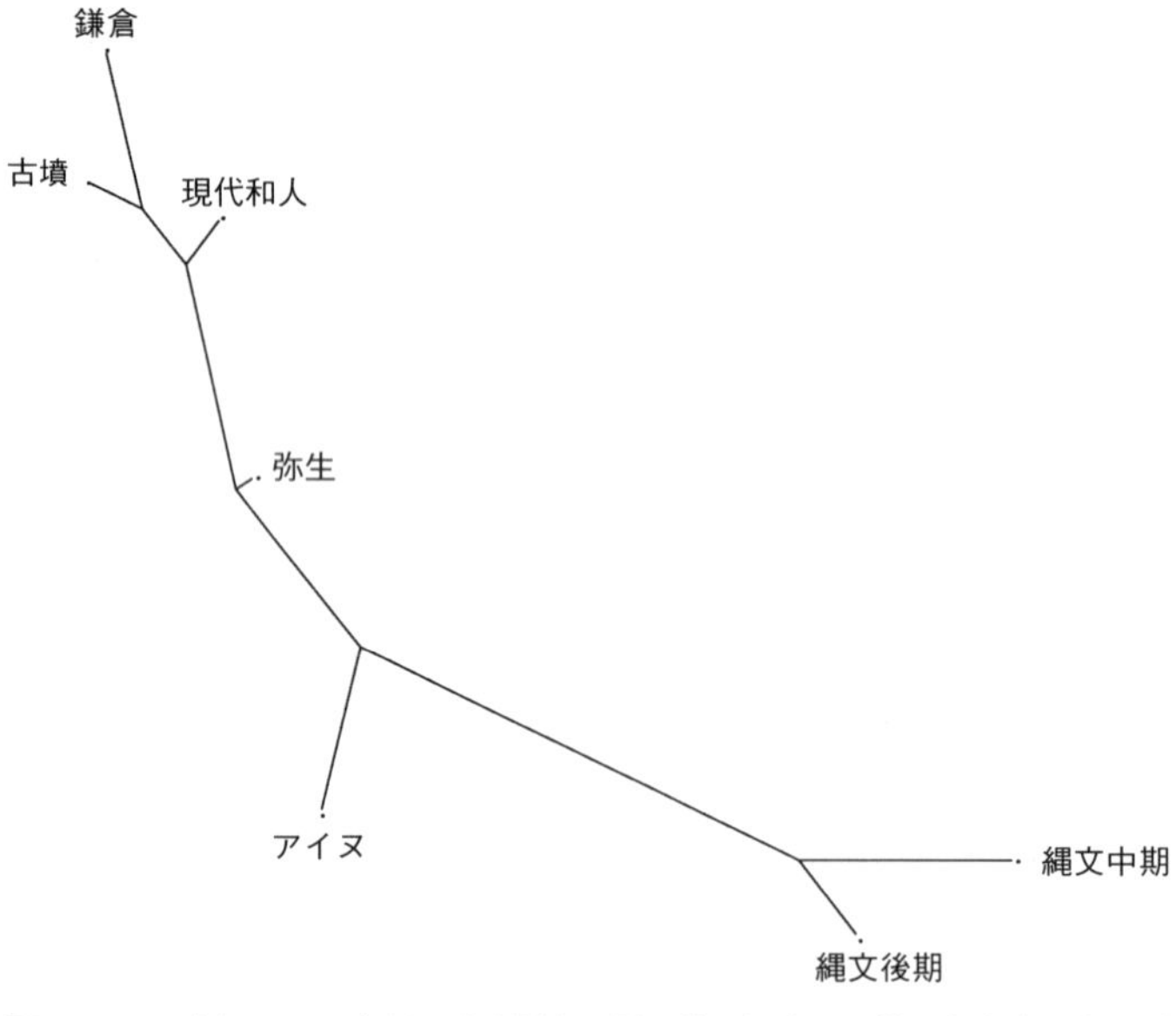

図4－4－3　図4－4－2と同じく上顎と下顎の第一切歯から第三大臼歯の歯冠近遠心径計測値と歯冠頬舌径計測値から計算した遺伝的距離を基にして作成した近隣結合法による系統樹。

和人がひとつのグループを成し、アイヌはやはり、他の集団から離れている。

これと同じデータを用いて近隣結合法による系統樹を作成してみた（図4―4―3）。縄文中期時代人と縄文後期時代人はひとつのクラスターを成し、それに近いのがアイヌである。アイヌは縄文人クラスターと和人集団の間に位置する。古墳時代人、鎌倉時代人がひとつのクラスターを成し、鎌倉時代人は現代和人と古墳時代人に近い関係にある。弥生時代人は縄文クラスター・アイヌと、和人集団クラスター（現代和人、古墳時代人、鎌倉時代人）の間に位置する。Rマトリックス法による遺伝的距離からは、鎌倉時代人はアイヌに類似しているとは言えない。しかし、縄文人の直接の子孫であるはずのアイヌも縄文時代人とはすでに遺伝的距離が離れていて、それほど類似しているとは言えない。これらの分析からは、鎌倉時代人とアイヌの類似性は明確には証明できないという結果となった。しかし、縄文時代人とアイヌの関係も、和人集団とアイヌの関係と同じように遠いともいえる。

そこで、歯のサイズの縮小という小進化の傾向が遺伝子流入のパターンや血縁・近縁関係を解りにくくしている可能性があるので、コーネンスバーグやストジャノウスキーの手法に従って歯冠計測値から進化傾向を取り除いてみた。その結果、図4―4―4の固有ベクトル1と2のプロット（全体の分散の六六・八％を表す）においてアイヌは縄文からも和人集団からも離れたが、和人集団の中では鎌倉時代人と最も近くなった。系統樹でもアイヌと鎌倉がまず接合し、鎌倉はアイヌと古墳時代の間に位置するが、縄文は弥生と近くなった（図4―4―5）。これらの結果から鎌倉時代人には当時アイヌの影響を強く受けた東国の土着集団との遺伝子流入があったと解釈できる。また、縄文と弥生の間にも遺伝子流入があった可能性も示唆される。しかし、この系統樹では縄文と縄文人の直接の子孫であるアイヌと縄文人の関係が表されていない。歯冠サイズの縮小という進化傾向を取り除いたことによって、血縁・近縁関係よりも遺伝子流入のパターンのほうがより明確に表されたのかもしれない。

次に、レレスフォード・ブランジェロ法の計算で集団内の遺伝子の多様性と均質性について検討してみた。こ

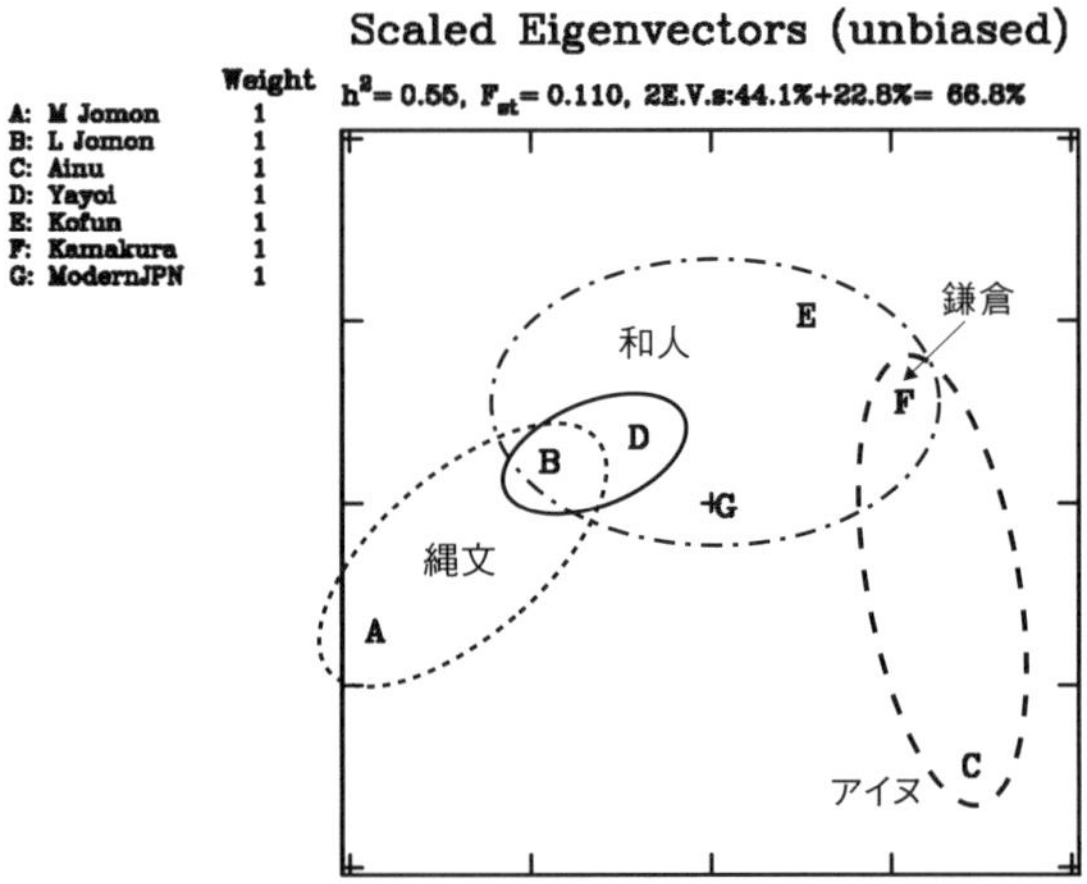

図 4 - 4 - 4　上顎と下顎の第一切歯から第三大臼歯の歯冠近遠心径計測値と歯冠頬舌径計測値を基にした主座標プロット。EV 1 は固有ベクトル 1 、EV 2 は固有ベクトル 2 を示す。A は縄文中期、B は縄文後期、C はアイヌ、D は弥生、E は古墳、F は鎌倉、G は現代和人を表す。これは変数を減らした結果の分析なので、固有ベクトルは 1 と 2 だけである。

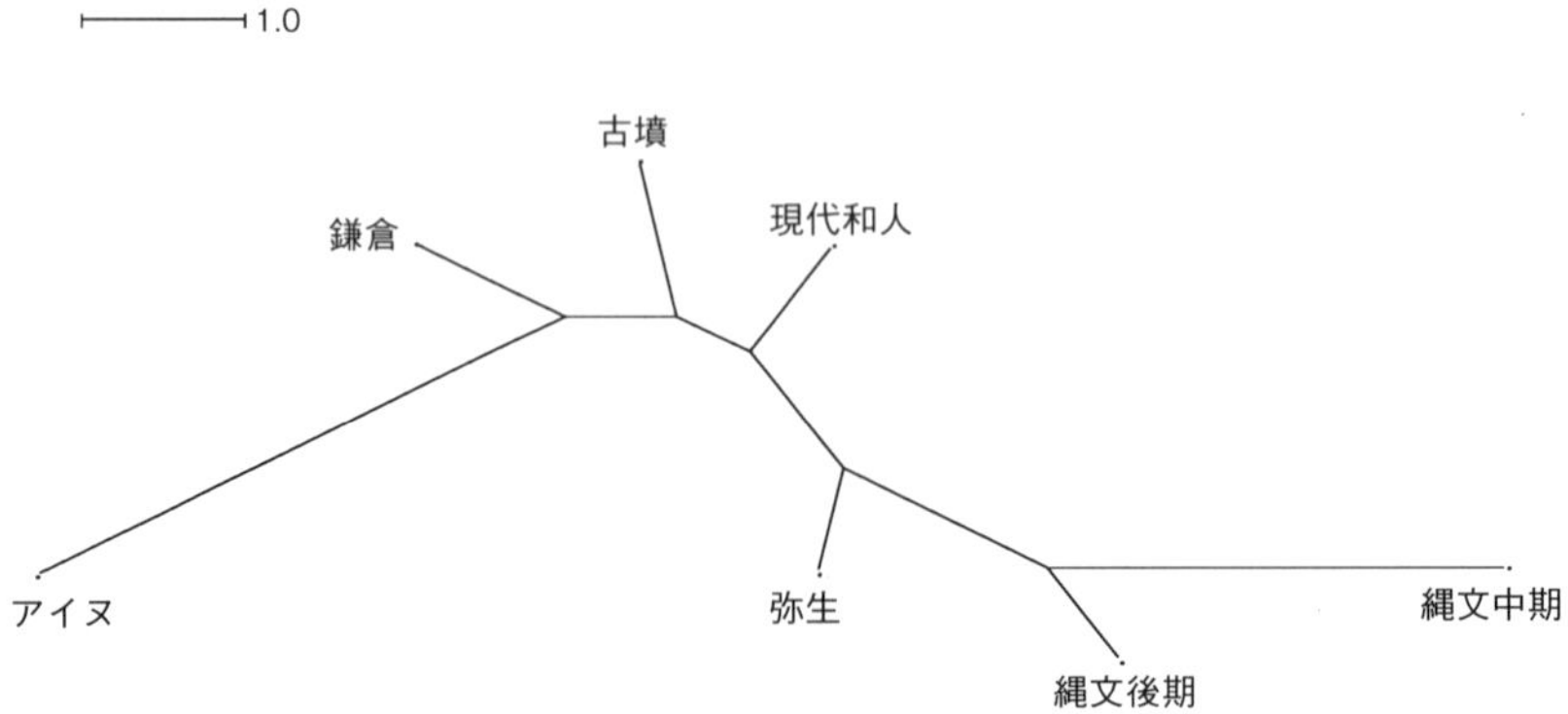

図 4 - 4 - 5　図 4 と同じく上顎と下顎の第一切歯から第三大臼歯の歯冠近遠心径計測値と歯冠頬舌径計測値から計算した遺伝的距離を基にして作成した近隣結合法による系統樹。

れは図４―４―２と同じく、上顎と下顎の第一切歯から第三臼歯の歯冠近遠心径計測値と歯冠頬舌径計測値から求めたものである。先に述べたように、レレスフォード・ブランジェロ法では、期待される分散値と実際に観察された分散値を計算し、遺伝子流入、遺伝的浮動について検討することができる。期待された分散値より観察された分散値が大きい場合は、遺伝子流入が考えられ、その反対の場合は遺伝子流入が限られた状態で、遺伝的浮動の可能性が考えられる。また、*F*st の値は〇・一三九で、これは全集団間に一三・九％の多様性が見られ、残りの八六・一％の多様性は集団内にみられるということである。古墳時代人、弥生時代人、縄文後期時代人の観察された分散値が期待される分散値よりも小さいことから、古墳時代人、弥生時代人、縄文後期時代人、アイヌの集団内では遺伝的浮動があったという可能性が示唆される。反対に、鎌倉時代人は期待される分散値よりも観察された分散値が大きく、鎌倉時代人集団には遺伝子流入の可能性が考えられる。観察された分散値が大きいということは、鎌倉時代人集団は歯の大きさに関しては均質な集団ではなく多様性が認められるということである。

また、歯冠サイズの小進化傾向を取り除いてレレスフォード・ブランジェロ法で集団内の遺伝子の多様性と均質性について検討した結果も同じように鎌倉時代人の観察された分散値は大きく、多様性が大きいことがわかった。同様に、古墳時代人、弥生時代人、縄文後期時代人の観察された分散値は期待される分散値より小さかったので遺伝子浮動の可能性が示唆された。進化傾向を取り除いた結果、*F*st は〇・一一であり、全集団間に一一％の多様性が見られ、八九％の多様性が集団内に見られるということである。これらの結果から、和人とその当時東国に住んでいた東国人土着民・アイヌの遺伝子が混ざったという解釈も可能である。しかし、逆にアイヌ集団は知人集団と比較した限りでは、外の集団からの遺伝子流入の可能性が低かったといえる。

ここでの問題点は、縄文時代人、弥生時代人、古墳時代人、鎌倉時代人、アイヌ、現代和人集団は同時代の資料ではないことである。特に縄文時代人と現代和人の間には最低二〇〇〇年の差がある。だが、縄文後期時代人と弥生時代人、弥生時代人と古墳時代人を比べるのには有効であろうと思われる。ここで使っているアイヌデータは時代も十五世紀くらいから近代までの北海道アイヌデータであり、十四世紀の鎌倉時代人（関東人）とは同じ地域に住んでいた人たちではないので、直接の比較ではないが、当時の東日本の人々がアイヌに近い人々であると仮定してその代わりにアイヌ集団データを使用しているので参考にはなるであろう。さらに、ここで用いた現代和人集団は九州、京都、関東、東京、東北と広い地域に住む現代人集団を一括にまとめたものである。現代和人集団内にも観察された分散値が期待される分散値よりも大きく、現代和人は多様な集団だといえる。この多様性は近代から現代にかけての人口の急激な増加とも関係しているかもしれない。古墳時代人は大陸からの渡来系であるから多様性の大きい可能性も予測されたが、そうではなかった。最後に、現代和人集団を除いた他の時代集団に比べて、関東の一地域からの資料である鎌倉時代人の歯の大きさに多様性が大きいという結果がでたことは大変興味深い。

頭蓋骨計測値分析による結果

次に、頭蓋骨計測値を基にして、歯と同様に、Ｒマトリックス法を使って、主座標プロット分析で近縁関係を検討してみた。縄文時代人はサンプル数が少なく、初期、中期、後期には分けなかった。まず、二十一変数の頭蓋骨計測値を使った固有ベクトル１と２の主座標プロット（全体の分散の七六・一％を表す）では、縄文時代人・アイヌがひとつのクラスターを成し、弥生時代人・古墳時代人・現代和人がもうひとつのクラスターを成す（図４―４―６）。鎌倉時代人は少し和人クラスター寄りであるが、二つのクラスターの間に位置する。江戸時代人はこの二つのクラスターから離れている。江戸時代人が離れているのは、江戸時代に歯槽性突顎がどの時代よりも一番強い傾向があることと関係があるかもしれない。図４―４―６の固有ベクトル２と３の主座標プロット（全体の分散の三七・八％を表す）では、鎌倉時代人とアイヌが近い位置にプロットされている。これは鎌倉時代人とアイヌの近縁関係を示唆している。

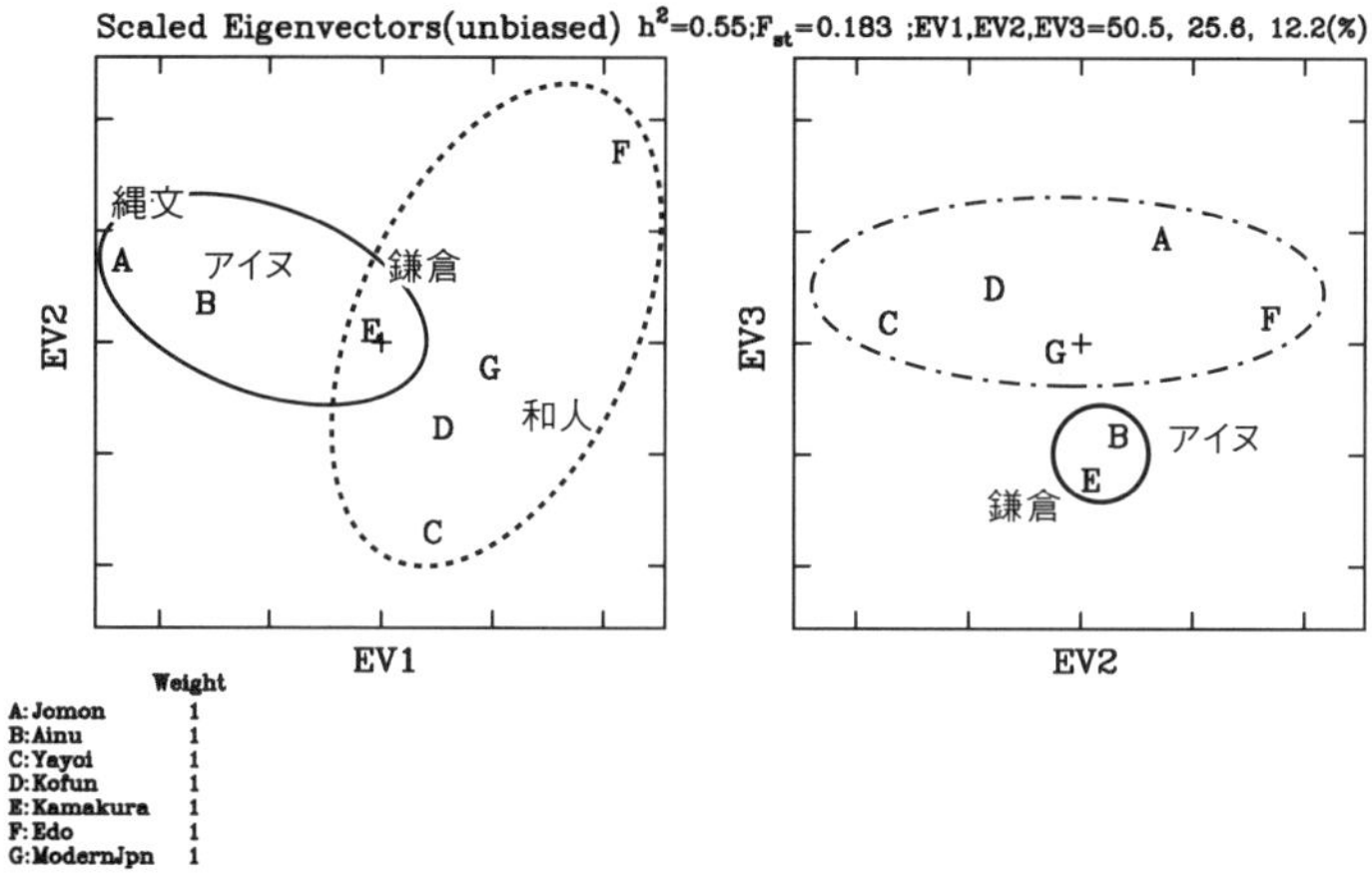

図4－4－6　21変数の頭蓋骨計測値を基にした主座標プロット。EV1は固有ベクトル1、EV2は固有ベクトル2、EV3は固有ベクトル3を示す。Aは縄文、Bはアイヌ、Cは弥生、Dは古墳、Eは鎌倉、Fは江戸、Gは現代和人。

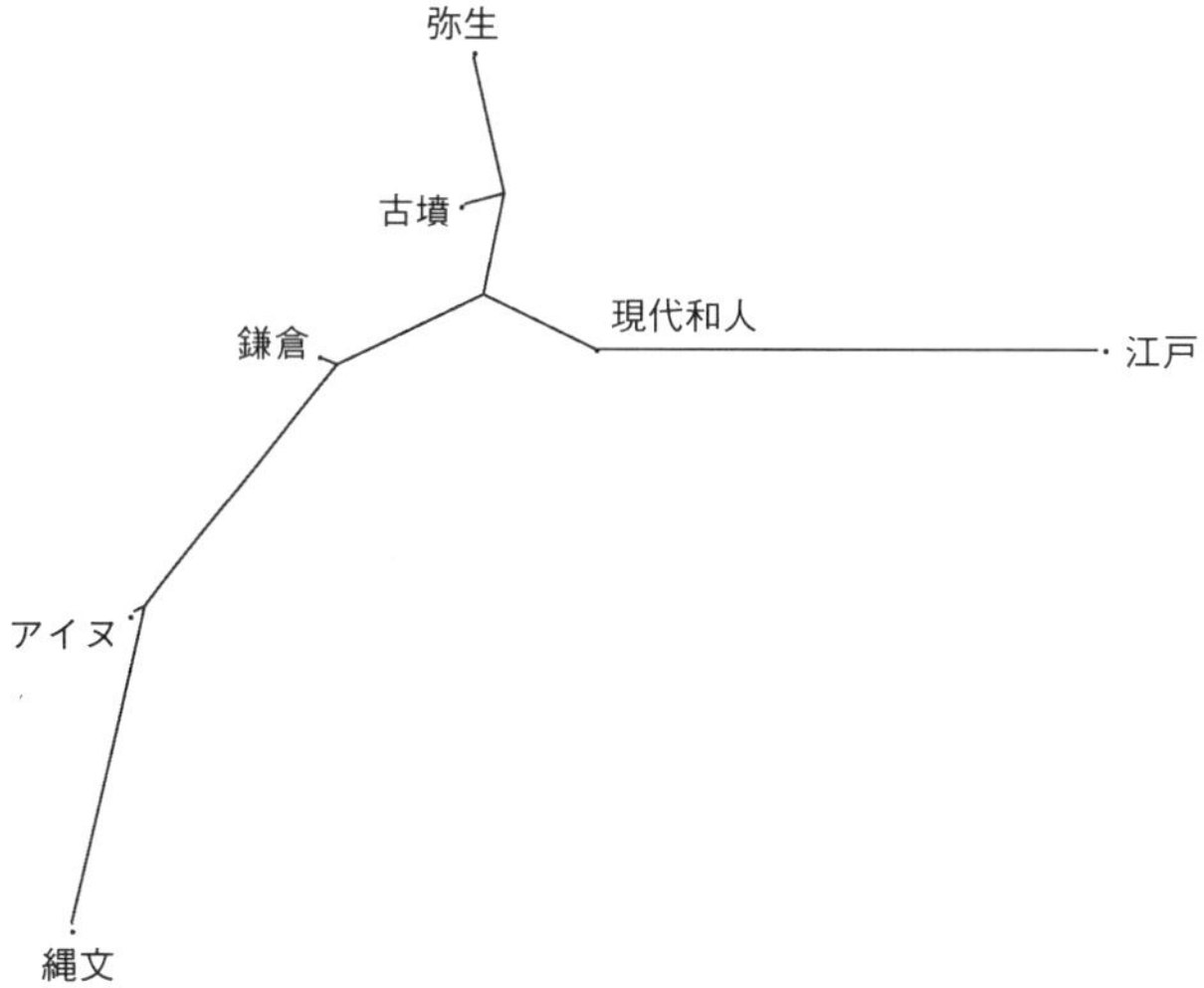

図4－4－7　図6と同じ21変数の頭蓋骨計測値で計算した遺伝的距離を基にして作成した近隣結合法系統樹。

次に同じデータを使って、近隣結合法系統樹を作った（図4―4―7）。縄文時代人とアイヌがクラスターを成し、和人集団の中で縄文・アイヌに一番近いのが鎌倉時代人である。古墳時代人と弥生時代人は同じクラスターを成し、現代和人と江戸時代人も同じクラスターに属す。頭蓋計測値分析では、鎌倉時代人は縄文時代人・アイヌと弥生時代人以降の和人の間に位置するようである。つまり、鎌倉時代人はアイヌにも類似性があり、古墳時代人や現代和人とも類似性を示すということである。

頭蓋骨計測値分析（二一変数）からも集団内の遺伝子の多様性と均質性について検討してみた。弥生時代人、古墳時代人、アイヌ集団の観察された分散値は期待される分散値よりも小さかった。遺伝子の流入が限られた状況での遺伝的浮動が考えられる。歯と同様に、鎌倉時代人の観察された分散値は期待される分散値よりも大きかった。頭蓋骨計測形質からも鎌倉時代人の多様性は大きく遺伝子流入が考えられる。和人とその当時東国に住んでいたアイヌの遺伝的影響を受けた東国人遺伝子が流入したというシナリオが示唆される。

変数を変えての頭蓋骨計測値分析

ブレースの頭蓋骨計測値変数は鼻の周辺部に偏っているという批判がある。また、鼻周辺部の計測形質は中立的ではなく、自然選択の影響を受ける可能性が高いともいわれている。しかしRマトリックス法・レレスフォード・ブランジェロ法では全ての形質の平均遺伝率を使わなければならない。そこで、Simotic Subtense、Inferior Simotic Subtense、Fronto Orbital Width Subtense at Nasion、Mid Orbital Width subtense at Rhinion 等の鼻周辺部から鼻骨の突出高を含む計測値変数を分析から外してみた。結果としては、突出高（サブテンス）計測値変数を除くと、鎌倉時代人は二一変数を使った時よりも少しアイヌ寄りになり、和人集団から少し離れた。江戸時代人は、鎌倉時代人集団を含む他の時代の和人集団との距離が近くなった。弥生時代人と古墳時代人の間の的距離もより近くなった。固有ベクトル2と3（全体の分散の三五・二％）では、鎌倉時代人は縄文時代人のほうに近い。つまり、鼻周辺の突出高（サブテンス）の計測値変数を除いて、他の頭蓋骨の計測値変数だけで解析すると、鎌倉時代人は少しアイヌ・縄文時代人集団に近くなったといえる。二一変数を使った分析とサブテンスを除いた分析の *Fst* はともに〇・一八三で全集団内の多様性の大きさには変化がなかった。鼻周辺部突出高計測値変数を除いた同じデータを使った近隣結合法系統樹でもやはり鎌倉時代人は縄文・アイヌ・クラスターと和人クラスターの中間に位置した。鎌倉時代人はアイヌの次に、現代和人集団と古墳時代人との遺伝的距離が近い。鎌倉時代人はどの和人集団よりもアイヌと遺伝的距離が短く、アイヌとの類似性をみせている。

9　考察と結論

今回の歯冠計測値と頭蓋骨計測値による分析結果をまとめてみよう。歯冠計測値を使った分析結果では進化傾向を取り除く、取り除かないで結果が違ってきた。頭蓋骨計測値を使った分析結果と歯冠計測値の分析結果は、歯冠サイズの進化傾向を取り除いた場合にのみ一致し、鎌倉時代人はアイヌと近縁であることを示唆した。

歯冠サイズの進化傾向を取り除かない場合、Rマトリックスから算出した集団間の遺伝的距離の主座標分析では、鎌倉時代人は、和人クラスターに属しており、縄文時代人からもアイヌからも離れていた。しかし、鎌倉時代人と弥生時代人は和人集団の中ではアイヌに最も近い。アイヌは縄文クラスターからも、和人クラスターからも離れており遺伝的に二つのクラスターとは近縁関係があるとはいえない。系統樹分析では、鎌倉時代人は和人グループの中でも末端に位置し、アイヌ・縄文からの遺伝的距離は遠かった。つまり、鎌倉時代人は古墳時代人に一番近く、次に現代和人に近く、アイヌ・縄文時代人からは遠かった。そして、アイヌは和人と縄文時代人の間に位置するが、アイヌは鎌倉時代人よりもむしろ弥生時代人のほうに近かった。しかし、歯冠サイズの縮小という進化傾向を取り除いた場合の主座標プロット・系統樹分析の結果では、鎌倉時代人は和人集団よりもアイヌに類似性をみせた。この場合、縄文人はアイヌではなく、むしろ弥生時代人と近くなった。主座標プロットでは、進化傾向を取り除かなかった場合と同様、アイヌは縄文からも和人集団からも離れ孤立してプロットされた。アイヌ集団の歯冠サイズはその直接の祖先である縄文からも離れ、独自の小進化を遂げたのかもしれない。

個々の歯の咬合面の面積のプロフィールからパターンを見ると、全体的に鎌倉時代人と最も似ているのは古墳時代人だが、第一小臼歯と第二小臼歯のパターンが少し違うようである。しかし、鎌倉時代人の咬合面の面積はアイヌと古墳時代人の中間である。また、鎌倉時代人は他の和人集団の中で各歯の咬合面の面積が一番小さい。歯の大きさが、弥生時代人、古墳時代人、現代和人より小さいこと、そして、歯冠計測値から算出した観察された分散値が期待される分散値より大きいことからも、鎌倉時代人の歯冠サイズは多様性が大きいので、関東鎌倉時代人には同時代のアイヌの影響の強い東国人集団の遺伝子が流入している可能性が示唆されよう。

頭蓋骨計測値による遺伝的距離分析では、鎌倉時代人は和人クラスターと縄文・アイヌクラスターの間に位置していた。系統樹でも同様であった。鎌倉時代人はアイヌ・縄文時代人と和人集団の中間に位置し、アイヌとの類似性を見せると同時に、和人との類似性も見せている。鎌倉時代人はアイヌ的でもあり、和人的でもあるといえる。また、鼻周辺部の突出高の計測値変数を除いて分析すると、鎌倉時代人の頭蓋骨の形態は、二十一変数を使った時よりも、よりアイヌに類似してくる。アイヌと鎌倉時代人を最も似通わせているのは、突出高以外の計測値変数であるようだ。

ブレースは、浮世絵で描かれたようなサムライの鼻が高く優雅な顔立ちは、近代の和人が蔑んで差別してきたアイヌの遺伝的影響によるもので、そのサムライの棟梁が鎌倉時代から征夷大将軍として近代まで日本を支配し、アイヌの遺伝的影響を強く受けたサムライが支配者層として地位が高かったのは皮肉な歴史であると述べているが、鎌倉時代人は鼻の高さよりも他の顔の変数によってアイヌとの類似性を示しているようである。また、鼻周辺部の突出高計測値が実際に鼻の形態を表しているかというと、どうもそうではないようだ。北方に住んでいる人たちや、乾燥した砂漠地帯に住んでいる人たちは総じて大きく高い鼻をもっている。これは気候に適応した結果だといわれている。ブレースはこれらの突出高（サブテンス）の計測値を使って、気温の違いや湿気の違う地域に住んでいる人たちの鼻の形態の勾配を表そうとしたらしいが、失敗に終わったと記している。ブレースの鼻周辺の計測形質は鼻の高さを表すものではないかもしれないが、集団の多様性を見るためにはとても有効であるようだ。ブレースの用いている突出高は内両眼窩幅を測る点からの鼻骨の付け根における突出高と後眼窩幅を測る点から鼻骨の最も高い点における突出高なので、眼窩の湾曲というニュアンスが重要な情報となっているのかもしれない。この湾曲を情報としていれた鼻の突出高が、遺伝子の流入により鎌倉時代人をより和人的にし、アイヌ・縄文とは違う形態を表しているのかもしれない。ブレースの顔・鼻の周辺に集中した計測値は批判を浴びていたが、これらの変数をもっと足すことによって、集団を区別するパワーはより上がったとブレースは述べている。筆者も最近これらの計測値が世界中の集団間の違いをより効率よく判別するのに適していることを確信した。今回の分析において、二一変数を使った分析でも、変数を減らした分析でも、鎌倉時代人とアイヌの遺伝的距離は、他の和人集団よりも一番近く、次に、現代日本人、古墳時代人、または弥生時代人と続いた。これらの頭蓋骨計測値分析とレレスフォード・ブランジェロ法による多様性の計算結果からも、鎌倉時代人集団に、アイヌの遺伝的影響の大きかった東国人集団の遺伝子の流入があったと考えることができる。

10　分析の問題点

今回の分析は時間差のある集団のデータを使って、歯冠計測値と頭蓋骨計測値について大まかなモデルで分析した。身体の違う部分を分析した結果、同じ結論を導くためにはまだまだ考慮しなければならない点が多くあり、今回の分析には多くの問題がある。例えば、もともと人類はモザイク的進化をしている。身体の各器官は異なった速さ・テンポで進化する。例えば、猿人の二足歩行と脳進化は同時に起こったのではなく、脳の進化は二足歩行より後に起こった。また、歯のサイズの減少は、最初に火を使っての調理方法が発明した高緯度のヨーロッパの住人たちの間で最初に始まったが、彼等の身体は頑丈なままで、身体のサイズ、頑丈さが減少するのは、かなりのちになってからである。一方、最初に飛び道具を発明したアフリカの住人たちは、身体の頑丈さは世界でも最も早く減少していったが、火を使った調理法を知らなかったため、歯冠サイズの減少はおこらなかった。これと同じように、歯のサイズの減少・小進化の速度と頭蓋骨形態の変化・小進化の速度はかなり違うのかもしれない。特に歯のサイズは選択圧と関係が深いので短期間に小進化する傾向があるが、頭蓋骨形態の多くは選択圧との関係がなく中立なので、全体的なプロポーションはかなり長い間変化しないとされている。もちろん、脳頭蓋最大長などは変化をみせるが、全体的な形態としての変化は少なく、集団の近縁関係のパターンを消すものではないという意見もある。顔を作っている骨は数が多く、複雑につながっているので、歯冠サイズよりも変化するのに時間がかかるのかもしれない。例えば、他の骨とつながりがない下顎骨は頭蓋骨よりも著しく変化している。下顎骨の変化には遺伝子以外の環境の影響が大きいのだ。その変化は歯冠サイズの縮小が追いつかないほど速いので、食べ物がより柔らかくなった十八世紀以降の和人集団の下顎骨には乱杭歯が多く見られる。また、歯のサイズが違う集団が混ざった場合、その子孫にどのような速度で、または何世代かかって変化が起こるのか、また、同様に、頭蓋骨形態の違う集団が混ざった場合、何世代かかってその子孫にどのような変化が起こるかまだ解明されていないし、歯と頭蓋骨形態の変化にかかる時間が同じなのか、違うのかもわかっていない。そして、遺伝子が流入したと仮定される各集団の人口数の違いも各形質の表現型に大きく関わってくると思われる。

また、歯に関しては、鎌倉の歯冠サイズが小さくなった要因が、遺伝子の流入という進化的メカニズムだけではなく、環境的メカニズムによっても変化したという説明も可能である。幼少時代の一時的な、または慢性的な栄養不足といったストレスなどの環境的な要因から、歯冠サイズが減少し、変異・多様性が生まれたとも考えられる。しかし、自然選択説の観点からは、ストレス・レベルが高かった集団には大きな歯を持った個体の方が差異的生存・繁殖することによって、結局は大きな歯の個体が増える可能性が考えられる。ストレスレベルが高くなると、逆に歯の大きな個体が集団内に増えるというのは逆説的ではある。しかし、遺伝学的に考えると、小さなサイズの歯を持った個体はストレスのため、遺伝的に表現されるはずであった歯冠サイズに達しなかっただけであり、大きな歯冠サイズを持った生存者と小さな歯冠サイズの個体の遺伝子型は同じでなのである。ストレス・レベルが上がれば、やはり歯のサイズは小さくなるであろうが、集団的には遺伝型に変化はないはずである。また、鎌倉時代人の歯の咬耗の度合いはその前の時代に比べて少し軽くなっており、調理法の発達により柔らかい食物を食べていたと推測されるので小さい歯を持った個人も生き延びることができたと考えられる。この時代に環境的なメカニズムによって歯冠サイズが縮小した事実があったのか、また、縮小した歯冠サイズに多様性が増えたのかを検討しなければならないが、残念ながら今回の研究にはその資料がない。栄養状態、ストレスレベルと歯冠サイズの相関関係を検討するためには、サンプル個体を年齢別に分けて、エナメル質減形成の頻度などから幼少期のストレス・レベルを検証しなければならない。また栄養不足や他のストレスによって頭蓋骨に現れるクリブラ・オルビタリア（眼窩篩）やポロティック・ハイパーオストシス（多孔性骨化過剰）のような病理的な変化や、罹病率、死亡率などとあわせて検証することが必要である。もし、鎌倉時代人集団のストレスレベルが高くなかった場合、環境的メカニズムによって歯冠サイズの減少が起きた可能性が低くなるので、歯冠サイズ表現型の変異・多様性の大きさは、進化的メカニズム・遺伝子流入によって起きた可能性はより高くなる。しかし、今回、試みたような進化傾向を取り外す手法によって、このような問題がある程度解決できるとすれば、歯冠計測値と頭蓋骨計測値の両方による分析結果はある程度一致しているといえよう。

今回の分析からは、鎌倉時代人に縄文・アイヌの遺伝的影響を強く受けている東国人集団の遺伝子流入があった可能性はあったと結論づけられる。しかし、ブレースのアイヌ・サムライ説の真偽を確かめるには、鎌倉時代人の資料がもっと多く必要であり、また、同時代の鎌倉近郊、特に土着東国人の資料が必要不可欠である。単純な遺伝表現をみせるミトコンドリアDNAやY染色体分析の結果だけで、または歯冠分析結果だけ、頭蓋骨分析結果だけで結論を導き、集団の人口構造・集団の歴史を語るのは片手落ちではないだろうか。今後さらに、多くの遺伝子が形成に関わり複雑な遺伝表現をみせる歯と頭蓋骨の計測値データ分析だけではなく、歯と頭蓋骨非計測データ分析やDNA分析も加えて総括的な局面から考察することが重要であろう。

参考文献

Adachi N., Dodo Y., Oshima N., Doi N., Yoneda M., and Matsumura H., "Morphologic and genetic evidence for the kinship of juvenile skeletal specimens from a 2,000 year-old double burial of the Usu-Moshiri site, Hokkaido, Japan," *Anthropological Science* 111 (3), 2003, pp.347-363。

Adachi N., Suzuki T., Sakaue K., Takigawa W., Oshima N., Dodo Y., "Kinship analysis of the Jomon skeletons unearthed from a double burial at the Usu-Moshiri site, Hokkaido, Japan," *Anthropological Science* 114(2), 2006, pp.29-34.

Brace CL., *"Race" is A Four-Letter Word：The Genesis of the Concept*, New York：Oxford University Press, 2005 a.

Brace CL., "'Neutral theory' and the dynamics of the evolution of 'Modern' human morphology," *Human Evolution* 20(1), 2005 b, pp.19-38.

Brace CL., Brace ML., and Leonard WR., "Reflections on the face of Japan：A multivariate craniofacial and odontometric perspective," *American Journal of Physical Anthropology* 78(1), 1989, pp.93-113.

Brace CL., and Nagai M., "Japanese tooth size：past and present," *American Journal of Physical Anthropology* 59(4), 1982, pp.399-411。

Hanihara K., "Dual structure model for the population history of the Japanese," *Japan Review* 2, 1991, pp.1-33.

Relethford JH., "The Use of Quantitative Traits in Anthropological Genetic Studies of Population Structure and History," In Crawford M.(ed.), *Anthropological Genetics：Theory, Methods and Applications*, Cambridge：Cambridge University Press, 2006, pp.187-209.

Relethford JH. "Boas and Beyond：Migration and Craniometric Variation," *American Journal of Human Biology* 16(4), 2004, pp.379-386.

Relethford JH, and Blangero J., "Detection of differential gene flow from Patterns of quantitative variation," *Human Biology* 62(1), 1990, pp.5-25.

Seguchi N.,*Secular change in the Japanese occlusion：the frequency of the overbite and its association with food preparation techniques and eating habits*. Ph.D., 2000.

Stojanowski CM., "Population History of Native Groups in Pre-and Postcontact Spanish Florida：Aggregation, Gene Flow, and Genetic Drift on the Southeastern U.S. Atlantic Coast," *American Journal of Physical Anthropology* 123(4), 2004, pp.316-332.

Stojanowski CM., Larsen CS., Tung TA., and McEwan BG., "Biological Structure and Health Implications from tooth size at Mission San Luis de Apalachee," *American Journal of Physical Anthropology* 132(2), 2007, pp.207-222.

あとがきにかえて　考古学と自然科学の未来へ

学融合とディレッタンティズム

この本の著者はいずれも文部科学省科学研究費補助金特定領域研究「中世考古学の総合的研究」のメンバーだった。この研究には「学融合を目指した新領域創生」という副題がついていた。わが国では、明治のはじめ、ヨーロッパの教育研究制度を導入した際、いくつかの専門領域に分かれた形で導入した。当時のヨーロッパの制度が既に分科した形になっていたため、それをそのまま導入したからである。Science や Wissenschaft を「科学」と訳したことに、そのことが如実に現れている。科学の「科」の字はノギヘンと旁りのマスからなっている。これは作物を計って等級分けするという意味である。近代科学は、わが国に導入された時点で、既に分科したものと取られていたのである。二〇〇五年からその翌年にかけて、ダン・ブラウン作「ダ・ヴィンチコード」が刊行、映画化、展示され、レオナルド・ダ・ヴィンチの生涯が改めて注目を集めた。彼の生涯は科学の各分野から芸術までをカバーし、おおよそ分科の概念とは正反対のもので、本来の意味でのディレッタントを貫いたものである。従って、「学融合」というのは、わが国の科学史の中では新しい概念であるとともに、ヨーロッパの科学史から見れば、その源流に立ち返るものである。

文科系vs理科系、実験講座vs非実験講座

わが国では、多くの学問分野を括って、大きく分けるのに文科系、理科系という大分類が用いられることが多い。これも旧制高等学校の文科、理科に見られるとおり、明治以来のものである。そして、この研究の題目に現れる考古学は文科系ということになっている。これは考古学の講座が大学で文学部（大学院重点化後では各大学で

個性的な名称が用いられており、統一的な用語としては重点化前の方が適切と思われるので、ここではそれを用いる。以下同様）に所属していることに由来する。一方で、大学の講座費の積算の基礎として、実験講座、非実験講座という分類がある。理科系の講座は殆どが実験講座であり、反対に文科系の講座は殆どが非実験講座である。理科系≒実験講座、文科系≒非実験講座という近似式が成り立つ。しかし、考古学の講座は文科系でありながら実験講座という少数派である。つまり、考古学は、一方では文科系という括りで、文科系の他の学問と学融合を図るのに適しており、他方では実験系という括りで、理科系の他の学問と学融合を図るのに適している学問といえよう。

本書の編纂にあたって、筆者は理科系の研究者に対しては、文科系の研究者に便利使いされるのでなく、考古科学ともいうべき、独立したディシプリンを打ち立てるようお願いして来た。一方、文科系の研究者に対しては、もっと理科系の研究者を利用するようお願いして来た。一見矛盾しているようであるが、これが学融合にとって最適の方法であると信じたからである。なぜなら、理科系の研究が考古科学として市民権を得るためには、まず考古学に有用な方法を確立することが必要である。次に、理科系の研究そのものの横断的な結合が必要である。その後は文科系の研究者と情報（遺跡などの場所、出土品などのもの）の授受なしには研究が進捗することは考えられない。研究には鉄砲（方法）と標的（対象）の両方が必要である。理科系の研究者にとっては、まず性能の優れた鉄砲を造り、各種鉄砲の性能比較をし、次にそれを用いて的を狙おうという訳である。理科系の研究者の考古学への寄与は、この本で採り上げられているものは勿論、それ以外にも沢山あるが、それぞれが個別に寄与しているのが現実であり、まだ、全体としてのパワーになっていない。一方、文科系の考古学はお雇い外国人のモース以来、既に百年以上を経過し、主な大学の文学部には考古学の講座が設置されているなど、体制は遥かに整っている。しかし、得られた成果に客観性を持たせるためには、自然科学的アプローチが不可欠である。そのためには、もっと理科系の研究者を利用すべきである。

研究対象と研究方法は異なる座標軸

鉄砲と標的というのは、全く別の形で体系化される。解析幾何でいうx軸とy軸みたいなものである。解析幾何のアナロジーを使うと、ある種の人々の顰蹙を買いそうなので、京都の市街地を例にとり、東西に走っている三条通りと六角通りが接近しているかどうかを論ずるのと、南北に走っている烏丸通りと東洞院通りが接近しているかどうかを論ずるのは全く別のカテゴリーに属する問題であると言えば、許されようか。長方形状の城郭のプランが磁北極―磁南極を結ぶ線に基づいているという話と、陶磁器の生産地決定の議論は、考古学的には、丸太町通りと五条通りくらい離れている。しかし、両者を地磁気という観点から見れば、遠近を論じる必要さえもなく、同じ室町通りの上にある話になる。反対に、一口で探査という言葉で総括される方法でも、乾燥した対象と水びたしの対象では、異なる方法を用いる必要がある。従って、文科系の研究者がみずからの尺度で近いと思われる理科系の研究者に依頼しても断られることがある反面、全く無関係と思われる研究者に暖かく迎え容れられることもある。まずは、接触してみることをお奨めする。接触された人自身かどうかは別にして、どこかにその道の専門家はいるはずである。

コミュニティーとしての文科系、理科系

個々の研究者が文科系なのか、理科系なのかの分岐点は、その人の生涯の中で、大学を受験した際の学部の選択であろう。些細な理由で選択をした人もあるくらいで、それほど重要な要素ではない。しかし、研究者としての生活を続けていると、それぞれのコミュニティーがあり、その中での考え方にドップリ浸かっている内に、文科系、理科系の考え方の間には越え難いほどの深く大きい溝が出来てしまっている。例えば、学会を立ち上げることを議論する際、かなりシリアスな議論になるのが、欧文の学会誌の刊行の是非である。どんな研究でも、国際的に評価されてはじめて優れた研究といえよう。そうだとすれば異論など出るはずはないと思われるが、実情

はそうではない。文科系の研究者から反対とまでは行かなくても、躊躇いの声が聞こえて来る。理科系の研究者にとっては、レフェリーのある欧文誌に論文を発表してはじめて、業績として評価されるのであり、欧文誌がなければ、研究に値するディシプリンと言えない。また、そもそも、理科系の研究者には次々と学会を立ち上げようという風土がない。既存の学会の中に部会、あるいは分科会を設ければいいと考えるのが普通である。

今から四十年ほど前に、大学紛争で多くの大学が荒れたことがある。その時、紛争学生の間でバイブルのように読まれた羽仁五郎の「都市の論理」という本があった。学生の考え方がわからないのでは、紛争への対処の仕様がないということで、文科系、理科系を問わず、多くの教官にも読まれた。理科系の教官の反応は「呆れて、ものが言えない」という感じであった。沢山の文献が引用されており、その意味では著者はよく勉強していると言えよう。その後がいけない。自分の主張にとって都合のいい文献とそうでない文献へのふるい分けに終始している。そして、前者は「この問題は既に○○によって議論されている」と自己の主張の補強に使われ、後者は「こんな馬鹿なことを言っているのがいる」と言って切り捨てられる。何故、前者は優れており、後者は取るに足りないかを論証するところから学問は始まるのに、そういう客観性はどこにもない。微分方程式を解いたり、実験をしたりして客観性に近づける努力こそが学問であるのに、その片鱗も見られない。都市の非論理もいいところである。考古学は実験や発掘を伴うだけに、文科系の学問の中では客観性がある方である。しかし、ここで「コミュニティー」の語が威力を発揮する。他の分野の文科系の研究者と長年接している内に、文科系としてのマジョリティーの考え方に染まって行く。異なる学問間で個別の情報の交換をするだけでなく、もっと大きいところでの学問への接し方についても情報の交換をすることが必要である。

文科系の研究者には「都市の論理」よりもっとタチの悪い引用の仕方をする者も見られる。自分に都合のいい結論が得られている論文は引用するが、そうでないのは頬かむりをして無視するのである。理科系ではそんなことはしない。引用した上で、論理を尽くして反論を試みる。自己の反論が正しければ、相手の不充分さを指摘し、反論が出来なければ、自己の今までの主張は誤りであったと謝る。これが学問というものであろう。

明治以来、わが国の大学では数学科は理学部に設置されるものと決まっていた。このため、数学は自然科学であるとの誤解をする人が後を絶たない。数学は論理学であり、公理系を設定すると、その系の中では命題は真であるか、偽であるかのどちらかであり、黒白ははっきりしている。自然科学は自然を対象とした科学である。公理に対応するのが自然そのものであるから、自然そのものに未知の部分がある以上、黒白をはっきりしたつもりでいても、自然の新しい顔が見えると、改変をしなければならなくなることはいくらでもある。前段で「誤りであったと謝る」と書いたが、自然科学の本性を知っていれば、別段恥じることはないからである。と言っても、自然科学はいい加減なものではない。古典力学はエネルギーはどこまでも分割可能であるという自然認識にもとづいている。ところが、分割不可能であることがわかり、量子力学が建設された。では、古典力学は誤りであったかというと、そうではない。量子力学で登場するシュレーディンガーの波動方程式にはエネルギー量子（分割不可能なエネルギーの単位）を表すプランク定数があり、これをゼロに補外すると、古典力学のハミルトン・ヤコビの方程式に帰着される。そして、このことによって量子力学、古典力学両者の普遍性が保証（証明ではない）されるのである。

数学と自然科学との混同に基づく文科系のコミュニティーの態度に、自然科学は快刀乱麻を断つように答えを出すという期待がある。高校時代、隣席の数学がよく出来る同級生が問題をスイスイと解いていたのを憶えているのであろう。数学が自然科学であると誤解したことによる誤解である。そんなに簡単に答えが出せるのなら、世の中とっくに何もかもわかってしまい、理科系の研究者はすべて失業している筈である。理科系の研究者の論文や口頭発表では、答えが得られたことだけを発表しているのであり、それは文字どおり氷山の一角に過ぎない。勿論、得られた結論はその時点ではベストのものであり、信頼して頂いて結構である。こういう言い方でどうだろう——解答が得られたものは快刀乱麻を断つが如く明快である。しかし、解答が得られないまま、底辺で蠢いているテーマが無数にある。

可愛さ余って憎さ百倍と言う格言がある。理科系の研究者に解答を期待し、思わしい結果が得られないと、自然科学は役に立たないと短絡する発想である。このような短絡的な発想は排除すべきである。

二〇〇〇年十一月に上高森遺跡が捏造であることが発覚した。考古学者やマスコミは捏造をした発掘当事者にだけ非難が集中し、その責任者は非難を受けなかった。それどころか、この責任者は発掘当事者に騙されたとまで広言した。これも理科系の学者には想像を絶する態度であった。上高森から出土したと言われる石器の年代測定には理科系の学者も関与しており、その成果は考古学、自然科学の両者による共同研究として論文になっており、その論文の存在は理科系の人間にはよく知られていた。そこには件の責任者も共同研究者として名を連ねていた。論文に名を連ねることとは、その論文の全内容に責任をもつことであるのは常識である。つまり、責任者は騙されたのではなく、騙したのである。

ところで、企業には企業秘密というのがある。市場で優位性を保つためには、同業他社に真似をされないよう、秘密にしなければならない情報がある。では、アカデミズムには企業秘密はないのだろうか？　研究にはお金がかかる。その財源は公的なものであることが多い。従って、研究で得られた成果を公表することが納税者の付託に応える唯一の手段であると言ってもいい。一方で、研究は銀メダルも銅メダルもないオリンピックに譬えられる。全世界でそれまで誰も得られなかった成果を最初に得た研究者だけに金メダルが与えられるのである。研究結果は学術雑誌、それもレフェリー制度があり、研究者なら誰でも読める言語で書かれたものに公表されてはじめてプライオリティーが主張出来る。しかるべき学術雑誌に公表されるまでは、アカデミズムにとっても、研究成果は企業秘密なのである。文科系の研究者と共同研究すると、学術雑誌への公表以前に単行書やホームページに書かれてしまい、迷惑を受けたという理科系の研究者からの苦情を耳にすることが多い。学融合を実施するにあたっては、異なるディシプリン間で協力しさえすればよいのではなく、異なるコミュニティーでの研究に対する態度も充分理解しないと、協力が得られない。

コミュニティーによって学問への関わり方にも温度差がある。世はグローバル化時代である。学問の世界も同様である。コミュニティーによって、グローバル化にとって必要な姿勢にちがいがあれば、それをより適切なものにするためのコミュニティー間の情報の交換が必要である。

「中世」でよかった!

科学研究費による研究課題に「中世」の文字が入っている。このキーワードは理科系の研究者にとって幸福であった。言うまでもなく、古い時代ほど文献史料が少ない。従って、旧石器時代から古墳時代までの文献史料の少ない時代についての科学的な研究はその結果が文献と比較できないことが多く、読者の賛同がえられにくい。反面、近世や近代になると、あえて科学的な研究に期待する必要がないことも多い。中世は読者が科学的な研究に期待しており、しかも得られた結果を信頼しやすい時代である。この本の事例に中世のものが多いことが読者にとって安心して読めることにつながれば、執筆者にとって幸せである。

今後はこの本で紹介した方法が複数合わさって、より強固な考古科学へと発展することを期待するとともに、本書の科学的手法が考古学者にとって使い勝手のよい形へと一般化することを願っている。

二〇一一年八月

中條利一郎

編者・執筆者紹介（著作は一部共著のものを含む）

≪編者≫

中條利一郎（CHUJO, Riichiro）— 第 4 章第 2 節、あとがきにかえて
東京工業大学名誉教授・帝京科学大学名誉教授・中国科学院化学研究所名誉教授・東京文化財研究所客員研究員。高分子物理学。「岩屋山古墳など複数の飛鳥時代の古墳で用いられている長さのスケールの計測値のフーリエ変換によるスケールの推定と、石の宝殿で用いられていたスケールの比較」、『文化財と探査』第 11 巻 2 号、2010 年。

酒井英男（SAKAI, Hideo）— 第 1 章第 1 節、第 2 章第 1 節
富山大学大学院理工学研究部教授。地球電磁気学。「考古磁気年代測定および遺構の電磁気探査」、前川要編『中世総合資料学の提唱』新人物往来社、2003 年。

石田　肇（ISHIDA, Hajime）— 第 3 章第 1 節
琉球大学大学院医学研究科教授。形質人類学。「オホーツク文化を担った人々」、菊池俊彦編『北東アジアの歴史と文化』北海道大学出版会、2010 年。

≪執筆者（アルファベット順）≫

鮎沢　潤（AIZAWA, Jun）— 第 2 章第 3 節
福岡大学理学部助教。石炭地質学・カルスト地球科学。「古第三系と石炭」、北波多村史執筆委員会編『北波多村史　自然、集落誌・民俗編』唐津市、2008 年。

藤木利之（FUJIKI, Toshiyuki）— 第 2 章第 3 節
国際日本文化研究センタープロジェクト研究員。花粉形態分類・花粉分析。『日本産花粉図鑑』北海道大学出版会、2011 年。

譜久嶺忠彦（FUKUMINE, Tadahiko）— 第 3 章第 1 節
琉球大学医学部技術専門職員。形質人類学。“Nonmetric cranial variation of early modern human skeletal remains from Kumejima, Okinawa and the peopling of the Ryukyu Islands,” *Anthropological Science* 114（2）, 2006.

平田和明（HIRATA, Kazuaki）— 第 5 章第 1 節
聖マリアンナ医科大学医学部教授。古病理学・人体解剖学。「鎌倉出土人骨の骨病変」、五味文彦・齋木秀雄編『中世都市鎌倉と死の世界』高志書院、2002 年。

星野敬吾（HOSHINO, Keigo）— 第 5 章第 1 節
聖マリアンナ医科大学医学部講師。自然人類学。「鎌倉市由比ヶ浜地域出土中世人骨の刀創」、『人類学雑誌』112（1）、2004 年。

泉　吉紀（IZUMI, Yoshinori）— 第 1 章第 1 節
富山大学大学院理工学教育部博士課程。遺跡探査学。「富山市小出城跡における歴史地震の研究」、『立山カルデラ研究紀要』第 10 号、2009 年。

金原正明（KANEHARA, Masaaki）— 第 2 章第 2 節
奈良教育大学教育学部教授。環境考古学。「花粉が語る古代ベニバナ（特集　新発見資料が語る万葉考古学）」、『国文学　解釈と教材の研究』第 54 巻 6 号、2009 年。

岸田　徹（KISHIDA, Toru）— 第 1 章第 1 節、第 2 章第 1 節
同志社大学文化情報学部嘱託講師。文化財の探査。「地中レーダ探査による古墳の研究－削平された古墳の復元・盛土量の推定」、『考古学と自然科学』第 55 号、2007 年。

此松昌彦（KONOMATSU, Masahiko）— 第 2 章第 3 節
和歌山大学教育学部教授。古環境学。「伊吹山南麓に分布する中部更新統寺林層の植物化石および昆虫化石に基づく古環境復元」、『第四紀研究』第 46 巻 1 号、2007 年。

熊谷真彦（KUMAGAI, Masahiko）— 第 2 章第 4 節
農業生物資源研究所博士研究員。分子進化学・古 DNA 分析学。"Genetic diversity and evolutionary relationships in genus Oryza revealed by using highly variable regions of chloroplast DNA," *Gene* 462（1-2）, 2010.

南　雅代（MINAMI, Masayo）— 第 1 章第 2 節、第 5 章第 2 節
名古屋大学年代測定総合研究センター准教授。地球化学・分析化学。「骨の ^{14}C 年代測定—骨の化学分析からどのようなことがわかるか」、『化学と工業』第 63 巻 6 号、2010 年。

森　勇一（MORI, Yuichi）— 第 2 章第 3 節
金城学院大学薬学部講師。昆虫考古学・環境史学。「遺跡産昆虫から探る人々の暮らし」、『BIOSTORY』第 11 号、2009 年。

長岡信治（NAGAOKA, Shinji）— 第 2 章第 3 節
長崎大学教育学部教授。テフロクロノロジー・噴火史研究。"Tephrochronology and eruptive history of Kirishima volcano in southern Japan," *Quaternary International*（June 2011）.

長岡朋人（NAGAOKA, Tomohito）— 第 5 章第 1 節
聖マリアンナ医科大学医学部講師。生物考古学。「中世日本人の頭蓋形態の変異」、『人類学雑誌』第 114 巻 2 号、2006 年。

中村俊夫（NAKAMURA, Toshio）— 第 1 章第 2 節、第 2 章第 3 節、第 5 章第 2 節
名古屋大学年代測定総合研究センター教授。文化財科学。「放射性炭素年代測定法と暦年代較正」、松井章編『環境考古学マニュアル』同成社、2003 年。

小田寛貴（ODA, Hirotaka）— 第 1 章第 2 節、第 4 章第 1 節
名古屋大学年代測定総合研究センター助教。文化財科学・放射化学・同位体化学。「加速器質量分析計による炭素—14 年代測定法」、平尾良光・山岸良二編『文化財を探る科学の目第 1 巻　化石・骨・木製品を探る』国土社、1998 年。

奥野　充（OKUNO, Mitsuru）— 第 1 章第 2 節、第 2 章第 3 節
福岡大学理学部教授。放射性炭素年代学・火山地質学。「地質調査による高分解能なテフラ層序学・年代学の構築」、『地質学雑誌』第 117 巻、2011 年。

澤田純明（SAWADA, Junmei）— 第 5 章第 1 節
聖マリアンナ医科大学医学部助教。形質人類学。「骨組織形態学的方法による骨小片の人獣鑑別：東北北部の平安時代遺跡から出土した焼骨の分析」、『人類学雑誌』第 118 巻 1 号、2010 年。

瀬口典子（SEGUCHI, Noriko）— 第 5 章第 4 節
モンタナ大学ミズーラ校人類学部准教授。生物人類学。"An Alternative View on the peopling of South America : Lagoa Santa in Craniometric Perspective," *Anthropological Science*

119 (1), 2011.

篠田謙一（SHINODA, Kenichi）— 第 5 章第 3 節
国立科学博物館人類研究部人類史研究部グループ長。自然人類学。『日本人になった祖先たち　DNA から解明するその多元的構造』日本放送出版協会、2007 年。

杉山真二（SUGIYAMA, Shinji）— 第 2 章第 3 節
古環境研究所特別顧問。植物珪酸体分析・植生史研究。「最終氷期以降の九州南部における黒ボク土発達史」、『第四紀研究』第 41 巻 5 号、2002 年。

上田恭子（UEDA, Kyoko）— 第 2 章第 3 節
愛知県立明和高等学校講師。昆虫分析。「北部九州樫原湿原でのボーリングコア（KS 0304）の堆積物物性と放射性炭素年代」、『福岡大学理学集報』第 36 巻 1 号、2006 年。

植田信太郎（UEDA, Shintaroh）— 第 2 章第 4 節
東京大学大学院理学系研究科教授。分子人類学・分子進化学。『考古学と人類学』同成社、1998 年。

鵜澤和宏（UZAWA, Kazuhiro）— 第 3 章第 3 節
東亜大学教授。先史人類学。「先史アンデスにおけるラクダ科家畜の拡散」、印東道子編『生態資源と象徴化』弘文堂、2007 年。

山内貴之（YAMAUCHI, Takayuki）— 第 3 章第 1 節
老人保健施設いずみ苑リハビリテーション科技師。理学療法学。

米田穣（YONEDA, Minoru）— 第 3 章第 2 節
東京大学大学院新領域創成科学研究科准教授。先史人類学。『絵でわかる人類の進化』講談社、2009 年。